HACKERS IELTS 200% 활용법
Writing

KB088817

IELTS 라이팅/스피킹 첨삭 게시판

라이팅/스피킹 무료 첨삭 게시판을 통해 자신의 답변을 첨삭받고 보완할 수 있습니다.

이용방법

고우해커스 사이트(**goHackers.com**) 접속 ▶
상단 메뉴 [IELTS → 라이팅게시판 또는 스피킹게시판] 클릭하여 이용하기

라이팅 첨삭 게시판 바로가기 ➡

IELTS 리딩/리스닝 실전문제

무료 제공되는 리딩/리스닝 실전문제를 풀고 복습하면서 실력을 키울 수 있습니다.

이용방법

고우해커스 사이트(**goHackers.com**) 접속 ▶
상단 메뉴 [IELTS → IELTS 리딩/리스닝 풀기] 클릭하여 이용하기

리딩 실전문제 바로 풀어보기 ➡

IELTS 공부전략 무료 강의

해커스 IELTS 스타 선생님이 직접 알려주는 공부전략 강의로
점수 달성비법을 알 수 있습니다.

이용방법

고우해커스 사이트(**goHackers.com**) 접속 ▶
상단 메뉴 [IELTS → IELTS 공부전략] 클릭하여 이용하기

공부전략 무료 강의 바로보기 ➡

HACKERS
IELTS Writing으로
목표 점수 달성!

HACKERS IELTS
Writing

해커스 어학연구소

HACKERS
IELTS
WRITING

goHackers.com
학습자료 제공·유학정보 공유

IELTS 최신 출제 경향을 반영한
『HACKERS IELTS Writing』을 내면서

─────────○─────────

IELTS 시험은 더 넓은 세상을 향해 꿈을 펼치려는 학습자들이 거쳐 가는 관문으로서, 지금 이 순간에도 많은 학습자들이 IELTS 시험 대비에 소중한 시간과 노력을 투자하고 있습니다. <HACKERS IELTS>는 IELTS 학습자들에게 목표 달성을 위한 가장 올바른 방향을 제시하고자 『HACKERS IELTS Writing』을 출간하게 되었습니다.

유형별, 주제별 학습을 통한 고득점 달성!

학습자들이 실제 시험에 출제되는 문제를 유형별로 체계적으로 학습함으로써 보다 수준 높은 영작문 실력을 쌓을 수 있도록 구성하였습니다. 또한, 고득점 달성에 꼭 필요한 상황별, 주제별 에세이 필수 표현과 체계적인 답변 전략을 제시하여 풍부한 답변을 작성할 수 있도록 하였습니다.

최신 경향을 반영한 IELTS 실전 문제로 완벽한 실전 대비 가능!

IELTS 라이팅의 최신 경향을 반영한 문제를 수록하였으며, 실전과 동일한 구성의 Actual Test를 통해 실전에 철저히 대비할 수 있도록 하였습니다.

높은 목표 점수 달성을 위한 특별한 자료!

스스로 답변을 검토해볼 수 있는 답변 셀프 체크 포인트와 필수 첨삭 포인트를 통해 혼자서 공부하는 학습자도 효과적으로 학습할 수 있도록 하였습니다. 또한, TASK 2 주제별 출제 예상 토픽 & 아웃라인 모음집을 제공하여 학습자들이 다양한 주제에 대비할 수 있도록 하였습니다.

『HACKERS IELTS Writing』이 여러분의 IELTS 목표 점수 달성에 확실한 해결책이 되고 영어 실력 향상, 나아가 **여러분의 꿈을 향한 길**에 믿음직한 동반자가 되기를 소망합니다.

HACKERS IELTS WRITING

CONTENTS

goHackers.com 학습자료 제공·유학정보 공유

TASK 2

 Task 2 주제별 출제 예상 토픽 & 아웃라인 모음집 (별책)
주제별로 출제 가능성이 높은 토픽을 골라 IELTS 답변에 유용하게 쓰일만한 아이디어를 정리하였습니다.

TOPIC LIST

다음의 TOPIC LIST는 교재에 수록된 Task 2의 모든 문제를 주제별로 구분하여 목록으로 구성한 것이다.

교재에 수록된 모든 문제는 실제 IELTS Writing 시험의 주제별 출제 경향을 충실히 반영하여 구성되었다. 따라서 교재를 처음부터 끝까지 학습하면서 많이 출제되는 주제가 무엇인지, 자신이 취약한 주제가 무엇인지 파악할 수 있다. 특히 취약하다고 생각되는 주제들을 골라 다시 한번 답변을 작성하는 연습을 하여 부족한 부분을 보완한다.

TASK 2

HACKERS IELTS Writing으로 고득점이 가능한 이유!

01 유형별, 주제별 학습으로 IELTS 라이팅 정복!

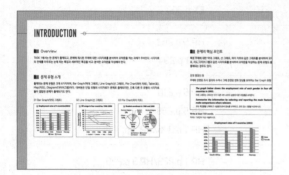

유형별 학습

IELTS 라이팅의 최신 출제 경향을 분석하여 Task 1을 6개 유형으로, Task 2를 5개 유형으로 분류해 유형별 전략을 적용할 수 있도록 했다. 유형별 학습을 통해 다양한 유형의 문제가 출제되는 IELTS 라이팅에 철저히 대비할 수 있다.

주제별 학습

IELTS 라이팅의 주제별 최신 출제 경향을 철저히 반영하여 모든 문제를 구성하였다. 학습자가 특히 취약한 주제의 문제를 골라 공부하는 등 다양하게 활용할 수 있도록 교재에 수록된 Task 2의 모든 문제를 주제별로 분류하여 목록으로 제공하였다.

02 단계적인 학습으로 실력 다지기

학습자가 단계별 학습을 통해 각 문제 유형을 확실하게 체득할 수 있도록 구성하였다.

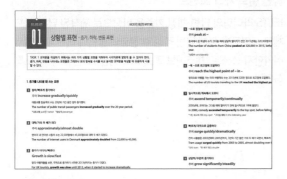

필수 표현 공략

실전 라이팅 시험에 반드시 쓰이는 **상황별, 주제별 필수 표현**을 수록하여 에세이 작성에 앞서 기본적인 표현력을 길러 풍부한 답변을 작성할 수 있게 하였다.

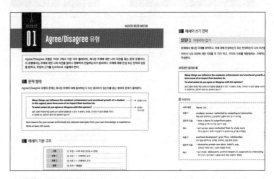

단계별 글쓰기 전략

분석메모 및 아웃라인 작성부터 서론-본론-결론 작성까지를 다룬 **단계별 글쓰기 전략 및 예시**를 학습하여 더욱 효율적이고 논리적인 답변을 작성할 수 있다.

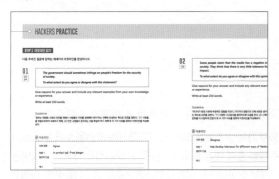

Hackers Practice & Hackers Test

앞서 배운 **글쓰기 전략**을 실제 시험과 유사한 연습 문제에 **적용**하여 풀어봄으로써 단계별 답변 전략을 익힐 수 있으며, 실제 시험에 대한 적응력 또한 키울 수 있다.

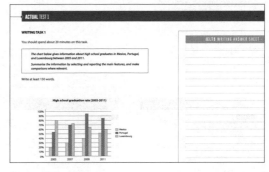

Actual Test

실제 시험과 유사한 구성 및 난이도로 제작된 문제를 풀어보며 IELTS 라이팅 학습을 효과적으로 마무리할 수 있다.

03 약점 극복 & 실전 감각 UP!

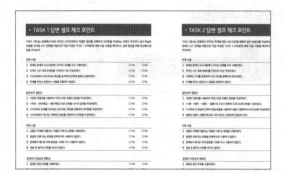

답변 셀프 체크 포인트

IELTS 라이팅의 답변 채점 기준을 바탕으로 제작된 답변 셀프 체크 포인트를 통해 답변 작성 후 본인의 답변이 어떤 부분에서 취약한지 스스로 체크해보고 스스로 점검, 보완할 수 있도록 하였다.

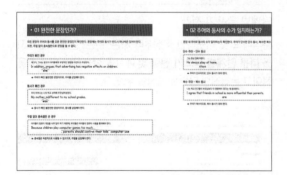

필수 첨삭 포인트

답변 작성 후 효율적으로 답변을 검토할 수 있는 여덟 가지 필수 첨삭 포인트를 제공하여 답변을 빠르게 검토 및 수정함으로써 완성도를 한층 더 높일 수 있도록 하였다.

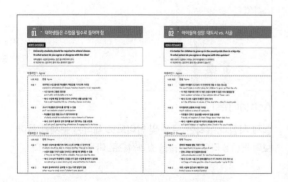

Task 2 주제별 출제 예상 토픽 & 아웃라인 모음집

출제 가능성이 높은 50개의 토픽과 아웃라인을 수록한 Task 2 주제별 출제 예상 토픽 & 아웃라인 모음집을 제공하여 다양한 주제와 아이디어를 추가로 학습함으로써 고득점을 위한 라이팅 실력을 완성할 수 있도록 하였다.

04 분석메모와 아웃라인, 모범답변으로 실력 UP!

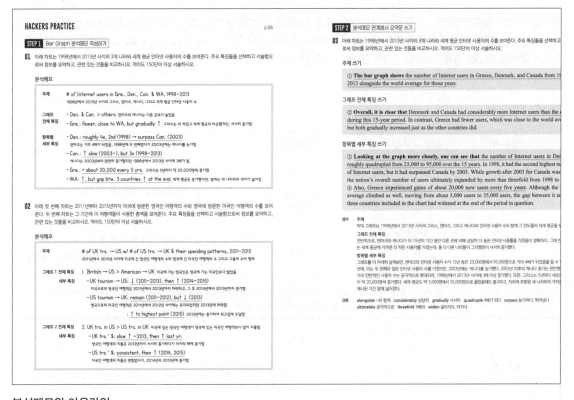

분석메모와 아웃라인

Task 1에 대한 분석메모의 예시를 제공하여 문제에서 제시된 시각자료에서 에세이 작성에 꼭 필요한 내용을 효율적으로 작성할 수 있는 방법을 익힐 수 있도록 하였다. 또한, Task 2에 대한 모범 아웃라인을 수록하여 답안을 논리적으로 전개할 수 있는 아웃라인의 작성 방법을 익힐 수 있도록 하였다.

모범답변

교재에 수록된 모든 문제에 대한 모범답변을 제공하여 학습자들이 자신의 답변을 보완하고 개선할 수 있도록 하였다. 다양한 상황에 쓰이는 표현과 자주 쓰이는 주제별 어휘를 사용한 모범답변을 학습하여 학습자 스스로 한층 풍부한 답변을 작성할 수 있도록 하였다.

IELTS 소개

■ IELTS란?

IELTS(International English Language Testing System)는 영어를 사용하는 곳에서 일을 하거나 공부를 하고 싶어 하는 사람들의 언어 능력을 측정하는 시험이다. Listening, Reading, Writing, Speaking 영역으로 구성되어 있으며 시험 시간은 약 2시간 55분이다. IELTS의 점수는 1.0부터 9.0까지의 Band라는 단위로 평가된다. 총점은 네 영역 점수의 평균 점수로 낸다.

시험은 두 가지 종류가 있는데, 대학교나 그 이상의 교육 기관으로의 유학 준비를 위한 Academic Module과 영국, 캐나다, 호주로의 이민, 취업, 직업 연수 등을 위한 General Training Module이 있다. Listening과 Speaking 영역의 경우 각 모듈별 문제가 같지만, Reading과 Writing 영역은 모듈별 시험 내용이 다르다.

■ IELTS 구성

시험 영역	출제 지문 및 문항 수	시험 시간	특징
Listening	4개 지문 출제 총 40문항 (지문당 10문항)	30분 (답안 작성 시간 10분 별도)	– 영국식, 호주식, 미국식 등의 발음이 출제 – 10분의 답안 작성 시간이 별도로 주어짐 – 객관식, 주관식, 빈칸 완성, 표 완성 등의 문제가 출제됨
Reading	3개 지문 출제 총 40문항 (지문당 13-14문항)	60분	– 길이가 길고 다양한 구조의 지문 출제 – 객관식, 주관식, 빈칸 완성, 표 완성 등의 문제가 출제됨
	* Academic Module은 저널, 신문기사 등과 같이 학술적인 내용의 지문 위주로 출제되며, General Training Module은 사용설명서, 잡지기사 등과 같이 일상 생활과 관련된 지문 위주로 출제됩니다.		
Writing	TASK 1: 1문항 TASK 2: 1문항	60분	– Task 간의 시간 구분 없이 시험이 진행됨 – Task 1보다 Task 2의 배점이 높음
	* Academic Module의 Task 1은 그래프, 표 등 시각자료를 보고 요약문 쓰기가 과제로 출제되며, General Training Module의 Task 1은 부탁, 초대 등 주어진 목적에 맞게 편지 쓰기가 과제로 출제됩니다. Task 2는 에세이 쓰기 과제가 동일한 형식으로 출제됩니다.		
Speaking	3개 Part로 구성 Part 1: 10-15문항 Part 2: 1문항 Part 3: 4-6문항	11-14분	– 시험관과 1:1 인터뷰 형식으로 진행됨 – 모든 시험 내용이 녹음됨
	약 2시간 55분		

■ IELTS 관련 제반 사항

실시일	· Paper-based IELTS는 매달 4회, Computer-delivered IELTS는 매주 최대 6회 시험이 있음
시험 장소	· Paper-based IELTS와 Computer-delivered IELTS는 영국 문화원 또는 IDP 주관 공식 지정 장소에서 치러짐
접수 방법	· Paper-based IELTS는 인터넷 또는 현장(IDP 공식 접수처) 접수 가능 · Computer-delivered IELTS는 인터넷 접수만 가능
시험 당일 준비물	· 신분 확인은 여권으로만 진행되므로 여권 필수 지참 (IDP 이외 경로로 시험을 접수한 경우, 여권 사본도 지참) · Paper-based IELTS로 등록한 경우, 필기구(연필/샤프, 지우개) 지참

성적 및 리포팅	· 성적 발표 소요 기간:
	  – Paper-based IELTS는 응시일로부터 13일째 되는 날
	  – Computer-delivered IELTS는 응시일로부터 1~2일 사이
	· 성적표는 온라인으로 조회 가능하며, 방문 수령(휴일/공휴일 제외) 혹은 우편 수령 가능
	· 재채점: 시험 응시일로부터 6주 이내에 4개 영역 중 원하는 영역에 대한 재채점 신청 가능
	· IELTS One Skill Retake: Computer-delivered IELTS 응시일로부디 60일 이내에 4개 영역 중 한 영역만
	  선택해 재시험 신청 가능
	· 리포팅: 전자 성적표를 해외 기관에 보내는 것은 무료
	· 성적표 재발급: 출력된 성적표는 시험일로부터 일부 기간만 재발급 가능하며, 일부 부수까지만 무료로 발급할 수
	  있음
	
	*재채점, IELTS One Skill Retake, 성적표 재발급에 대한 기한 및 비용 등과 같은 세부 규정은 시험 접수한 기관 홈페이지에서
	확인

■ 시험장 Tips

· 입실 시 소지품을 모두 보관소에 맡긴다. 시험실에 들고 가는 필기구와 물병 등에 글씨가 쓰여 있는 경우 수거될 수 있다.
· 입실 전 본인 확인을 위한 사진 촬영과 지문 확인 시간이 있다.
· 감독관의 안내는 영어로 이루어진다.
· 필기 시험은 별도의 쉬는 시간 없이 이어서 진행된다. Paper-based IELTS와 Computer-delivered IELTS 시험 도중에
  화장실에 가야 할 경우 손을 들어 의사를 표시하면, 감독관의 동행하에 화장실을 갈 수 있다.

■ IELTS Band Score

IELTS 시험은 Band Score로 수험자의 영어 실력을 평가한다. 각 Band Score에 대한 설명은 다음과 같다.

Band score	Skill level	Description
9	Expert user	완전한 구사력을 갖추고 있고, 영어 사용이 적절하며, 정확하고, 유창하며 완벽한 이해를 보이는 경우
8	Very good user	약간의 부정확성과 부적절한 사용을 보이지만 완전한 구사력을 갖추고 있으며, 낯선 상황에서 잘못 이해할 수는 있으나 복잡하고 상세한 주장을 잘 다루는 경우
7	Good user	구사력을 갖추고 있으며 일부 상황에서 때때로 부정확성, 부적절한 사용, 착오를 보이지만, 전반적으로 복잡한 표현을 잘 다루고 상세한 주장을 이해하는 경우
6	Competent user	부정확성, 부적절한 사용, 착오를 보이지만, 효과적인 구사력을 갖추고 있으며 익숙한 상황에서 상당히 복잡한 표현을 이해하고 사용할 수 있는 경우
5	Modest user	부분적인 구사력을 갖추고 있으며 대부분의 상황에서 전반적인 의미를 이해하지만, 실수를 할 가능성이 높으며 자신의 분야에서는 기본적인 의사소통을 하는 경우
4	Limited user	기본적인 구사력이 익숙한 상황에만 한정되어 있고, 이해와 표현에 있어 자주 문제가 있으며 복잡한 표현을 할 수 없는 경우
3	Extremely limited user	매우 익숙한 상황에서 전반적인 의미만을 전달하고 이해하며, 의사소통에 있어 빈번한 실패를 겪는 경우
2	Intermittent user	영어를 이해하는 것을 매우 어려워하는 경우
1	Non-user	일부 단어를 제외하고 영어를 사용할 수 없는 경우
0	Did not attempt the test	시험 응시자가 문제를 풀지 않은 경우

■ IELTS Band Score 계산법

IELTS 점수는 각 영역에 대한 Band Score가 나오고, 모든 영역의 평균인 Overall 점수가 계산되어 나온다. IELTS 점수를 영어 실력 평가의 기준으로 적용하는 기관들은 각 영역의 개별 점수와 Overall 점수에 대한 다른 정책을 가지고 있으므로, IELTS를 준비하는 목적에 맞게 전략적으로 시험 대비를 해야 한다. 네 영역 중 자신 있는 영역에서 고득점을 받으면 상대적으로 취약한 영역의 점수를 보완할 수 있다는 장점이 있다. 하지만, 영역별 점수의 변동 폭이 크면 Overall 점수에도 영향이 있으므로 각 영역 중 한 영역만 대비해서는 고득점을 받기 어렵다.

아래는 Band Score 계산의 예이다. 네 영역 평균 점수의 소수점에 따라 반올림이 되어, Overall Band Score가 나온다.

	Listening	Reading	Writing	Speaking	네 영역 평균	Overall Band Score
응시자 A	5.5	5.5	4.0	6.0	5.25	5.5
응시자 B	5.0	4.5	5.0	5.0	4.875	5.0
응시자 C	7.5	7.5	6.5	7.5	7.125	7.0

IELTS Writing 소개 및 학습전략

IELTS Writing 영역에서는 영어를 사용하는 국가에서 일하거나 공부할 때 필요한 영작문 능력을 평가한다. 따라서 학습자들은 라이팅 영역 준비 과정을 통해 IELTS 고득점 달성뿐만 아니라 실제 해외 거주와 취업, 그리고 대학 진학 후의 환경에 적응하는 데 효과적으로 대비할 수 있다.

■ IELTS Writing 구성

Writing 영역은 약 60분간 진행되며, Task 1과 Task 2가 각각 한 문제씩 출제된다. 이때, Task간의 시간 구분 없이 시험이 진행되므로 영역별 작성 시간 관리에 주의해야 한다.

■ IELTS Writing 영역 소개

영역		영역 소개	권장 시간
Task 1	시각자료 분석하기 → 쓰기 시각자료를 분석한 후 정보를 연계하여 요약문 작성하기	**시각자료 분석하기** 주제에 따른 시각자료의 정보 분석하기 **요약문 쓰기** 분석한 내용을 바탕으로 시각자료의 내용을 연계하여 요약문(150단어 이상) 작성하기	작성 시간: 20분
Task 2	쓰기 자신의 의견을 바탕으로 에세이 작성하기	**에세이 쓰기** 주장 및 관점, 문제 상황 등 대한 자신의 의견을 밝히고 그 근거를 제시하는 에세이(250단어 이상) 작성하기 * Task 2는 Task 1의 두 배의 배점을 가짐	작성 시간: 40분
			총 60분

▨ IELTS Writing 평가요소

IELTS Writing 학습에 앞서 채점 기준을 알아두면 평가요소가 모두 드러나는 답변을 작성할 수 있다. IELTS Writing은 요약문과 에세이의 전개 방식과 구성뿐만 아니라 적절한 어휘 및 문법의 사용 여부, 내용의 정확성 등의 요소를 평가하여 채점한다. 각 평가 요소의 특징은 다음과 같다.

평가요소	특징
과제 수행 (Task response)	· 주어진 과제를 모두 수행하였다. · 정확하고 완전한 답변을 작성하였다. · Task 1: 시각자료에서 특징적인 내용을 강조하거나 제시하였다. · Task 2: 주어진 주제와 연관된 나의 의견을 완전한 형태로 구체적인 근거와 함께 제시하였다.
일관성과 결합성 (Coherence & cohesion)	· 자연스러운 연결어를 사용할 수 있다. · 문단을 짜임새 있게 구성할 수 있다. · 각 문단의 중심 내용이 명확하게 드러나게 서술하였다. · 명확한 전개가 드러나도록 아이디어와 정보를 논리적으로 배열할 수 있다.
어휘 사용 (Lexical resource)	· 다양한 어휘를 사용할 수 있다. · 어휘 사용에 문법 또는 철자 오류가 없다. · 어휘의 특징을 고려하여 자연스러운 형태로 사용할 수 있다. · 정확한 내용을 전달하는 어휘를 사용할 수 있다.
문법의 다양성과 정확성 (Grammatical range & accuracy)	· 여러 가지 문장 구조를 자유롭게 쓸 수 있다. · 문장을 작성할 때 오류가 나타나지 않는다. · 알맞은 문장 부호를 사용하였다.

IELTS Writing 소개 및 학습전략

■ IELTS Writing 학습전략

1. 문장 표현력을 기른다.

자신의 의견을 효과적으로 전달하기 위해서는 문장 표현력이 뒷받침되어야 한다. 이때, 무조건 어려운 어휘와 표현을 외우는 것보다는 실제 에세이에서 사용할 수 있는 주요 표현들을 학습하는 것이 중요하다. 교재에 수록된 유형별·주제별 필수 표현을 통해 유용한 표현들을 다양하게 익혀 문장 표현력을 기르도록 한다.

2. 시각 자료 해석 능력을 기른다.

Task 1에서는 시각 자료를 보고 분석 내용을 요약할 수 있는 능력을 필요로 하므로 시각 자료의 어떤 내용이 요약문에 포함되어야 하는지 구분하는 능력이 중요하다. 또한, 복잡한 내용의 시각 자료가 출제되더라도 당황하지 않고 분석메모를 작성할 수 있어야 한다. 다양한 시각 자료를 분석하고 요약문을 써보는 연습을 통해 시각 자료 해석 능력을 기를 수 있다.

3. 다양한 주제에 대한 자신의 의견을 정리한다.

Task 2에서는 주제 자체가 어렵지 않더라도, 해당 문제에 대해 별로 생각해본 적이 없다면 자신의 의견을 정하는 데 곤란을 겪을 수 있다. 따라서, 별책으로 제공되는 Task 2 주제별 출제 예상 토픽 & 아웃라인 모음집을 활용하여 다양한 에세이 주제들에 대한 자신의 의견을 간단하게 정리하는 능력을 기르도록 한다.

4. 아이디어를 구조화하는 능력을 기른다.

단순히 토픽에 대한 아이디어만 가지고 있는 것만으로 좋은 에세이를 쓰기는 어렵다. 좋은 아이디어를 효과적으로 구조화하여 답변을 작성하면 나의 의견이나 분석 내용을 더욱 효과적으로 제시할 수 있다. 이 책의 실전 유형 공략에서 유형별로 제시하는 유형별 답변 구조를 익히고 답변을 쓸 때 전략적으로 적용한다.

5. 모범답변을 토대로 구조와 핵심 표현을 익힌다.

잘 쓰여진 모범답변을 많이 접하면 글의 구성과 논리를 효과적으로 전개하는 법을 익힐 수 있다. 또한, 좋은 표현과 어휘 또한 배울 수 있으므로 고득점을 위한 중요한 전략이다. 모범답변을 외워서 쓰려고 하기보다는 전반적인 글의 구성과 논리의 흐름을 익히고, 자신이 쓸 수 있는 핵심 표현을 정리해두는 것이 좋다.

▣ IELTS Writing 시험 Tips

실제 시험장에서 Writing 영역의 답안을 쓸 때 아래 사항을 염두에 두면 많은 도움이 된다.

1. Task 2의 에세이를 먼저 쓰고 그다음에 Task 1의 요약문을 쓴다.

주어진 60분 이내에 Task 1과 Task 2의 과제를 모두 수행해야 하므로 적절한 시간 배분이 중요하다. Task 2는 Task 1보다 100단어 이상 길게 써야 하고, 배점도 두 배 더 많으므로 Task 2의 에세이를 먼저 완성하고 그다음에 Task 1의 요약문을 쓰는 것이 효율적이다. Task 1에 20분, Task 2에 40분을 배분하여 서술하는 것을 권장한다.

2. 시험장에서 여분의 연필과 지우개를 받아 답변을 깔끔하게 쓴다.

IELTS 시험은 답안을 손으로 직접 작성하는 것이 특징이다. 특히 답변을 길게 써야 하는 라이팅 영역은 깔끔한 답변 작성이 중요하다. 답변 작성을 할 때 연필이 뭉뚝해지거나 지우개를 가져오지 않았다면 시험장에서 여분의 연필과 지우개를 받아 답변을 정갈하게 작성할 수 있다.

3. 분석메모와 아웃라인은 빠른 시간 안에 간단하게 표현한다.

분석메모와 아웃라인은 답변을 준비하는 단계이므로 많은 시간을 투자하지 않도록 주의한다. 자신이 알아볼 수 있는 방법과 언어로 최대한 간단하게 표현해 놓으면 실제 답변 작성에 도움이 된다.

4. 최종 검토를 꼼꼼히 한다.

좋은 내용의 글이라도 틀린 철자나 문법적 실수가 잦으면 점수에 좋지 않은 영향을 미친다. 답변을 다 작성한 후 2분 정도의 시간 동안 답변을 꼼꼼히 검토한다. 또한, 답안지 상단에 응시하는 모듈(Academic 또는 General Training)을 정확히 체크했는지, 응시 정보를 빠짐없이 기입했는지 한 번 더 확인한다. 답안지를 두 장 이상 작성한 경우, 답안지 상단에 답안지의 페이지 수를 정확히 기입했는지도 다시 한번 확인한다.

5. 마지막까지 집중력을 잃지 않는다.

Listening과 Reading 영역에 이어 쉬는 시간 없이 바로 Writing 영역 시험이 시작되므로 집중력이 흐려지기 쉽다. 그러나 Writing 영역에서는 단 두 문제로 다른 영역과 같은 비중의 점수를 얻게 되기 때문에 마지막까지 집중력을 잃지 않고 최선을 다하는 것이 중요하다.

분석메모 작성 방법

IELTS Writing Task 1에서는 문제에서 제시된 시각자료를 적절히 요약해야 한다. 논리적이고 구조적인 글을 작성하기 위해서는 분석메모를 작성해 글감을 정리하고 구조를 잡아두면 좋다. 분석메모를 효율적으로 작성하면 요약문을 효율적으로 작성하는 데 도움이 된다.

■ 효과적인 분석메모 작성하기

1. 핵심 내용만 간단히 적기

시각자료에 포함된 모든 정보를 분석메모에 모두 적지 말고, 핵심 내용만 간단한 표현과 어휘를 사용하여 적는다. 문장 전체를 쓰는 것보다는 '구' 단위의 표현으로 간단히 적는 것이 좋다. 불필요하거나 문법적인 요소는 생략하고, 답변을 적을 때 꼭 필요한 내용만 간단히 적도록 한다.

2. 언어 자유롭게 선택하여 적기

영어든지 한글이든지 그때그때 자신에게 편리한 언어를 선택하여 적거나 또는 섞어서 적을 수 있다. 짧은 시간 안에 중요한 내용만 골라서 적을 수 있도록 자유롭게 적는다.

3. 기호와 약어 적절히 사용하여 적기

분석메모는 요약문을 작성하기 쉽도록 내용을 정리하기 위해 작성하는 것이므로 기호와 약어를 사용해 자신이 알아볼 수 있도록 필수적인 내용만 간단하게 담아야 한다. 자주 쓰이는 개념은 기호로, 단어는 약자로 정해두고 활용하면 시간을 절약할 수 있다.

① 기호

X	부정/ not, no	:	~이다/ is, are
↑	증가/ increase	〉	더 큰/ greater than, more, larger
↓	감소/ decrease	〈	더 작은/ less than, fewer, smaller
→	~으로 되다/ become, result, change to	=	같은/ equal, to be
&	그리고/ and	#	수/ number

② 약어

b/c	왜냐하면/ because	w/	같이/ with
btw.	사이에/ between	w/o	없이/ without
thrw.	~을 통해/ through	adv.	장점/ advantage
etc.	등등/ and so on	disadv.	단점/ disadvantage
ex)	예/ for example	POS	긍정적인/ Positive
ppl.	사람들/ people	NEG	부정적인/ Negative

■ 분석메모 작성의 예

문제

> *The graph below shows the employment rate of each gender in four different countries in 2002.*
>
> *Summarise the information by selecting and reporting the main features, and make comparisons where relevant.*
>
> *아래 그래프는 2002년 각기 다른 4개 나라의 성별에 따른 취업률을 보여준다.*
> *주요 특징들을 선택하고 보고함으로써 정보를 요약하고, 관련 있는 것들을 비교하시오.*

Write at least 150 words.

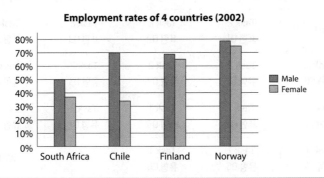

Employment rates of 4 countries (2002)

분석메모

주제	employment rates of m & w in 4 countries, 2002 2002년 4개 나라에서의 남녀 취업률
그래프 전체 특징	– m > w in 4 countries 4개 나라에서 남성 취업률이 여성보다 더 높음 – Fin. & Nor.: m ≒ w 핀란드와 노르웨이에서는 비슷했음 – SA: more diff. 남아프리카에서는 차이가 더 컸음 – Chi.: largest gap 칠레에서는 격차가 매우 컸음

항목별
세부 특징
	– m: Nor. > Chi. & Fin. > SA
	  남성은 노르웨이가 가장 높았으며 칠레와 핀란드가 그 뒤를 따르고, 남아프리카는 보다 낮았음
	– w: Nor. > Fin. > Chi. & SA
	  여성은 노르웨이가 가장 높았으며 핀란드가 그 뒤를 따르고, 칠레와 남아프리카는 보다 낮았음
	  : Chi. – 1/2 of m 칠레에서 여성은 남성 취업률의 절반이었음

* 본 교재의 분석메모는 영어로 기본 작성되었으며, 한글 부분은 영어의 해석이다.
  실제로 분석메모 작성 시 같은 내용을 영어와 한글로 둘 다 쓰지 않도록 한다.

학습플랜

본격적인 IELTS Writing 학습에 들어가기 전 Diagnostic Test로 자신의 실력을 파악하고, 부족한 부분을 중심으로 학습할 수 있는 수준별 학습플랜을 활용하면 큰 도움이 된다.

4주 Task 2 → Task 1 순차 학습플랜

4주간 Task 2와 Task 1을 순서대로 익힐 수 있는 학습플랜으로, Task 2의 표현과 전략을 충분히 익힌 뒤 Task 1의 내용을 소화하고 싶은 학습자에게 적절하다. Task 2는 Task 1보다 두 배의 배점을 가지고 글의 구성 및 논리를 전개하는 법을 익혀야 하므로, 순차적으로 학습할 경우, Task 2를 먼저 학습하고 이를 바탕으로 Task 1을 이어서 학습하면 효과적이다.

	Day 1	Day 2	Day 3	Day 4	Day 5	Day 6
Week 1	DT	Task 2 표현 01	Task 2 표현 02	Task 2 표현 03	Task 2 표현 04	Task 2 표현 05
Week 2	Task 2 표현 06	Task 2 유형 01	Task 2 유형 02	Task 2 유형 03	Task 2 유형 04	Task 2 유형 05
Week 3	Task 1 표현 01	Task 1 표현 02	Task 1 표현 03	Task 1 유형 01	Task 1 유형 02	Task 1 유형 03
Week 4	Task 1 유형 04	Task 1 유형 05	Task 1 유형 06	AT I	AT II	전체 복습

* DT: Diagnostic Test   **표현**: 필수표현공략   **유형**: 실전유형공략   **EX**: Example   **HP**: Hackers Practice   **HT**: Hackers Test   **AT**: Actual Test
CU: Check-Up

4주 Task 1 + Task 2 혼합 학습플랜

4주간 Task 1과 Task 2를 함께 학습할 수 있는 플랜으로, 학습 기간 내내 각 Task의 유형별 전략에 대한 감을 잃지 않기를 원하는 학습자에게 적절하다.

	Day 1	Day 2	Day 3	Day 4	Day 5	Day 6
Week 1	DT	Task 1 표현 01	Task 1 표현 02	Task 1 표현 03	Task 2 표현 01	Task 2 표현 02
Week 2	Task 2 표현 03	Task 2 표현 04	Task 2 표현 05	Task 2 표현 06	Task 1 유형 01 EX, HP 01~02	Task 1 유형 01 HP 03~04 HT 01
					Task 2 유형 01 EX, HP 01~04	Task 2 유형 01 HP 05~06 HT 01~02
Week 3	Task 1 유형 02 EX, HP 01~02	Task 1 유형 02 HP 03~04 HT 01	Task 1 유형 03 EX, HP 01~02	Task 1 유형 03 HP 03~04 HT 01	Task 1 유형 04 EX, HP 01~02	Task 1 유형 04 HP 03~04 HT 01
	Task 2 유형 02 EX, HP 01~04	Task 2 유형 02 HP 05~06 HT 01~02	Task 2 유형 03 EX, HP 01~04	Task 2 유형 03 HP 05~06 HT 01~02	Task 2 유형 04 EX, HP 01~04	Task 2 유형 04 HP 05~06 HT 01~02
Week 4	Task 1 유형 05 EX, HP 01~02	Task 1 유형 05 HP 03~04 HT 01	Task 1 유형 06 EX, HP 01~02	Task 1 유형 06 HP 03~04 HT 01	AT I	AT II
	Task 2 유형 05 EX, HP 01~02	Task 2 유형 05 HP 03~04 HT 01~02	Task 2 유형 01~03 복습	Task 2 유형 04~05 복습		

* 8주 학습플랜을 진행하고 싶은 학습자는 4주 학습플랜의 하루 학습 분량을 이틀에 걸쳐 공부한다.

HACKERS
IELTS
WRITING

goHackers.com

학습자료 제공·유학정보 공유

DIAGNOSTIC
TEST

WRITING TASK 1

You should spend about 20 minutes on this task.

> *The graph below shows changes in the share of vehicle registrations of the three most common types of commercial vehicles in the US between 1970 and 2010.*
>
> *Summarise the information by selecting and reporting the main features, and make comparisons where relevant.*

Write at least 150 words.

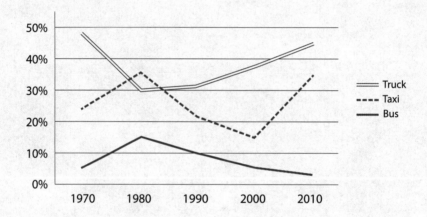

Proportion of vehicle registration, 1970-2010

....

....

....

....

....

....

....

....

....

....

....

....

....

....

....

....

....

....

....

....

....

....

....

*답변 작성 시 마지막 2분 동안 핵심 첨삭 포인트(p.331)를 참고하여 요약문을 검토하자.
*답변 작성을 완료한 후, 답변 셀프 체크 포인트(p.344)를 통해 나의 답변을 점검하고 보완하자.

모범답변 및 해석: 해석집 p.350

WRITING TASK 2

You should spend about 40 minutes on this task.

Write about the following topic:

> *Some students decide early in life to pursue vocational careers that involve cooking or baking. For them, it is better to study their chosen occupations in high school rather than regular subjects.*
>
> *To what extent do you agree or disagree?*

Give reasons for your answer and include any relevant examples from your own knowledge or experience.

Write at least 250 words.

*답변 작성 시 마지막 2분 동안 핵심 첨삭 포인트(p.331)를 참고하여 에세이를 검토하자.
*답변 작성을 완료한 후, 답변 셀프 체크 포인트(p.345)를 통해 나의 답변을 점검하고 보완하자.

모범답변 및 해석: 해석집 p.351

TASK 1

필수 표현 공략

01 상황별 표현 – 증가, 하락, 변동 표현
02 상황별 표현 – 비교, 비율, 안정 표현
03 상황별 표현 – 과정, 전환, 위치 표현

실전 유형 공략

01 Bar Graph 유형
02 Line Graph 유형
03 Pie Chart 유형
04 Table 유형
05 Map 유형
06 Diagram 유형

INTRODUCTION

■ Overview

TASK 1에서는 한 문제가 출제되고, 문제에 제시된 주제에 대한 시각자료를 분석하여 요약문을 적는 과제가 주어진다. 시각자료의 전체를 아우르는 눈에 띄는 특징과 세부적인 특징을 비교·분석한 요약문을 작성해야 한다.

■ 문제 유형 소개

출제되는 문제 유형은 크게 6가지이며, Bar Graph(막대 그래프), Line Graph(선 그래프), Pie Chart(파이 차트), Table(표), Map(지도), Diagram(다이어그램)이다. 대부분은 단일 유형의 시각자료가 문제로 출제되지만, 간혹 다른 두 유형의 시각자료들이 결합된 문제가 출제되기도 한다.

01 Bar Graph(막대 그래프)

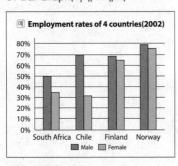

02 Line Graph(선 그래프)

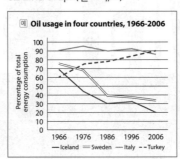

03 Pie Chart(파이 차트)

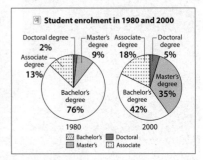

04 Table(표)

Quantities of beef exported in 5 countries (2012, 2014, 2016)			
	2012	2014	2016
Japan	224	633	1,005
Switzerland	23	17	22
Brazil	125,465	130,307	137,650
Norway	34	81	17
Uruguay	44,372	39,932	42,310

05 Map(지도)

06 Diagram(다이어그램)

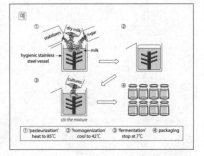

■ 문제의 핵심 포인트

특정 주제에 대한 막대 그래프, 선 그래프, 파이 차트와 같은 그래프를 분석하여 요약문을 작성하는 문제 유형이 출제된다. 또한, 표, 지도, 다이어그램과 같은 시각자료를 분석하여 요약문을 작성하는 문제 유형도 출제되며, 두 가지 유형의 시각자료가 결합하여 출제되는 경우도 있다.

문제 형태의 예

주제와 관련된 조사 결과의 수치나 그에 관련된 변화 양상을 보여주는 Bar Graph 유형

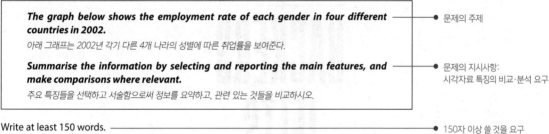

The graph below shows the employment rate of each gender in four different countries in 2002. ——— 문제의 주제
아래 그래프는 2002년 각기 다른 4개 나라의 성별에 따른 취업률을 보여준다.

Summarise the information by selecting and reporting the main features, and make comparisons where relevant. ——— 문제의 지시사항: 시각자료 특징의 비교·분석 요구
주요 특징들을 선택하고 서술함으로써 정보를 요약하고, 관련 있는 것들을 비교하시오.

Write at least 150 words. ——— 150자 이상 쓸 것을 요구
적어도 150단어 이상 서술하시오.

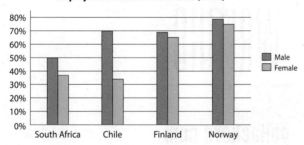

Employment rates of 4 countries (2002)

■ 문제풀이 전략

STEP 1 **시각자료 분석메모 작성하기**
시각자료를 분석하여 전체 특징과 세부 특징을 정리한다. 전체 특징은 시각자료 전체를 아우르는 눈에 띄는 특징을 적고, 세부 특징으로는 구체적인 연도 및 수치를 포함하여 작성한다.

STEP 2 **분석메모 연계해서 요약문 쓰기**
앞서 작성한 분석메모를 보고 시각자료의 전체 특징과 세부 특징을 구분하여 요약문의 단락을 구상한 후, 실제로 요약문을 작성한다.

STEP 3 **요약문 검토 및 수정하기**
작성한 요약문을 검토하며 실수를 바로잡는다. 이때 시간은 2분 정도가 적당하며, 요약문의 내용보다는 문법, 철자, 문장 구조 등의 형식적인 사항을 중심으로 수정하는 것이 좋다.
필수 첨삭 포인트(p.331)를 참고하여 요약문을 검토하는 연습을 할 수 있다.

HACKERS
IELTS
WRITING

goHackers.com
학습자료 제공·유학정보 공유

TASK 1

필수 표현 공략

---

01 상황별 표현 - 증가, 하락, 변동 표현

02 상황별 표현 - 비교, 비율, 안정 표현

03 상황별 표현 - 과정, 전환, 위치 표현

상황별 표현 – 증가, 하락, 변동 표현

TASK 1 요약문을 작성하기 위해서는 여러 가지 상황별 표현을 익혀두어 시각자료에 알맞게 쓸 수 있어야 한다. 증가, 하락, 변동을 나타내는 표현들은 그래프나 표의 항목별 수치를 비교 분석한 요약문을 작성할 때 유용하게 사용할 수 있다.

1. 증가를 나타낼 때 쓰는 표현

1 점차/빠르게 증가하다

주어 **increase gradually/quickly**

대중교통 탑승객의 수는 20년의 기간 동안 점차 증가했다.

The number of public transit passengers **increased gradually** over the 20-year period.

*대중교통 public transit   *탑승객 passenger

2 대략/거의 두 배가 되다

주어 **approximately/almost double**

덴마크 내 인터넷 사용자 수는 22,000명에서 45,000명으로 대략 두 배가 되었다.

The number of Internet users in Denmark **approximately doubled** from 22,000 to 45,000.

3 증가가 더디다/빠르다

Growth is slow/fast

영국 여행객들을 보면, 극적으로 증가하기 시작한 2013년까지는 증가가 더뎠다.

For UK tourists, **growth was slow** until 2013, when it started to increase dramatically.

*여행객 tourist   *극적으로 dramatically

4 빠르게/심하게 증가하다

주어 **rise rapidly/heavily**

브라질이 수출한 소고기의 양은 10년의 기간 동안 125,465톤에서 137,650톤으로 빠르게 증가했다.

The amount of beef Brazil exported **rose rapidly** from 125,465 to 137,650 tons over the ten-year period.

*수출하다 export

5 ~으로 정점에 도달하다

주어 peak at ~

중국에서 온 학생의 수가 그다음 해에 상당히 떨어지기 전인 2015년에는 320,000명으로 정점에 도달했다.

The number of students from China **peaked at** 320,000 in 2015, before falling considerably in the next year.

*상당히 considerably

6 –에 ~으로 최고점에 도달하다

주어 reach the highest point of ~ in –

영국으로 여행을 가는 미국 여행객의 수는 2015년에 320만 명으로 최고점에 도달했다.

The number of US tourists traveling to the UK **reached the highest point of** 3.2 million **in** 2015.

7 일시적으로/계속해서 오르다

주어 ascend temporarily/continually

2000년에, 코미디는 그다음 해에 떨어지기 전에 일시적으로 1위에 올랐다.

In 2000, comedy **ascended temporarily** to the top spot, before falling in the following year.

*1위, 최고의 자리 top spot   *그다음 해에 in the following year

8 빠르게/극적으로 급증하다

주어 surge quickly/dramatically

전차 사용량은 2003년부터 2005년까지, 3년의 기간 동안 거의 두 배가 되면서, 빠르게 급증했다.

Tram usage **surged quickly** from 2003 to 2005, almost doubling over the three-year period.

*전차 tram   *두 배가 되다 double

9 상당히/꾸준히 증가하다

주어 grow significantly/steadily

미국 내 해외에서 온 학생들의 경제상의 기여는 상당히 증가했다.

The economic contribution of students from overseas in the US **grew significantly**.

*경제상의, 경제의 economic   *기여 contribution

10 기하급수적으로/꽤 증가하다

주어 go up exponentially/moderately

2000년부터 8년 동안 버스 승객 수는 기하급수적으로 증가하여, 결국 그 기간 시작점이었을 때의 수에서 다섯 배에 이르렀다.

Bus passenger numbers **went up exponentially** over the eight years from 2000, eventually reaching five times what they were at the start of the period.

*결국 eventually

11 급격히/눈에 띄게 치솟다

주어 soar sharply/remarkably

지난 5년간 교통량은 1억 5천만 이상 급격히 치솟았다.

Traffic **soared sharply** by over 150 million in the last five years.

*교통량 traffic

12 상승 추세가 보여지다

An upward/increasing trend is seen

멕시코에서는 마지막까지 일정한 속도로 급증하며, 40년의 기간 동안 상승 추세가 보여졌다.

An upward trend was seen in Mexico over the 40-year period, rapidly increasing in pace towards the end.

*일정한 속도로 in pace

13 상당히/갑자기 급증하다

주어 shoot up considerably/suddenly

포르투갈 내 졸업생의 점유율은 2005년 최저점 54퍼센트에서 2009년 최고점 95퍼센트까지 상당히 급증했다.

The share of graduates in Portugal **shot up considerably** from its lowest point of 54 percent in 2005 to a peak of 95 percent in 2009.

*졸업생 graduate

2. 하락을 나타낼 때 쓰는 표현

14 눈에 띄게/극히 작게 떨어지다

주어 **dip notably/minimally**

트럭 수치는 두 번째 해에 거의 27퍼센트만큼 하락하면서 눈에 띄게 떨어졌고, 그다음 해들에도 지속해서 하락했다.

Truck numbers **dipped notably**, falling by almost 27 percent in the second year and continued to drop in subsequent years.

15 조금/꾸준히 하락하다

주어 **fall slightly/steadily**

영국으로 여행 가는 미국 거주자의 수치는 2011년과 2012년에 280만 즈음에 머물렀지만, 2013년에는 조금 하락했다.

The number of US residents traveling to the UK remained at around 2.8 million in 2011 and 2012, but **fell slightly** in 2013.

16 서서히/꽤 크게 감소하다

주어 **decline slowly/sizably**

룩셈부르크의 비율은 24퍼센트에서 13퍼센트로 서서히 감소했는데, 이는 문제에 나온 모든 나라 중에 가장 큰 감소였다.

Luxembourg's rate **declined slowly** from 24% to 13%, which was the largest decrease of all the countries in question.

17 급속히/근소하게 하락하다

주어 **drop rapidly/insignificantly**

이 수치는 2011년 즈음에 25퍼센트까지 급속히 하락했는데, 이는 기존의 양에 비해서 거의 50퍼센트의 감소였다.

This figure **dropped rapidly** to 25 percent by 2011, a decrease of almost 50 percent compared to the original amount.

18 대략/거의 반으로 줄다

주어 **roughly/nearly halve**

스웨덴의 비율은 35퍼센트까지 대략 반으로 줄었는데, 이는 노르웨이와 거의 같은 수준이었다.

Sweden's proportion had **roughly halved** to 35 percent, which was almost equal to Norway.

*비율 proportion *~과 같은 수준인 equal to

19 급격히/조금 떨어지다

주어 **go down sharply/slightly**

아이슬란드의 비율은 20퍼센트 바로 아래로 급격히 떨어졌다.
Iceland's percentage **went down sharply** to just under 20 percent.

20 크게/빠르게 폭락하다

주어 **plummet remarkably/quickly**

15세 미만 인구의 비율은 그 기간의 하반기에 크게 폭락했다.
The proportion of people under the age of 15 **plummeted remarkably** during the second half of the period.

*하반기 second half

21 ~로 최저점에 도달하다

주어 **hit a low of ~**

영국 여행객의 수는 그다음 몇 해 동안 상당히 증가하기 전인 2012년에 3백만으로 최저점에 도달했다.
The number of Uk travelers **hit a low of** three million in 2012 before increasing substantially over the next few years.

*상당히 substantially

22 끊임없이/갑자기 줄어들다

주어 **shrink consistently/abruptly**

가장 어린 연령대 집단은 끊임없이 줄어드는 유일한 집단이었다.
The youngest age group was the only one to **shrink consistently**.

*연령대 집단 age group

23 상당히/빠르게/점차 감소하다

주어 **decrease substantially/quickly/gradually**

농업 분야에 고용된 노동자의 비율은 1981년 33퍼센트에서 2011년 6퍼센트로 상당히 감소했다.
The proportion of workers hired in the agriculture sector **decreased substantially** from 33 percent in 1981 to 6 percent in 2011.

*농업 agriculture *분야 sector

3. 변동을 나타낼 때 쓰는 표현

24 -년의 기간 동안 변동을 거듭하다

주어 fluctuate over the #-year period

공업 노동자의 비율은 20년의 기간 동안 변동을 거듭했다.

The percentage of industrial workers **fluctuated over the 20-year period**.

25 ~에 큰 변화가 있다

There are significant changes in ~

1990년과 2010년 사이에 인구 이동량에 큰 변화가 있었다.

There were significant changes in the volume of migration between 1990 and 2010.

* 양, 용량 volume   *인구 이동 migration

26 조금씩의 변화가 있다

There are some slight shifts

조금씩의 변화가 있긴 했지만 판매 수치는 3년 동안 거의 안정적이었다.

Sales figures were more or less stable in the three years, though **there were some slight shifts**.

*거의 more or less

27 지속적으로/계속해서 변하다

주어 vary consistently/continuously

오토바이 등록 건수는 전체 기간 동안 지속적으로 변했는데, 1995년과 1997년에는 최고점이었고, 2000년에는 최저점이었다.

Motorcycle registrations **varied consistently** during the whole period, with peaks in 1995 and 1997, and a low in 2000.

*오토바이 motorcycle   *등록 건수 registration

28 여러 차례 오르내리다

주어 go up and down several times

재료와 용품의 비율은 여러 차례 오르내렸다.

The percentages for resources and equipment **went up and down several times**.

*재료, 자원 resource

보라색으로 주어진 표현에 유의하여, 다음의 우리말 문장을 영어로 바꾸어 쓰시오.

01 경제 침체 이후에 몇 년 동안 집값이 점차 증가했다.

*경제 침체 economic downturn   *이후에 following

_____

02 2005년 덴마크에서의 증가는 더뎠고, 그 후 2009년에 빠르게 증가했다.

*빠르게 rapidly

_____

03 영국에서 유럽 이민자들의 수는 2016년에 65만으로 정점에 도달했다.

*이민자 immigrant

_____

04 석유의 가격은 다음 두 해 동안 꾸준히 증가했다.

*석유 가격 oil price

_____

05 호주로부터의 수입은 마지막 분기에 꽤 증가했다.

*수입 import   *마지막 분기에 in the last quarter

_____

06 지난 6개월 동안 고속 인터넷 채택에 상승 추세가 보여졌다.

*고속 인터넷 high-speed Internet   *채택 adoption

_____

07   연료의 가격은 그 회계 연도 동안 눈에 띄게 떨어졌다.

*연료 fuel   *회계 연도 fiscal year

_____

08   시장 가치는 여름 내내 계속해서 꾸준히 하락했다.

*시장 가치 market value

_____

09   영화의 개봉 첫 주 이후 관객 수가 급속히 하락했다.

*개봉 release   *관객 audience

_____

10   그 나라의 인구 증가율은 지난해에 단 2퍼센트로 최저점에 도달했다.

*인구 증가율 population growth rate

_____

11   생산 가격은 사업의 첫 5년의 기간 동안 변동을 거듭했다.

*생산 가격 production cost

_____

12   문제에 나온 2년의 기간 동안 주가에 조금씩의 변화가 있었다.

*~의 기간 동안 over the course of   *주가 stock price

_____

모범답변: 해석집 p.353

02 상황별 표현 – 비교, 비율, 안정 표현

비교·비율·안정을 나타내는 표현들은 각종 시각자료의 수치 및 변화 등을 분석한 요약문을 작성할 때 유용하게 사용할 수 있다.

1. 비교를 나타낼 때 쓰는 표현

1 ~와 거의/대략 같다

주어 is nearly/roughly equal to ~

모험 장르는 15퍼센트 가까이에 해당했으며, 이는 가장 인기 없는 세 개의 장르 이익률을 합친 것과 거의 같았다.

Adventure represented close to 15 percent, which **was nearly equal to** the profit rates of the three least popular genres combined.

*해당하다 represent   *이익률 profit rate   *합치다 combine

2 상대적으로 균등하게 분포되어 있다

주어 is relatively evenly distributed

노르웨이와 핀란드의 두 성별의 비율은 상대적으로 균등하게 분포되어 있었다.

The proportions for both sexes in Norway and Finland **were relatively evenly distributed**.

3 A가 B보다 ~하다

A is 비교급(higher/lower/more ~) than B

텔레비전에 대한 광고 비용은 그 어떤 다른 범주에 대한 비용보다 높았다.

Advertising costs for televisions **were higher than** those for any other category.

*광고 비용 advertising cost   *범주 category

4 A가 가장 ~하다

A is 최상급(the most common/the most popular/the highest)

학사 학위를 가진 학생의 총계가 감소하긴 했지만, 그럼에도 여전히 기간 말에 가장 일반적인 학위였다.

Although the amount of bachelor's degree students decreased, it **was** still **the most common** degree at the end of the period.

*학사 학위 bachelor's degree

5 ~가 뒤를 잇다

followed by ~

영국은 약 8퍼센트로 보건에 대해 가장 많이 지출했으며, 교육이 6.4퍼센트로 그 뒤를 이었다.

The UK spent the most on health, at roughly 8 percent, **followed by** education at 6.4 percent.

*지출하다 spend *보건 health

6 바로 뒤를 따르다

주어+동사 **close behind**

남아프리카는 60퍼센트 정도로 가장 낮았던 반면에, 칠레와 핀란드 남성은 약 70퍼센트로 바로 뒤를 따랐다.

Chilean and Finnish men were **close behind** at roughly 70 percent, whilst South Africa was the lowest with around 60 percent.

*반면에 whilst

7 격차가 넓어지다/좁아지다

The gap widens/narrows

기간 말에 이르러 세 나라 인구의 격차가 점점 넓어졌다.

The gap in population among the three countries had **widened** by the end of the period.

8 ~와 비교해서

Compared to ~

2010년의 수치와 비교해서, 2015년의 가치는 2.5배 정도 더 높았다.

Compared to the 2010 figure, the 2015 value was around 2.5 times higher.

*수치 figure *가치, 값 value

9 그에 반해,

In/By contrast,

그에 반해, 여행 중에 방문한 사람의 비율은 27퍼센트에서 12퍼센트로 절반 이상 줄었다.

In contrast, the proportion of people visiting on tour was cut by more than half from 27 percent to 12 percent.

*여행 중에 on tour *절반 이상 more than half

10 비슷한 경향이 보였다

A similar pattern/trend was seen

비슷한 경향이 하위권에서 보였는데 냉장고와 세탁기가 전체의 6.78퍼센트와 6.04퍼센트만을 차지했다.

A similar pattern was seen on the lower end with refrigerators and washing machines, capturing just 6.78 percent and 6.04 percent of the total.

*하위권에서 on the lower end   *냉장고 refrigerator   *차지하다, 잡다 capture

11 반면

Whereas 주어 + 동사

대부분의 범주에서 적은 변화만 있었던 반면, 여행 중에 방문하는 것은 몇 년 사이에 상당히 줄어들었다.

Whereas there were only slight shifts in most categories, to visit on tour shrank considerably between the years.

*적은, 약간의 slight   *변화 shift

12 ~를 합한 것보다 더 …하다

주어 + 동사 more 명사 than ~ combined

브라질이 일본, 스위스, 노르웨이, 그리고 우루과이를 합한 것보다 더 많은 소고기를 수출했다.

Brazil exported **more** beef **than** Japan, Switzerland, Norway, and Uruguay **combined**.

*수출하다 export

13 두드러지다

주어 stand out

1995년에는, 가장 인기 있는 장르로 두드러진 것은 드라마이다.

In the year 1995, it is drama that **stands out** as the most popular genre.

2. 비율을 나타낼 때 쓰는 표현

14 거의/대략 ~을 차지하다

주어 account for almost/roughly

학부생의 비율은 모든 학생의 거의 4분의 3을 차지했다.

The proportion of undergraduate students accounted for almost three-quarters of all students.

*학부생, 대학생 undergraduate student *4분의 3 three-quarters

15 대략/거의 ~에 해당하다

주어 represent approximately/nearly ~

1980년에 대략 9퍼센트에 해당하던 석사 학위생의 총합계는, 2000년에 거의 네 배가 되었다.

The total of master's degree students, representing approximately nine percent in 1980, nearly quadrupled by 2000.

*석사 학위생 master's degree student *네 배가 되다 quadruple

16 ~에 속하다

주어 fall into ~

추정치는 2050년쯤에는 인구의 25퍼센트가 이 범주에 속하게 될 것임을 보여준다.

Projections show that 25 percent of the population will fall into this category by 2050.

*추정치, 예상 projection

17 다수의 ~

The majority of ~

압도적인 다수의 방문객이 학습하고 지식을 습득하기 위해 미술관에 갔다.

The overwhelming **majority of** visitors went to art museums to learn and gain knowledge.

*압도적인 overwhelming

18 ~으로 이루어져 있다

주어 consist of ~

가장 큰 차이는 거주지의 감소와 녹지 공간의 확대로 이루어져 있다.

The biggest differences consist of a reduction in residences and an increase in green spaces.

*감소 reduction *거주지 residences *녹지 공간 green space

19 ~으로 구성되어 있다
주어 is/are composed of ~

다이어그램은 전압 측정기, 엔진, 그리고 건전지로 구성되었고, 이는 모두 일련의 전기선으로 연결되어 있다.

The diagram is composed of a voltage measuring device, an engine, and a battery, all of which are connected by a series of electrical cables.

*전압 측정기 voltage measuring device *일련의 a series of *전기선 electrical cable

20 대략/거의 ~을 차지하다
주어 make up approximately/almost

쇼핑하기 위해서 간 사람은 단 1퍼센트를 차지한 반면, 그 외 목적으로 간 사람들은 대략 3에서 4퍼센트를 차지했다.

Those who went for other purposes made up approximately three to four percent, whilst those who went to shop accounted for just one percent.

21 ~의 부분
The portion of ~

석사 학위를 얻고자 하는 학생의 부분이 두 개년도 사이에 3분의 2 이상 늘면서, 두드러지게 증가했다.

The portion of students seeking a master's degree markedly increased, growing by over two-thirds between the two years.

*얻고자 하다, 구하다 seek *두드러지게 markedly *3분의 2 two-thirds

22 우위를 차지하는 ~이다
주어 is the dominant ~

록은 각 기간에 모든 판매량의 대략 40퍼센트를 차지하며, 우위를 차지하는 장르였다.

Rock was the dominant genre, accounting for approximately 40 percent of all sales in each period.

*차지하다 account for *판매량 sale

3. 안정을 나타낼 때 쓰는 표현

23 거의/상대적으로 균일한

주어 is nearly/relatively flat

이탈리아의 수치는 1996년부터 2006년까지 거의 균일했지만, 변함없이 높았다.

Italy's numbers **were nearly flat** from 1996 to 2006, but were constantly high.

*변함없이 constantly

24 비교적/거의 안정적인 상태를 유지하다

주어 remain relatively/almost stable

로맨틱 코미디의 수익성은 첫 2년 동안 살짝 증가하면서 비교적 안정적인 상태를 유지했다.

The profitability of romantic comedy **remained relatively stable**, with slight increases in the first two years.

*수익성 profitability

25 거의/비교적 계속 변함이 없다

주어 remain almost/relatively constant

이탈리아 내 석유 사용량은 거의 계속 변함이 없었지만, 스웨덴과 아이슬란드의 수치는 급락했다.

Oil usage in Italy **remained almost constant**, but the figures for Sweden and Iceland plunged.

*사용량 usage   *급락하다 plunge

26 거의/비교적 변화가 없었다

There was nearly/relatively no change

대학원 졸업생의 수가 서서히 증가했음에도 불구하고, 룩셈부르크의 졸업생 비율은 거의 변화가 없었다.

There was nearly no change in the proportion of graduates in Luxembourg, although the number of postgraduates gradually rose.

*대학원 졸업생 postgraduate

27 ~에 머무르다

주어 stay at ~

포르투갈은 40년의 기간에 걸쳐 항상 70퍼센트 정도에 머물렀다.

Portugal consistently **stayed at** around 70 percent over the span of 40 years.

*~의 기간에 걸쳐 over the span of

CHECK-UP

보라색으로 주어진 표현에 유의하여, 다음의 우리말 문장을 영어로 바꾸어 쓰시오.

01 운영 경비는 기업의 다른 어느 비용보다 높았다.

*운영 경비 operational expense

_____

02 세 번째 분기에 예상된 수입과 실제 결과의 격차가 넓어졌다.

*예상된 projected   *수입 revenue

_____

03 그에 반해, 독일 제조 산업은 유럽에서 가장 수익성 있었다.

*제조 manufacturing   *수익성 있는 profitable

_____

04 투자가 하락한 공공 부문에서 비슷한 경향이 보였다.

*하락하다 fall   *공공 부문 public sector

_____

05 돼지고기의 수출은 여전히 증가하고 있던 반면, 소고기 수출은 극적으로 하락했다.

*돼지고기 pork   *소고기 beef

_____

06 농업 노동자의 비율은 그 지역에서 가장 높은 것으로 두드러진다.

*농업 노동자 agricultural worker

_____

07 국립 공원들은 스코틀랜드의 전체 토지의 거의 절반을 차지한다.

    *국립 공원 national park

_____

08 통계 자료는 대부분의 사람들이 건강하지 않게 음식을 먹는 사람들의 범주에 속한다는 것을 보여준다.

    *통계 자료 statistics   *건강하지 않게 음식을 먹는 사람 unhealthy eater

_____

09 마케팅에 할당된 자본의 부분이 이전의 어느 연도보다 많았다.

    *(자금·시간 등을) 할당하다 allocate

_____

10 선박 운송은 1940년대에 우위를 차지하는 무역의 형태였다.

    *선박 운송 ship transport

_____

11 경제 생산량은 극적인 시장 변화의 충격에도 불구하고 비교적 안정적 상태를 유지했다.

    *경제 생산량 economic output   *~에도 불구하고 despite

_____

12 지난 5년간 실업 수치는 거의 변화가 없었다.

    *실업 unemployment

_____

모범답변: 해석집 p.353

상황별 표현 - 과정, 전환, 위치 표현

과정, 전환, 위치를 나타내는 표현들은 지도나 다이어그램의 특징을 비교하거나 각 단계별 특징을 나타내는 요약문을 작성할 때 유용하게 사용할 수 있다.

1. 과정을 나타낼 때 쓰는 표현

1 – 단계가 있다

There are – stages

플라스틱병 생산에는 여섯 개의 뚜렷한 단계가 있는데, 최종 제품을 생산하기 위해 각각의 단계에서 다른 장비를 사용한다.

There are six distinct **stages** in plastic bottle production, each of which uses different equipment to create the final product.

*뚜렷한 distinct   *생산 production   *최종 제품 final product

2 과정/생애 주기는 ~하면 시작된다

The process/life cycle begins when ~

과정은 20퍼센트의 연한 목재, 40퍼센트의 물, 그리고 40퍼센트의 화학 약품으로 구성된 혼합물이 펄프 증해기 안에 넣어지면 시작된다.

The process begins when a blend consisting of 20 percent soft woods, 40 percent water, and 40 percent chemicals is placed in a pulp digester machine.

*혼합물 blend   *화학 약품 chemicals   *펄프 증해기 pulp digester machine

3 그 뒤에,

Subsequently, 주어 + 동사

그 뒤에, 그것은 미세 먼지를 제거하는 기기를 통과한다.

Subsequently, it goes through a machine that removes fine dust particles.

*통과하다 go through   *미세 먼지 fine dust particles

4 첫 번째 단계는 ~이다

The first step is ~

첫 번째 단계는 미세한 체 위에 혼합물을 펼치는 것인데, 이 과정에서 덩어리를 제거한다.

The first step is to spread the mixture across a fine screen, which eliminates lumps.

*미세한 fine   *(흙, 모래 등을 거르는) 체 screen   *제거하다 eliminate   *덩어리 lump

5 ~한 후,

After 주어 + 동사,

이 단계가 완료된 후, 발효 과정을 시작하기 위해 이 혼합물에 배양균이 추가된다.

After this phase is completed, cultures are added to this blend to begin the fermentation process.

*단계 phase   *배양균 culture   *발효 fermentation

6 그다음에,

Then, 주어 + 동사

그다음에, 그것은 펄프에서 물기를 짜내기 위해 쌓인 롤러 사이를 지나간다.

Then, it moves along between stacked rollers to squeeze the water out of the pulp.

*쌓여진 stacked   *짜내다 squeeze

7 이 과정의 마지막 단계에서,

In the final step/In the last stage of this process,

이 과정의 마지막 단계에서, 한 장의 종이가 큰 릴에 감아진다.

In the final step of this process, the sheet of paper is rolled up in a large reel.

*감다 roll up   *(실·필름 등을 감는) 릴 reel

2. 전환을 나타낼 때 쓰는 표현

8 -의 가장 큰 변화 중 하나는 ~이다

One of the biggest changes to – is ~

시내의 가장 큰 변화 중 하나는 주요 도로의 경로를 변경한 것이었다.

One of the biggest changes to the town **was** the rerouting of the main road.

*경로를 변경하다 reroute

9 ~의 주요 변화는 -를 포함하다

The main change for ~ involves –

미술관의 주요 변화는 정원의 건축을 포함한다.

The main change for the gallery **involves** the construction of a courtyard.

*건축 construction   *정원 courtyard

10 -의 철거

the removal of –

가장 눈에 띄는 변화는 공원의 철거이며, 이는 거대한 경기장으로 대체되었다.

The most noticeable alteration is **the removal of** the park, which has been replaced by a massive stadium.

*변화 alteration   *거대한 massive   *경기장 stadium

11 -의 추가

the addition of –

2020년의 예상되는 변화는 새로운 병원의 추가이다.

A projected change for 2020 is **the addition of** a new hospital.

12 A가 B로 변화되다

A is transformed into B

이 지역은 새로운 상업 시설들로 인해, 활발한 중심지로 변화되었다.

This area **is transformed into** a lively hub, with the new commercial establishments.

*활발한 lively   *중심지 hub   *상업 시설 commercial establishment

13 A가 B 근처에 건설되다

A is constructed near B

큰 골프장이 주차장 근처에 건설되었고, 이는 이전에 농사를 위해 사용되었던 모든 땅을 차지했다.

A large golf course **was constructed near** the parking lot, which took up all of the land previously used for farming.

*골프장 golf course   *차지하다 take up   *농사 farming

14 A가 B로 옮겨지다

A is moved to B

특별 전시실은 2층으로 옮겨졌고, 이는 두 개의 새로운 방이 추가되어 확장되었다.

The special exhibition room **was moved to** the second floor, which was expanded with the addition of two new rooms.

*전시실 exhibition room

15 A가 B까지 연장되다

A is extended to B

엘리베이터가 3층까지 연장되었는데, 그곳은 바가 있는 테라스 공간이 추가되었다.

The lift **was extended to** the third floor, where a terrace space with a bar had been added.

*엘리베이터 lift

16 A가 B로 대체되다

A is replaced with B

주요 도로의 남서쪽으로는, 1980년대의 다양한 작은 가게들이 큰 쇼핑센터로 대체되었다.

To the southwest of the main road, the various small shops from the 1980s **were replaced with** a large shopping center.

17 A가 B로 대체되다

A is displaced by B

은행이 큰 식당으로 대체되었고 슈퍼마켓이 길 건너편에 지어졌다.

The bank **was displaced by** a large restaurant and a supermarket was built on the opposite side of the road.

*건너편 opposite side

18 −에 변동 사항이 없었다

No changes were made to −

마지막 10년의 기간 동안 도시의 배치에 변동 사항이 없었다.

No changes were made to the layout of the town over the course of the last ten years.

*배치 layout

19 −과 함께 ~을 따라 늘어서 있다

주어 line ~ along −

다른 호텔들은 새로운 산책로와 함께 강을 따라 늘어서 있었고, 가장 큰 호텔 근처에는 부두가 추가되어 강에 접근할 수 있게 했다.

Other hotels **lined** the river **along** the new footpath and a dock was added near to the largest hotel, providing access to the river.

*산책로 footpath *부두 dock *접근 access

3. 위치를 나타낼 때 쓰는 표현

20 A는 B와 평행하다

A is parallel to B

도로는 한때 강과 평행했지만, 이제는 이웃 동네를 향해 동쪽으로 꺾인다.

The road used to **be parallel to** the river, but now turns east towards the neighboring village.

*꺾이다, 휘다 turn   *이웃의 neighboring   *동네 village

21 A는 B 옆에 있다

A is next to B

B실에서 입구는 냉장고 옆에 있다.

The entrance **is next to** the refrigerator in Room B.

22 A는 B의 맞은편에 있다

A is across from B

프린터는 입구의 맞은편으로, 방 왼편 책꽂이 옆에 있다.

The printer **is across from** the entrance on the left side of the room by the bookshelves.

23 -의 중간에

in the middle/center of –

탁자와 커피 머신은 방의 중간에 있다.

The table and coffee machine are **in the middle of** the room.

24 - 근처에 위치해 있다

주어 is located/positioned/situated near –

주거 단지가 공원 근처에 위치해 있는데, 이는 수영장과 헬스클럽도 포함한다.

The housing units **are located near** the park, which also includes a swimming complex and fitness center.

*단지 unit

25 A가 B로 나누어지다

A is split into B

휴대품 보관소와 안내 데스크는 개별 공간으로 나누어졌다.
The cloakroom and front desk **were split into** individual rooms.

*휴대품 보관소 cloakroom

26 A가 B로 분리되다

A is separated by B

두 학교 건물은 하나의 길로 분리되었는데, 이 길은 기차역까지 연장되어 있다.
The two school buildings **were separated by** a path, which extended to the train station.

27 A가 B와 연결되다

A is connected to B

입구는 일 층에 있는 계단과 연결된다.
The entranceway **is connected to** the stairs on the first floor.

*입구 entranceway

CHECK-UP

보라색으로 주어진 표현에 유의하여, 다음의 우리말 문장을 영어로 바꾸어 쓰시오.

01 과정은 화합물이 금속 표면 전체에 부어지면 시작된다.

*화합물 chemical compound *금속 metal *표면 surface *전체에 across

_____

02 그 뒤에, 물은 불순물을 걸러내기 위해 정수 처리를 거친다.

*불순물 impurity *걸러내다 filter out *정수 처리 distillation treatment

_____

03 이 과정의 마지막 단계에서, 완성된 제품은 포장된다.

*완성된 finished *포장하다 package

_____

04 첫 번째 단계는 밀가루, 달걀 하나, 그리고 우유를 그릇 안에 합치는 것이다.

*그릇 bowl *합치다 combine

_____

05 도시의 가장 큰 변화 중 하나는 지하철 체계의 추가였다.

*지하철 체계 subway system

_____

06 기존 건물의 철거는 두 지도 사이에 가장 눈에 띄는 차이였다.

*기존의 existing *눈에 띄는 notable

_____

07 새로운 터미널의 추가는 2008년에 공항 시설의 주된 개선이었다.

*시설 facility *개선 improvement

_____

08 오래된 건축물은 저렴한 주거지로 변화되었다.

*건축물 structure *저렴한 affordable *주거지, 거주 단위 residential unit

_____

09 운하는 1990년대 말에 고속도로로 대체되었다.

*운하 canal *고속 도로 highway

_____

10 철도는 해안과 평행했다.

*철도 train line *해안 shore

_____

11 식당은 박물관으로 가는 입구의 맞은편에 있다.

_____

12 안내 데스크는 로비의 중간에 위치해 있다.

*안내 데스크 information counter *~에 위치해 있다 be situated in

_____

모범답변: 해석집 p.354

HACKERS
IELTS
WRITING

goHackers.com

학습자료 제공·유학정보 공유

TASK 1
실전 유형 공략

01 Bar Graph 유형

Bar Graph(막대 그래프) 유형은 TASK 1에서 가장 많이 출제되는 유형 중 하나로, 노동·교육·통신·교통 등의 주제에 관련된 트렌드 및 조사 결과를 수치로 보여주는 그래프가 자주 출제된다. 주로 막대 그래프가 한 개인 문제가 등장하지만 종종 두 개인 문제도 출제된다.

■ 문제 형태

Bar Graph 유형의 문제는 주제와 관련된 조사 결과의 수치나 그에 관한 변화 양상을 보여주는 형태의 그래프가 출제된다.

> *The graph below shows the employment rate of each gender in four different countries in 2002.* ● 문제의 주제
>
> *Summarise the information by selecting and reporting the main features, and make comparisons where relevant.* ● 문제의 지시사항
>
> *아래 그래프는 2002년 각기 다른 4개 나라의 성별에 따른 취업률을 보여준다.*
> *주요 특징들을 선택하고 서술함으로써 정보를 요약하고, 관련 있는 것들을 비교하시오.*

Write at least 150 words.

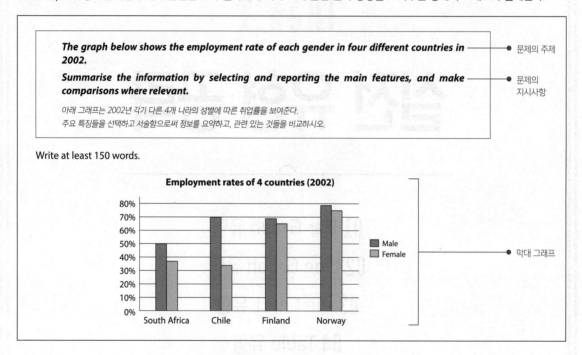

● 막대 그래프

■ 요약문 쓰기 전략

STEP 1 Bar Graph 분석메모 작성하기

· 문제의 주제와 그래프의 항목을 파악하고, 그래프에서 x축과 y축, 항목의 수치 및 변화 등을 분석한다. Bar Graph의 x축으로 연도, 나라, 품목 등 어떤 대상이 왔는지 파악하고, y축의 비율, 수량 등의 단위를 확인한다.

· 문제의 주제를 적고, 그래프 전체 특징과 항목별 세부 특징을 간략하게 메모한다. 그래프 전체 특징에는 전체를 아우르는 눈에 띄는 특징을 적고, 세부 특징에는 항목별 수치 및 변화 등을 적는다.

분석메모 작성하기의 예

> ***The graph below shows the employment rate of each gender in four different countries in 2002.***
>
> ***Summarise the information by selecting and reporting the main features, and make comparisons where relevant.***
>
> *아래 그래프는 2002년 각기 다른 4개 나라의 성별에 따른 취업률을 보여준다.*
> *주요 특징들을 선택하고 서술함으로써 정보를 요약하고, 관련 있는 것들을 비교하시오.*

● 문제의 주제 '2002년 4개 나라의 성별에 따른 취업률'을 파악한다.

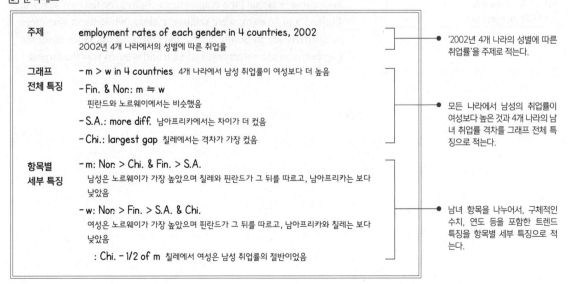

Employment rates of 4 countries (2002)

● 항목(남녀), x축(4개 나라), y축(취업률)을 확인한다.

📋 분석메모

주제	employment rates of each gender in 4 countries, 2002 2002년 4개 나라에서의 성별에 따른 취업률
그래프 전체 특징	− m > w in 4 countries 4개 나라에서 남성 취업률이 여성보다 더 높음 − Fin. & Nor.: m ≒ w 　핀란드와 노르웨이에서는 비슷했음 − S.A.: more diff. 남아프리카에서는 차이가 더 컸음 − Chi.: largest gap 칠레에서는 격차가 가장 컸음
항목별 세부 특징	− m: Nor. > Chi. & Fin. > S.A. 　남성은 노르웨이가 가장 높았으며 칠레와 핀란드가 그 뒤를 따르고, 남아프리카는 보다 낮았음 − w: Nor. > Fin. > S.A. & Chi. 　여성은 노르웨이가 가장 높았으며 핀란드가 그 뒤를 따르고, 남아프리카와 칠레는 보다 낮았음 　: Chi. − 1/2 of m 칠레에서 여성은 남성 취업률의 절반이었음

● '2002년 4개 나라의 성별에 따른 취업률'을 주제로 적는다.

● 모든 나라에서 남성의 취업률이 여성보다 높은 것과 4개 나라의 남녀 취업률 격차를 그래프 전체 특징으로 적는다.

● 남녀 항목을 나누어서, 구체적인 수치, 연도 등을 포함한 트렌드 특징을 항목별 세부 특징으로 적는다.

STEP 2 분석메모 연계해서 요약문 쓰기

· 분석메모를 바탕으로 요약문의 단락을 구상한다. 요약문은 3단락 구성으로, 각 단락이 <주제, 그래프 전체 특징, 항목별 세부 특징>에 대해 서술하는 구조가 되도록 한다.
· 분석메모와 요약문에 대한 구상을 바탕으로, 기본 표현을 이용해서 실제 요약문을 작성한다.

요약문의 구조 및 기본 표현

주제	**The bar graph shows** + 주제
그래프 전체 특징	**Overall, it is clear that** + 그래프 전체 특징
항목별 세부 특징	**Looking at the graph more closely, one can see that** + 항목별 세부 특징

주제 쓰기의 예

문제의 주제 '2002년 4개 나라의 성별에 따른 취업률의 차이'를 밝히면서 요약문을 시작한다.

📋 **분석메모**

> employment rates of each gender
> in 4 countries, 2002

주제 쓰기

The bar graph shows [the employment rates of men and women in South Africa, Chile, Finland, and Norway in 2002.]

그래프 전체 특징 쓰기의 예

제시된 그래프의 전체 특징으로 4개 나라 모두 남성이 여성보다 많이 고용되었고, 핀란드와 노르웨이는 비율이 균등했던 것에 비해 남아프리카와 칠레에서의 차이는 컸다는 내용을 적는다.

📋 **분석메모**

> – m > w in 4 countries
>
> – Fin. & Nor.: m ≒ w
> – S.A.: more diff.
> – Chi.: largest gap

그래프 전체 특징 쓰기

Overall, it is clear that [the proportion of men in the workforce was higher than that of women in all four countries.] Also noticeable was that [the employment figures for the two sexes in Finland and Norway were relatively close, while there was more of a difference in South Africa and Chile. In the latter case, the gap between the percentages of men and women was the largest.]

항목별 세부 특징 쓰기의 예

제시된 그래프의 항목별 세부 특징을 나라별로 구체적인 연도 및 수치를 포함하여 적는다.

📋 분석메모

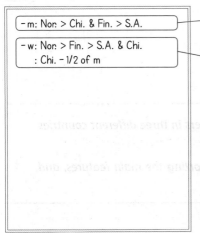

- m: Nor. > Chi. & Fin. > S.A.

- w: Nor. > Fin. > S.A. & Chi.
  : Chi. - 1/2 of m

항목별 세부 특징 쓰기

Looking at the graph more closely, one can see that [nearly 80 percent of Norwegian men were in work, which makes them the group with the highest rate of employment for the period. The proportions of employed Chilean and Finnish men were close behind at roughly 70 percent. However, the percentage of South African men in work was low compared to the others since only half of them held jobs.] As was the case with men, [Norway had the highest employment rate for women, at above 70 percent. Finland was second with around 65 percent of women in work. The rates for South Africa and Chile were lower; only about one-third of women worked in both countries. Moreover, Chile's female employment rate was only half of what its male rate was.]

모범답변 및 해석: 해석집 p.355

☑️ TIPS

간혹, 여러 그래프가 동시에 제시된 문제가 출제되기도 한다. 이 경우, 각각의 그래프에 대한 분석메모를 나누어 작성한다. 이때, 하나의 그래프에 대한 내용을 각각 한 단락씩 구성하면 균형 있는 요약문을 작성할 수 있다. 아래는 분석메모와 요약문의 구조이며, 이 구조는 그래프뿐만 아니라 그 외 시각 자료가 두 개 제시되는 모든 문제에 적용할 수 있다.

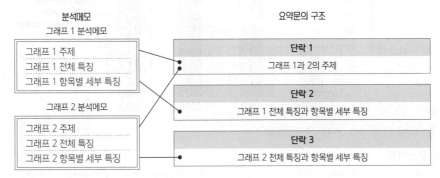

분석메모

그래프 1 분석메모

| 그래프 1 주제 |
| 그래프 1 전체 특징 |
| 그래프 1 항목별 세부 특징 |

그래프 2 분석메모

| 그래프 2 주제 |
| 그래프 2 전체 특징 |
| 그래프 2 항목별 세부 특징 |

요약문의 구조

단락 1
그래프 1과 2의 주제

단락 2
그래프 1 전체 특징과 항목별 세부 특징

단락 3
그래프 2 전체 특징과 항목별 세부 특징

시각 자료가 두 개인 문제에 사용할 수 있는 기본 표현

그래프 1과 2의 주제	**The first graph shows** + 그래프 1의 주제, **+ and the second one indicates** + 그래프 2의 주제
그래프 1 전체 특징과 항목별 세부 특징	**According to the first graph, it is clear that** + 그래프 1 전체 특징과 항목별 세부 특징
그래프 2 전체 특징과 항목별 세부 특징	**In the second graph, it is apparent that** + 그래프 2 전체 특징과 항목별 세부 특징

STEP 1 Bar Graph 분석메모 작성하기

다음 시각 자료를 분석하고 분석메모를 완성하시오.

01

> The chart below shows the number of Internet users in three different countries and the world average between 1998 and 2013.
>
> Summarise the information by selecting and reporting the main features, and make comparisons where relevant.

Write at least 150 words.

Number of Internet users, 1998-2013

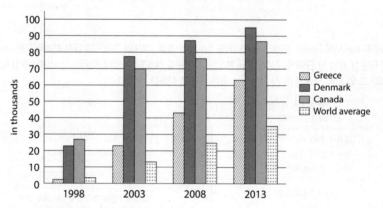

📋 분석메모

주제	# of Internet users in Gre., Den., Can. & WA, 1998~2013
그래프 전체 특징	- Den. & Can. > others - Gre.: fewer, close to WA, but gradually ↑
항목별 세부 특징	- Den.: _____ - Can.: _____ - Gre.: _____ - WA: _____

02

> The first chart below shows the number of British visitors to the US and American visitors to the UK from 2011 to 2015. The second chart shows the amount spent by those visitors in that period.
>
> *Summarise the information by selecting and reporting the main features, and make comparisons where relevant.*

Write at least 150 words.

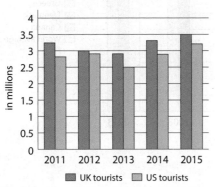

Number of UK tourists to US and US tourists to UK, 2011-2015

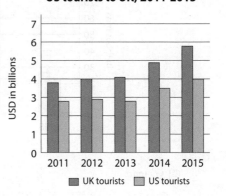

Amount spent by UK tourists to US and US tourists to UK, 2011-2015

📝 분석메모

주제	# of UK trs. → US w/ # of US trs. → UK & their spending patterns, 2011~2015
그래프 1 전체 특징	1. British → US > American → UK
세부 특징	- UK tourism → US: _____
	- US tourism → UK: _____
	: _____
그래프 2 전체 특징	2. UK trs. in US > US trs. in UK
세부 특징	- UK trs.' $: _____
	- US trs.' $: _____

분석메모 및 해석: 해석집 p.356

주어진 분석메모를 참고하여 빈칸에 적절한 문장을 써서 요약문을 완성하시오.

03

> The chart below shows the number of Internet users in three different countries and the world average between 1998 and 2013.
>
> *Summarise the information by selecting and reporting the main features, and make comparisons where relevant.*

Write at least 150 words.

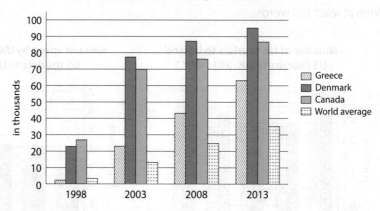

Number of Internet users, 1998-2013

📋 분석메모

# of Internet users in Gre., Den., Can. & WA, 1998~2013
1998년에서 2013년 사이의 그리스, 덴마크, 캐나다, 그리고 세계 평균 인터넷 사용자 수

- Den. & Can. > others 덴마크와 캐나다는 다른 곳보다 높았음

- Gre.: fewer, close to WA, but gradually ↑ 그리스는 더 적었고 세계 평균과 비슷했지만, 서서히 증가함

- Den.: roughly 4x, 2nd (1998) → surpass Can. (2003)
  덴마크는 거의 4배가 되었음, 1998년에 두 번째였다가 2003년에는 캐나다를 능가함

- Can.: ↑ slow (2003~), but 3x (1998~2013)
  캐나다는 2003년부터 완만히 증가했지만 1998년에서 2013년 사이에 3배가 됨

- Gre.: + about 20,000 every 5 yrs. 그리스는 5년마다 약 20,000명씩 증가함

- WA: ↑, but gap btw. 3 countries ↑ at the end 세계 평균은 증가했지만, 말에는 세 나라와의 격차가 넓어짐

주제 쓰기

① _____

_____ .

막대 그래프는 1998년에서 2013년 사이의 그리스, 덴마크, 그리고 캐나다의 인터넷 사용자 수와 함께 그 연도들의 세계 평균을 보여준다.

그래프 전체 특징 쓰기

② _____ _____

_____ . In contrast, Greece had fewer users, which was close to the world average, but both gradually increased just as the other countries did.

전반적으로, 덴마크와 캐나다가 이 15년의 기간 동안 다른 곳에 비해 상당히 더 높은 인터넷 사용률을 가졌음이 명확하다. 그에 반해, 그리스는 세계 평균에 가까운 더 적은 사용자를 가졌는데, 둘 다 다른 나라들이 그러했듯이 서서히 증가했다.

항목별 세부 특징 쓰기

③ _____

_____ .

In 1998, it had the second highest number of Internet users, but it had surpassed Canada by 2003. While growth after 2003 for Canada was slow, the nation's overall number of users ultimately expanded by more than threefold from 1998 to 2013. ④ _____

_____ . Although the world average climbed as well, moving from about 3,000 users to 35,000 users, the gap between it and the three countries included in the chart had widened at the end of the period in question.

그래프를 더 자세히 살펴보면, 덴마크의 인터넷 사용자 수가 15년 동안 23,000명에서 95,000명으로 거의 4배가 되었음을 알 수 있다. 1998년에, 이는 두 번째로 많은 인터넷 사용자 수를 가졌지만, 2003년에는 캐나다를 능가했다. 2003년 이후의 캐나다 증가는 완만했지만, 그 국가의 전반적인 사용자 수는 궁극적으로 확대되어, 1998년에서 2013년 사이에 3배 이상 증가했다. 또한, 그리스는 5년마다 새로운 사용자들이 약 20,000명씩 증가했다. 세계 평균도 약 3,000명에서 35,000명으로 올랐음에도 불구하고, 차트에 포함된 세 나라와의 격차는 문제에서 제시된 기간 말에 넓어졌다.

*답변 작성 시 마지막 2분 동안 핵심 첨삭 포인트(p.331)를 참고하여 요약문을 검토하자.
*답변 작성을 완료한 후, 답변 셀프 체크 포인트(p.344)를 통해 나의 답변을 점검하고 보완하자.

모범답변 및 해석: 해석집 p.357

04

The first chart below shows the number of British visitors to the US and American visitors to the UK from 2011 to 2015. The second chart shows the amount spent by those visitors in that period.

Summarise the information by selecting and reporting the main features, and make comparisons where relevant.

Write at least 150 words.

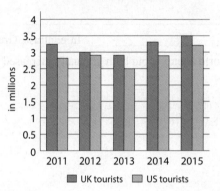

Number of UK tourists to US and US tourists to UK, 2011-2015

in millions

■ UK tourists   ■ US tourists

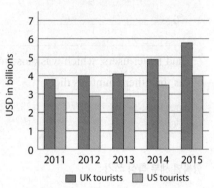

Amount spent by UK tourists to US and US tourists to UK, 2011-2015

USD in billions

■ UK tourists   ■ US tourists

📋 분석메모

of UK trs. → US w/ # of US trs. → UK & their spending patterns, 2011~2015
2011년에서 2015년 사이에 미국에 간 영국인 여행객의 수와 영국에 간 미국인 여행객의 수 그리고 그들의 소비 형태

1. British → US > American → UK 미국에 가는 영국인은 영국에 가는 미국인보다 많았음

   - UK tourism → US: ↓ (2011~2013), then ↑ (2014~2015)
     미국으로의 영국인 여행객은 2011년에서 2013년까지 하락하고, 그 후 2014년에서 2015년까지 증가함

   - US tourism → UK: remain (2011~2012), but ↓ (2013)
     영국으로의 미국인 여행객은 2011년에서 2012년 사이에는 유지되었지만 2013년에 하락함

              : ↑ to highest point (2015) 2015년에는 증가하여 최고점에 도달함

2. UK trs. in US > US trs. in UK 미국에 있는 영국인 여행객이 영국에 있는 미국인 여행객보다 많이 지출함

   - UK trs.' $: slow ↑ ~2013, then ↑ last yr.
     영국인 여행객의 지출은 2013년까지 서서히 증가하다가 마지막 해에 증가함

   - US trs.' $: consistent, then ↑ (2014, 2015)
     미국인 여행객의 지출은 변함없다가, 2014년과 2015년에 증가함

The first bar graph shows ① _____

_____ **, and the second one**

indicates ② _____ .

첫 번째 막대 그래프는 2011년과 2015년 사이에 미국에 여행 간 영국인 여행객의 수와 영국에 여행 간 미국인 여행객의 수를 보여주고 두 번째 막대 그래프는 그들의 소비 형태를 나타낸다.

그래프 1 전체 특징과 항목별 세부 특징 쓰기

전체 특징

According to the first graph, it is clear that ③ _____

_____ .

항목별 세부 특징

While UK tourism to the US dipped from 2011 to 2013, hitting a low of just under 3 million, it increased over the following 2 years, peaking at 3.5 million in 2015. ④ _____

_____

_____. However, the number reached its highest point of about 3.2 million in 2015.

첫 번째 그래프에 따르면, 문제에서 제시된 5년 동안 영국으로 여행한 미국인보다 미국으로 여행한 영국인이 더 많음이 명확하다. 2011년에서 2013년 사이에 미국으로 가는 영국인 여행객의 수가 떨어져, 3백만 이하로 최저점에 이르렀지만, 그 다음 2년 동안 증가하여 2015년에 350만의 최고점에 도달했다. 영국으로 여행한 미국인 여행객의 수는 2011년과 2012년에 280만 즈음에 머물렀지만, 2013년에는 하락했다. 하지만, 이 수치는 2015년에 약 320만의 최고점에 도달했다.

그래프 2 전체 특징과 항목별 세부 특징 쓰기

전체 특징

In the second graph, it is apparent that ⑤ _____

_____ .

항목별 세부 특징

For UK tourists, ⑥ _____

_____, totaling $5.8 billion. ⑦ _____

_____, reaching a pinnacle of $4 billion.

두 번째 그래프에서는, 미국에 있는 영국인 여행객이 영국에 있는 미국인 여행객보다 매년 더 많이 지출했음이 분명하다. 영국 여행객들을 보면, 2013년까지는 지출의 증가가 더뎠지만, 그 후 마지막 해에 약 11억 달러 만큼 급증하여, 총 58억 달러가 되었다. 미국인 여행객의 지출은 2014년과 2015년에 급등하여 40억 달러의 정점에 도달하기 전까지 상대적으로 변함없었다.

*답변 작성 시 마지막 2분 동안 핵심 첨삭 포인트(p.331)를 참고하여 요약문을 검토하자.
*답변 작성을 완료한 후, 답변 셀프 체크 포인트(p.344)를 통해 나의 답변을 점검하고 보완하자.

모범답변 및 해석: 해석집 p.358

다음 문제를 읽고, 분석메모를 완성하여 이를 바탕으로 요약문을 작성하시오.

01

> The chart below shows the proportion of profits made from the seven most viewed movie genres in US cinemas in 1995, 2000, and 2005 as a percentage of the total earnings of the US film industry for each year.
>
> Summarise the information by selecting and reporting the main features, and make comparisons where relevant.

Write at least 150 words.

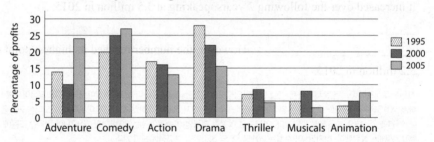

Top 7 movie genres (1995, 2000, 2005)

📋 분석메모

% of profits of the 7 most viewed movie genres in US, 1995, 2000, 2005

- _____

- _____

- 1995: _____

- 2000: _____

- 2005: _____
   _____

주제 쓰기

그래프 전체 특징 쓰기

항목별 세부 특징 쓰기

---

*답변 작성 시 마지막 2분 동안 핵심 첨삭 포인트(p.331)를 참고하여 요약문을 검토하자.
*답변 작성을 완료한 후, 답변 셀프 체크 포인트(p.344)를 통해 나의 답변을 점검하고 보완하자.

모범답변 및 해석: 해석집 p.359

02 Line Graph 유형

Line Graph(선 그래프) 유형은 주로 시간별로 분류된 교통·자원·노동 등의 주제에 관한 트렌드 및 조사 결과를 수치로 보여주는 문제가 자주 출제된다. 선 그래프가 1개인 문제가 주로 등장하지만 종종 2개인 문제도 출제된다.

■ 문제 형태

Line Graph 유형의 문제는 주제에 관련된 조사 결과의 수치를 시간별로 분류하여 그에 관한 변화 양상을 보여주는 형태의 그래프가 출제된다.

> *The graph below shows the usage of oil in four different countries between 1966 and 2006 as a percentage of total energy use within each nation.* ───● 문제의 주제
>
> *Summarise the information by selecting and reporting the main features, and make comparisons where relevant.* ───● 문제의 지시사항
>
> 아래 그래프는 1966년과 2006년 사이에 4개 나라의 석유 사용량을 각 나라의 총 에너지 사용량에 대한 비율로 보여준다.
> 주요 특징들을 선택하고 서술함으로써 정보를 요약하고, 관련 있는 것들을 비교하시오.

Write at least 150 words.

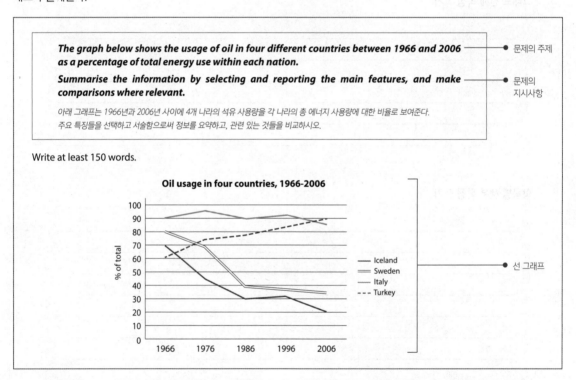

Oil usage in four countries, 1966-2006

● 선 그래프

· 문제의 주제와 그래프의 항목을 파악하고, 그래프에서 x축과 y축, 항목의 수치 및 변화 등을 분석한다. Line Graph의 x축으로 시간(연도 등)이 어떤 주기로 왔는지 파악하고, y축의 비율(%), 수량 등의 단위를 확인한다.

· 문제의 주제를 적고, 그래프의 전체 특징과 항목별 세부 특징을 간략하게 메모한다. 그래프 전체 특징에는 전체를 아우르는 눈에 띄는 특징을 적고, 세부 특징에는 항목별 수치 및 변화 등을 적는다.

분석메모 작성하기의 예

> ***The graph below shows the usage of oil in four different countries between 1966 and 2006 as a percentage of total energy use within each nation.***
>
> ***Summarise the information by selecting and reporting the main features, and make comparisons where relevant.***
>
> 아래 그래프는 1966년과 2006년 사이에 4개 나라의 석유 사용량을 각 나라의 총 에너지 사용량에 대한 비율로 보여준다. 주요 특징들을 선택하고 서술함으로써 정보를 요약하고, 관련 있는 것들을 비교하시오.

● 문제의 주제 '1996년과 2006년 사이에 4개 나라에서 각 나라의 전체 에너지 사용량 중 석유의 사용 비율'을 파악한다.

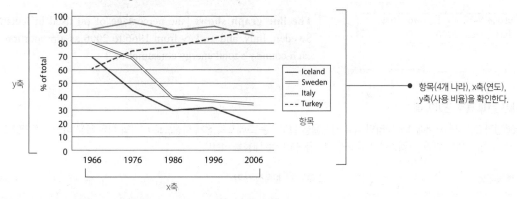

Oil usage in four countries, 1966-2006

y축 / % of total / x축

Iceland / Sweden / Italy / Turkey / 항목

● 항목(4개 나라), x축(연도), y축(사용 비율)을 확인한다.

📑 **분석메모**

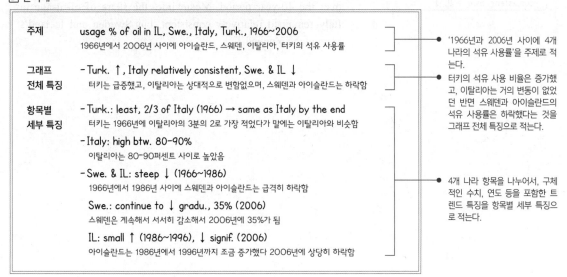

주제	usage % of oil in IL, Swe., Italy, Turk., 1966~2006
	1966년에서 2006년 사이에 아이슬란드, 스웨덴, 이탈리아, 터키의 석유 사용률

그래프 전체 특징
- Turk. ↑, Italy relatively consistent, Swe. & IL ↓
  터키는 급증했고, 이탈리아는 상대적으로 변함없으며, 스웨덴과 아이슬란드는 하락함

항목별 세부 특징
- Turk.: least, 2/3 of Italy (1966) → same as Italy by the end
  터키는 1966년에 이탈리아의 3분의 2로 가장 적었다가 말에는 이탈리아와 비슷함
- Italy: high btw. 80-90%
  이탈리아는 80-90퍼센트 사이로 높았음
- Swe. & IL: steep ↓ (1966~1986)
  1966년에서 1986년 사이에 스웨덴과 아이슬란드는 급격히 하락함
  Swe.: continue to ↓ gradu., 35% (2006)
  스웨덴은 계속해서 서서히 감소해서 2006년에 35%가 됨
  IL: small ↑ (1986~1996), ↓ signif. (2006)
  아이슬란드는 1986년에서 1996년까지 조금 증가했다 2006년에 상당히 하락함

● '1966년과 2006년 사이에 4개 나라의 석유 사용률'을 주제로 적는다.

● 터키의 석유 사용 비율은 증가했고, 이탈리아는 거의 변동이 없었던 반면 스웨덴과 아이슬란드의 석유 사용률은 하락했다는 것을 그래프 전체 특징으로 적는다.

● 4개 나라 항목을 나누어서, 구체적인 수치, 연도 등을 포함한 트렌드 특징을 항목별 세부 특징으로 적는다.

TASK 1 실전 유형 공략 HACKERS IELTS WRITING

· 분석메모를 바탕으로 요약문의 단락을 구상한다. 요약문은 3단락 구성으로, 각 단락이 〈주제, 그래프 전체 특징, 항목별 세부 특징〉에 대해 서술하는 구조가 되도록 한다.

· 분석메모와 요약문에 대한 구상을 바탕으로, 기본 표현을 이용해서 실제 요약문을 작성한다.

요약문의 구조 및 기본 표현

주제	**The line graph shows** + 주제
그래프 전체 특징	**Overall, it is clear that** + 그래프 전체 특징
항목별 세부 특징	**Looking at the graph more closely, one can see that** + 항목별 세부 특징

주제 쓰기의 예

문제의 주제 '1966년과 2006년 사이에 4개 나라의 석유 사용 비율'을 밝히면서 요약문을 시작한다.

🗒 분석메모

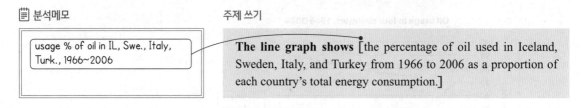

주제 쓰기

usage % of oil in IL, Swe., Italy, Turk., 1966~2006

The line graph shows [the percentage of oil used in Iceland, Sweden, Italy, and Turkey from 1966 to 2006 as a proportion of each country's total energy consumption.]

그래프 전체 특징 쓰기의 예

1966년과 2006년 사이에 4개 나라의 석유 사용률을 보여주는 그래프의 전체 특징으로 터키의 석유 사용 비율이 증가했고 이탈리아는 변함이 없는 반면, 스웨덴과 아이슬란드는 급락했다는 내용을 적는다.

🗒 분석메모

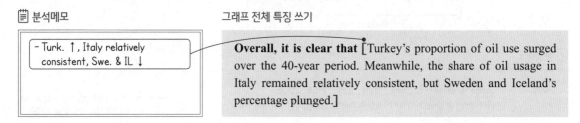

그래프 전체 특징 쓰기

- Turk. ↑, Italy relatively consistent, Swe. & IL ↓

Overall, it is clear that [Turkey's proportion of oil use surged over the 40-year period. Meanwhile, the share of oil usage in Italy remained relatively consistent, but Sweden and Iceland's percentage plunged.]

항목별 세부 특징 쓰기의 예

제시된 그래프의 항목별 세부 특징을 나라별로 구체적인 연도 및 수치를 포함하여 적는다.

📋 분석메모

```
- Turk.: least, 2/3 of Italy (1966)
  → same as Italy by the end
- Italy: high btw. 80~90%

- Swe. & IL: steep ↓ (1966~1986)
  Swe.: continue to ↓ gradu.,
         35% (2006)
  IL: small ↑ (1986~1996),
         ↓ signif. (2006)
```

항목별 세부 특징 쓰기

Looking at the graph more closely, one can see that [Turkey had the lowest proportion of oil use in 1966. At this time, the nation relied on oil for around 60 percent of its energy needs, which was only two-thirds of the proportion Italy used. However, by the end of the period in question, Turkey's share was the same as Italy's at 90 percent. Italy's proportion was consistently high, maintaining a share of between 80 to 90 percent throughout the period.] In contrast, [Sweden and Iceland saw steep percentage declines during the first half of the period, with each dropping approximately 40 percentage points. The share of oil use in Sweden continued to gradually decrease, reaching 35 percent by 2006. Iceland experienced a small percentage point rise from 1986 to 1996 before dropping significantly to around 20 percent in 2006, the lowest share of oil use among the four countries.]

모범답변 및 해석: 해석집 p.360

✅ TIPS

그래프의 항목이 많을 때는 유사 특징(증가, 하락 등)을 보여주는 항목들을 함께 묶어서 정리할 수도 있다.

STEP 1 Line Graph 분석메모 작성하기

다음 시각 자료를 분석하고 분석메모를 완성하시오.

01

> The graph below shows the population of Chile by age group between 1975 and 2035.
>
> Summarise the information by selecting and reporting the main features, and make comparisons where relevant.

Write at least 150 words.

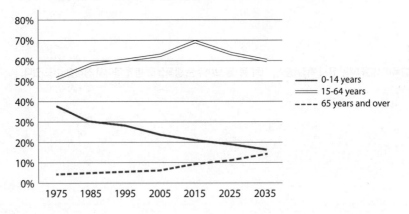

Chile's population by age group, 1975-2035

— 0-14 years
— 15-64 years
--- 65 years and over

📋 분석메모

주제	Chile's demographic info. of 3 age groups, 1975~2035
그래프 전체 특징	- 15-64: consistently largest - oldest: ↑ slowly & expected to ↑ - under 15: ↓ & projected to continue
항목별 세부 특징	- 15-64: _____ - oldest: _____ - youngest: _____

02

> *The graphs below show the number of public transit passengers from 1989 to 2009 and bus and tram passenger numbers between 2000 and 2008 in Melbourne.*
>
> *Summarise the information by selecting and reporting the main features, and make comparisons where relevant.*

Write at least 150 words.

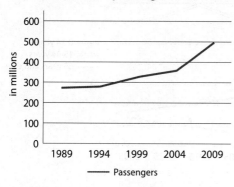

Public transit passengers, 1989-2009

in millions
— Passengers

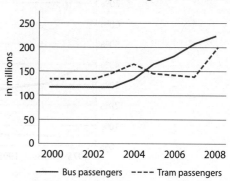

Bus and tram passengers, 2000-2008

in millions
—— Bus passengers ---- Tram passengers

📋 분석메모

주제	ridership # for public transit, 1989~2009 & pass. data for buses & trams, 2000~2008 in Melbourne
그래프 1 전체 특징	significantly ↑
세부 특징	– _____
	– _____
그래프 2 전체 특징	bus & tram pass. ↑, bus larger
세부 특징	– _____
	– _____

분석메모 및 해석: 해석집 p.361

주어진 분석메모를 참고하여 빈칸에 적절한 문장을 써서 요약문을 완성하시오.

03

> *The graph below shows the population of Chile by age group between 1975 and 2035.*
>
> *Summarise the information by selecting and reporting the main features, and make comparisons where relevant.*

Write at least 150 words.

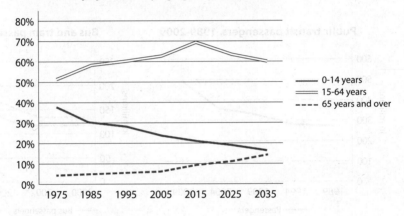

Chile's population by age group, 1975-2035

- 0-14 years
- 15-64 years
- 65 years and over

📋 **분석메모**

Chile's demographic info. of 3 age groups, 1975~2035
1975년부터 2035년까지 칠레의 세 연령대의 인구통계학 정보

- 15-64: consistently largest   15-64세는 일관되게 가장 큼

- oldest: ↑ slowly & expected to ↑   가장 나이가 많은 집단은 천천히 증가했고 확대될 것으로 추측됨

- under 15: ↓ & projected to continue   15세 미만은 하락했고 앞으로도 그럴 것으로 예상됨

- 15-64: ↑ (1975~2015), predicted to ↓   15-64세는 1975년에서 2015년에 증가했다가 하락할 것으로 예측됨

- oldest: ↑, 3x of 1975 expected (2035)
  가장 나이가 많은 집단은 증가했고, 2035년에는 1975년의 3배가 될 것으로 추측됨

- youngest: consistently ↓   가장 어린 집단은 지속적으로 줄어듦

주제 쓰기

① _____

_____.

선 그래프는 1975년부터 2035년까지의 칠레 인구통계학 정보를 0세부터 14세, 15세부터 64세, 그리고 65세 이상의 세 연령대로 나누어 보여준다.

그래프 전체 특징 쓰기

② _____

_____. It is also evident that the oldest group has been growing slowly and is expected to get even bigger. Meanwhile, the proportion of people under 15 has been plummeting and is projected to continue to do so.

전반적으로, 15세부터 64세 연령대의 인구 비율이 일관되게 가장 크며 그렇게 계속 유지될 가능성이 높다는 것이 명확하다. 가장 나이가 많은 집단은 천천히 증가했으며 더 확대될 것으로 예측된다는 것 또한 분명하다. 한편, 15세 미만의 인구 비율은 급락했고 앞으로도 계속 그러할 것으로 예상된다.

항목별 세부 특징 쓰기

③ _____

_____, gradually reaching nearly 70 percent. It is predicted that it will start getting smaller between 2015 and 2035. In contrast, the oldest group, made up of people 65 years and over, is the only group projected to continue expanding. Despite being much smaller than the other groups, it is expected to triple from its share of 5 percent in 1975 to 15 percent by 2035. ④ _____

_____. It went from just under 40 percent to nearly half of that amount between 1975 and 2015 and is expected to remain in decline all the way through to 2035.

그래프를 더 자세히 살펴보면, 가장 큰 연령대 집단은 15세부터 64세로 구성되어 있으며 1975년부터 2015년까지 꾸준히 성장하여, 거의 70퍼센트까지 서서히 도달했다는 것을 알 수 있다. 이것은 2015년에서 2035년 사이에 적어지기 시작할 것으로 예측된다. 그에 반해, 65세 이상으로 구성되어 있는 가장 나이가 많은 집단은 계속 확장할 것으로 예상되는 유일한 집단이다. 다른 집단보다는 훨씬 적음에도 불구하고, 1975년 5퍼센트의 점유율이 2035년까지 15퍼센트로 3배가 될 것으로 예측된다. 마지막으로, 가장 어린 연령대 집단은 지속적으로 줄어들고 있다. 1975년과 2015년 사이에는 40퍼센트 바로 아래에서 그 양의 거의 절반이 되었으며 2035년까지 계속해서 하락할 것으로 예측된다.

*답변 작성 시 마지막 2분 동안 핵심 첨삭 포인트(p.331)를 참고하여 요약문을 검토하자.
*답변 작성을 완료한 후, 답변 셀프 체크 포인트(p.344)를 통해 나의 답변을 점검하고 보완하자.

모범답변 및 해석: 해석집 p.362

04

> *The graphs below show the number of public transit passengers from 1989 to 2009 and bus and tram passenger numbers between 2000 and 2008 in Melbourne.*
>
> *Summarise the information by selecting and reporting the main features, and make comparisons where relevant.*

Write at least 150 words.

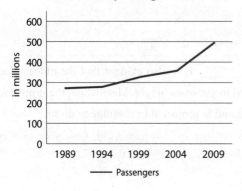

Public transit passengers, 1989-2009

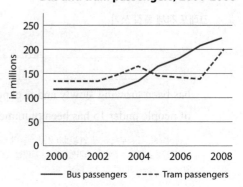

Bus and tram passengers, 2000-2008

📋 분석메모

---

ridership # for public transit, 1989~2009 & pass. data for buses, trams, 2000~2008 in Melbourne

멜버른에서 1989년과 2009년 사이의 대중교통 승객 수와 2000년에서 2008년 사이의 버스와 전차의 승객 정보

1. significantly ↑ 상당히 증가함
   - 280m (1989) → 500m (2009) 1989년에 2억 8천만 명에서 2009년에 5억 명까지 증가함
   - consistent 1st 5 yrs. → soared last 5 yrs. 첫 5년 동안 변함없다가 마지막 5년 동안 급증함

2. bus & tram pass. ↑, bus larger 버스와 전차 탑승객은 증가하는데, 버스가 더 큼
   - bus users: unchanged → 100m ↑ (~2008) 버스 이용객은 변함없다가 2008년까지 1억 명 증가함
   - tram users: stable (~2002), ↑ (2002~2004), ↑ but < bus (2007~2008)
     전차 이용객은 2002년까지 안정적인데, 2002년에서 2004년에 증가하고, 2007년에서 2008년에도 증가하지만 버스보다 적음

주제 쓰기

The first line graph shows ① _____
_____ **, and the second one indicates** ② _____
_____ .

첫 번째 선 그래프는 멜버른에서 1989년과 2009년 사이의 대중교통 승객 수를 보여주며, 두 번째 것은 2000년에서 2008년 사이의 버스와 전차의 탑승객 정보를 보여준다.

그래프 1의 전체 특징과 항목별 세부 특징 쓰기

전체 특징

According to the first graph, it is clear that ③ _____
_____ .

항목별 세부 특징

Public transportation use grew from roughly 280 million passengers in 1989 to about 500 million in 2009. ④ _____
_____ .

첫 번째 그래프에 따르면, 20년의 기간 동안 대중교통 탑승객의 수가 멜버른에서 상당히 증가했음이 명확하다. 1989년의 약 2억 8천만 명의 탑승객에서 2009년에는 약 5억 명까지 대중교통의 이용이 증가했다. 첫 5년 동안은 승객 수가 변함없었지만, 마지막 5년에는 1억 5천만 명이 넘게 오르며 급증했다.

그래프 2의 전체 특징과 항목별 세부 특징 쓰기

전체 특징

In the second graph, it is apparent that ⑤ _____
_____ .

항목별 세부 특징

The total number of bus users was the same for the first three years, but ⑥ _____
_____ . As for tram usage, it was stable until 2002, at which point it increased for two years before declining slightly. Then from 2007 to 2008, it surged, reaching approximately 200 million passengers. However, ⑦ _____
_____ .

두 번째 그래프에서는, 2000년부터 8년 동안 버스 탑승객과 전차 탑승객이 모두 증가하긴 했지만, 버스를 타는 사람의 증가는 아주 컸음이 분명하다. 버스 이용객의 총합은 처음 3년 동안에는 변화가 없었지만 2008년까지 가파르게 상승하여 약 1억 명만큼 증가했다. 전차 사용량에 관해서는 2002년까지는 그것이 안정적이었는데, 이 시점에서 약간 감소하기 이전인 2년 동안은 증가했다. 그 이후에, 2007년에서 2008년까지 그것은 급증하여, 약 2억 명의 탑승객에 도달했다. 하지만 전차는 여전히 버스보다 약 3천만 명 더 적은 이용객을 갖고 있었다.

*답변 작성 시 마지막 2분 동안 핵심 첨삭 포인트(p.331)를 참고하여 요약문을 검토하자.
*답변 작성을 완료한 후, 답변 셀프 체크 포인트(p.344)를 통해 나의 답변을 점검하고 보완하자.

모범답변 및 해석: 해석집 p.363

다음 문제를 읽고, 분석메모를 완성하여 이를 바탕으로 요약문을 작성하시오.

01

> *The graph below shows the proportions of workers in three different sectors in South Korea between 1981 and 2011.*
>
> *Summarise the information by selecting and reporting the main features, and make comparisons where relevant.*

Write at least 150 words.

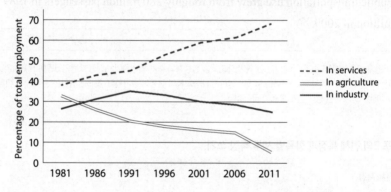

Changes in the employment rate by sector (1981-2011)

📝 분석메모

S. Korea's employment figures by sector over 30-yr. period

- ser. & agric.: significant change
- _____
- ser.: _____
    : _____
- agric.: _____
- ind.: _____
    : _____

주제 쓰기

그래프 전체 특징 쓰기

항목별 세부 특징 쓰기

---

*답변 작성 시 마지막 2분 동안 핵심 첨삭 포인트(p.331)를 참고하여 요약문을 검토하자.
*답변 작성을 완료한 후, 답변 셀프 체크 포인트(p.344)를 통해 나의 답변을 점검하고 보완하자.

모범답변 및 해석: 해석집 p.364

03 Pie Chart 유형

Pie Chart(파이 차트) 유형은 주로 시간·장소별로 분류된 교육·자원·환경 등의 주제에 관한 트렌드 및 조사 결과를 수치로 보여주는 문제가 자주 출제된다. 주로 퍼센트(%)를 사용하여 항목의 비율을 보여주지만 간혹 다른 단위를 사용한 문제가 등장하기도 한다. TASK 1의 다른 유형과 달리 항상 2개 이상의 파이 차트를 비교하여 요약문을 작성하는 문제가 출제된다.

■ 문제 형태

Pie Chart 유형의 문제는 주제와 관련하여 시간·장소별로 분류한 조사 결과의 수치와 그 수치가 변화하는 양상을 보여주는 형태의 그래프가 출제된다.

> ***The charts below show changes in student enrolment by degree at a university in Canada in 1980 and 2000.*** —● 문제의 주제
>
> ***Summarise the information by selecting and reporting the main features, and make comparisons where relevant.*** —● 문제의 지시사항
>
> 아래 차트들은 1980년과 2000년에 캐나다 한 대학교의 학위별 학생 등록 비율의 변화를 보여준다.
> 주요 특징들을 선택하고 서술함으로써 정보를 요약하고, 관련 있는 것들을 비교하시오.

Write at least 150 words.

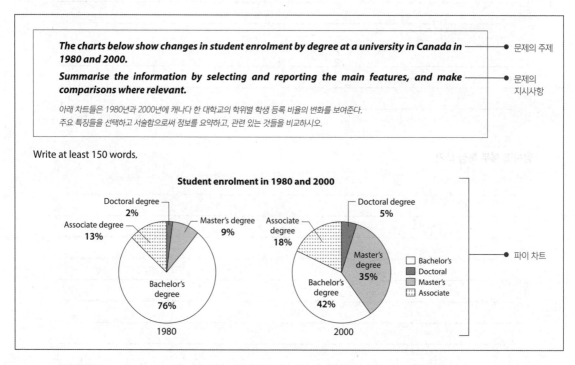

Student enrolment in 1980 and 2000

—● 파이 차트

· 문제의 주제와 파이 차트의 개수를 파악하고, 제시된 파이 차트들이 연도, 국가 등 무엇으로 구분되는지 확인한다. 이어서 파이 차트 항목으로 에너지원, 장르, 연령대 등 무엇이 왔는지 파악하고, 항목에 사용된 비율(%), 사용량 등의 단위를 확인한다.

· 문제의 주제를 적고, 파이 차트의 전체 특징과 항목별 세부 특징을 간략하게 메모한다. 파이 차트 전체 특징에는 전체를 아우르는 눈에 띄는 특징을 적고, 세부 특징에는 항목별 수치 및 변화 등을 적는다. 이때 파이 차트의 범주와 항목을 보고, 요약문을 작성하기에 더 적절하다고 생각하는 것을 기준으로 분석메모를 정리할 수 있다.

분석메모 작성하기의 예

> ***The charts below show changes in student enrolment by degree at a university in Canada in 1980 and 2000.***
>
> ***Summarise the information by selecting and reporting the main features, and make comparisons where relevant.***
>
> *아래 차트들은 1980년과 2000년에 캐나다 한 대학교의 학위별 학생 등록 비율의 변화를 보여준다. 주요 특징들을 선택하고 서술함으로써 정보를 요약하고, 관련 있는 것들을 비교하시오.*

● 문제의 주제 '1980년과 2000년 캐나다의 한 대학교의 학위별 학생 등록 비율'을 파악한다.

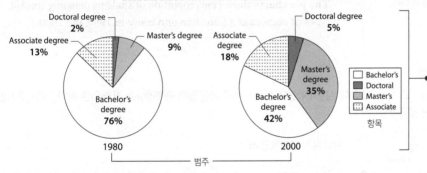

Student enrolment in 1980 and 2000

● 연도별 파이 차트 개수(2개), 범주(연도), 항목(학위), 항목에 사용된 단위(%)를 확인한다. 가끔 항목을 따로 모아 표시하지 않고 그래프에서만 확인할 수 있게 출제되는 경우도 있다.

📋 **분석메모**

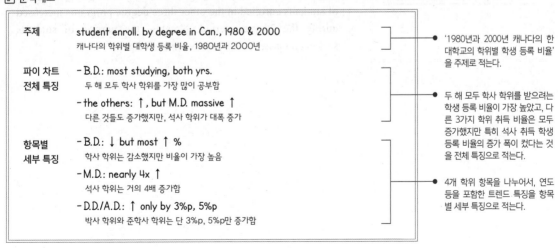

주제	student enroll. by degree in Can., 1980 & 2000
	캐나다의 학위별 대학생 등록 비율, 1980년과 2000년

● '1980년과 2000년 캐나다의 한 대학교의 학위별 학생 등록 비율'을 주제로 적는다.

파이 차트 전체 특징
- B.D.: most studying, both yrs.
  두 해 모두 학사 학위를 가장 많이 공부함
- the others: ↑, but M.D. massive ↑
  다른 것들도 증가했지만, 석사 학위가 대폭 증가

● 두 해 모두 학사 학위를 받으려는 학생 등록 비율이 가장 높았고, 다른 3가지 학위 취득 비율은 모두 증가했지만 특히 석사 취득 학생 등록 비율의 증가 폭이 컸다는 것을 전체 특징으로 적는다.

항목별 세부 특징
- B.D.: ↓ but most ↑ %
  학사 학위는 감소했지만 비율이 가장 높음
- M.D.: nearly 4x ↑
  석사 학위는 거의 4배 증가함
- D.D./A.D.: ↑ only by 3%p, 5%p
  박사 학위와 준학사 학위는 단 3%p, 5%p만 증가함

● 4개 학위 항목을 나누어서, 연도 등을 포함한 트렌드 특징을 항목별 세부 특징으로 적는다.

· 분석메모를 바탕으로 요약문의 단락을 구상한다. 요약문은 3단락 구성으로, 각 단락이 <주제, 파이 차트 전체 특징, 항목별 세부 특징>에 대해 서술하는 구조가 되도록 한다.

· 분석메모를 보고, 기본 표현을 이용해서 실제로 요약문을 작성한다.

요약문의 구조 및 기본 표현

주제	**The pie charts show + 주제**
파이 차트 전체 특징	**Overall, it is clear that + 파이 차트 전체 특징**
항목별 세부 특징	**Looking at the pie charts more closely, one can see that + 항목별 세부 특징**

주제 쓰기의 예

문제의 주제 '1980년과 2000년 캐나다의 한 대학교의 학위별 학생 등록 비율'을 밝히면서 요약문을 시작한다.

📝 분석메모

> student enroll. by degree in Can.,
> 1980 & 2000

주제 쓰기

The pie charts show [the proportion of students pursuing specific types of degrees at a Canadian university in 1980 and 2000.]

파이 차트 전체 특징 쓰기의 예

제시된 파이 차트의 전체 특징으로 두 해 모두 대부분의 학생이 학사 학위를 가장 많이 공부했다는 것과 다른 학위도 증가했지만 석사 학위가 대폭 증가했다는 것을 적는다.

📝 분석메모

> - B.D.: most studying, both yrs.
> - the others: ↑, but M.D. massive ↑

파이 차트 전체 특징 쓰기

Overall, it is clear that [most students were studying for a bachelor's degree in 1980 and 2000.] Also evident is that [the percentage of students enrolled in the other three degree programs increased during the 20-year period. Notably, the portion of students seeking a master's degree saw a massive gain.]

항목별 세부 특징 쓰기의 예

제시된 파이 차트의 항목별 세부 특징을 학사, 석사, 박사, 기타 학위별로 구체적인 연도 및 수치를 포함하여 적는다.

📋 분석메모

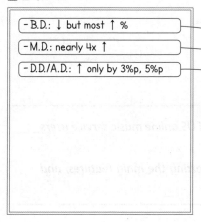

- B.D.: ↓ but most ↑ %
- M.D.: nearly 4x ↑
- D.D./A.D.: ↑ only by 3%p, 5%p

항목별 세부 특징 쓰기

Looking at the pie charts more closely, one can see that [the proportion of bachelor's degree students, which accounted for more than three-quarters of the total in 1980, dropped sharply to 42 percent in 2000. Even though the share of bachelor's degree students decreased, it still remained the category with the highest percentage of student enrollment.] In contrast, [the proportion of master's degree students, representing nine percent in 1980, nearly quadrupled by 2000.] [Meanwhile, the share of students pursuing doctoral and associate degrees went up by only three and five percentage points respectively,] ranking fourth and third by the year 2000.

모범답변 및 해석: 해석집 p.365

STEP 1 Pie Chart 분석메모 작성하기

다음 시각 자료를 분석하고 분석메모를 완성하시오.

01

> The three pie charts below show the percentage of US online music service users from five age groups in 2013, 2015, and 2017.
>
> Summarise the information by selecting and reporting the main features, and make comparisons where relevant.

Write at least 150 words.

Online music service users by age group (2013, 2015, 2017)

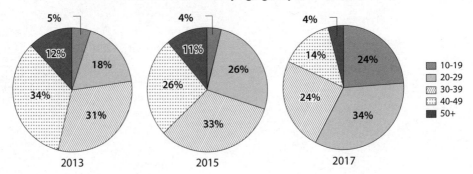

📋 분석메모

주제	Online music service users by age group (2013, 2015, 2017)
파이 차트 전체 특징	- each age group changed considerably - 40-49: made up the largest category in 2013 → replaced by 30-39 in 2015 - 20-29 comprised the largest category in 2017
항목별 세부 특징	- 40-49: _____ - 20-29: _____ - 10-19: _____ - 30-39: _____ - 50+: _____

02

> *The charts below show information about land use in four countries.*
>
> *Summarise the information by selecting and reporting the main features, and make comparisons where relevant.*

Write at least 150 words.

Land use by purpose

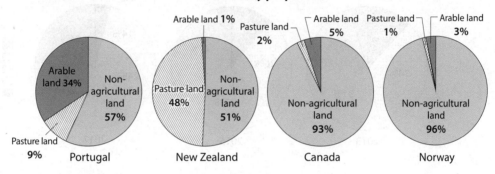

📋 분석메모

주제	land use by purpose, 4 countries
파이 차트 전체 특징	– most land non-agric. – expt. N.Z., pasture < arable
항목별 세부 특징	– non-agric.: _____ _____ _____ – pasture: _____ – arable: _____

분석메모 및 해석: 해석집 p.366

주어진 분석메모를 참고하여 빈칸에 적절한 문장을 써서 요약문을 완성하시오.

03

> *The three pie charts below show the percentage of US online music service users from five age groups in 2013, 2015, and 2017.*
>
> *Summarise the information by selecting and reporting the main features, and make comparisons where relevant.*

Write at least 150 words.

Online music service users by age group (2013, 2015, 2017)

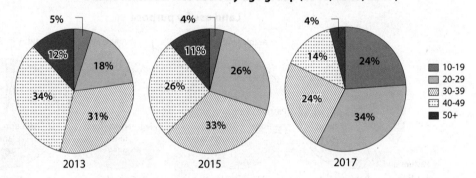

Legend:
- 10-19
- 20-29
- 30-39
- 40-49
- 50+

2013 / 2015 / 2017

📋 분석메모

Online music service users by age group (2013, 2015, 2017)
연령대별 온라인 음악 서비스 이용자 (2013, 2015, 2017)

- each age group changed considerably 각 연령대는 상당히 변화하였음
- 40-49: made up the largest category in 2013 40-49세는 2013년에 가장 큰 범주를 차지함
  → replaced by 30-39 in 2015 2015년에 30-39세에 의해 교체되었음
- 20-29: comprised the largest category in 2017 20-29세는 2017년에 가장 큰 범주를 구성했음

- 40-49: represented 34% in 2013 → dropped to 14% in 2017
  40-49세는 2013년에 34%에 해당했는데, 2017년에 14%로 떨어짐
- 20-29: 18% in 2013 → increased to 34% in 2017 20-29세는 2013년에 18%였는데, 2017년에 34%로 증가함
- 10-19: the smallest in 2013 & 2015, but became the 2nd largest in 2017
  10-19세는 2013년과 2015년에 가장 작은 범주였는데, 2017년에 두 번째로 큰 것이 됨
- 30-39: expanded in 2013 & 2015 before falling in 2017
  30-39세는 2017년에 떨어지기 전, 2013년과 2015년에 확대되었음
- 50+: remained stable in 2013 & 2015 → the smallest in 2017
  50세 이상은 2013년과 2015년에 안정적으로 유지되었으나, 2017년에 가장 작은 것이 됨

① _____

_____.

파이 차트들은 2013년, 2015년, 그리고 2017년에 각 연령대별 미국 온라인 음악 서비스 사용자의 비율을 보여준다.

파이 차트 전체 특징 쓰기

② _____

_____,

The 40-49 year olds made up the largest category in 2013. They were replaced by 30-39 year olds in 2015, while 20-29 year olds comprised the largest category in 2017.

전반적으로, 각 연령대에서의 사용자 비율이 3개년에 걸쳐 상당히 변화하였음이 명확하다. 40-49세는 2013년에 가장 큰 범주를 차지했다. 그들은 2015년에 30-39세에 의해 교체되었던 반면, 20-29세는 2017년에 가장 큰 범주를 구성했다.

항목별 세부 특징 쓰기

③ _____

_____. However, this figure had dropped to 14% by 2017. On the other hand, 18% of the users came from the 20-29 age group in 2013. This proportion increased to 34% in 2017. ④ _____

_____. Meanwhile, the proportion of 30-39 year-old users expanded from 31% in 2013 to 33% in 2015, before falling to 24% in 2017. Finally, the 50+ group remained stable at 12 and 11 percent in 2013 and 2015. However, by 2017 it was the smallest, with only 4% of the total.

파이 차트들을 더 자세히 살펴보면, 40-49세 연령대의 비율이 2013년도에 전체의 34%에 해당했음을 알 수 있다. 하지만, 이 수치는 2017년까지 14%로 떨어졌다. 반면, 2013년에 18%의 사용자가 20-29세 연령대에서 왔다. 이 비율은 2017년에 34%로 증가했다. 특히, 10세에서 19세였던 사용자들이, 2013년과 2015년에는 가장 작은 범주였는데, 2017년에는 두 번째로 큰 것이 되며 증가하였다. 한편, 30-39세의 사용자들의 비율은 2013년에 31%에서 2015년에 33%로 확대되었는데, 2017년에 24%로 떨어지기 전이다. 마지막으로, 50세 이상 연령대는 2013년과 2015년에 12와 11%로 안정적으로 유지되었다. 그러나, 2017년까지 전체의 4%만을 차지하며, 그 연령대는 가장 작은 것이 되었다.

*답변 작성 시 마지막 2분 동안 핵심 첨삭 포인트(p.331)를 참고하여 요약문을 검토하자.
*답변 작성을 완료한 후, 답변 셀프 체크 포인트(p.344)를 통해 나의 답변을 점검하고 보완하자.

모범답변 및 해석: 해석집 p.367

The charts below show information about land use in four countries.

Summarise the information by selecting and reporting the main features, and make comparisons where relevant.

Write at least 150 words.

Land use by purpose

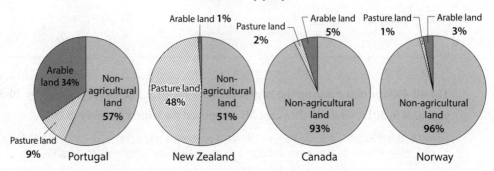

📝 분석메모

land use by purpose, 4 countries 4개국의 용도에 따른 토지 이용

- most land non-agric. 대부분의 토지가 비농지임

- expt. N.Z., pasture < arable 뉴질랜드를 제외하고, 목초지는 경작지보다 적음

- non-agric.: Can. & Nor. - massive portion 비농지는 캐나다와 노르웨이에서 큰 부분을 차지함

              Port. - quite high 포르투갈에서도 꽤 높음

              N.Z. - even split btw. non-agric. & pasture 뉴질랜드는 비농지와 목초지가 균등하게 나뉨

- pasture: Port., Can., Nor. - less than 10% 목초지는 포르투갈, 캐나다, 노르웨이에서 10% 미만임

- arable: aprt from Port., ≤ 5% 경작지는 포르투갈을 제외하고 5퍼센트와 같거나 작음

주제 쓰기

The pie charts show ① _____

_____.

파이 차트들은 포르투갈, 뉴질랜드, 캐나다, 그리고 노르웨이에서 토지가 어떻게 사용되는지에 관한 정보를 보여준다.

파이 차트 전체 특징 쓰기

Overall, it is clear that ② _____.

Also, ③ _____

_____.

전반적으로, 이 나라들에서 대부분의 토지가 비농업적 목적으로 사용됨이 명확하다. 또한, 뉴질랜드를 제외한 모든 나라에서 목초지의 비율은 경작지의 비율보다 더 적다.

항목별 세부 특징 쓰기

Looking at the pie charts more closely, one can see that ④ _____

_____.

At just under 60 percent, Portugal's share of non-agricultural land is also quite high. In contrast, ⑤ _____

_____, the latter of which makes up 48 percent of land in the country. Meanwhile, ⑥ _____

_____

_____. ⑦ _____

_____

_____ that are equal to or less than five percent.

파이 차트들을 더 자세히 살펴보면, 캐나다와 노르웨이는 90퍼센트 이상인, 큰 몫의 비농지를 갖고 있음을 알 수 있다. 60퍼센트 바로 아래로, 포르투갈 비농지의 몫 또한 꽤 높다. 그에 반해, 뉴질랜드는 가장 균등한 몫의 비농지와 목초지를 가졌으며, 후자는 국가 내 토지의 48퍼센트를 차지한다. 한편, 포르투갈, 캐나다, 그리고 노르웨이는 모두 10퍼센트보다 적은 땅을 목초지로 사용하며, 캐나다와 노르웨이는 각각 2퍼센트와 1퍼센트만 사용한다. 34퍼센트의 땅이 경작지인 포르투갈을 제외하고, 모든 국가는 5퍼센트와 같거나 그보다 적은 경작지 비율을 갖는다.

*답변 작성 시 마지막 2분 동안 핵심 첨삭 포인트(p.331)를 참고하여 요약문을 검토하자.
*답변 작성을 완료한 후, 답변 셀프 체크 포인트(p.344)를 통해 나의 답변을 점검하고 보완하자.

모범답변 및 해석: 해석집 p.368

다음 문제를 읽고, 분석메모를 완성하여 이를 바탕으로 요약문을 작성하시오.

01

> *The pie charts show the reasons people in Great Britain had for visiting art museums in the years 1990 and 2000.*
>
> *Summarise the information by selecting and reporting the main features, and make comparisons where relevant.*

Write at least 150 words.

Purpose for visiting art museums, 1990 and 2000

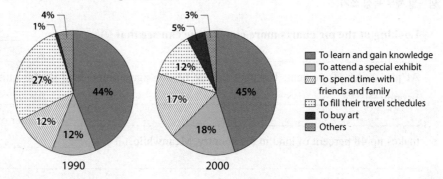

📑 분석메모

> reasons ppl. had for visiting art museums, 1990 & 2000
>
> – to learn: _____
>
> – most categories:_____
>
> – to fill their travel schedules: _____
>
> – to learn: almost half
>
> – to attend special exhibit & to spend time: _____
>
> – to fill their travel schedules: _____
>
> – to buy art: _____
>
> – others: _____

주제 쓰기

파이 차트 전체 특징 쓰기

항목별 세부 특징 쓰기

---

*답변 작성 시 마지막 2분 동안 핵심 첨삭 포인트(p.331)를 참고하여 요약문을 검토하자.
*답변 작성을 완료한 후, 답변 셀프 체크 포인트(p.344)를 통해 나의 답변을 점검하고 보완하자.

모범답변 및 해석: 해석집 p.369

Table(표) 유형은 TASK 1에서 가장 많이 출제되는 유형 중 하나로, 경제·경영·노동 등의 주제에 관련된 트렌드 및 조사 결과를 수치로 보여주는 문제를 자주 볼 수 있다. 표가 1개인 문제가 많이 출제되지만 간혹 2개인 문제도 나온다. 다른 두 유형의 시각자료를 결합한 문제도 드물게 출제되기도 하는데, 주로 표와 함께 막대 그래프, 선 그래프, 파이 차트가 제시된다.

■ 문제 형태

Table 유형의 문제는 주제에 관련된 조사 결과의 수치나 시간에 따른 변화 양상을 보여주는 표가 출제된다.

The table below gives information about the amount of beef exported in five different countries in 2012, 2014 and 2016. — ● 문제의 주제

Summarise the information by selecting and reporting the main features, and make comparisons where relevant. — ● 문제의 지시사항

아래 표는 2012년, 2014년, 그리고 2016년 다섯 국가의 소고기 수출량에 대한 정보를 보여준다.
주요 특징들을 선택하고 서술함으로써 정보를 요약하고, 관련 있는 것들을 비교하시오.

Write at least 150 words.

Quantities of beef exported in 5 countries (2012, 2014, 2016)

(in tonnes)

	2012	2014	2016
Japan	224	633	1,005
Switzerland	23	17	22
Brazil	125,465	130,307	137,650
Norway	34	81	17
Uruguay	44,372	39,932	42,310

● 표

■ 요약문 쓰기 전략

STEP 1 Table 분석메모 작성하기

· 먼저 문제의 주제를 파악한다. 표에서 가로축 또는 세로축의 항목으로 연도, 나라, 산업군, 직업군 등 무엇이 포함되었는지 파악하고, 수치에 사용된 수량, 비율(%), 액수($) 등의 단위를 확인한다. 이를 바탕으로 표를 분석한다.

· 문제의 주제를 적고, 표의 전체 특징과 항목별 세부 특징을 간략하게 메모한다. 표의 전체 특징에는 전체를 아우르는 눈에 띄는 특징을 적고, 세부 특징에는 항목별 수치 및 변화 등을 적는다. 이때, Table의 가로축과 세로축을 보고 요약문을 작성하기에 더 적절하다고 생각되는 축의 항목을 기준으로 분석메모를 정리할 수 있다.

분석메모 작성하기의 예

> ***The table below gives information about the amount of beef exported in five different countries in 2012, 2014 and 2016.***
> ***Summarise the information by selecting and reporting the main features, and make comparisons where relevant.***
>
> 아래 표는 2012년, 2014년, 그리고 2016년 다섯 국가의 소고기 수출량에 대한 정보를 보여준다.
> 주요 특징들을 선택하고 서술함으로써 정보를 요약하고, 관련 있는 것들을 비교하시오.

● 문제의 주제 '2012년, 2014년, 2016년 다섯 국가의 소고기 수출량'을 파악한다.

Quantities of beef exported in 5 countries (2012, 2014, 2016)

(in tonnes)

	2012	2014	2016
Japan	224	633	1,005
Switzerland	23	17	22
Brazil	125,465	130,307	137,650
Norway	34	81	17
Uruguay	44,372	39,932	42,310

가로축

세로축

● 가로축(3개 연도), 세로축(5개 국가), 항목에 사용된 단위(톤)를 확인한다.

📋 분석메모

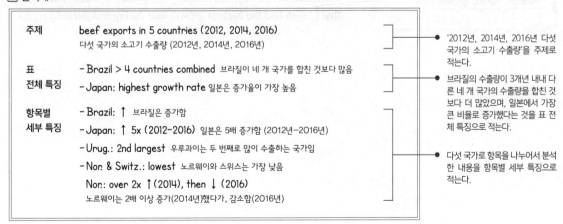

주제	beef exports in 5 countries (2012, 2014, 2016) 다섯 국가의 소고기 수출량 (2012년, 2014년, 2016년)
표 전체 특징	– Brazil > 4 countries combined 브라질이 네 개 국가를 합친 것보다 많음 – Japan: highest growth rate 일본은 증가율이 가장 높음

항목별
세부 특징
	– Brazil: ↑ 브라질은 증가함
	– Japan: ↑ 5x (2012-2016) 일본은 5배 증가함 (2012년-2016년)
	– Urug.: 2nd largest 우루과이는 두 번째로 많이 수출하는 국가임
	– Nor. & Switz.: lowest 노르웨이와 스위스는 가장 낮음
	   Nor.: over 2x ↑ (2014), then ↓ (2016)
	   노르웨이는 2배 이상 증가(2014년)했다가, 감소함(2016년)

● '2012년, 2014년, 2016년 다섯 국가의 소고기 수출량'을 주제로 적는다.

● 브라질의 수출량이 3개년 내내 다른 네 개 국가의 수출량을 합친 것보다 더 많았으며, 일본에서 가장 큰 비율로 증가했다는 것을 표 전체 특징으로 적는다.

● 다섯 국가로 항목을 나누어서 분석한 내용을 항목별 세부 특징으로 적는다.

· 분석메모를 바탕으로 요약문의 단락을 구상한다. 요약문은 3단락 구성으로, 각 단락이 <주제, 표 전체 특징, 항목별 세부 특징>에 대해 서술하는 구조가 되도록 한다.

· 분석메모와 요약문에 대한 구상을 바탕으로, 기본 표현을 이용해서 실제로 요약문을 작성한다.

요약문의 구조 및 기본 표현

주제	**The table shows** + 주제
표 전체 특징	**Overall, it is clear that** + 표 전체 특징
항목별 세부 특징	**Looking at the table more closely, one can see that** + 항목별 세부 특징

주제 쓰기의 예

문제의 주제 '2012년, 2014년, 2016년 다섯 국가의 소고기 수출량'을 밝히면서 요약문을 시작한다.

📋 분석메모

> beef exports in 5 countries (2012, 2014, 2016)

주제 쓰기

The table shows [information about the amount of beef that was exported from five countries in the years 2012, 2014, and 2016.]

표 전체 특징 쓰기의 예

제시된 표의 전체 특징으로 브라질이 나머지 네 국가의 수출량을 합한 것보다 많은 소고기를 수출했으며, 일본이 가장 큰 증가율을 가졌다는 내용을 적는다.

📋 분석메모

> - Brazil > 4 countries combined
> - Japan: highest growth rate

표 전체 특징 쓰기

Overall, it is clear that [Brazil exported more beef than Japan, Switzerland, Norway, and Uruguay combined.] It is also noticeable that [Japan had the highest growth rate during this period.]

항목별 세부 특징 쓰기의 예

제시된 표의 항목별 세부 특징을 나라별로 구체적인 연도 및 수치를 포함하여 적는다.

📋 분석메모

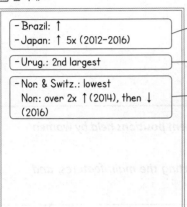

- Brazil: ↑
- Japan: ↑ 5x (2012-2016)

- Urug.: 2nd largest

- Nor. & Switz.: lowest
  Nor: over 2x ↑ (2014), then ↓ (2016)

항목별 세부 특징 쓰기

Looking at the table more closely, one can see that [the amount of beef Brazil exported rose from 125,465 to 137,650 tonnes between 2012 and 2016. During the same period, a dramatic upward trend was seen in Japan, where beef exports increased to almost five times what they were in 2012.] [The second largest beef exporter was Uruguay, which consistently exported around 40,000 tonnes every year.] In contrast, [Norway and Switzerland had the lowest export volume, with both nations shipping out under 100 tonnes in all three years. Interestingly, Norway did experience a surge in 2014, when its beef exports more than doubled, but this figure sharply dropped by the year 2016.]

모범답변 및 해석: 해석집 p.370

✅ TIPS

여러 유형의 시각자료가 결합된 문제의 경우, 동일한 유형이 두 개 나온 것과 마찬가지로 분석메모를 각각 나누어 작성한다. 이때, 하나의 시각자료에 대한 내용을 각각 한 단락씩 구성하면 균형 있는 요약문을 작성할 수 있다.

예) 문제 형태

Table과 Bar Graph

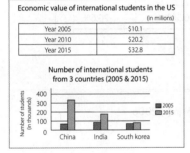

Table과 Line Graph

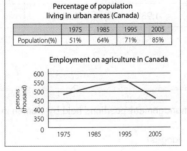

Table과 Pie Chart

STEP 1 Table 분석메모 작성하기

다음 시각 자료를 분석하고 분석메모를 완성하시오.

01

> *The table below gives information about management positions held by women in a European country in 2006.*
>
> *Summarise the information by selecting and reporting the main features, and make comparisons where relevant.*

Write at least 150 words.

The proportion of management roles held by women in four industries (2006)

	Finance	Manufacturing	IT	Hospitality
Managers	16.39%	9.00%	16.04%	33.14%
Executives	4.58%	1.98%	12.82%	19.9%
CEOs	1.98%	1.21%	6.58%	20.6%

📋 분석메모

주제	info. about management positions held by women in 4 ind., 2006
표 전체 특징	– hospitality: largest manufacturing: lowest

항목별
세부 특징
	– hospitality: _____
	– manufacturing: _____
	– finance & IT: _____
	   finance: _____
	   IT: _____

02

> The table below gives information about the economic value of international students in the US in 2005, 2010 and 2015. The bar graph shows changes in the number of international students from three countries in two of those years.
>
> Summarise the information by selecting and reporting the main features, and make comparisons where relevant.

Write at least 150 words.

Economic value of international students in the US

	(in billions)
Year 2005	$10.1
Year 2010	$15.6
Year 2015	$35.8

Number of international students from 3 countries (2005 & 2015)

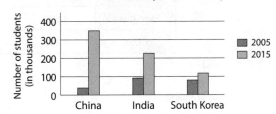

📋 분석메모

주제	econ. value of int'l students in US (2005, 2010, 2015) & # of int'l students from 3 countries (2005, 2015)
표 1 전체 특징	↑
세부 특징	– _____
표 2 전체 특징	2015 > 2005 in all countries
세부 특징	– 2005: _____ – 2015: _____ _____

분석메모 및 해석: 해석집 p.371

주어진 분석메모를 참고하여 빈칸에 적절한 문장을 써서 요약문을 완성하시오.

03

The table below gives information about management positions held by women in a European country in 2006.

Summarise the information by selecting and reporting the main features, and make comparisons where relevant.

Write at least 150 words.

The proportion of management roles held by women in four industries (2006)

	Finance	Manufacturing	IT	Hospitality
Managers	16.39%	9.00%	16.04%	33.14%
Executives	4.58%	1.98%	12.82%	19.9%
CEOs	1.98%	1.21%	6.58%	20.6%

📋 분석메모

info. about management positions held by women in 4 ind., 2006
4개 산업에서 여성이 차지하는 관리직의 정보, 2006년

- hospitality: largest 서비스 산업에서는 비율이 가장 큼

  manufacturing: lowest 제조업은 비율이 가장 작음

- hospitality: managers – 1/3, executives & CEOs – each 1/5
  서비스 산업에서 매니저가 1/3을 차지하고, 경영진과 최고 경영자가 각각 5분의 1을 차지함

- manufacturing: fewest managers, executives & CEOs
  제조업에서 매니저, 경영진, 최고 경영자 비율이 가장 적음

- finance & IT: managers = approx. 16% 금융과 IT산업에서 매니저가 대략 16%임

  finance: executives & CEOs both ↓ 금융업에서 경영진과 최고 경영자는 모두 적음

  IT: 1/2 executives = CEOs IT산업에서 경영진 수의 2분의 1이 최고 경영자의 수임

주제 쓰기

① _____

_____

within four industries in a European country during 2006 as a percentage of the total for each type of position.

표는 2006년 한 유럽 국가의 네 개의 산업에서 각 직위 유형별 여성이 차지하는 관리직을 전체에 대한 비율로 보여준다.

표 전체 특징 쓰기

② _____

_____.

전반적으로, 모든 산업 중에서, 서비스업이 고위직에 가장 높은 여성 비율을 가지고 있었으며, 제조업이 가장 적었음이 명확하다.

항목별 세부 특징 쓰기

③ _____

_____, with women representing almost one-third of those in this position. This industry also had the highest proportion of female executives and CEOs, with these categories each accounting for about one-fifth of the total. ④ _____

_____

_____.

In both finance and IT, approximately 16 percent of managers were women, but in finance, women made up less than five percent of executives and less than two percent of CEOs. In IT, meanwhile, 12.82 percent of executives and 6.58 percent of CEOs were female.

표를 더 자세히 살펴보면, 서비스업의 매니저 비율이 두드러지는 것을 알 수 있는데, 이 직무의 약 3분의 1을 여성이 차지한다. 이 산업은 가장 높은 여성 경영진과 최고 경영자의 비율을 갖고 있기도 하며, 이 부문들에서 각각 전체의 5분의 1 정도를 차지하였다. 그에 반해, 제조업은 세 직위 유형 모두에서 여성 직원의 비율이 가장 낮았는데, 여성이 매니저의 9퍼센트, 경영진의 1.98퍼센트, 그리고 최고 경영자의 단 1.21퍼센트만을 차지했다. 금융과 IT 모두에서, 대략 16퍼센트의 매니저가 여성이었지만, 금융에서는, 여성이 경영진의 5퍼센트 이하와 최고 경영자의 2퍼센트 이하를 구성했다. 한편, IT에서는, 경영진의 12.82퍼센트와 최고 경영자의 6.58퍼센트가 여성이었다.

*답변 작성 시 마지막 2분 동안 핵심 첨삭 포인트(p.331)를 참고하여 요약문을 검토하자.
*답변 작성을 완료한 후, 답변 셀프 체크 포인트(p.344)를 통해 나의 답변을 점검하고 보완하자.

모범답변 및 해석: 해석집 p.372

04

The table below gives information about the economic value of international students in the US in 2005, 2010 and 2015. The bar graph shows changes in the number of international students from three countries in two of those years.

Summarise the information by selecting and reporting the main features, and make comparisons where relevant.

Write at least 150 words.

Economic value of international students in the US

	(in billions)
Year 2005	$10.1
Year 2010	$15.6
Year 2015	$35.8

Number of international students from 3 countries (2005 & 2015)

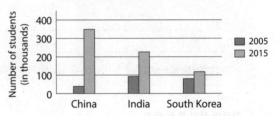

📋 분석메모

econ. value of int'l students in US (2005, 2010, 2015)
& # of int'l students from 3 countries (2005, 2015)
미국 내 유학생의 경제적 가치 (2005년, 2010년, 2015년)와 3개국 출신 유학생의 수(2005년, 2015년)

1. ↑ 증가함
  – 2015 = 3x 2005 2015년에는 2005년의 3배가 됨

2. 2015 > 2005 in all countries 모든 나라에서 2015년에 2005년보다 많음
  – 2005: less than 100,000, slightly more from India 2005년에는 10만보다 적으며, 인도가 약간 더 많음
  – 2015: Chinese & Indian ↑ 2015년에는 중국과 인도가 증가함
        China ≒ 3x South Korea 중국은 한국의 약 3배임

주제 쓰기

> **The table shows** ① _____
> _____, **and the bar graph indicates** ② _____
> _____.

표는 2005년, 2010년, 그리고 2015년에 미국 내 유학생이 얼마나 경제적으로 기여했는지 보여주며, 막대 그래프는 2005년부터 2015년까지 이 학생들의 수가 어떻게 변화했는지를 그들의 고국에 따라 나타낸다.

표 1 전체 특징과 항목별 세부 특징 쓰기

전체 특징

According to the table, it is clear that ③ _____
_____.

항목별 세부 특징

The amount jumped from 10.1 billion dollars in 2005 to 15.6 billion dollars in 2010. Then, rate of growth rose even more considerably during the last five years of the period, climbing by more than 20 billion dollars. ④ _____
_____.

표에 따르면, 해외에서 온 학생들의 경제적 기여가 미국에서 상당히 증가했음이 명확하다. 총액은 2005년 101억 달러에서 2010년 156억 달러로 급증했다. 그 후, 증가율은 이 기간의 마지막 5년간 더욱 상당히 상승해, 200억 달러 이상이 올랐다. 2005년에 유학생들이 경제적으로 기여한 금액과 비교했을 때, 2016년의 총액은 약 3.5배 더 높았다.

표 2 전체 특징과 항목별 세부 특징 쓰기

전체 특징

In the bar graph, it is apparent that ⑤ _____
_____.

항목별 세부 특징

In 2005, the number of students from each of the three countries was less than 100,000, although there were slightly more from India than the other two. ⑥ _____
_____.

There were approximately 230,000 Indian students and almost 350,000 Chinese students in the US that year, ⑦ _____
_____.

막대 그래프에서, 중국, 인도, 그리고 대한민국에서 온 총학생 수가 2005년보다 2015년에 더 높았음이 분명하다. 2005년에, 각각 세 국가에서 온 학생의 수는 10만 명보다 적었지만, 인도에서 온 학생이 다른 두 나라보다 조금 더 많았다. 하지만, 인도인과 중국인 학생 수는 둘 모두 2015년에 현저하게 증가했다. 그 해에 미국에는 약 23만 명의 인도인 학생과 35만 명의 중국인이 있었으며, 후자의 수치는 그 나라에서 공부하던 한국인들의 수보다 약 3배 더 높았다.

*답변 작성 시 마지막 2분 동안 핵심 첨삭 포인트(p.331)를 참고하여 요약문을 검토하자.
*답변 작성을 완료한 후, 답변 셀프 체크 포인트(p.344)를 통해 나의 답변을 점검하고 보완하자.

모범답변 및 해석: 해석집 p.373

다음 문제를 읽고, 분석메모를 완성하여 이를 바탕으로 요약문을 작성하시오.

01

> The table below gives information about government expenditure in five sectors relating to domestic policy in Germany, Italy and the United Kingdom in 2009.
>
> Summarise the information by selecting and reporting the main features, and make comparisons where relevant.

Write at least 150 words.

Government spending by sector (2009)

	Germany	Italy	UK
Public services	6.6%	8.6%	4.6%
Economic affairs	4.0%	4.5%	4.4%
Environmental protection	0.7%	0.9%	1.0%
Health	7.1%	7.5%	7.8%
Education	4.3%	4.6%	6.4%

📋 분석메모

government expenditure in 5 sectors of dom. policy in 3 countries, 2009

- health: spending higher than most sectors in all
- environ.: _____

- Germany & Italy: _____

_____

_____

- UK: _____

_____

_____

_____

주제 쓰기

표 전체 특징 쓰기

항목별 세부 특징 쓰기

---

*답변 작성 시 마지막 2분 동안 핵심 첨삭 포인트(p.331)를 참고하여 요약문을 검토하자.
*답변 작성을 완료한 후, 답변 셀프 체크 포인트(p.344)를 통해 나의 답변을 점검하고 보완하자.

모범답변 및 해석: 해석집 p.374

05 Map 유형

Map(지도) 유형은 TASK 1에서 간혹 출제되는 유형으로, 특정 지역의 지도나 특정 공간의 평면도가 출제된다. 주로 2개의 지도나 평면도를 비교하여 요약문을 작성하는 문제가 출제된다.

■ 문제 형태

Map 유형의 문제는 특정 지역이나 공간의 지도 또는 평면도가 출제된다.

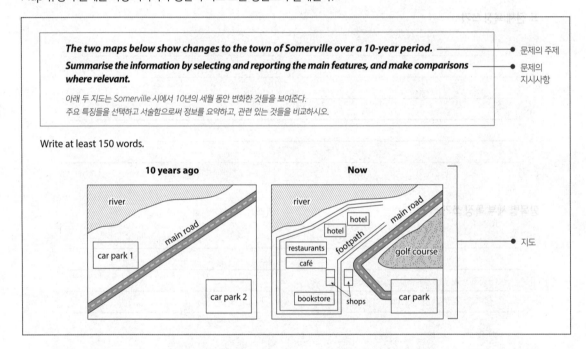

The two maps below show changes to the town of Somerville over a 10-year period. ●──── 문제의 주제
Summarise the information by selecting and reporting the main features, and make comparisons ●──── 문제의 지시사항
where relevant.

아래 두 지도는 Somerville 시에서 10년의 세월 동안 변화한 것들을 보여준다.
주요 특징들을 선택하고 서술함으로써 정보를 요약하고, 관련 있는 것들을 비교하시오.

Write at least 150 words.

10 years ago / river / main road / car park 1 / car park 2

Now / river / hotel / hotel / main road / restaurants / café / footpath / golf course / bookstore / shops / car park ●──── 지도

STEP 1 Map 분석메모 작성하기

· 문제의 주제를 파악한다. 이어서 지도나 평면도에서 볼 수 있는 강, 건물, 도로 등의 요소를 파악하고, 그의 위치 및 변화 등을 분석한다. 첫 번째 지도나 평면도와 비교하여 두 번째 지도나 평면도에서 새로 생긴 요소들, 위치가 바뀐 요소들, 변화가 없는 요소들 등을 확인한다.

· 문제의 주제를 적고, 지도나 평면도의 전체 특징과 세부 특징을 간략하게 메모한다. 지도나 평면도 전체 특징에는 전체를 아우르는 눈에 띄는 특징을 적고, 세부 특징에는 요소들의 변화를 적는다.

분석메모 작성하기의 예

> ***The two maps below show changes to the town of Somerville over a 10-year period.***
> ***Summarise the information by selecting and reporting the main features, and make comparisons where relevant.***
>
> *아래 두 지도는 Somerville 시에서 10년의 세월 동안 변화한 것들을 보여준다.*
> *주요 특징들을 선택하고 서술함으로써 정보를 요약하고, 관련 있는 것들을 비교하시오.*

● 문제의 주제 'Somerville 시의 10년 전과 현재'를 파악한다.

 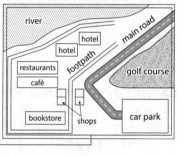

요소

● 지도에 포함된 강, 주차장, 도로 등의 요소를 파악하고, 첫 번째 지도에 없던 호텔, 식당, 카페, 서점, 상점, 골프장, 산책로 등 두 번째 지도에 새로 생긴 요소들을 확인한다.

📝 분석메모

주제	Somerville, 10 yrs. ago & now Somerville 시, 10년 전과 현재
지도 전체 특징	– hotels & retail establishments near the river 강 근처 관광업과 소매 시설이 건설됨 – 10 yrs. ago: mostly vacant → now: many new businesses 10년 전에는 거의 비어있었는데 현재는 많은 새로운 사업체가 있음
세부 특징	– car park 1 → restaurants & café 1 주차장은 식당과 카페로 대체됨 – hotel: line the river 호텔은 강을 따라 있음 – shops & bookstore: added 가게와 서점이 추가됨 – road: parallel to the river → lead to car park 도로가 강과 평행했었는데 주차장으로 향하게 됨 – golf course: added next to car park 골프장이 주차장 옆에 추가됨

● 'Somerville 시의 10년 전과 현재'를 주제로 적는다.

● 10년 전과 현재의 지도에서 10년 전에는 거의 비어있었는데 현재는 다양한 시설과 건물들이 생긴 것을 지도의 전체 특징으로 적는다.

● 10년 전과 현재를 비교해서 지도에서 볼 수 있는 요소들의 변화를 정리하여 세부 특징으로 적는다.

TASK 1 실전 유형 공략 HACKERS **IELTS** WRITING

STEP 2 분석메모 연계해서 요약문 쓰기

· 분석메모를 바탕으로 요약문의 단락을 구상한다. 요약문은 3단락 구성으로, 각 단락이 <주제, 지도 전체 특징, 세부 특징>에 대해 서술하는 구조가 되도록 한다.
· 분석메모와 요약문에 대한 구상을 바탕으로, 기본 표현을 이용해서 실제로 요약문을 작성한다.

요약문의 구조 및 기본 표현

주제	**The maps/diagrams show + 주제**
지도 전체 특징	**Overall, it is clear that + 지도 전체 특징**
세부 특징	**Looking at the maps/diagrams more closely, one can see that + 세부 특징**

주제 쓰기의 예

시각자료의 주제 'Somerville 시의 10년 전과 현재'를 밝히면서 요약문을 시작한다.

📋 분석메모

주제 쓰기

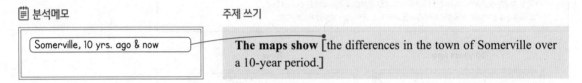

Somerville, 10 yrs. ago & now

The maps show [the differences in the town of Somerville over a 10-year period.]

지도 전체 특징 쓰기의 예

제시된 지도의 전체 특징으로 호텔과 소매 시설이 강 근처에 건설되었고, 10년 전에는 거의 비어있던 토지에 현재 많은 사업체가 들어섰다는 내용을 적는다.

📋 분석메모

지도 전체 특징 쓰기

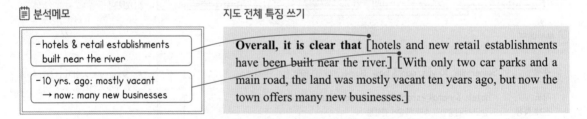

– hotels & retail establishments built near the river
– 10 yrs. ago: mostly vacant → now: many new businesses

Overall, it is clear that [hotels and new retail establishments have been built near the river.] [With only two car parks and a main road, the land was mostly vacant ten years ago, but now the town offers many new businesses.]

세부 특징 쓰기의 예

제시된 두 지도를 비교하여 지도에 포함된 요소들의 변화 상태를 세부 특징으로 적는다.

 분석메모

세부 특징 쓰기

- car park 1 → restaurants & café
- hotel: line the river
- shops & bookstore: added
- road: parallel to the river → lead to car park
- golf course: added next to car park

Looking at the maps more closely, one can see that the most noticeable alteration to the town was [the removal of car park 1 and the addition of restaurants and a café in its place.] Furthermore, [hotels now line the river along the new footpath.] [Some shops and a bookstore have been also added near this area over the years, completely transforming the site.] The other substantial change was [the rerouting of the road, which used to be parallel to the river. It is now curved and leads to the remaining car park.] Finally, [a large golf course was constructed in the unused land next to the car park.]

모범답변 및 해석: 해석집 p.375

STEP 1 Map 분석메모 작성하기

다음 시각 자료를 분석하고 분석메모를 완성하시오.

01

> The two diagrams below show the layouts of two offices, one to accommodate a maximum of eight people and the other to fit a maximum of ten people.
>
> Summarise the information by selecting and reporting the main features, and make comparisons where relevant.

Write at least 150 words.

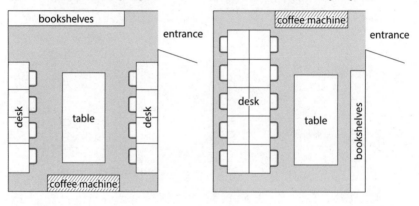

Room A (maximum 8 people)   **Room B (maximum 10 people)**

📋 분석메모

주제	layouts of 2 offices, for max 8 ppl. or 10 ppl.
지도 전체 특징	− desks: separated, A ↔ pushed together, B − office furniture & equipments: several differences
세부 특징	− desks: _____ 　　　　 : _____ − bookshelves: _____ 　　　　　　 : _____ − coffee: _____ 　　　　 : _____

02

> *The diagrams below show the Marlton Gallery before and after it was renovated.*
>
> *Summarise the information by selecting and reporting the main features, and make comparisons where relevant.*

Write at least 150 words.

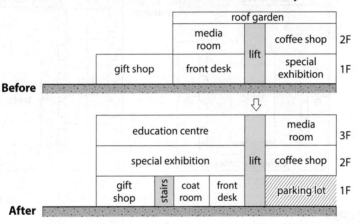

📋 분석메모

주제	layout of Marlton Gallery before & after renovation
지도 전체 특징	– gallery size ↑ – _____
세부 특징	– roof garden → 3F w/ education centre, media room & lift extended – 2F: _____ – 1F : _____ : _____ : _____

분석메모 및 해석: 해석집 p.376

주어진 분석메모를 참고하여 빈칸에 적절한 문장을 써서 요약문을 완성하시오.

03

> *The two diagrams below show the layouts of two offices, one to accommodate a maximum of eight people and the other to fit a maximum of ten people.*
>
> *Summarise the information by selecting and reporting the main features, and make comparisons where relevant.*

Write at least 150 words.

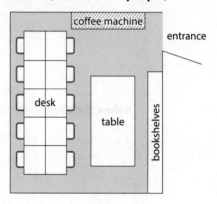

Room A (maximum 8 people)　　**Room B (maximum 10 people)**

📋 분석메모

layouts of 2 offices, for max 8 ppl. or 10 ppl. 두 사무실의 배치, 최대 8명 또는 10명을 위함

- desks: separated, A ↔ pushed together, B
  책상은 A실에서는 나뉘어 있고 B실에서는 함께 붙여져 있음
- office furniture & equipments: several differences
  사무용 가구와 용품의 배치에서 몇 가지 차이점이 있음

- desks: A – either side A실에서 책상은 양쪽 면에 있음

  : B – facing each other B실에서 책상은 서로 마주 보고 있음
- bookshelves: A – right of the entr. A실에서 책장은 입구 오른쪽에 있음

  : B – left of the entr. B실에서 책장은 입구 왼쪽에 있음
- coffee: A – against the wall across from the bookshelves A실에서 커피머신은 책장 바로 맞은편 벽면에 있음

  : B – next to the entr. B실에서 커피머신은 입구 옆에 있음

주제 쓰기

① _____.

The first room is for up to eight people and the second room is for ten people.

다이어그램은 두 사무실의 배치를 보여준다. 첫 번째 사무실은 최대 여덟 명을 위한 곳이고 두 번째 사무실은 최대 열 명을 위한 곳이다.

지도 전체 특징 쓰기

② _____

_____. There are also several other differences in terms of the

layout of office furniture and equipment.

전반적으로, A 사무실에서는 책상이 나뉘어 있고 B 사무실에서는 함께 붙여져 있음이 명확하다. 사무용 가구와 용품의 배치에 관해서도 몇 가지 다른 차이점이 있다.

세부 특징 쓰기

③ _____

_____.

Unlike Room A, Room B has ten desks that face each other on the left side of the room, and the table is on the right side of the room. Whereas the bookshelves in Room A are to the right of the entrance, they are to the left of the entrance in Room B. In Room A, the coffee machine is against the wall across from the bookshelves, yet in Room B it is right next to the entrance.

다이어그램을 더 자세히 살펴보면, A 사무실에서는, 사무실의 양쪽 면에 책상 네 개가 있으며, 탁자가 그 사이에 있다는 것을 알 수 있다. A 사무실과 달리, B 사무실에는 사무실 왼편에서 서로 마주 보고 있는 열 개의 책상이 있으며, 탁자는 사무실의 오른편에 있다. A 사무실의 책장은 입구 오른쪽에 있는 반면, B 사무실에서는 입구 왼쪽에 있다. A 사무실에서 커피 머신은 책장 바로 맞은편에 있는 반면 B 사무실에서는 입구 바로 옆에 있다.

*답변 작성 시 마지막 2분 동안 핵심 첨삭 포인트(p.331)를 참고하여 요약문을 검토하자.
*답변 작성을 완료한 후, 답변 셀프 체크 포인트(p.344)를 통해 나의 답변을 점검하고 보완하자.

모범답변 및 해석: 해석집 p.377

04

The diagrams below show the Marlton Gallery before and after it was renovated.

Summarise the information by selecting and reporting the main features, and make comparisons where relevant.

Write at least 150 words.

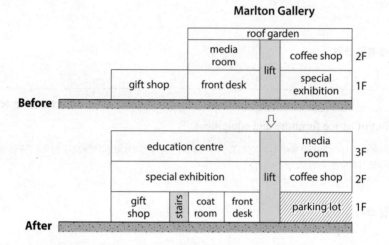

Marlton Gallery

📋 분석메모

layout of Marlton Gallery before & after renovation Marlton 미술관의 수리 전과 후 배치

- gallery size ↑ 미술관의 규모가 커짐

- 2 floors w/ 5 rooms & roof garden → 3 floors w/ 7 rooms & parking lot
  방 5개와 옥상 정원이 있는 2층짜리 건물에서 방 7개와 주차장이 있는 3층짜리 건물이 됨

- roof garden → 3F w/ education centre, media room & lift extended
  옥상 정원은 교육실, 미디어실이 있는 3층이 되고 승강기가 연장됨

- 2F: media room → special exhibition room 2층에서는 미디어실이 특별 전시관이 됨

- 1F: special exhibition → parking lot beneath coffee shop
  1층에서는 특별전시관이 커피숍 아래 주차장이 됨

  : stairs near gift shop 선물 가게 근처에 계단이 생김

  : front desk split 1/2 → new coat room 새로운 외투실을 위해 안내 데스크가 반으로 나뉨

The diagrams show ① _____ .

다이어그램은 Marlton 미술관의 수리 전과 후의 배치를 보여준다.

지도 전체 특징 쓰기

Overall, it is clear that the remodeling work markedly increased the size of the gallery.

② _____

_____ .

전반적으로, 건물 개보수 공사가 미술관의 규모를 상당히 크게 늘렸음이 명확하다. 미술관은 5개의 방과 옥상 정원이 있는 2층짜리 건물에서 7개의 방과 주차장이 있는 3층짜리 건물로 바뀌었다.

세부 특징 쓰기

Looking at the diagrams more closely, one can see that ③ _____

_____ .

A new education centre was built on this floor, and ④ _____

_____ . In addition, ⑤ _____

_____ . Furthermore, the special exhibition room was

moved to the second floor and almost doubled in size, occupying what was once the

media room. On the first floor, ⑥ _____

_____ .

Moreover, stairs were built near the gift shop, and the front desk was split in half to make

room for a new coat room.

다이어그램을 더 자세히 살펴보면, 옥상정원이 없어지고 3층이 추가되었음을 알 수 있다. 새로운 교육실이 그 층에 지어졌고, 미디어실도 이곳으로 재배치되었다. 게다가, 승강기도 3층까지 연장되었다. 그뿐만 아니라, 특별 전시관이 2층으로 옮겨졌으며 크기도 거의 두 배가 되어 원래 미디어실이었던 곳을 차지했다. 1층에는 이제 주차장이 커피숍 바로 아래에 있는데, 이곳은 원래 특별 전시관이 있던 곳이다. 그리고, 계단이 선물 가게 근처에 만들어졌으며, 안내 데스크는 새로운 외투실을 위한 공간을 만들기 위해 반으로 나누어졌다.

*답변 작성 시 마지막 2분 동안 핵심 첨삭 포인트(p.331)를 참고하여 요약문을 검토하자.
*답변 작성을 완료한 후, 답변 셀프 체크 포인트(p.344)를 통해 나의 답변을 점검하고 보완하자.

모범답변 및 해석: 해석집 p.377

다음 문제를 읽고, 분석메모를 완성하여 이를 바탕으로 요약문을 작성하시오.

01

> *The two maps below show the developments along Olive Drive before and after the construction of new facilities between 1980 and 2010.*
>
> *Summarise the information by selecting and reporting the main features, and make comparisons where relevant.*

Write at least 150 words.

1980

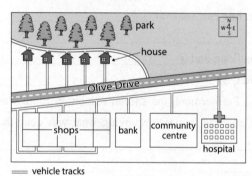

2010

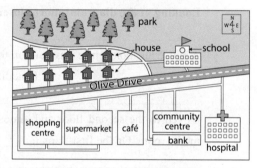

=== vehicle tracks

📋 분석메모

changes around Olive Dr., 1980 & 2010

– several changes on both sides
_____

– housing units: _____
– school: _____
– shops: _____
– bank: _____
– C.C.: _____
– hospital: _____

주제 쓰기

지도 전체 특징 쓰기

세부 특징 쓰기

---

*답변 작성 시 마지막 2분 동안 핵심 첨삭 포인트(p.331)를 참고하여 요약문을 검토하자.
*답변 작성을 완료한 후, 답변 셀프 체크 포인트(p.344)를 통해 나의 답변을 점검하고 보완하자.

모범답변 및 해석: 해석집 p.378

06 Diagram 유형

Diagram(다이어그램) 유형은 TASK 1에서 간혹 출제되는 유형으로, 물품 생산/제조 과정, 동물의 생애, 혼합물 제조 등을 보여주는 문제가 출제된다. 주로 한 개의 다이어그램이 등장하지만, 종종 두 개의 다이어그램을 비교하여 요약문 을 작성하는 문제가 출제되기도 한다.

■ 문제 형태

Diagram 유형의 문제는 주제에 관련된 과정이나 단계를 보여주는 형태의 다이어그램이 출제된다.

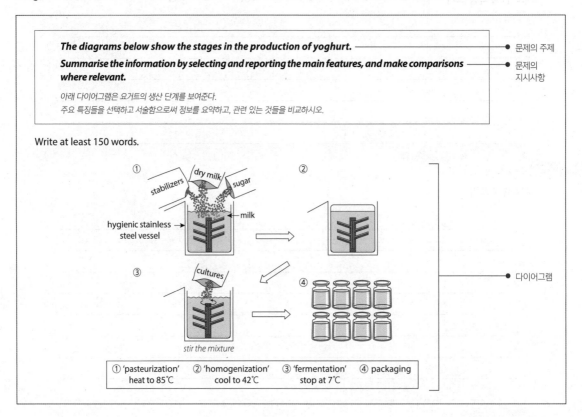

The diagrams below show the stages in the production of yoghurt. ● 문제의 주제

Summarise the information by selecting and reporting the main features, and make comparisons ● 문제의 지시사항
where relevant.

아래 다이어그램은 요거트의 생산 단계를 보여준다.
주요 특징들을 선택하고 서술함으로써 정보를 요약하고, 관련 있는 것들을 비교하시오.

Write at least 150 words.

① dry milk
stabilizers   sugar
hygienic stainless → ← milk
steel vessel

②

③ cultures

④

stir the mixture

● 다이어그램

① 'pasteurization'   ② 'homogenization'   ③ 'fermentation'   ④ packaging
heat to 85℃   cool to 42℃   stop at 7℃

■ 요약문 쓰기 전략

STEP 1 Diagram 분석메모 작성하기

· 문제의 주제와 다이어그램의 과정을 파악한다. 생산/제조 과정이나 동물의 생애에 관한 다이어그램일 경우, 몇 단계로 이루어져 있고 어떤 단계를 거치는지 등을 분석한다. 혼합물 제조를 보여주는 문제일 경우, 어떤 재료들이 얼마만큼 들어가는지 등을 확인한다.

· 문제의 주제를 적고, 다이어그램의 전체 특징과 단계별 세부 특징을 간략하게 메모한다. 다이어그램 전체 특징에는 다이어그램에서 보여주는 시작부터 끝 단계까지의 내용을 적고, 세부 특징에는 각 단계별로 구체적인 내용을 재료의 양, 비율 등과 함께 적는다.

분석메모 작성하기의 예

> **The diagrams below show the stages in the production of yoghurt.**
> **Summarise the information by selecting and reporting the main features, and make comparisons where relevant.**
>
> 아래 다이어그램은 요거트의 생산 단계를 보여준다.
> 주요 특징들을 선택하고 서술함으로써 정보를 요약하고, 관련 있는 것들을 비교하시오.

● 문제의 주제 '요거트의 생산 단계'를 파악한다.

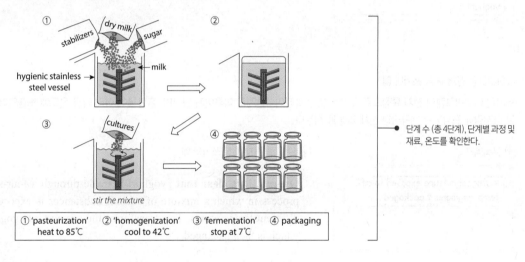

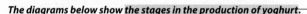

① 'pasteurization'   ② 'homogenization'   ③ 'fermentation'   ④ packaging
  heat to 85℃   cool to 42℃   stop at 7℃

● 단계 수 (총 4단계), 단계별 과정 및 재료, 온도를 확인한다.

📋 분석메모

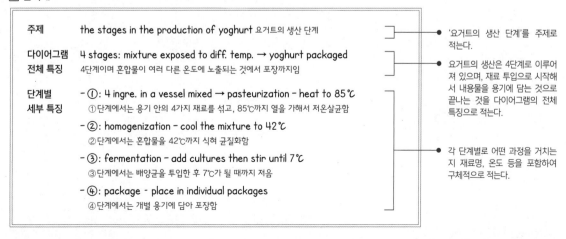

주제	the stages in the production of yoghurt 요거트의 생산 단계
다이어그램 전체 특징	4 stages: mixture exposed to diff. temp. → yoghurt packaged 4단계이며 혼합물이 여러 다른 온도에 노출되는 것에서 포장까지임
단계별 세부 특징	- ①: 4 ingre. in a vessel mixed → pasteurization - heat to 85℃ ①단계에서는 용기 안의 4가지 재료를 섞고, 85℃까지 열을 가해서 저온살균함 - ②: homogenization - cool the mixture to 42℃ ②단계에서는 혼합물을 42℃까지 식혀 균질화함 - ③: fermentation - add cultures then stir until 7℃ ③단계에서는 배양균을 투입한 후 7℃가 될 때까지 저음 - ④: package - place in individual packages ④단계에서는 개별 용기에 담아 포장함

● '요거트의 생산 단계'를 주제로 적는다.

● 요거트의 생산은 4단계로 이루어져 있으며, 재료 투입으로 시작해서 내용물을 용기에 담는 것으로 끝나는 것을 다이어그램의 전체 특징으로 적는다.

● 각 단계별로 어떤 과정을 거치는지 재료명, 온도 등을 포함하여 구체적으로 적는다.

STEP 2 분석메모 연계해서 요약문 쓰기

· 분석메모를 바탕으로 요약문의 단락을 구상한다. 요약문은 3단락 구성으로, 각 단락이 <주제, 다이어그램 전체 특징, 단계별 세부 특징>에 대해 서술하는 구조가 되도록 한다.

· 분석메모를 보고, 기본 표현을 이용해서 실제로 요약문을 작성한다.

요약문의 구조 및 기본 표현

주제	**The diagram shows** + 주제
다이어그램 전체 특징	**Overall, it is clear that** + 다이어그램 전체 특징
단계별 세부 특징	**Looking at the diagram more closely, one can see that** + 세부 특징

주제 쓰기의 예

시각자료의 주제 '요거트 생산 과정'을 밝히면서 요약문을 시작한다.

🗒 분석메모   주제 쓰기

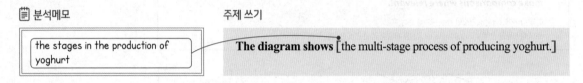

the stages in the production of yoghurt

The diagram shows [the multi-stage process of producing yoghurt.]

다이어그램 전체 특징 쓰기의 예

제시된 다이어그램의 전체 특징으로 요거트 생산 과정이 4단계로 이루어져 있으며, 혼합물이 여러 다른 온도에 노출되어 변형되고 마지막에 포장되는 대략적인 전체 과정을 적는다.

🗒 분석메모   다이어그램 전체 특징 쓰기의 예

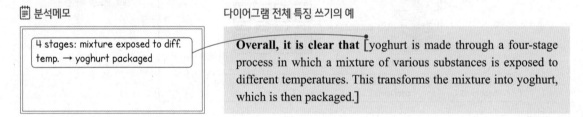

4 stages: mixture exposed to diff. temp. → yoghurt packaged

Overall, it is clear that [yoghurt is made through a four-stage process in which a mixture of various substances is exposed to different temperatures. This transforms the mixture into yoghurt, which is then packaged.]

단계별 세부 특징 쓰기의 예

제시된 다이어그램의 단계별 세부 특징을 차례대로 적는다.

📋 분석메모

- ①: 4 ingre. in a vessel mixed
  → pasteurization - heat to
  85℃
- ②: homogenization - cool the
  mixture to 42℃
- ③: fermentation - add cultures
  then stir, until 7℃
- ④: package - place in individual
  packages

단계별 세부 특징 쓰기

Looking at the diagram more closely, one can see that [the process begins when the ingredients, which consist of stabilizers, dry milk, sugar, and milk, are mixed together in a hygienic stainless steel vessel. At this point, this mixture is heated to 85℃, starting the pasteurization process.] [Then, it is cooled to 42℃. This is the homogenization phase.] [After this phase is completed, cultures are added to the blend to begin the fermentation. The mixture is then stirred before the temperature is reduced to 7℃, and the fermentation process ends.] In the final step, [the finished yogurt product is packaged into individual containers to be sold.]

모범답변 및 해석: 해석집 p.379

STEP 1 Diagram 분석메모 작성하기

다음 시각 자료를 분석하고 분석메모를 완성하시오.

01

The diagram below shows the life cycle of an insect called the cicada.

Summarise the information by selecting and reporting the main features, and make comparisons where relevant.

Write at least 150 words.

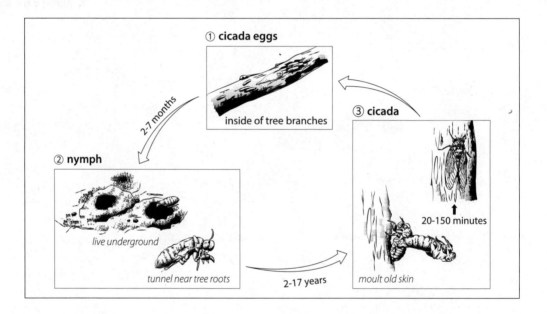

① cicada eggs

inside of tree branches

③ cicada

2-7 months

② nymph

live underground

tunnel near tree roots

20-150 minutes

2-17 years

moult old skin

📋 분석메모

주제	Life cycle of the cicada
다이어그램 전체 특징	3 stages: revolve around trees over many years
단계별 세부 특징	– ①: eggs – _____
	– ②: nymph – _____
	_____
	– ③: moult – _____

02

The diagrams below show the stages and equipment used in the pulp-making process and how pulp is used to produce paper.

Summarise the information by selecting and reporting the main features, and make comparisons where relevant.

Write at least 150 words.

Pulp production

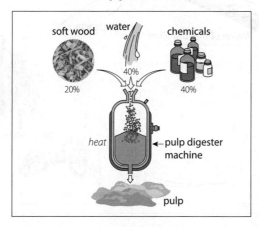

Paper production

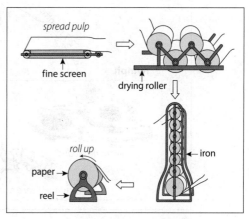

📋 분석메모

주제	stages & equipment in pulp-making process & pulp → paper
다이어그램 1 전체 특징	basic ingredients combined & heated → pulp
단계별 세부 특징	– _____
다이어그램 2 전체 특징	pulp → paper: 4-stage process
단계별 세부 특징	– _____
	→ _____
	→ _____
	→ _____

분석메모 및 해석: 해석집 p.380

주어진 분석메모를 참고하여 빈칸에 적절한 문장을 써서 요약문을 완성하시오.

03

> *The diagram below shows the life cycle of an insect called the cicada.*
>
> *Summarise the information by selecting and reporting the main features, and make comparisons where relevant.*

Write at least 150 words.

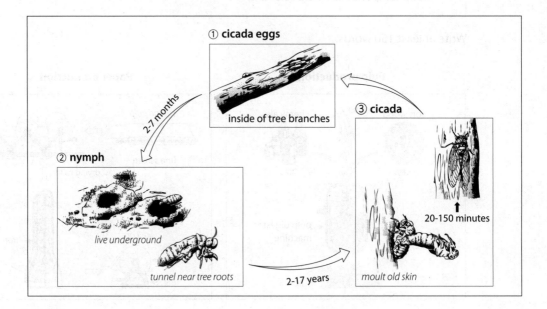

📋 분석메모

Life cycle of the cicada 매미의 생애 주기

3 stages: revolve around trees over many years
3단계: 수년 동안 나무 주위에서 순환함

- ①: eggs – inside tree branches
  ① 단계에서는 알이 나뭇가지 안에 있음
- ②: nymph – hatch 2–7 mon. later
    live underground near tree roots & tunneling for 2–17 yrs.
  ② 단계에서는 유충이 2–7개월 후 부화하고, 2–17년 동안 나무뿌리 근처 땅속에 살며 굴을 뚫음
- ③: moult – shed skin from 20 to 150 min. → fully grown
  ③ 단계에서는 탈피가 일어나 20에서 150분 동안 허물을 벗고 완전히 성장함

주제 쓰기

① _____ .

다이어그램은 매미의 삶의 단계를 보여준다

다이어그램 전체 특징 쓰기

② _____ .

These stages revolve around trees and occur over many years.

전반적으로, 매미의 삶에는 세 가지 뚜렷한 단계가 있다는 것이 명확하다. 이 단계들은 나무 주위에서 주기적으로 일어나며 수년 동안 일어난다.

단계별 세부 특징 쓰기

③ _____
_____ .

Two to seven months later, the eggs hatch into 'nymphs.' ④ _____
_____ .

By the time the nymphs are about to reach maturity, they go back up to the tree branches where they shed their old skin. This process is called 'moult,' and it takes from 20 to 150 minutes to complete. They are now fully grown cicadas and are ready to lay eggs, at which point the cycle starts anew.

다이어그램을 더 자세히 살펴보면, 알이 나뭇가지 안에 낳아질 때 과정이 시작됨을 알 수 있다. 두 달에서 일곱 달 뒤, 이 알은 '유충'으로 부화한다. 다음 2년에서 17년 동안, 이 유충은 나무뿌리 근처 땅속에 살면서 터널 망을 만든다. 유충이 다 자란 상태에 도달할 때쯤 되면, 그들은 나무로 다시 올라가고 여기서 낡은 허물을 벗는다. 이 과정은 '탈피'라고 불리며, 끝마치기까지 20분에서 150분이 걸린다. 그들은 이제 완전히 다 큰 매미이며 알을 낳을 준비가 되었고, 이 시점에서 주기가 새로 시작된다.

*답변 작성 시 마지막 2분 동안 핵심 첨삭 포인트(p.331)를 참고하여 요약문을 검토하자.
*답변 작성을 완료한 후, 답변 셀프 체크 포인트(p.344)를 통해 나의 답변을 점검하고 보완하자.

모범답변 및 해석: 해석집 p.381

04

The diagrams below show the stages and equipment used in the pulp-making process and how pulp is used to produce paper.

Summarise the information by selecting and reporting the main features, and make comparisons where relevant.

Write at least 150 words.

Pulp production

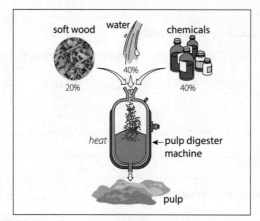

Paper production

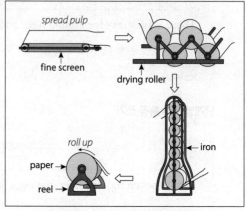

📋 분석메모

stages & equipment in pulp-making process & pulp → paper
펄프 제작 과정의 단계와 장비, 그리고 펄프가 종이로 만들어지는 과정

basic ingredients combined & heated → pulp 기본 재료가 결합되고 가열되어 펄프가 됨
- soft woods, water, chemicals in digester machine → heat
  증해기 안에 연한 목재, 물, 화학 약품을 넣고 가열함

pulp → paper: 4-stage process 4단계 과정으로 펄프가 종이가 됨
- screen: spread pulp 체: 펄프를 펼침
  → drying rollers: remove all moisture 건조 롤러: 수분을 모두 제거함
  → iron: make it smooth 다리미: 매끄럽게 만듦
  → reel: paper rolled up 릴: 종이가 감아짐

The first diagram shows ① _____,

and the second diagram indicates ② _____.

첫 번째 다이어그램은 펄프 제작의 장비와 단계를 보여주며, 두 번째 다이어그램은 펄프가 어떻게 종이로 만들어지는지를 보여준다.

다이어그램 1 전체 특징과 단계별 세부 특징 쓰기

According to the first diagram, it is clear that ③ _____,

_____. The process begins ④ _____

_____. Following this, the machine expels the final product,

which is pulp.

첫 번째 다이어그램에 따르면, 펄프를 제조하기 위해서 세 가지 기본 재료들이 결합되고, 가열되고, 처리됨이 명확하다. 그 과정은 20퍼센트의 연한 목재, 40퍼센트의 물, 그리고 40퍼센트의 화학 약품으로 구성된 혼합물이 펄프 증해기 안으로 넣어져 가열되면서 시작된다. 이어서, 기계가 최종 제품을 배출하는데, 이것이 펄프이다.

다이어그램 2 전체 특징과 단계별 세부 특징 쓰기

In the second diagram, it is apparent that ⑤ _____

_____. The first step is to spread the pulp across a fine screen. After

this, ⑥ _____.

It then goes through an iron, which makes it smooth. In the final step of this process,

⑦ _____.

두 번째 다이어그램에서는, 펄프가 4단계의 과정을 통해 종이가 된다는 것이 분명하다. 첫 번째 단계는 미세한 체 위에 펄프를 펼치는 것이다. 그다음에, 펄프는 모든 수분을 제거하기 위해 일련의 건조 롤러로 이동한다. 그러고 나서, 펄프는 다리미를 통과하는데, 이는 펄프를 매끈하게 만든다. 이 과정의 마지막 단계에서, 한 장의 종이가 큰 릴에 감기게 된다.

*답변 작성 시 마지막 2분 동안 핵심 첨삭 포인트(p.331)를 참고하여 요약문을 검토하자.
*답변 작성을 완료한 후, 답변 셀프 체크 포인트(p.344)를 통해 나의 답변을 점검하고 보완하자.

모범답변 및 해석: 해석집 p.381

다음 문제를 읽고, 분석메모를 완성하여 이를 바탕으로 요약문을 작성하시오.

01

> *The diagram below shows the process of plastic bottle production.*
>
> *Summarise the information by selecting and reporting the main features, and make comparisons where relevant.*

Write at least 150 words.

Plastic bottle production process

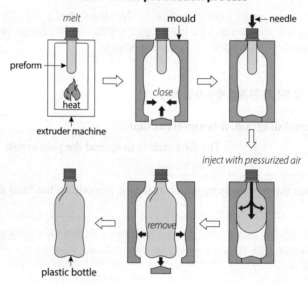

📋 분석메모

the process of plastic bottle production

6 stages: _____

- extruder M.: _____
- mould: _____
- finished product: _____

주제 쓰기

다이어그램 전체 특징 쓰기

단계별 세부 특징 쓰기

*답변 작성 시 마지막 2분 동안 핵심 첨삭 포인트(p.331)를 참고하여 요약문을 검토하자.
*답변 작성을 완료한 후, 답변 셀프 체크 포인트(p.344)를 통해 나의 답변을 점검하고 보완하자.

모범답변 및 해석: 해석집 p.382

TASK 2

필수 표현 공략

실전 유형 공략

INTRODUCTION

■ Overview

TASK 2에서는 문제에 제시된 주제에 대한 주장이나 견해 또는 문제에 대한 자신의 의견이나 분석을 글로 적는 과제가 주어지며, 한 문제가 출제된다. 응시자는 제시된 견해, 주장, 또는 문제에 대한 자신의 의견이나 분석 내용이 명확히 드러나고 그러한 의견을 갖게 된 이유를 논리적으로 제시하는 에세이를 작성해야 한다.

■ 문제 유형 소개

TASK 2 문제 유형은 크게 아래 다섯 가지로 분류할 수 있다.

01 Agree/Disagree	주제에 대해 어느 정도까지 찬성 혹은 반대하는지에 대한 나의 의견을 서술하는 유형
02 Both Views	주제에 대한 두 가지 입장을 논의하고 이에 대한 나의 의견을 서술하는 유형
03 Advantage & Disadvantage	주제의 장·단점을 논하거나 이를 비교하고 이에 대한 나의 의견을 서술하는 유형
04 Cause/Problem & Solution	주제에 대한 문제점 또는 문제가 발생한 원인을 서술하고, 이에 대한 해결책을 서술하는 유형
05 Two-part Question	주제에 대한 두 가지 과제가 제시되고, 주어진 과제에 대한 답안을 서술하는 유형

■ 출제 예상 토픽

TASK 2에서는 다양한 사회적 이슈와 관련된 토픽이 출제된다. 평소에 각 토픽에 대한 아이디어를 정리하여 구조화하는 연습을 하면 실제 에세이 작성에 도움이 된다.

교육, 가정, 건강, 사회	· 청소년들의 시간제 근무 / 학교에서의 미술, 음악 수업 의무화 · 현대 사회에서의 대가족의 중요성 / 출생률 감소 · 현대인들의 스트레스 증가 / 기대 수명의 증가 · 미디어의 영향으로 인한 사회, 문화의 동질화 / 적은 고위직 여성의 수
법과 정책, 직업, 여행	· 사회 안전을 위한 정부의 국민 자유 침해 / 강력 범죄자의 개인 정보 공개 · 성공을 위해 한 가지 기술 집중 / 10대들의 연예인 지망 증가 · 여행 지출의 증가 / 관광객들의 역사적 장소 훼손
자원과 환경, 과학 기술, 세계	· 혼잡 시간대 자동차 통행료 부과 / 기업의 환경 문제 방치 · 인공 지능의 발전과 인간의 노동력 / 차량용 자율 주행 시스템의 발전 · 국제 이슈에 대한 관심의 필요성 / 수입 및 국산 농산물의 소비

■ 문제 형태 소개

TASK 2의 문제를 풀 때는 먼저 문제에 제시된 주제를 읽고, 문제의 지시사항에서 에세이에 어떤 내용이 포함되어야 하는지를 파악한다. 문제의 지시사항은 유형별로 다르므로 이를 먼저 확인하여 유형별 전략을 적용한다. 더불어, 에세이는 250자 이상이어야 하므로 분량에 유의하며 요약문을 작성한다.

문제 형태의 예

문제에 제시된 주제에 대해 어느 정도까지 찬성 혹은 반대하는지 묻는 Agree/Disagree 유형

> ***Many things can influence the academic achievement and emotional growth of a*** ──────● 문제의 주제
> ***student. In this regard, peers have more of an impact than teachers do.***
> 많은 것들이 학생의 학업 성취와 정서 발달에 영향을 줄 수 있다. 이 점에서, 또래는 교사보다 더 많은 영향을 미친다.
>
> ***To what extent do you agree or disagree with this opinion?*** ──────● 문제의 지시사항:
> 이 의견에 어느 정도까지 동의 또는 동의하지 않는가?   주제에 대한 찬성 또는 반대 의견 요구

Give reasons for your answer and include any relevant examples from your own knowledge or ──────● 답변에 구체적인 이유와 예를 제experience.   시하고, 250자 이상 쓸 것을 요구
Write at least 250 words.
답변에 구체적인 이유를 제시하고 자신의 지식이나 경험으로부터 관련된 예를 들어 자신의 의견을 뒷받침하시오.
적어도 250 단어 이상 서술하시오.

■ 문제풀이 전략

STEP 1 **아웃라인 잡기**
주어진 문제의 지시사항과 주제를 파악하고, 이에 대한 나의 의견을 정하거나 논의의 중심 내용을 정한다. 문제의 지시사항에 따라 나의 의견에 대한 이유를 두 가지 적거나 또는 견해를 각각 한 가지씩 적고, 이를 뒷받침하는 일반적 진술과 구체적인 예시를 하나씩 제시한다.

STEP 2 **에세이 쓰기**
작성한 아웃라인을 토대로 <서론, 본론 1, 본론 2, 결론>의 4단락 구조의 에세이를 구성하여 에세이를 작성한다.

STEP 3 **에세이 검토하기**
작성한 에세이를 검토하며 실수를 바로잡는다. 시간은 2분 정도가 적당하며, 에세이의 내용보다는 문법, 철자, 문장 구조 등의 형식적인 사항을 중심으로 수정하는 것이 좋다.
필수 첨삭 포인트(p.331)를 참고하여 에세이를 검토하는 연습을 할 수 있다.

HACKERS
IELTS
WRITING

goHackers.com

학습자료 제공·유학정보 공유

HACKERS IELTS WRITING

TASK 2
필수 표현 공략

01 상황별 표현 – 찬반, 장단, 비교, 대조 표현

Task 2 에세이를 작성하기 위해서는 여러 가지 상황별 표현을 익혀두고 적재적소에 쓸 수 있어야 한다. 특히, 나의 의견을 밝히는 표현들은 IELTS Writing에서 필수적이다. 문제에서 제시된 주제에 대한 나의 의견을 피력할 때 찬성과 반대를 나타내는 표현을 쓰면 나의 의견을 명확하게 나타낼 수 있다. 또한, 주제의 장단점을 제시하고, 비교나 대조 표현을 사용하면 나의 의견을 효과적으로 전달할 수 있다.

1. 찬반을 나타낼 때 쓰는 표현

1 …은 사실이다

It is true that 주어 + 동사

발전이 종종 해롭다는 것은 사실인데, 특히 그것으로부터 혜택을 얻지 못하는 사람들에게 그렇다.

It is true that progress is often harmful, especially to people who are unable to benefit from it.

*발전 progress

2 …은 일반적인 생각이다

It is a common belief that 주어 + 동사

환경을 보호하는 것이 예술에 투자하는 것보다 중요하다는 것은 일반적인 생각이다.

It is a common belief that protecting the environment is more important than funding the arts.

*투자하다 fund

3 …라는 더 설득력 있는 주장이 있다

There is a more persuasive argument that 주어 + 동사

교수들이 더 높은 급여를 받으면 교육의 질이 향상할 것이라는 더 설득력이 있는 주장이 있다.

There is a more persuasive argument that the quality of education would improve if professors received higher pay.

4 …은 명백하다

It is evident that 주어 + 동사

인터넷의 도입이 인류를 기술의 새로운 시대로 인도했다는 것은 명백하다.

It is evident that the introduction of the Internet ushered humanity into a new age of technology.

*인도하다, 안내하다 usher *인류 humanity

5 나는 …라고 굳게 믿는다

I firmly believe that 주어 + 동사

나는 굳은 결의가 성공적인 인생의 중요한 요소라고 굳게 믿는다.

I firmly believe that a strong sense of determination is a key factor to a successful life.

*결의 determination

6 나는 …라는 생각을 지지한다

I support the idea that 주어 + 동사

나는 정부가 대중교통 시스템에 투자해야 한다는 생각을 지지한다.

I support the idea that government should invest in public transportation systems.

7 나는 …라고 생각한다

I am of the opinion that 주어 + 동사

나는 대체에너지 자원을 사용함으로써 이 문제가 해결될 수 있다고 생각한다.

I am of the opinion that the issue can be resolved by utilizing alternative energy sources.

*대체에너지 자원 alternative energy resource

8 일부 사람들은 …라고 생각한다

Some people think that 주어 + 동사

일부 사람들은 아이들이 가능한 한 일찍 외국어를 배워야 한다고 생각한다.

Some people think that children should learn a foreign language as soon as possible.

9 나는 …에 동의한다

I agree that 주어 + 동사 / I agree with ~

아이들이 필요로 하는 모든 것이 상대적으로 가까이 있기 때문에 나는 그들이 도시에서 성장하는 것이 더 낫다는 데 동의한다.

I agree that children are better off growing up in the city because everything they need is relatively close by.

*(형편이) 더 나은 better off

10 이 문제에 대한 나의 견해는 …이다

My view on this issue is that 주어 + 동사

이 문제에 대한 나의 견해는 사람들이 연예인들의 삶에 지나치게 관심을 갖는다는 것이다.

My view on this issue is that people pay too much attention to the lives of celebrities.

*관심을 갖다 pay attention   *연예인, 유명인 celebrity

11 나는 …에 반대한다

I object to ~ / I object that 주어 + 동사

나는 텔레비전으로 공연을 보면서 같은 수준의 즐거움을 누릴 수 있기 때문에 라이브 공연을 보기 위해 많은 액수의 돈을 지불하는 것에 반대한다.

I object to paying a large sum of money to watch a live performance because I can experience the same level of enjoyment watching the show on my TV.

12 나는 ~에 반대한다

I am against ~

나는 안내원이 있는 여행에 반대하는데, 그것이 너무 제한적이고 관광 명소만을 포함한다고 느끼기 때문이다.

I am against guided tours because I feel they are too restrictive and include only tourist attractions.

*안내원이 있는 여행 guided tour   *제한적인, 구속하는 restrictive

13 여러 가지 이유로 …은 분명해 보인다

It seems clear that 주어 + 동사 for several reasons.

여러 가지 이유로 절제력이 유용하다는 것은 분명해 보인다.

It seems clear that a sense of discipline is useful **for several reasons**.

*절제력 a sense of discipline

14 ~은 -에 필수적이다

~ is crucial in -ing

빠른 결정은 의료 위기상황에 사람들을 치료하는 데 필수적이다.

Quick decisions **are crucial in treating** people during a medical crisis.

2. 장단을 나타낼 때 쓰는 표현

15 ~은 장점과 단점을 모두 지닌다

주어 has its (own) advantages and disadvantages

소도시의 대학을 다니는 것은 장점과 단점을 모두 지닌다.

Attending a small-town university **has its advantages and disadvantages.**

16 …은 장점이 많아 보인다

It seems advantageous that 주어 + 동사

이제 소비자들에게 더 많은 구매 선택권이 주어졌다는 것은 장점이 많아 보인다.

It seems advantageous that consumers are now given more shopping choices.

17 주요한 장/단점은 …이다

The main advantage/disadvantage is that 주어 + 동사

주요한 장점은 새로운 선거 제도가 이전의 것보다 비용이 더 많이 들지 않을 것이라는 점이다.

The main advantage is that the new electoral system will not cost more than the previous one.

*선거 제도 electoral system

3. 비교를 나타낼 때 쓰는 표현

18 나는 ~하기보다는 −을 선호한다

I prefer to – rather than ~

나는 텔레비전으로 방송되는 뉴스를 시청하기보다는 스마트폰으로 뉴스를 읽는 것을 선호한다.

I prefer to read news on my smartphone **rather than** watch televised news.

*텔레비전으로 방송되는 televised

19 그와 비슷하게, …이다

Similarly, 주어 + 동사

그와 비슷하게, 광고는 한 국가의 문화, 가치, 그리고 윤리에 대해 많은 것을 드러낸다.

Similarly, advertising reveals a lot about a country's culture, values, and morals.

*윤리 moral

20 ~과 비교할 때, …이다

Compared to ~, 주어 + 동사

비소설과 비교할 때, 소설은 현실의 삶으로부터의 좋은 기분전환이 될 수 있다.

Compared to nonfiction, fiction can be a welcome distraction from real life.

*비소설 nonfiction   *기분전환 distraction

21 A는 B와 비슷하다

A is similar to B

서면으로 불만을 이야기하는 것은 직접 불평하는 것과 비슷한데, 각각의 경우 모두 고객이 자신의 견해를 표명하기 때문이다.

Complaining in writing **is similar to** doing it in person because a customer is voicing his opinion in each case.

*서면으로 in writing   *직접 in person   *(말로) 표명하다, 나타내다 voice

22 ~가 –하는 것이 더 좋다

It is preferable for ~ to –

젊은 사람들은 부모가 가진 것과 다른 종류의 직업을 선택하는 것이 더 좋다.

It is preferable for young people **to** choose a different type of job than their parents have.

23 ~은 그 어느 때보다 더 긴요하다

주어 is more imperative than ever before

가족을 위해 시간을 내는 것은 그 어느 때보다 더 긴요하다.

Taking time for family **is more imperative than ever before.**

4. 대조를 나타낼 때 쓰는 표현

24 한편으로는, …이다

On the one hand, 주어 + 동사

한편으로는, 아이가 부모의 전적인 관심을 받기 때문에 자택 교육을 하는 것은 매우 생산적일 수 있다.

On the one hand, homeschooling a child can be very productive because the child receives the full attention of the parent.

*자택 교육을 하다 homeschool   *생산적인 productive

25 ~을 부인할 수 없지만, …이다

While it is undeniable that 주어 + 동사, 주어 + 동사

소비자들이 해외에서 온 상품들을 즐기기 원한다는 것을 부인할 수 없지만, 국내 농산품을 구매하는 것이 우리의 최우선 사항이 되어야 함은 분명하다.

While it is undeniable that consumers want to enjoy items from abroad, it is clear that buying domestic farm products should be our top priority.

*최우선 사항 top priority

26 그에 반해, …이다

In contrast, 주어 + 동사

그에 반해, 부모가 패스트푸드를 먹지 못하게 하는 아이들은 결국 그것을 맛보게 되지만 정기적으로 먹지는 않는다.

In contrast, children of parents who forbid them to eat fast food end up trying it but not eating it on a regular basis.

*금지하다 forbid   *결국 ~이 되다 end up   *정기적으로 on a regular basis

27 반면에, …이다

On the contrary, 주어 + 동사

반면에, 도서관에서 공부하는 것은 동기를 부여해주며 집중을 방해하는 것이 없다.

On the contrary, studying at the library is motivating and free from distractions.

*~이 없는 free from   *집중을 방해하는 것 distractions

28 하지만, ~과는 다르게, …이다

However, unlike ~, 주어 + 동사

하지만, 강의식 수업과는 다르게, 토론 그룹은 학생들에게 자신의 의견을 공유할 수 있는 기회를 제공한다.

However, unlike lecture-style classes, discussion groups give students a chance to share their opinions.

보라색으로 주어진 표현에 유의하여, 다음의 우리말 문장을 영어로 바꾸어 쓰시오.

01 표준 주당 노동시간을 30시간으로 줄여야 한다는 것은 일반적인 생각이다.

*표준의 standard   *주당 노동시간 work week   *줄이다 reduce

_____

02 나는 대학을 졸업하는 것이 모든 젊은 학생들의 목표가 되어야 한다고 굳게 믿는다.

*~을 졸업하다 graduate from   *목표 goal

_____

03 한편으로는, 시골 지역에 거주하는 것에는 많은 이점들이 있다.

*시골 지역 rural area   *이점 benefit

_____

04 나는 가게의 영업시간이 자정까지 연장되어야 한다는 생각을 지지한다.

*영업시간 hours   *자정 midnight

_____

05 서로 다른 학생들이 다른 학습 방식을 갖고 있다는 것은 사실이다.

*학습 방식 learning style

_____

06 나는 최저 임금이 나라 전체에 걸쳐 인상되어야 한다고 생각한다.

*최저 임금 minimum wage

_____

07 온라인 대학에서 공부하는 것은 장점과 단점을 모두 지닌다.

*온라인 대학 online university

---

08 모든 노인에게 무상 의료 서비스를 제공하는 것은 그 어느 때보다 더 긴요하다.

*노인 elderly citizen   *무상 의료 서비스 free health care

---

09 가까운 미래에 기후 변화가 다뤄져야 한다는 것은 명백하다.

*기후 변화 climate change   *다루다 deal with

---

10 주요한 단점은 국가들이 노동력 부족에 직면하게 될 거라는 점이다.

*노동력 부족 labor shortage   *직면하다 face

---

11 반면에, 다른 아이들과 함께 학교에 다니는 아이들은 사교 기술을 발달시킬 기회를 가진다.

*학교에 다니다 attend school   *사교 기술 socialization skills

---

12 등산과 같은 위험한 활동들과 비교할 때, 테니스 같은 스포츠는 훨씬 덜 위험하지만, 그것만큼 활기를 띠게 할 수 있다.

*등산 mountain-climbing   *위험한 hazardous   *활기를 띠게 하는 invigorating

---

모범답변: 해석집 p.384

필수 표현 공략

02 상황별 표현 – 인과, 예시, 인용, 부연 표현

원인과 결과를 나타내는 표현들은 문제 상황에 대한 인과 관계를 분석하는 과제를 수행하거나 자신의 의견에 대한 근거나 이유를 제시할 때 유용하게 사용할 수 있다. 또한, 예시와 인용, 부연 설명을 할 때 사용하는 표현들을 에세이의 본론에서 사용하면 자신의 의견에 대한 근거를 효과적으로 전달할 수 있다.

1. 인과를 나타낼 때 쓰는 표현

1 이러한 이유 때문에, ⋯이다

For these reasons, 주어 + 동사

이러한 이유 때문에, 나는 학교 내에서의 지나친 광고에 반대한다.

For these reasons, I am against excessive advertising in schools.

*반대하는 against   *지나친 excessive

2 ~의 주된 원인은 ⋯이다

The main cause/issue of ~ is that 주어 + 동사

유명한 장소 훼손의 주된 원인은 사람들이 여행을 할 때 지나치게 들뜨는 경향이 있어서, 그들이 이 장소들의 역사적 중요성을 잊기 쉽다는 것이다.

The main cause of damage to famous locations **is that** people tend to get overly excited when traveling, so they are likely to forget the historical significance of these places.

*중요성 significance

3 ~함으로써 문제가 해결될 수 있다

The issue can be resolved by/with ~

학생들에게 인터넷을 사용하는 올바른 방법을 가르침으로써 문제가 해결될 수 있다.

The issue can be resolved by teaching students the correct way to utilize the Internet.

*올바른 correct   *사용하다 utilize

4 그 결과로, ⋯되다

As a result, 주어 + 동사

그 결과로, 일부 애완동물들은 가족 구성원만큼 중요하게 여겨진다.

As a result, some pets are considered as important as family members.

5 결과적으로, …이다

Consequently/As a consequence, 주어 + 동사

결과적으로, 자녀들과 함께 텔레비전을 시청하는 것은 긴밀한 유대를 쌓는 경험이 될 수 있다.

Consequently, watching TV with their children can be a bonding experience.

*유대를 쌓는 bonding

6 ~ 때문에, …이다

Due to ~, 주어 + 동사

끊임없이 울리는 휴대전화 때문에, 평화로운 주말을 보내는 것은 그에게 힘든 일이다.

Due to his constantly ringing cell phone, it is difficult for him to have peaceful weekends.

*끊임없이 constantly   *휴대전화 cell phone

2. 예시를 나타낼 때 쓰는 표현

7 예를 들어, …이다

For instance, 주어 + 동사

예를 들어, 나는 고등학교 때 텔레비전을 보기 전에 항상 숙제를 끝내는 친구가 한 명 있었다.

For instance, I had a friend in high school who always finished her homework before watching TV.

8 ~의 예를 보자

Take the example of ~

자신의 어머니처럼 경영 분야에서 직업을 선택한 한 최고 경영자의 예를 보자.

Take the example of a CEO, who chose a career in business like his mother.

9 또 다른 예로, …이다

In another case, 주어 + 동사

또 다른 예로, 나는 친구에게 조언을 구했고 그녀는 어머니께서 하신 말씀과 똑같은 말을 나에게 해줬다.

In another case, I asked a friend for advice and she told me the same thing that my mother did.

10 ~에서 보이는 바와 같이, …이다

주어 + 동사, as can be seen in ~

자신의 모습에 쓰는 금액이 증가한 것에서 보이는 바와 같이, 사람들은 외모에 지나치게 관심이 많다.

People are overly concerned about appearance, **as can be seen in** the increased amount of money they spend on their image.

*외모 appearance

3. 인용을 나타낼 때 쓰는 표현

11 ~에 따르면, …이다

According to ~, 주어 + 동사

질병 관리 센터의 연구에 따르면, 비만을 퇴치하기 위해서는 신체 활동을 권장하는 정책과 계획이 필요하다.

According to research by the Center for Disease Control, policies and initiatives to encourage physical activity are needed to combat obesity.

*질병 관리 센터 Center for Disease Control   *계획 initiative   *퇴치하다 combat   *비만 obesity

12 연구 결과는 …을 보여주었다

Studies have shown that 주어 + 동사

연구 결과는 광고의 미세한 변화로도 고객들이 특정 상품을 사도록 유도할 수 있다는 것을 보여주었다.

Studies have shown that even subtle changes in advertising can induce customers to buy a certain product.

*미세한 subtle   *유도하다 induce

13 …이 입증되었다

It has been proven that 주어 + 동사

학생들은 자신의 필기를 나중에 복습하면 더 많이 기억하는 경향이 있다는 것이 입증되었다.

It has been proven that students tend to remember more if they go over their notes later.

*~을 복습하다 go over ~

14 통계는 …을 보여주었다

Statistics have shown that 주어 + 동사

통계는 애완동물을 기르는 것이 스트레스를 줄이고 행복감을 증가시킬 수 있다는 것을 보여주었다.

Statistics have shown that owning a pet can reduce stress and increase happiness.

4. 부연을 나타낼 때 쓰는 표현

15 우선, …이다

To begin with, 주어 + 동사

우선, 대면 의사소통은 사람들이 몸짓언어를 통해 정보를 전달할 수 있게 한다.

To begin with, face-to-face communication allows people to convey information through body language.

*전달하다 convey

16 게다가, …이다

On top of that, 주어 + 동사

게다가, 일부 사람들은 쉽게 스트레스를 받으며 진정할 시간을 필요로 한다.

On top of that, some people get stressed out easily and need time to relax.

*스트레스를 받다 get stressed out

17 …을 알 수 있다

We can see that 주어 + 동사

여성들은 그들의 분야에서 최고 지위에 오를 수 있는 기회를 그만큼 많이 갖지 못한다는 것을 알 수 있다.

We can see that women are not given as many chances to make it to the top of their fields.

18 ~하는 방법 중 하나는 −이다

One of the ways to ~ is -

맞벌이 부모를 가진 아이들을 행복하고 안전하게 지켜주는 방법 중 하나는 보육 시설을 확장하는 것이다.

One of the ways to keep children with working parents happy and safe **is** to expand daycare facilities.

*맞벌이 부모 working parents   *보육 시설 daycare facility

19 이것은 …을 불러일으킨다

This gives rise to ~

이것은 남용된 자원과 지나친 오염에 대한 우려를 불러일으킨다.

This gives rise to concerns about overused resources and excessive pollution.

*남용된, 과도하게 이용된 overused   *지나친 excessive

20 그것이 …하는 이유이다

That is why 주어 + 동사

그것이 내가 외국인 유학생들이 다른 학생들에 비해 우대받아서는 안 된다고 생각하는 이유이다.

That is why I feel that foreign students should not get preferential treatment compared to other students.

*우대, 특혜 preferential treatment

21 이 사건이 보여주듯, …이다

As this case reveals, 주어 + 동사

이 사건이 보여주듯, 뉴스 매체는 종종 기사를 과장한다.

As this case reveals, the news media often magnifies stories.

*과장하다 magnify

22 이것은 ~을 보여준다

This demonstrates that 주어 + 동사

이것은 사람들이 읽을거리를 구하고자 할 때 도서관을 대신할 좋은 대안이 있다는 것을 보여준다.

This demonstrates that there are good alternatives to libraries when people want to obtain some reading materials.

*대안 alternative *구하다 obtain

23 구체적으로, …이다

To be specific, 주어 + 동사

구체적으로, 모퉁이에 위치한 방들은 보통 하나 이상의 창문을 갖고 있기 때문에 제일 좋다.

To be specific, corner rooms are the best because they usually have more than one window.

24 그뿐 아니라, …이다

Not only that, but 주어 + 동사

그뿐 아니라, 그때쯤이면 아이의 언어를 학습하는 능력 또한 약해지기 시작한다.

Not only that, but a child's ability to learn languages also starts to diminish around that time.

*능력 ability *약해지다, 줄어들다 diminish

25 다시 말해서, …이다

In other words, 주어 + 동사

다시 말해서, 혼자 여행하는 것은 고난을 극복하는 법에 대한 교훈이 될 수 있다.

In other words, traveling alone can be a lesson in how to overcome hardship.

*극복하다 overcome *고난 hardship

---

26 게다가, …이다

Moreover/In addition, 주어 + 동사

게다가, 자동차가 장거리 이동을 더 쉽게 만들었기 때문에 가족들은 더 멀리 흩어지는 경향이 있다.

Moreover, families tend to be more spread out because the car has made long-distance travel easier.

*흩어지다, 퍼지다 spread out

---

27 이런 식으로, …하다

In this way, 주어 + 동사

이런 식으로, 교사들은 학생들이 더 효과적으로 배울 수 있도록 도와주려는 열의가 더 강해진다.

In this way, teachers have greater motivation to help their students learn more effectively.

*열의, 동기 부여 motivation

---

28 이상과 같이, …이다

As we have seen, 주어 + 동사

이상과 같이, 사회는 몇 가지 중요한 발명품으로부터 많은 혜택을 받아왔다.

As we have seen, society has benefited greatly from certain significant inventions.

*혜택을 받다, 득을 보다 benefit

---

29 어느 정도까지는, …이다

To some extent, 주어 + 동사

어느 정도까지는, 모든 대학들은 학생들이 반드시 교수진의 제대로 된 관심을 받을 수 있게 하려고 노력한다.

To some extent, all colleges try to ensure that students receive proper attention from the teaching staff.

*반드시 ~하게 하다 ensure

---

30 대체로, …이다

On the whole, 주어 + 동사

대체로, 텔레비전, 전자오락, 그리고 인터넷은 사회에 부정적인 영향을 끼쳐 왔다.

On the whole, TV, video games, and the Internet have had a negative effect on society.

CHECK-UP

보라색으로 주어진 표현에 유의하여, 다음의 우리말 문장을 영어로 바꾸어 쓰시오.

01 우선, 우주 탐사에 투자하는 것은 우리가 얻는 과학적 지식 덕분에 정당화된다.

*우주 탐사 space exploration   *얻다 acquire   *정당화하다 justify

_____

02 게다가, 휴대전화는 사람들이 서로를 덜 배려하도록 만드는 경향이 있다.

*배려하는, 사려 깊은 considerate   *~하는 경향이 있다 tend to ~

_____

03 이러한 이유들로, 나는 적어도 한 명의 부모는 직장 대신 집에 있어야 한다고 생각한다.

*적어도 at least   *~ 대신 instead of ~

_____

04 예를 들어, 아이들에게 집안일을 하게 하는 것은 그들에게 책임감을 가르치기 위한 더 효과적인 방법이다.

*집안일 house chores   *책임감 responsibility

_____

05 이 사건이 보여주듯, 범죄는 여전히 다뤄져야 하는 주요한 문제이다.

*다루다 address

_____

06 구체적으로, 의대나 법대와 같은 전문적인 대학의 입학은 극도로 경쟁적이다.

*전문적인 professional   *입학 admission   *경쟁적인 competitive

_____

07 그 결과로, 일부 부모들은 자녀들이 매일 인터넷을 사용하는 시간을 제한하고 있다.

*제한하다 limit

_____

08 보도에 따르면, 인생에서 성공하고자 한다면 성실함은 필수적이다.

*~에서 성공하다 be successful in ~   *성실함 diligence   *필수적인 essential

_____

09 최근의 뉴스 기사에 따르면, 핵 과학은 깨끗하고 안전한 에너지 해결책을 제공할 수 있다.

*핵 과학 nuclear science   *에너지 해결책 energy solution

_____

10 다시 말해서, 사람은 때때로 실수로부터 교훈을 얻기 위해 실수를 해야 한다.

*~하기 위해 in order to ~   *실수하다 make mistakes

_____

11 그것이 내가 캠퍼스 밖의 주택에서 사는 것을 선호하는 이유이다.

*캠퍼스 밖의 주택 off-campus housing   *선호하다 prefer

_____

12 이상과 같이, 대학에 진학하는 모든 학생들이 실제로 졸업을 하지는 않는다.

*대학에 진학하다 enter a university

_____

모범답변: 해석집 p.384

상황별 표현 - 조건, 가정, 양보, 요약 표현

조건, 가정, 양보를 나타내는 표현들은 상황에 대한 조건을 제시하거나 가정을 통해 의견을 드러낼 때 유용하게 사용할 수 있다. 또한, 요약 표현을 사용하여 나의 의견이 무엇이었는지 서술하면 에세이를 명확하게 끝맺을 수 있다.

1. 조건을 나타낼 때 쓰는 표현

1 ~과 무관하게, …이다

Regardless of ~, 주어 + 동사

한 사람이 가진 선천적 재능의 양과 무관하게, 그가 열심히 노력하지 않으면 결코 성공할 수 없을 것이다.

Regardless of the amount of natural talent one has, if one does not work hard, one will never find success.

*선천적 재능 natural talent

2 만일 ~이 없다면, …할 것이다

Without ~, 주어 + will + 동사

만일 성적이 없다면, 학생들은 자신이 과목에서 얼마나 잘하고 있는지를 판단할 수 없을 것이다.

Without grades, students **would** not be able to determine how well they are doing in their subjects.

*판단하다 determine

3 일단 ~하면, …이다

Once ~, 주어 + 동사

일단 기계가 구입되고 설치되면, 그것은 최소 유지비용만으로 운영될 수 있다.

Once a machine is purchased and installed, it can be operated with only minimal maintenance costs.

*설치하다 install　*운영하다 operate　*유지비용 maintenance cost

4 ~을 고려하면, …이다

Given ~, 주어 + 동사

극도로 높은 실업률을 고려하면, 더 많은 일자리를 창출하기 위해 무언가가 행해져야 한다.

Given the extremely high rate of unemployment, something must be done to create more jobs.

*실업 unemployment

5 ~에 관해서라면, …이다

When it comes to ~, 주어 + 동사

악기를 배우는 것에 관해서라면, 아이가 빨리 시작할수록 더 좋다.

When it comes to learning a musical instrument, the earlier a child starts, the better.

*악기 musical instrument

6 …인지 의문이다

It is doubtful whether 주어 + 동사

거짓말 탐지기 검사가 어떤 사람이 사실을 말하고 있는지 아닌지를 판단하기에 믿을 만한 방법인지 의문이다.

It is doubtful whether lie detector tests are a reliable way to determine if a person is telling the truth or not.

*거짓말 탐지기 검사 lie detector test *믿을 만한 reliable

7 마치 …처럼 보인다

It seems as if 주어 + 동사

마치 학생들은 학기 초에 더욱 열정적인 것처럼 보인다.

It seems as if students are more enthusiastic at the beginning of the term.

*열정적인 enthusiastic *학기 term

8 만일 …라면 ~할 것이다

주어 + would + 동사 + provided that 주어 + 동사

만일 내가 열정을 갖고 있는 분야의 일이라면 나는 더 적은 보수의 직업을 갖는 것을 고려해볼 것이다.

I **would** consider taking a job with less pay **provided that** it is in a field that I am passionate about.

*분야 field

9 만일 …하지 않으면 ~할 것 같다

주어 is likely to ~ unless 주어 + 동사

만일 학생들이 그들의 성과에 대해 성적이 매겨지지 않으면 많은 학생들이 공부하도록 고무될 것 같지 않다.

Many students **are not likely to** be inspired to learn **unless** they are graded on their performance.

*고무하다 inspire *성적을 매기다 grade

10 나는 …한다는 조건이라면 ~할 것이다

I would ~ on the condition that 주어 + 동사

내 견해를 때때로 드러낼 기회가 여전히 주어진다는 조건이라면 나는 대기업에서 일할 것이다.

I would work for a large company **on the condition that** I would still have a chance to express myself once in a while.

*내 견해를 드러내다 express myself   *때때로 once in a while

11 만일 나에게 ~을 하라고 한다면, 나는 −할 것이다

If I were asked to ~, I would −

만일 나에게 직업을 바꾸라고 한다면, 나는 스포츠 코치가 될 것이다.

If I were asked to change careers, **I would** become a sports coach.

12 만일 그것이 나에게 달려 있다면(나라면), 나는 ~할 것이다

If it were up to me, I would ~

만일 그것이 나에게 달려 있다면, 나는 1학년생 전체가 모든 수업에 참석하도록 요구할 것이고 그렇게 하지 않으면 낙제 점수 받는 것을 감수하도록 할 것이다.

If it were up to me, I would require all first-year students to attend all their classes or risk failing marks.

*감수하다, 각오하다 risk   *낙제 점수 failing mark

2. 가정을 나타낼 때 쓰는 표현

13 …라고 가정해보자

Suppose 주어 + 동사

인쇄기가 발명되지 않았다고 가정해보자. 유럽에서는 무슨 일이 일어났을까?

Suppose the printing press was never invented. What would have happened in Europe?

*인쇄기 printing press

14 아마도, …일 것이다

Presumably, 주어 + 동사

아마도, 아이들은 초등학교에서 의무적인 체육 수업에 참여하는 것으로부터 이득을 볼 것이다.

Presumably, children benefit from taking mandatory physical education classes in elementary school.

*의무적인, 필수의 mandatory   *체육 physical education

15 …라고 가정해보자

Let's assume that 주어 + 동사

시간제 근무를 하는 모든 학생들이 일주일에 20시간 이상을 일하는 것은 아니라고 가정해보자.

Let's assume that not all students with part-time jobs work more than 20 hours a week.

16 십중팔구, …일 것이다

In all likelihood, 주어 + will + 동사

십중팔구, 도시들은 대중교통 부문에 대한 증가된 지출로 개선될 것이다.

In all likelihood, cities **would** improve by increased spending on public transportation.

17 나는 …라면 좋겠다

I wish 주어 + 동사

유년 시절은 내가 책임으로부터 자유로웠던 마지막 시기였기 때문에, 나는 그 시절로 돌아갈 수 있다면 좋겠다.

I wish I could go back to my childhood because that was the last time I was free of responsibility.

*유년 시절 childhood

3. 양보를 나타낼 때 쓰는 표현

18 그럼에도 불구하고, …이다

Nevertheless/Even so, 주어 + 동사

그럼에도 불구하고, 교복은 학생들에게 졸업한 이후에도 오랫동안 학창시절에 대한 즐거운 추억거리를 제공한다.

Nevertheless, school uniforms provide students with fond memories of school long after they have graduated.

19 ~에도 불구하고, …이다

In spite of ~, 주어 + 동사

자동차로부터 내뿜어지는 오염물질에도 불구하고, 나는 여전히 그것이 금세기 최고의 발명품 중 하나라고 생각한다.

In spite of the pollution that is emitted by cars, I still believe they are one of the greatest inventions of the century.

*내뿜다 emit

4. 요약을 나타낼 때 쓰는 표현

20 요약하자면, …이다

To sum up, 주어 + 동사

요약하자면, 컴퓨터 사용 방법을 아는 것은 교육과 취업에 필수적이다.
To sum up, knowing how to use a computer is essential for education and employment.

*필수적인 essential

21 전반적으로, …이다

Overall, 주어 + 동사

전반적으로, 좋은 이웃들은 든든하고, 친절하며, 자상하다.
Overall, good neighbors are trustworthy, friendly, and caring.

*든든한, 믿을 수 있는 trustworthy   *자상한 caring

22 이러한 점에서, …이다

In this regard, 주어 + 동사

이러한 점에서, 나는 당신이 신체적인 외모로 다른 사람들을 판단하면 안 된다고 생각한다.
In this regard, I think that you should never judge others based on their physical appearance.

*판단하다 judge   *신체적인 외모 physical appearance

23 모든 것을 고려해 보면, …이다

All things considered, 주어 + 동사

모든 것을 고려해 보면, 학생들은 자신이 대학에 다닐 자격이 있는 이유를 증명할 필요가 있다.
All things considered, students need to prove why they deserve to attend a university.

*증명하다 prove   *~할 자격이 있다 deserve

24 마지막으로 중요한 것은, …이다

Last but not least, 주어 + 동사

마지막으로 중요한 것은, 전쟁은 결코 누가 옳은가를 결정하는 것이 아니라, 누가 남겨지는가를 결정한다.
Last but not least, war never decides who is right, but rather who is left.

25 이와 같이, …이다

As such, 주어 + 동사

이와 같이, 그는 회사의 중요한 결정을 내릴 권한을 갖고 있다.

As such, he has the authority to make major decisions for the company.

*권한 authority

26 즉, …이다

That is, 주어 + 동사

즉, 대기업들은 매체 사들을 소유하고 있으며 현실을 그들의 이해관계에 유리한 방식으로 묘사하는 데 관심이 있다.

That is, major corporations own media companies and are interested in portraying reality in a way that is favorable to their own interests.

*대기업 major corporation   *묘사하다 portray   *유리한 favorable

27 간단히 말해서, …이다

In short, 주어 + 동사

간단히 말해서, 나는 부모들이 자녀들이 텔레비전을 보는 데 얼마만큼의 시간을 써도 되는지에 대해 까다로워야 한다고 생각한다.

In short, I believe that parents should be selective in how much time their children can spend watching TV.

*까다로운 selective

28 결론적으로, …이다

In conclusion, 주어 + 동사

결론적으로, 최고의 직장 동료는 정직하고, 의리가 있으며, 협조적인 사람들이다.

In conclusion, the best coworkers are the ones who are honest, loyal, and cooperative.

*의리가 있는 loyal   *협조적인 cooperative

29 결국 요점은 …이다

What it comes down to is that 주어 + 동사

결국 요점은 등록금이 인상되지 않는 한, 학생 편의 서비스가 축소될 것이라는 점이다.

What it comes down to is that unless tuition is raised, student services will be cut back.

*등록금 tuition   *축소하다 cut back

CHECK-UP

보라색으로 주어진 표현에 유의하여, 다음의 우리말 문장을 영어로 바꾸어 쓰시오.

01 요약하자면, 성공적인 학생의 가장 귀중한 도구는 성실함과 시간 관리이다.

*귀중한 invaluable *성실함 diligence *시간 관리 time management

_____

02 그럼에도 불구하고, 인터넷을 사용하는 올바른 방법을 학생들에게 가르침으로써 문제가 해결될 수 있다.

*사용하다 utilize *올바른 correct *해결하다 resolve

_____

03 일단 고용인들이 계약서에 서명을 하면, 그들은 그 회사의 방침들을 따라야 한다.

*계약서 contract *방침, 정책 policy

_____

04 그 지역 경제의 침체에도 불구하고, 많은 현지기업들은 여전히 이익을 내고 있다.

*지역 경제 regional economy *침체 downturn *현지기업 local company *이익을 내다 turn a profit

_____

05 만일 일주일에 20시간 이상 걸리지 않는다면 나는 대학을 다니는 동안 시간제 근무를 할 것이다.

*걸리다, 차지하다 take up *시간제 근무, 아르바이트 part-time job

_____

06 전반적으로, 재활용은 보통 사람이 환경을 도울 수 있는 가장 쉬운 방법이다.

*보통 사람, 일반인 average person

_____

07 학생들이 하루 평균 3시간씩 인터넷을 사용한다고 가정해보자.

*평균 average

---

08 만일 비행기가 없다면, 대륙 간을 이동하는 것은 몇 주 혹은 그 이상이 걸릴 것이다.

*대륙 continent

---

09 이러한 점에서, 신중한 계획 수립은 장래 성공의 필수적인 요소이다.

*계획 수립 planning   *요소 component

---

10 비싼 옷에 대한 그 남자의 선호를 고려하면, 그가 새로운 정장 한 벌에 그렇게 많은 돈을 지출했다는 것은 놀랍지 않다.

*선호 preference

---

11 간단히 말해서, 어린이들은 건전한 성격을 발달하기 위해서는 애정을 필요로 한다.

*건전한 성격 healthy personality   *~하기 위해서 in order to ~   *애정 affection

---

12 결론적으로, 모든 직원들이 계속 진행 중인 교육 과정에 참가하도록 요구되어야 한다.

*계속 진행 중인 ongoing   *교육 과정 training course

모범답변: 해석집 p.385

04 주제별 표현 - 교육, 가정, 건강, 사회에 관한 표현

Task 2에는 여러 주제에 대한 문제가 출제된다. 주제별 표현들을 다양하게 알고 있다면 자신이 생각하는 내용을 정확한 표현으로 구체화할 수 있다. 교육, 가정, 건강, 사회와 관련된 주제는 IELTS Task 2에서 자주 출제되므로, 관련 표현들을 미리 익혀두면 유용하게 쓸 수 있다.

1. 교육에 관한 표현

1 다방면에 걸친 교육

well-rounded education

일부 사람들은 고등학교가 학생들에게 다방면에 걸친 교육을 제공해야 한다고 생각한다.
Some people think that high schools should offer their students a **well-rounded education**.

2 유용한 기술을 배우다

learn valuable skills

일반 수업과 더불어, 학생들은 또래들과의 교류로부터 유용한 기술을 배운다.
In addition to normal lessons, students **learn valuable skills** from interacting with their peers.

*교류하다 interact

3 학과 외 활동

extracurricular activities

학과 외 활동에 참가하는 것은 사교 관계를 넓히는 좋은 방법이다.
Participating in **extracurricular activities** is a good way to widen their social network.

*~에 참가하다 participate in

4 체험 활동

hands-on activity

선생님들은 학생들을 더 참여시키도록 하기 위해 때때로 체험 활동을 계획한다.
Teachers sometimes plan **hands-on activities** to get students more involved.

* 참여시키다 involve

5 조별 과제

group assignment

조별 과제는 학생들 간에 신뢰를 형성하는 쉬운 방법이다.

Group assignments are an easy way to build trust between students.

*신뢰를 형성하다 build trust

6 품성을 기르다

build a strong character

품성을 기르는 것은 어떤 학문적 혹은 경제적 성공보다도 더 중요하다.

Building a strong character is more important than any academic or financial success.

7 인격 발달

personality development

유치원에서의 인격 발달은 아이들에게 한 집단의 일원으로서 교류하는 방법을 가르치는 데 맞추어져 있다.

Personality development in kindergarten is geared towards teaching children how to interact as part of a group.

*유치원 kindergarten   *~에 맞추어진 geared towards   *일원 part

8 또래 압박감

peer pressure

긍정적인 또래 압박감은 스터디 그룹에서 학생들이 서로를 자극하는 데 활용될 수 있다.

Positive **peer pressure** can be applied in study groups to help students motivate each other.

*활용하다 apply   *자극하다 motivate

2. 가정에 관한 표현

9 대가족

extended family

대가족은 과거와 마찬가지로 여전히 그 가치가 크다.

Extended family remains as valuable as in the past.

*여전히 ~이다 remain

10 맞벌이 부모

working parents

맞벌이 부모를 가진 아이들을 행복하고 안전하게 지켜주는 방법 중 하나는 보육 시설을 확장하는 것이다.

One of the ways to keep children with working parents happy and safe is to expand daycare facilities.

*보육 시설 daycare facility

11 출생률

birth rate

더 낮은 출생률을 가진 사회는 아이들에게 더 나은 생활을 제공할 수 있다.

Societies with a lower birth rate can offer a better livelihood to the children.

*생활 livelihood

12 한부모 가정

single-parent family

오늘날, 한부모 가정들은 더욱더 흔해지고 있다.

Today, single-parent families are becoming more and more common.

13 가족 모임

family gathering

가족 모임은 먼 친척들을 다시 이어주는 좋은 기회가 될 수 있다.

A family gathering can be a great opportunity to reconnect with distant relatives.

*~와 다시 이어주다 reconnect with　*먼 distant

14 아이를 다그치다

push one's children

아이를 다그치는 것은 때때로 중요하지만, 위압적이 되어서는 안 된다.

It is sometimes important to push your children, but not to become overbearing.

*위압적인 overbearing

15 정서적인 애착

emotional attachment

아이들은 종종 담요와 곰 인형에 정서적인 애착을 발달시킨다.

Children often develop an emotional attachment to blankets and teddy bears.

3. 건강에 관한 표현

16 평균 수명

life expectancy

평균 수명은 집안 내력과 개인의 생활방식과 같은 많은 요인들에 의해 영향을 받는다.
Life expectancy is influenced by a number of factors, such as family history and personal lifestyle.

*집안 내력 family history

17 의료 서비스, 치료

health care/medical care

의료 서비스의 향상은 의학의 발달과 직접적으로 연관되어 있다.
Improvements in **health care** are directly related to advancements in medical science.

*향상 improvement   *발달 advancement

18 치명적인 질병

deadly disease

치명적인 질병에 대비하여 어린이들에게 예방 접종을 하는 것은 선진국의 사망률을 낮췄다.
Vaccinating children against **deadly diseases** has lowered mortality rates in advanced countries.

*예방 접종을 하다 vaccinate   *사망률 mortality rate

19 건강을 유지하다

stay in shape

하루 종일 책상에 앉아 있고 나서 밤새도록 소파에 앉아 있으면 건강을 유지하기는 어렵다.
It is difficult to **stay in shape** when sitting at a desk all day and then sitting on a couch all night.

20 나쁜 습관을 고치다

break a bad habit

흡연과 같은 나쁜 습관을 고치기 위한 효과적인 방법은 니코틴 껌 씹기와 같은 새로운 행동으로 그것을 대체하는 것이다.
An effective way to **break a bad habit** such as smoking is to substitute it with a new behavior, such as chewing nicotine gum.

*대체하다 substitute   *행동 behavior

4. 사회에 관한 표현

21 스트레스를 많이 받는

stressed out

당신이 바꿀 수 없는 일들에 대해 스트레스를 많이 받는 것은 무의미하다.

There is no point in getting **stressed out** about things you cannot change.

22 약물 중독

drug addiction

약물 중독은 오늘날 사회가 직면하고 있는 가장 위험한 건강 문제 중 하나이다.

Drug addiction is one of the most dangerous health issues facing society today.

*직면하다 face

23 늘 변화하는 세상

ever-changing world

늘 변화하는 세상에서 예측하는 것은 어렵다.

It is difficult to make predictions in an **ever-changing world**.

*예측하다 make predictions

24 시골 지역

rural area

시골 지역에서 자라는 것은 혼잡한 도심 지역에서는 불가능한 자연과의 밀접한 관계를 가질 수 있게 한다.

Growing up in a **rural area** allows for a close connection with nature which is impossible in a crowded urban area.

*혼잡한 crowded

25 논란을 불러일으키다

provoke controversy

일부 기업들은 언론의 관심을 자아내기 위해 논란을 불러일으키는 광고를 사용한다.

Some companies use advertisements that **provoke controversy** in order to generate publicity.

*자아내다, 발생시키다 generate   *언론의 관심 publicity

26 사회적 관습
social customs

사회적 관습은 각국의 국민들이 어떻게 서로를 맞이하고 작별 인사를 하는지 결정한다.
Social customs determine how each country's citizens greet each other and say goodbye.

27 대중 정서
popular sentiment

금연 구역을 지지하는 대중 정서는 흡연이 공공장소에서 금지되어야 하는 한 가지 이유이다.
Popular sentiment in favor of smoke-free zones is one reason why lighting up should be banned in public places.

*~을 지지하는 in favor of ~   *금연 구역 smoke-free zone   *흡연, (특히 담배에) 불을 붙이는 것 lighting up

28 특권을 가진 사람들
privileged people

광고주들은 평범한 소비자들이 비싼 명품을 구입함으로써 특권을 가진 사람인 것처럼 느끼도록 조장한다.
Advertisers encourage average consumers to feel like **privileged people** by buying expensive brand name goods.

*광고주 advertiser   *조장하다 encourage   *명품 brand name goods

29 비용만큼 가치가 있다
worth the cost

대부분의 사람들은 국영화된 의료 서비스의 이익이 비용만큼 가치가 있다고 생각한다.
Most people think that the benefits of nationalized healthcare are **worth the cost**.

*국영화된 nationalized   *의료 서비스 healthcare

30 소비 습관
spending habits

기술의 발전은 현대 소비자들의 소비 습관에 큰 변화를 야기했다.
Technological advances have caused great changes in the **spending habits** of today's consumers.

*기술의 발전 technological advance

청소년 문화	youth culture
학습 과정	learning process
규칙을 확립하다	establish a rule
수준 높은 교육	a quality education
시험에서 부정행위를 하다	cheat on tests
~을 전문으로 하다	specialize in ~
유용한 기술을 배우다	learn valuable skills
심한 경쟁	heavy competition
협동심을 기르다	build teamwork
나쁜 성적을 내다	get poor marks
교양 있는, 잘 연마된	well-cultivated
십대가 되다	reach one's teens/enter one's teens
의무 출석	compulsory attendance
긍정적인 자아상을 개발하다	develop a positive self-image
대학 학위	a college degree
많은 분야에서 뛰어나다	excel in many areas
뒤처지다	fall behind
일생의 친구	a lifelong friend
노인들	senior citizens
물려주다	hand down
집안일	household chores
수명	life span
간접흡연	secondhand smoke
연간 정기 건강 검진	annual check-up
긍정적인 시각을 유지하다	maintain a positive outlook

균형 잡힌 식단	a well-balanced diet
필수 영양소가 부족하다	lack necessary nutrients
의료 시설	medical facilities
최신 의약품	cutting-edge medicine
만성 질병	chronic disease
스트레스를 해소하다	relieve stress/escape stress
건강에 위협이 되는 요인들	health risks
평생의 건강	lifelong physical health
좋은 습관을 기르다	cultivate a good habit
(환자 등이) 위독한 상태	critical condition
힘든 시기를 겪다	go through a hard time
중립적인 입장을 취하다	take the middle ground
수요를 맞추다, 요구에 부합하다	meet demand
시장의 수요	market demand
대중매체	mass media
광고 수익	advertisement revenue
자유시장 체제	a free market system
돈에 의해 좌우되는	money-driven
좋은 모범이 되다	set a good example
깊게 뿌리박힌 편견	a deep-rooted prejudice
세대 차이	the generation gap
소속감	a sense of belonging
여론에 호소하다	appeal to public opinion
무분별한 태도로	in an irrational manner
조치를 취하다	take steps

CHECK-UP

보라색으로 주어진 표현에 유의하여, 다음의 우리말 문장을 영어로 바꾸어 쓰시오.

01 실수를 하는 것은 학습 과정의 중요한 부분이다.

*실수를 하다 make mistakes

_____

02 집안일을 맡게 된 청소년들은 자신의 시간을 관리하는 법을 배운다.

*~의 시간을 관리하다 organize one's time

_____

03 어떤 사람이 애완동물을 기른다면, 그는 그 애완동물의 전체 수명 동안 돌볼 준비가 되어 있어야 한다.

*~을 돌보다 take care of ~   *준비하다 prepare

_____

04 성공한 정치인들은 유권자들을 기분 상하게 하는 걸 피하기 위해 중립적인 입장을 취한다.

*기분 상하게 하다 offend   *피하다, 방지하다 avoid

_____

05 청소년 문화는 지난 50년간 극적으로 변화해왔다.

*극적으로 dramatically

_____

06 부모는 그들이 정말 화가 났을 때도, 고함을 지르지 않음으로써 자녀들에게 좋은 모범이 되어야 한다.

*화가 난 upset   *고함을 지르다 shout

_____

07 규칙적인 운동은 모든 사람이 건강을 유지하기 위해 따라야 할 기본 공식이다.

*규칙적인 regular   *따르다 follow   *기본 공식 basic formula

_____

08 공급이 수요를 맞추지 않을 때, 가격은 오를 것으로 예상된다.

*공급 supply   *~할 것으로 예상되다 be likely to ~

_____

09 일부 대학들은 엄격한 의무 출석 방침을 고려하고 있다.

*엄격한 strict   *방침, 정책 policy   *고려하다 consider

_____

10 연구 결과는 간접흡연이 직접 들이마시는 담배 연기보다 더 유독하다는 것을 보여왔다.

*연구 결과 studies   *(숨/연기를) 들이마시다 inhale   *담배 연기 cigarette smoke   *유독한 toxic

_____

11 기업들은 신제품을 출시할 때 시장의 수요를 예측해야만 한다.

*출시하다 release   *예측하다 anticipate

_____

12 학과 외 활동은 사교 기술을 향상시키는 데 도움이 되고 교실에서 학습되지 않는 교훈을 가르쳐준다.

*사교 기술 social skills   *향상시키다, 강화하다 enhance   *교훈을 가르치다 teach lessons

_____

모범답변: 해석집 p.386

주제별 표현 - 법과 정책, 직업, 여행에 관한 표현

정부 정책의 타당성과 법의 집행 등 법과 정책에 관련된 주제는 IELTS Task 2에서 자주 출제되므로 표현을 익혀두면 좋다. 또한, 우리 생활과 가까운 주제인 직업과 여행에 관련된 표현들도 미리 알아두면 유용하게 쓸 수 있다.

1. 법과 정책에 관한 표현

1 대중교통

public transportation

사람들은 대중교통을 이용하고 승용차 사용을 줄이려고 노력해야 한다.

People should try to use **public transportation** and cut back on their automobile usage.

*~을 줄이다, 삭감하다 cut back on ~   *승용차 automobile   *사용 usage

2 교통 체증

traffic congestion/traffic jams

교통 체증은 당장 처리되어야 하는 중요한 문제이다.

Traffic congestion is a major problem that must be addressed now.

*처리하다, 다루다 address

3 법을 위반하다

skirt laws

일부 기업들은 그들의 근로자를 계약직으로 분류함으로써 법을 위반하려고 한다.

Some companies attempt to **skirt laws** by classifying their workers as independent contractors.

*분류하다 classify   *계약직 independent contractor

4 엄격한 규칙을 부과하다

impose strict rules

새로운 규제들은 유독성 폐기물의 처리에 대해 엄격한 규칙을 부과한다.

New regulations **impose strict rules** on the disposal of toxic waste.

*처리, 폐기 disposal   *유독성 폐기물 toxic waste

5 권리를 침해하다

violate the rights

시민의 권리를 침해하는 모든 법은 무효한 것으로 여겨진다.

Any law that **violates the rights** of a citizen is considered invalid.

*무효한 invalid

6 정책을 시행하다

implement a policy

정부 근로자들은 때때로 그들이 도덕적으로 반대의 입장에 있더라도 정책을 시행하도록 요구된다.

Government workers are sometimes required to **implement a policy** even if they are morally opposed to it.

*도덕적으로 morally

7 범죄율

crime rate

소규모 지역사회들은 보다 낮은 범죄율의 이점을 지닌다.

Small communities have the advantage of a lower **crime rate**.

*지역사회 community

8 신변 안전

personal safety

야간에 캠퍼스 내 신변 안전은 정기적으로 순찰을 하는 24시간 경비팀에 의해 보장된다.

Personal safety on campus at night is ensured with 24-hour security teams on regular patrol.

*경비팀 security team   *순찰을 하는 on regular patrol

9 인간 본성

human nature

국회의원들은 법을 개발할 때 인간 본성을 반드시 염두에 두어야만 한다.

Legislators must take **human nature** into consideration when developing laws.

*국회의원 legislator   *~을 염두에 두다 take ~ into consideration

10 세입

tax revenues

정부는 의료 서비스와 교육과 같은 계획에 자금을 조달하기 위해 세입에 의지한다.

Governments rely on **tax revenues** to finance their programs such as health care and education.

*~에 의지하다 rely on   *자금을 조달하다 finance

11 빚을 지다

run up debt

사람들은 현금이 부족할 때 종종 신용카드에 빚을 진다.

People often **run up debt** on their credit cards when they are short of cash.

*~이 부족하다 be short of

12 사회 보장 제도

social security system

많은 사람들은 자신이 은퇴할 때 사회 보장 제도에 의존할 수 있을 것이라고 생각하지 않는다.

Many people do not think they will be able to rely upon the **social security system** when they retire.

*~에 의존하다 rely upon   *은퇴하다 retire

13 개발도상국

developing country

개발도상국에서는 빈부의 격차가 종종 상당히 크다.

In a **developing country**, the gap between the rich and the poor is often quite large.

*격차, 틈 gap

14 노동 인구, 노동력

work force

다양한 노동 인구는 회사가 경쟁사들보다 한발 앞서도록 돕는다.

A diverse **work force** helps a company stay ahead of its competitors.

*~보다 한발 앞서다 stay ahead of   *경쟁사 competitor

15 실업률

unemployment rate

그 나라의 실업률은 지난 30년간 높았다.

The **unemployment rate** in the country has been high for the last three decades.

*10년간 decade

2. 직업에 관한 표현

16 신입직, 견습생 지위

entry-level position

신입직에서 시작한 대부분의 사람들은 중요한 직위에 오른다.

Most people who start at **entry-level positions** rise to important positions.

17 임시 직원

temporary worker

많은 기업들은 휴가철 동안 임시 직원들을 고용한다.

Many companies hire **temporary workers** during a holiday season.

*휴가철 holiday season

18 관리직

managerial position

대부분의 사람들은 관리직에 필요한 기술과 지도력을 갖고 있지 않다.

Most people do not have the skills and leadership abilities necessary for **managerial positions**.

*지도력 leadership ability

19 경력을 쌓다

build a career

특정 분야에 깊은 흥미를 갖는 것은 성공적으로 경력을 쌓는 데 필수적이다.

Having a deep interest in a specific field is key to **building a career** successfully.

*필수적인 key

20 직업적 성취, 만족

career fulfillment

직업적 성취를 구성하는 것은 근로자들마다 다르다.

What constitutes **career fulfillment** differs from worker to worker.

*~을 구성하다 constitute

21 고소득 직업
high-paying job/well-paying job

대부분의 고소득 직업은 고등 교육 학위를 필요로 한다.
Most **high-paying jobs** require a degree of higher education.

*학위 degree

22 재택근무를 하다
work out of one's home

재택근무를 하는 전문직의 수가 크게 증가했다.
The number of professionals who **work out of their homes** has increased greatly.

*전문직 professional

23 두 가지 직업을 병행하다
work two jobs

일부 사람들은 수입과 지출을 맞추기에 충분한 돈을 벌기 위해 두 가지 작업을 병행해야 한다.
Some people have to **work two jobs** to earn enough money to make ends meet.

*돈을 벌다 earn money   *수입과 지출을 맞추다 make ends meet

24 창업하다
create a business

일부 대학에서는 학생들이 학교에 다니는 동안 창업하는 것을 장려한다.
Some colleges encourage their students to **create businesses** while in school.

25 직업을 구하다
find employment

어떤 사람이 여분의 용돈을 위해 직업을 구하고자 한다면, 찾아볼 만한 좋은 곳은 식당이다.
If a person wishes to **find employment** for extra pocket money, a good place to look is in restaurants.

*용돈 pocket money

26 이익을 거두다
reap the benefits

열심히 일한 것의 이익을 거두지 못하고 있다고 느끼는 직원들은 종종 불만족스러워한다.
Employees who do not feel they are **reaping the benefits** of their hard work are often unhappy.

3. 여행에 관한 표현

27 풍부한 문화유산

rich cultural heritage

아시아의 풍부한 문화유산은 무수히 많은 사원과 사당을 통해 명백히 알 수 있다.

The **rich cultural heritage** of Asia is evident by its myriad temples and shrines.

*무수히 많은 myriad　*사원 temple　*사당 shrine

28 유적지

historical site

방문객들은 유적지의 많은 훼손에 대해 책임이 있다.

Visitors are responsible for a lot of damage to **historical sites**.

29 휴양지

recreational areas

국립공원과 다른 휴양지들은 납세자들에 의해 자금을 공급받는다.

National parks and other **recreational areas** are funded by taxpayers.

*납세자 taxpayer

30 예술을 감상하다, 진가를 알아보다

appreciate art

이렇게 하면, 방문객들은 올바르게 행동하는 법을 알고 예술을 감상할 수 있다.

This way, visitors can **appreciate art** while knowing how to conduct themselves properly.

*행동하다, 처신하다 conduct

운송 시스템	transportation systems
교통체증에 갇히다	be stuck in traffic
범죄 예방	crime prevention
안심하다	feel secure
국가 기반 시설	the country's infrastructure
공공요금	utility bills
인구 증가	population growth/population increase
사회적 진보	social progress
정부 보조금	a government subsidy
지도자의 책임	leader's responsibility
공익을 증진하다	promote the public good
근시안적인 접근	a short-sighted approach
정당화할 수 있는 이유	a justifiable reason
경기 침체	slow economy
경제 성장을 촉진하다	foster economic growth
예산을 초과하여	over budget
구호 자금	a relief fund
선진국	advanced country
높은 임금 ↔ 낮은 임금	high wage ↔ low wage
공공 재산	public property
공무원	a civil servant
~를 상대로 소송을 걸다	file a suit against ~
노동 시장	the labor market
직무 기술서	job description
이력을 쌓다	build up one's resume

정규직	a full-time position
(시간제) 아르바이트를 하다	work a part-time job
유망한 직업	a promising job
직업 안정성	job security
강한 직업윤리	strong work ethic
일에 대한 헌신	commitment to a job
근무 환경	work environment
근무 중인	on duty
생계비를 벌다	earn one's living
비용 효율적인 체계	cost-effective system
생산성을 저하시키다	discourage productivity
세계적인 기업	a global company
더 큰 수입을 창출하다	generate more income
승진	a promotion
전문적 업무	professional task
사업가	an entrepreneur
사업주	business owner
사업을 시작하다	get a business off the ground
문화 체험	cultural experience
기념품	souvenir
숙박 시설	accommodation(s)
여행 친구	travel buddy
여흥을 즐길 수 있는 장소	entertainment venue
여가 활동	leisure activity
여행에 휴대하기 좋은	handy on trips

보라색으로 주어진 표현에 유의하여, 다음의 우리말 문장을 영어로 바꾸어 쓰시오.

01 모든 정부의 기본적인 목표는 공익을 증진하는 것이다.

_____

02 초과 근무를 하는 것은 일에 대한 강한 헌신을 보여준다.

*초과 근무를 하다 do overtime

_____

03 오늘날 여행자들은 진짜 문화 체험을 위하여 관광 활동을 포기하는 것을 선호한다.

*진짜의 authentic   *~을 위하여 in favor of   *포기하다 forgo

_____

04 범죄율이 증가함에 따라 경찰에 대한 국민의 신임은 하락한다.

*증가하다 increase   *국민의 신임 public confidence   *하락하다 diminish

_____

05 직원들은 노동 시장에서 경쟁력을 유지하기 위해 계속해서 새로운 기술을 개발해야 한다.

*경쟁력을 유지하다 stay competitive

_____

06 피서객들은 해변에서 해수욕을 하고, 다른 여가 활동들을 즐길 수 있다.

*피서객 vacationer   *해수욕 하다 bathe

_____

07 많은 사람들이 효율적인 운송 시스템을 개발하기 위해 일하고 있다.

*효율적인 efficient

_____

08 더 많은 극장과 다른 여흥을 즐길 수 있는 장소들이 교외 지역에 건설되고 있다.

*교외 지역 suburban area

_____

09 만약 당신이 재정적인 문제를 신중하게 처리하지 않으면 빚을 질 수 있다.

*재정적인 문제 financial matter   *신중하게 carefully

_____

10 재능과 강한 직업적 윤리를 보여주는 근로자들은 승진을 할 가능성이 더 높다.

_____

11 지하 주차장을 건설하는 것은 캠퍼스 내 교통 체증을 완화할 것이다.

*지하 주차장 underground parking lot   *건설하다 construct   *캠퍼스 내 on campus

_____

12 높은 실업률은 제대로 기능하지 못하는 경제의 한 징후이다.

*제대로 기능하지 못하는 malfunctioning   *징후 symptom

_____

모범답변: 해석집 p.386

06 주제별 표현 - 자원과 환경, 과학 기술, 세계에 관한 표현

세계적인 이슈인 자원과 환경, 과학 기술, 세계와 관련된 토픽은 IELTS Task 2에서 자주 출제되는 주제들이다. 전문적인 표현들이 종종 있으므로 관련 표현들을 미리 익혀두면 유용하게 쓸 수 있다.

1. 자원과 환경에 관한 표현

1 지구 온난화

global warming

과학자들은 지구 온난화가 인류에게 가장 큰 위협 중 하나라는 것에 동의한다.

Scientists agree that **global warming** is one of the biggest threats to humanity.

*위협 threat   *인류 humanity

2 환경 파괴

environmental destruction

지금 우리가 겪고 있는 환경 파괴는 산업 혁명과 함께 시작되었다.

The **environmental destruction** that we are seeing now started with the Industrial Revolution.

*산업 혁명 the Industrial Revolution

3 환경 문제

environmental concern

지난여름의 혹서기 동안 지구 온난화에 대한 환경 문제는 새로운 국면에 도달했다.

Environmental concerns over global warming reached new levels during last summer's heat wave.

*혹서기 heat wave

4 대체에너지

alternative energy

전력 생산으로 인해 발생하는 환경 피해를 줄이는 방법 중 하나는 대체에너지의 사용을 확대하는 것이다.

One of the ways to decrease the environmental damage caused by power production is to expand the use of **alternative energy**.

*전력 생산 power production

5 지속 가능한 발전

sustainable development

도시 계획자들은 환경에 부정적으로 영향을 미치지 않는 지속 가능한 발전에 착수하고 있다.

Urban planners are working on **sustainable development** that does not negatively affect the environment.

*도시 계획자 urban planner

6 환경친화적인 정책

environmentally-friendly policy

정부들은 추가적인 피해를 막기 위해 환경친화적인 정책을 발전시켜야 한다.

Governments need to develop **environmentally-friendly policies** to prevent further damage.

7 가정용 쓰레기

residential waste

미국인들은 매년 2억 5천만에서 4억 톤 사이의 가정용 쓰레기를 만들어 낸다.

Americans generate between 250 and 400 million tons of **residential waste** each year.

*만들어 내다 generate

8 공장 폐기물

factory waste

공장 폐기물은 공기, 토양, 그리고 수질 오염에 크게 기여한다.

Factory waste contributes greatly to air, land, and water pollution.

*~에 기여하다 contribute to

9 식량 부족

food shortage

지난여름의 심각한 가뭄 이후, 이번 겨울에 식량 부족이 예견된다.

A **food shortage** is predicted this winter after a severe drought last summer.

*심각한 severe   *가뭄 drought

10 악순환

vicious cycle

지구 온난화는 산불의 원인이 되는 악순환의 일부로서, 이 산불은 지구 온난화를 한층 더 초래한다.

Global warming is part of a **vicious cycle** that contributes to forest fires, which cause even more global warming.

*~의 원인이 되다 contribute to   *산불 forest fires   *초래하다 cause

2. 과학 기술에 관한 표현

11 핵무기

nuclear weapon

핵무기의 사용은 환경에 장기간의 부정적인 영향을 미칠 것이다.

The use of a **nuclear weapon** would have a long-term negative impact on the environment.

*장기간의 long-term

12 고도로 기술이 발달한 사회

high-tech society

고도로 기술이 발달한 사회는 사람들이 더 길고 편안한 삶을 살도록 해준다.

A **high-tech society** allows people to live longer and more comfortable lives.

13 우주 탐사

space exploration

우리는 우주 탐사보다는 지구 상의 문제들을 해결하는 데 더 많은 돈을 써야 한다.

We should spend more money on solving problems on this planet than on **space exploration**.

14 자동차 산업

auto industry

자동차 산업은 휘발유로 작동하지 않는 자동차 생산을 고려하는 것이 현명할 것이다.

The **auto industry** would be wise to consider making vehicles that do not run on gasoline.

*~으로 작동하다 run on   *휘발유 gasoline

15 자율 주행 자동차 시스템

self-driving automobile system

자율 주행 자동차 시스템은 자동차 사고의 빈도를 줄임으로써 우리를 신체적으로 더 안전하게 해줄 것이다.

The **self-driving automobile systems** would make us more physically secure by reducing the frequency of automobile accidents.

*신체적으로, 물리적으로 physically   *빈도 frequency

16 정보 기술

information technology

인도의 정보 기술 전문가들은 미국의 프로그래머들이 청구하는 비용의 일부로 복잡한 소프트웨어를 개발한다.

Information technology specialists in India develop complex software at a fraction of the cost that American programmers charge.

*일부, 작은 부분 fraction

17 인공 지능

artificial intelligence

일부 사람들은 인간이 인공 지능을 개발함으로써 스스로를 노동 인구에서 더 이상 쓸모가 없게 만들고 있다고 생각한다.

Some people think that by developing **artificial intelligence**, humans are making themselves obsolete in the workforce.

*더 이상 쓸모가 없는 obsolete

18 인터넷 콘텐츠

web content

몇몇의 프로그램들은 인터넷 콘텐츠를 거를 수 있도록 개발되었다.

Several programs have been developed to filter **web content**.

*거르다 filter

19 최첨단 기술, 최신 기술

state-of-the-art technology

몇 년 전만 해도 전화선을 이용한 모뎀은 최첨단 기술로 여겨졌다.

Just a few years ago, dial-up modems were considered a **state-of-the-art technology**.

*전화선을 이용한 모뎀 dial-up modem

20 양날의 칼, 이로움을 줄 수도 있고 해를 끼칠 수도 있는 것

double-edged sword

모바일 기술은 시간을 최적으로 이용할 수 있게 하지만, 직원들의 에너지를 소진하게 할 위험성도 있기 때문에 양날의 칼이다.

Mobile technology is a **double-edged sword** because it makes optimal use of time, but also risks burning employees out.

*~을 최적으로 이용하다 make optimal use of   *~의 에너지를 소진하게 하다 burn ~ out

3. 세계에 관한 표현

21 국제적 위기

international crisis

해수면의 상승은 모든 정부에 의해 다루어져야 하는 국제적 위기이다.

The rising sea level is an **international crisis** that must be addressed by all governments.

*해수면 sea level   *(문제를) 다루다, 처리하다 address

22 세계화에 발맞추다

keep in step with globalization

일부 기업들은 세계화에 발맞추기 위해 직원들에게 2개 국어를 할 수 있게 되기를 요구한다.

Some companies require their employees to be bilingual in order to **keep in step with globalization**.

*2개 국어를 할 수 있는 bilingual

23 국제적 차원에서

on a global scale

국제적 차원에서 사업을 하는 것은 선진 통신 및 교통 기술을 필요로 한다.

Doing business **on a global scale** requires advanced communication and transportation technology.

24 소수 민족 집단

ethnic groups

55개의 다른 소수 민족 집단이 중국의 인구를 구성하고 있다는 것을 알고 있는 사람은 거의 없다.

Few people recognize that 55 different **ethnic groups** comprise China's population.

*구성하다 comprise

25 문화 다양성

cultural diversity

많은 인구 때문에, 도시 지역의 문화 다양성은 상당히 높을 수 있다.

Because of their large populations, **cultural diversity** in urban areas can be quite high.

*도시 지역 urban area

26 이민법

immigration law/emigration law

각 나라는 사람들이 어떻게 시민이 될 수 있는지를 설명하는 이민법을 통과시킨다.

Each country passes **immigration laws** that explain how people can become citizens.

27 깊이 뿌리박힌 편견

deep-rooted prejudice

수입에 대해 깊이 뿌리박힌 편견을 가진 일부 정치인들은 관세를 높이는 것을 지지한다.

Some politicians with a **deep-rooted prejudice** against imports support raising tariffs.

*관세 tariff

28 국제 무역

international trading

운송수단의 발전은 국제 무역을 훨씬 더 쉬운 시도로 만들었다.

Transportation advances have made **international trading** a much easier endeavor.

*시도 endeavor

29 모국어

mother tongue/first language

스페인어는 그녀의 모국어가 아니기 때문에, 그녀는 말을 할 때 몇 개의 사소한 문법적인 실수를 한다.

Because Spanish is not her **mother tongue**, she makes some minor grammatical mistakes in her speech.

30 세계 공용어

global language

많은 사람들은 영어가 세계 공용어가 되어야 한다고 생각한다.

Many people believe that English should become a **global language**.

자원 고갈	resource depletion
재생 가능 에너지	renewable energy
천연자원	natural resources
재생되지 않는 자원	a non-renewable resource
유전	oil field
화석 연료	fossil fuel
생태계를 보호하다	preserve the ecosystem
기업의 쓰레기 투기	corporate dumping
쓰레기 매립지	landfill
환경세	environmental tax
온실 효과	greenhouse effect
삼림 파괴	deforestation
발전소	power plant
화력 발전	thermal power generation
태양열 발전	solar power generation
조력 발전	tidal power generation
산업 폐수	industrial waste water
멸종 위기종	endangered species
환경 문제를 고려하다	consider environmental concerns
환경 보존	environmental conservation
개발되지 않은 땅	untouched land/undeveloped land
부산물	by-product
무선 인터넷	mobile Internet
무선 통신	wireless communication
장거리 전화	long-distance phone calls

온라인 모임	online community
온라인 대학/온라인 학위 프로그램	online university/online degree program
파일 공유	file sharing
워드 프로세서, 문서 작성 프로그램	a word-processing program
더 이상 쓸모가 없게 되다	become obsolete
유전자 조작(변형)	genetic modification
유전 공학	genetic engineering
대량 생산 기술	mass-production technology
시간 소모적인 과정	a time-consuming process
최신 도구	the latest gadget
중요한 발전	a significant breakthrough
저작권 분쟁	property disagreement
특허권을 갖다	hold a patent
기술 발전	technological advancements
기술의 기적	a technological miracle
과학적 발견	a scientific discovery
자동화된 프로그램	computerized programs
기술적이고 과학적인 용어	technical and scientific terms
전자책	e-book
국제적 기반 위에	on an international basis
국산품	domestic product
나라마다 다르다	vary from country to country
이주 노동자	migrant worker
문화 단일화	simplification of culture
세계 자본주의	global capitalism

CHECK-UP

보라색으로 주어진 표현에 유의하여, 다음의 우리말 문장을 영어로 바꾸어 쓰시오.

01 자원 고갈은 화석 연료와 관련하여 커지고 있는 걱정거리이다.

*화석 연료 fossil fuel   *~와 관련하여 with regard to

_____

02 무선 인터넷 사용은 스마트폰의 광범위한 채택 이후 폭발적으로 증가했다.

*채택 adoption   *폭발적으로 증가하다 explode

_____

03 대중 매체의 포화는 문화 단일화를 가져왔다.

*대중 매체 mass media   *포화 saturation

_____

04 많은 공학자들이 환경에 해를 가하지 않는 대체에너지 자원을 찾고 있다.

_____

05 인터넷 콘텐츠는 유용한 학습 도구가 될 가능성이 있다.

*가능성 potential

_____

06 이주 노동자들은 임시직을 하기 위해 종종 한 장소에서 다른 장소로 이동한다.

*임시직 seasonal work

_____

07 유독 폐기물은 핵 발전소의 부적절한 부산물이다.

*유독한 toxic   *핵 발전소 nuclear power plant   *부적절한 unfortunate

_____

08 법은 나라마다 다르더라도, 어떤 행동들은 어느 곳에서나 범죄로 간주된다.

_____

09 무선 통신 기기는 우리가 먼 거리에서도 대화를 하거나 정보를 이동할 수 있게 한다.

*이동하다 transfer

_____

10 갈라파고스의 멸종 위기종을 보호하려는 노력은 그곳의 생태계를 보호하는 데 도움이 되었다.

*갈라파고스 Galapagos

_____

11 빈곤과 환경 파괴는 악순환의 두 요소이다.

_____

12 오늘날, 자동화된 프로그램은 많은 일들을 더 쉽게 만들도록 개발되었다.

_____

모범답변: 해석집 p.387

HACKERS
IELTS
WRITING

goHackers.com
학습자료 제공·유학정보 공유

TASK 2
실전 유형 공략

01 Agree/Disagree 유형

Agree/Disagree 유형은 TASK 2에서 가장 자주 출제되며, 제시된 주제에 대한 나의 의견을 묻는 문제 유형이다.
이 유형에서는 주제에 대한 나의 의견을 얼마나 명확하게 전달하는지가 중요하다. 주제에 대해 찬성 또는 반대의 입장
을 밝히고, 주장의 근거를 논리적으로 서술해야 한다.

■ 문제 형태

Agree/Disagree 유형의 문제는 제시된 주제에 대해 동의하는지 또는 동의하지 않는지를 묻는 형태의 문제가 출제된다.

> *Many things can influence the academic achievement and emotional growth of a student.* ●──── 문제의 주제
> *In this regard, peers have more of an impact than teachers do.*
>
> *To what extent do you agree or disagree with this opinion?* ●──── 문제의 지시사항
>
> 많은 것들이 학생의 학업 성취와 정서 발달에 영향을 줄 수 있다. 이 점에서, 또래는 교사보다 더 많은 영향을 미친다.
> 이 의견에 어느 정도까지 동의 또는 동의하지 않는가?

Give reasons for your answer and include any relevant examples from your own knowledge or experience.
Write at least 250 words.

■ 에세이 기본 구조

서론	① 도입 + 나의 의견 (찬성 or 반대)
본론 1	② 이유 1 + 구체적인 근거
본론 2	③ 이유 2 + 구체적인 근거
결론	④ 요약 + 맺음말

■ 에세이 쓰기 전략

· 문제에서 제시된 주제를 파악하고, 이에 대해 찬성하는지 또는 반대하는지 나의 의견을 적는다.

· 이어서 나의 의견에 대한 이유를 두 가지 적고, 각각의 이유를 뒷받침하는 구체적인 근거로 일반적 진술과 예시를 하나씩 작성한다.

아웃라인 잡기의 예

> ***Many things can influence the academic achievement and emotional growth of a student. In this regard, peers have more of an impact than teachers do.***
>
> ***To what extent do you agree or disagree with this opinion?***
>
> *많은 것들이 학생의 학업 성취와 정서 발달에 영향을 줄 수 있다. 이 점에서, 또래는 교사보다 더 많은 영향을 미친다.*
> *이 의견에 어느 정도까지 동의 또는 동의하지 않는가?*

📋 아웃라인

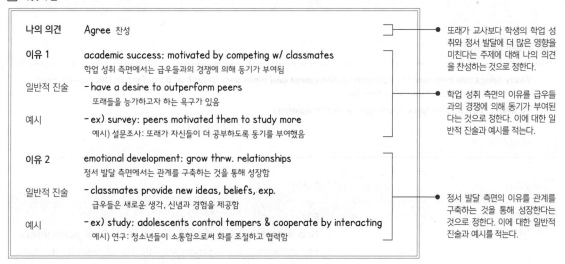

나의 의견	Agree 찬성	또래가 교사보다 학생의 학업 성취와 정서 발달에 더 많은 영향을 미친다는 주제에 대해 나의 의견을 찬성하는 것으로 정한다.
이유 1	academic success: motivated by competing w/ classmates 학업 성취 측면에서는 급우들과의 경쟁에 의해 동기가 부여됨	
일반적 진술	- have a desire to outperform peers 또래들을 능가하고자 하는 욕구가 있음	학업 성취 측면의 이유를 급우들과의 경쟁에 의해 동기가 부여된다는 것으로 정한다. 이에 대한 일반적 진술과 예시를 적는다.
예시	- ex) survey: peers motivated them to study more 예시) 설문조사: 또래가 자신들이 더 공부하도록 동기를 부여했음	
이유 2	emotional development: grow thrw. relationships 정서 발달 측면에서는 관계를 구축하는 것을 통해 성장함	
일반적 진술	- classmates provide new ideas, beliefs, exp. 급우들은 새로운 생각, 신념과 경험을 제공함	정서 발달 측면의 이유를 관계를 구축하는 것을 통해 성장한다는 것으로 정한다. 이에 대한 일반적 진술과 예시를 적는다.
예시	- ex) study: adolescents control tempers & cooperate by interacting 예시) 연구: 청소년들이 소통함으로써 화를 조절하고 협력함	

✔ TIPS

문제의 주제에 대해 일부만 찬성할 경우, 찬성하지 않는 이유와 찬성하는 이유에 대해 각각 한 개씩 작성할 수 있다.

예시)

나의 의견	Partly agree 일부 찬성
찬성하지 않는 이유	academic success: children follow their teacher's instructions 학업 성취 측면에서는 아이들은 선생님의 가르침을 따름
찬성하는 이유	emotional development: grow thrw. relationships 정서 발달 측면에서는 관계를 구축하는 것을 통해 성장함

STEP 2 에세이 쓰기

Agree/Disagree 유형의 에세이를 쓸 때에는, 먼저 에세이의 주제와 나의 의견을 서론에 제시한다. 이어서 나의 의견에 대한 이유 두 가지를 구체적인 근거와 함께 본론으로 적되, 각각 한 단락으로 나눠서 쓰면 좋은 구성의 글을 쓸 수 있다. 마지막으로 결론에서는 본론을 간략하게 요약하고 문제에 대한 나의 의견을 다시 한번 강조한다.

❶ 서론 쓰기

Agree/Disagree 유형 에세이의 서론은 에세이의 주제를 소개하고 자신의 의견을 밝히는 부분으로, 도입과 나의 의견으로 구성한다. 서론은 문제의 내용을 활용해서 작성할 수 있는 단락이다. 이때, 문제를 그대로 쓰기보다는 paraphrasing해서 작성한다.

· **도입**: 나의 의견과 반대되는 의견을 먼저 제시하여 다음에 나오는 나의 의견을 부각시킨다.
· **나의 의견**: 주제에 대해 동의하는지 또는 동의하지 않는지 명확히 드러나도록 의견을 제시하고, 이에 대한 이유 두 가지를 간략하게 언급한다.

서론의 구조 및 기본 표현

도입	**It is a common belief that** + 나의 의견과 반대되는 의견
나의 의견	**However, I firmly believe that** + 나의 의견 + 이유 1, 2

서론 쓰기의 예

> *Many things can influence the academic achievement and emotional growth of a student. In this regard, peers have more of an impact than teachers do.*
>
> *To what extent do you agree or disagree with this opinion?*
>
> 많은 것들이 학생의 학업 성취와 정서 발달에 영향을 줄 수 있다. 이 점에서, 또래는 교사보다 더 많은 영향을 미친다.
> 이 의견에 어느 정도까지 동의 또는 동의하지 않는가?

🗒 아웃라인   서론 쓰기

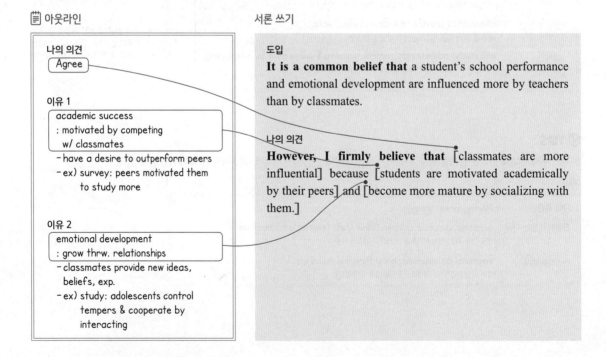

나의 의견
  Agree

이유 1
  academic success
  : motivated by competing
    w/ classmates
  – have a desire to outperform peers
  – ex) survey: peers motivated them
       to study more

이유 2
  emotional development
  : grow thrw. relationships
  – classmates provide new ideas,
    beliefs, exp.
  – ex) study: adolescents control
       tempers & cooperate by
       interacting

도입
It is a common belief that a student's school performance and emotional development are influenced more by teachers than by classmates.

나의 의견
However, I firmly believe that [classmates are more influential] because [students are motivated academically by their peers] and [become more mature by socializing with them.]

❷ 본론 쓰기

Agree/Disagree 유형 에세이의 본론은 서론에서 제시한 나의 의견을 뒷받침하는 설명으로 이루어진다. 본론은 2단락으로 구성한다.

본론 1 쓰기

· 이유 1: 나의 의견에 대한 첫 번째 이유를 작성한다.
· 일반적 진술: 이유 1에 대해 일반적인 관점에서의 추가 설명을 해준다.
· 예시: 개인적인 경험, 조사 결과 등 이유를 뒷받침하는 구체적인 예시를 든다.

본론 1의 구조 및 기본 표현

본론 1	이유 1	**To begin with, + 이유 1**
	일반적 진술	이유 1에 대한 부가적 설명
	예시	**According to a recent survey,/For instance 등 + 예시**

본론 1 쓰기의 예

> ***Many things can influence the academic achievement and emotional growth of a student. In this regard, peers have more of an impact than teachers do.***
>
> ***To what extent do you agree or disagree with this opinion?***
>
> 많은 것들이 학생의 학업 성취와 정서 발달에 영향을 줄 수 있다. 이 점에서, 또래는 교사보다 더 많은 영향을 미친다.
> 이 의견에 어느 정도까지 동의 또는 동의하지 않는가?

📋 **아웃라인**

```
이유 1
┌─────────────────────────┐
│ academic success        │
│ : motivated by competing│
│     w/ classmates       │
└─────────────────────────┘

일반적 진술
┌─────────────────────────┐
│ – have a desire to outperform peers │
└─────────────────────────┘

예시
┌─────────────────────────┐
│ – ex) survey: peers motivated them │
│         to study more   │
└─────────────────────────┘

이유 2
  emotional development
  : grow thrw. relationships

일반적 진술
  – classmates provide new ideas,
    beliefs, exp.

예시
  – ex) study: adolescents control
        tempers & cooperate by
        interacting
```

본론 1 쓰기

이유 1
To begin with, [students are motivated by competing with their fellow classmates.]

일반적 진술
For instance, [students usually have a desire to outperform their peers by demonstrating broader knowledge and achieving higher scores. Competition is especially fierce in the classroom, where students study the same material in the same place.]

예시
According to [a recent survey, students overwhelmingly stated that their peers motivated them to study more than their teachers. This is because competition played a key role in their motivation. This study offers strong proof that classmates significantly affect a student's academic achievement.]

본론 2 쓰기

본론 1과 마찬가지로 본론 2에서도 나의 의견에 대한 이유 2와 이에 대한 일반적 진술과 예시를 적는다.

본론 2의 구조 및 기본 표현

본론 2	이유 2	**On top of that,** + 이유 2
	일반적 진술	이유 2에 대한 부가적 설명
	예시	**For example/From my experience** 등 + 예시

본론 2 쓰기의 예

> *Many things can influence the academic achievement and emotional growth of a student. In this regard, peers have more of an impact than teachers do.*
> *To what extent do you agree or disagree with this opinion?*
>
> 많은 것들이 학생의 학업 성취와 정서 발달에 영향을 줄 수 있다. 이 점에서, 또래는 교사보다 더 많은 영향을 미친다.
> 이 의견에 어느 정도까지 동의 또는 동의하지 않는가?

📋 아웃라인

이유 1
academic success
: motivated by competing
w/ classmates

일반적 진술
- have a desire to outperform peers

예시
- ex) survey: peers motivated them
to study more

이유 2
emotional development
: grow thrw. relationships

일반적 진술
- classmates provide new ideas,
beliefs, exp.

예시
- ex) study: adolescents control
tempers & cooperate by
interacting

본론 2 쓰기

이유 2
On top of that, [socializing at school allows children to grow emotionally through cultivating relationships with peers.]

일반적 진술
[Students spend a large amount of their time in the classroom. Classmates help them grow emotionally by providing them with new ideas, beliefs, and experiences. This can help students develop a better ability to control their emotions and get along with others.]

예시
[One study, for example, shows that adolescents learn how to control their tempers and cooperate with others mostly by interacting with their friends at school. This demonstrates how important relationships with classmates are for a child's emotional development.]

❸ 결론 쓰기

Agree/Disagree 유형 에세이의 결론은 에세이 전체를 마무리하는 부분으로, 요약과 맺음말로 구성한다. 결론은 지금까지 에세이에서 다루었던 중심 내용을 언급하며 정리하는 부분이므로, 본론에서 사용한 표현을 그대로 쓰기보다는 다른 표현을 사용해 paraphrasing해서 작성한다.

· **요약**: 본론 1, 2에서 밝힌 문제에 대한 이유 1, 2를 간략하게 요약한다.
· **맺음말**: 나의 의견을 다시 한번 적어 글을 명확하게 끝맺는다.

결론의 구조 및 기본 표현

요약	**To sum up,** + 이유 1, 2
맺음말	**For these reasons,** + 나의 의견

결론 쓰기의 예

> *Many things can influence the academic achievement and emotional growth of a student. In this regard, peers have more of an impact than teachers do.*
>
> *To what extent do you agree or disagree with this opinion?*
>
> 많은 것들이 학생의 학업 성취와 정서 발달에 영향을 줄 수 있다. 이 점에서, 또래는 교사보다 더 많은 영향을 미친다.
> 이 의견에 어느 정도까지 동의 또는 동의하지 않는가?

📋 아웃라인

```
나의 의견
┌─────────┐
│  Agree  │
└─────────┘

이유 1
┌──────────────────────┐
│ academic success     │
│ : motivated by competing │
│   w/ classmates      │
└──────────────────────┘
 - have a desire to outperform peers
 - ex) survey: peers motivated them
   to study more

이유 2
┌──────────────────────┐
│ emotional development │
│ : grow thrw. relationships │
└──────────────────────┘
 - classmates provide new ideas,
   beliefs, exp.
 - ex) study: adolescents control
     tempers & cooperate by
     interacting
```

결론 쓰기

요약
To sum up, [classmates create scholarly competition] and [help students mature.]

맺음말
For these reasons, [it is clear that a student's academic achievement and interpersonal development are affected more by peers than by educators.]

모범답변 및 해석: 해석집 p.388

STEP 1 아웃라인 잡기

다음 주어진 질문에 답하는 에세이의 아웃라인을 완성하시오.

01

법과
정책

> ***The government should sometimes infringe on people's freedom for the security of society.***
>
> ***To what extent do you agree or disagree with this statement?***

Give reasons for your answer and include any relevant examples from your own knowledge or experience.

Write at least 250 words.

Guideline
'정부는 때때로 사회의 안전을 위해서 사람들의 자유를 침해해야 한다'라는 견해에 찬성하는 쪽으로 의견을 정한다. '(1) 사람들을 위험으로부터 보호하기 위해, (2) 안전 규정들이 준수되는 것을 확실히 하기 위해'로 두 가지 이유를 정하여 아웃라인을 작성해보자.

📋 아웃라인

나의 의견	Agree
이유 1 일반적 진술	to protect ppl. from danger _____
예시	_____
이유 2 일반적 진술	to make sure that safety regulations are followed _____
예시	_____

02
사회

> *Some people claim that the media has a negative influence on contemporary society. They think that there is very little tolerance for new ideas because of its impact.*
>
> *To what extent do you agree or disagree with this opinion?*

Give reasons for your answer and include any relevant examples from your own knowledge or experience.

Write at least 250 words.

Guideline

'미디어가 현대 사회에 부정적인 영향을 미친다. 미디어의 영향으로 인해 새로운 생각에 대해 관용이 거의 없다'라는 견해에 반대하는 쪽으로 의견을 정한다. '(1) 다양한 사고방식을 용인하도록 도움을 준다, (2) 사회에서 새롭고 독창적인 유행을 발전시킴으로써 문화를 더 다양하게 만든다'로 두 가지 이유를 정하여 아웃라인을 작성해보자.

📝 아웃라인

나의 의견	Disagree
이유 1 일반적 진술	help develop tolerance for different ways of thinking
예시	
이유 2 일반적 진술	make culture more diverse by developing new & original trends in society
예시	

아웃라인 및 해석: 해석집 p.389

TASK 2

실전 유형 공략 HACKERS **IELTS** WRITING

주어진 아웃라인을 참고하여 빈칸에 적절한 문장을 써서 에세이를 완성하시오.

03

법과
정책

The government should sometimes infringe on people's freedom for the security of society.

To what extent do you agree or disagree with this statement?

Give reasons for your answer and include any relevant examples from your own knowledge or experience.

Write at least 250 words.

📝 아웃라인

Agree 찬성

1. to protect ppl. from danger
   사람들을 위험으로부터 보호하기 위해

   - measures must be taken to prevent potential attacks
     잠재적 공격을 막기 위해 조치가 취해져야 함

   - ex) airports: conduct security checks to protect everyone from harm
     예시) 공항: 피해로부터 모두를 보호하기 위해 보안 검사를 실시함

2. to make sure that safety regulations are followed
   안전 규정들이 준수되는 것을 확실히 하기 위해

   - certain jobs can endanger ppl.'s lives
     특정 직업들은 사람들의 생명을 위험에 빠뜨릴 수 있음

   - ex) school bus drivers & pilots: undergo random medical tests
     예시) 학교 버스 기사와 조종사: 무작위로 건강 검진을 받음

서론 쓰기

도입

① _____ the idea of intruding upon individual liberties is abhorrent.

개인의 자유를 침범하는 것이 끔찍하다는 것은 일반적인 생각이다.

나의 의견

② _____ one's freedom should be violated by the government when the ultimate purpose is to prevent potential dangers and to ensure that safety regulations are being observed.

하지만, 나는 이것의 목적이 잠재적인 위험을 방지하고 안전 규정이 준수되고 있는지 확실히 하는 것이라면, 개인의 자유가 정부로부터 침해될 수 있다고 굳게 믿는다.

본론 1 쓰기

이유 1

③ _____, the infringement of people's liberties can be justified when protecting people from danger is the main priority.

우선, 사람들의 자유에 대한 침해는 그것의 목적이 사람들을 위험으로부터 보호하는 것일 때 정당화될 수 있다.

일반적 진술

Given the recent increase in violence throughout the world, measures must be taken to prevent potential attacks, such as those committed by terrorists.

최근 전 세계에서 폭력이 증가한 것을 고려해 볼 때 테러리스트가 저지른 일과 같은 잠재적 공격을 막기 위해 조치가 취해져야 한다.

예시

④ _____, in order to prevent bombings or the transport of dangerous materials, airports around the world conduct security checks on people and their belongings. Even though this is intrusive and a violation of personal space, it is necessary to protect everyone from harm. Therefore, when this is the intention, government agencies and public institutions should have the right to carry out searches and trespass on one's privacy.

예를 들어, 폭탄 폭발이나 위험 물질의 이송을 막기 위해 전 세계의 공항은 사람들과 그들의 소지품에 보안 검사를 실시한다. 비록 이것이 강제적이고 그들 개인 공간의 침해일지라도, 그것은 피해로부터 모두를 보호하기 위해서 필요하다. 따라서, 이러한 의도라면, 정부 기관과 공공 기관이 개인의 사생활을 수색하고 침해할 권리를 가져야 한다.

본론 2 쓰기

이유 2

⑤ _____ , the government can violate an individual's right to freedom in order to make sure that safety regulations are followed.

게다가, 정부는 안전 규정이 준수되는 것을 확실히 하기 위해 개인의 자유에 대한 권리를 침해할 수 있다.

일반적 진술

Certain jobs can endanger innocent people's lives when employees do not act safely and responsibly. In this regard, it is important to ensure that these employees follow safety rules even if their rights are infringed upon during the process.

특정 직업들은 근로자들이 안전하고 책임감 있게 행동하지 않을 때 무고한 사람들의 생명을 위험에 빠뜨릴 수 있다. 이 점에서, 이러한 근로자들이 안전 규칙을 지키고 있는지 확실히 하는 것은 그 과정 동안에 그들의 권리가 침해되더라도 중요하다.

예시

Take the example of ⑥ _____ . If they are not functioning at full capacity, they will not be able to perform their tasks safely. Thus, it is acceptable to make them undergo random medical tests to ensure they are healthy and capable. This is necessary to guarantee that these people are not putting the lives of others in jeopardy.

학교 버스 기사와 조종사를 예로 들어보자. 만일 그들이 전력을 기울여서 역할을 다하고 있지 않다면, 그들은 안전하게 직무를 수행할 수 없을 것이다. 따라서, 그들에게 무작위로 건강 검진을 받게 하여 그들이 건강하고 일을 할 수 있는지 확실히 하는 것은 용인될 수 있다. 이는 이러한 사람들이 다른 사람들의 생명을 위험에 빠뜨리고 있지 않음을 보장하기 위해 필요하다.

결론 쓰기

요약

⑦ _____ , intruding on people's freedom is inevitable if governments are to protect society from threats and make sure that individuals are following the necessary rules.

요약하자면, 만약 정부가 사회를 위협으로부터 보호하고 필요한 규칙들을 따르고 있는지 확실히 하고자 한다면, 사람들의 자유를 침범하는 것은 불가피하다.

맺음말

⑧ _____ , imposing on individual freedom is sometimes necessary.

이러한 이유로, 개인의 자유를 위압하는 것은 때때로 필요하다.

*답변 작성 시 마지막 2분 동안 핵심 첨삭 포인트(p.331)를 참고하여 에세이를 검토하자.
*답변 작성을 완료한 후, 답변 셀프 체크 포인트(p.345)를 통해 나의 답변을 점검하고 보완하자.

모범답변 및 해석: 해석집 p.390

04

> *Some people claim that the media has a negative influence on contemporary society. They think that there is very little tolerance for new ideas because of its impact.*
>
> *To what extent do you agree or disagree with this opinion?*

Give reasons for your answer and include any relevant examples from your own knowledge or experience.

Write at least 250 words.

📋 아웃라인

Disagree 반대

1. help develop tolerance for different ways of thinking
   다양한 사고방식을 용인하도록 도움을 줌
   - know more about the world
     세계에 대해 더 많이 알고 있음
   - ex) ppl. access to movies & docu.
     예시) 사람들은 영화와 다큐멘터리에 접근함

2. make culture more diverse by developing new & original trends in society
   사회에서 새롭고 독창적인 유행을 발전시킴으로써 문화를 더 다양하게 만듦
   - art + identity → more innovative & modern
     예술과 독자성을 합쳐 더 혁신적이고 현대적이게 함
   - ex) Japanese teens merged their fashions w/ those in America
     예시) 일본의 청소년들은 그들의 패션에 미국의 패션을 합쳤음

서론 쓰기

도입

① _____ the media has affected society in a negative way and made our once diverse world too uniform.

미디어가 사회에 부정적인 방식으로 영향을 미쳤고 한때 다양했던 우리의 세계를 너무 획일적으로 만들었다는 것은 일반적인 생각이다.

나의 의견

② _____

_____ because it has broadened people's overall outlook and made society more interesting.

그러나, 나는 문화가 미디어의 긍정적인 영향으로 인해 다양해졌다고 굳게 믿는데, 그것이 사람들의 전반적인 시각을 넓히고 우리 사회를 더욱 흥미롭게 만들었기 때문이다.

본론 1 쓰기

이유 1

To begin with, ③ _____.

우선, 미디어는 다양한 사고방식을 용인하도록 도움을 주었다.

일반적 진술

In the past, many people were not aware of the traditions and beliefs of other societies. However, we now know so much more about the world because of various types of media.

과거에는, 많은 사람들이 다른 사회의 전통과 신념을 알지 못했다. 하지만, 이제 우리는 다양한 형태의 미디어 덕분에 세계에 대해 훨씬 더 많이 알고 있다.

예시

④ _____ , people now have access to movies and documentaries that depict ways of life in different countries. This has led not to a simplification of cultures but to a more accepting attitude towards the ideas and values of people from other backgrounds. This creates a more diverse and open-minded society.

예를 들어, 이제 사람들은 다른 나라에서의 삶의 방식을 묘사하는 영화와 다큐멘터리에 접근할 수 있다. 이것은 우리 문화의 단일화가 아니라 다른 배경을 가진 사람들의 생각과 가치관에 대한 더 허용적인 태도로 이어졌다. 이것은 더욱 다양하고 개방적인 사회를 만든다.

본론 2 쓰기

이유 2

On top of that, ⑤ _____
by helping to develop new and original trends in society.

게다가, 미디어는 사회에서 새롭고 독창적인 유행이 발전하도록 도움으로써 문화를 더 다양하게 만들었다.

일반적 진술

It acts as a versatile medium that allows art and identity to come together to become more innovative and modern.

그것은 예술과 독자성이 하나로 합쳐져 더 혁신적이고 현대적으로 되도록 하는 다목적 매체의 역할을 한다.

예시

By way of example, ⑥ _____. After seeing a lot of American culture depicted on TV, Japanese teens merged their fashions with those popular in America. As a result, a new type of clothing style that included elements from both cultures was born. This illustrates how the media can allow distinct and creative trends to emerge.

한 예로서, 일본의 스트리트 패션을 보자. 텔레비전에서 묘사되는 미국 문화를 많이 본 후, 일본의 청소년들은 그들의 패션에 미국에서 유명한 패션을 합쳤다. 그 결과, 두 곳의 문화적 요소를 포함하는 새로운 유형의 의류 스타일이 탄생했다. 이것은 미디어가 어떻게 독특하고 창조적인 유행을 생겨나게 할 수 있는지를 보여준다.

결론 쓰기

요약

To sum up, the media has been a force for good by opening the world up to new ideas and ⑦ _____.

요약하자면, 미디어는 세계를 새로운 생각에 눈을 뜨게 하며 문화를 더욱 흥미롭게 만듦으로써 좋은 영향력이 되어왔다.

맺음말

⑧ _____, the media's effect on society has been positive rather than negative.

이러한 이유로, 미디어가 사회에 미친 영향은 부정적이기보다는 긍정적이었다.

*답변 작성 시 마지막 2분 동안 핵심 첨삭 포인트(p.331)를 참고하여 에세이를 검토하자.
*답변 작성을 완료한 후, 답변 셀프 체크 포인트(p.345)를 통해 나의 답변을 점검하고 보완하자.

모범답변 및 해석: 해석집 p.391

05

자원과
환경

> *The government should impose a fee on drivers who use their vehicles during rush hour to help cut down on air pollution from exhaust fumes.*
>
> *To what extent do you agree or disagree with this opinion?*

Give reasons for your answer and include any relevant examples from your own knowledge or experience.

Write at least 250 words.

📋 아웃라인

Agree 찬성

1. ease traffic congestion, diminish pollution
   교통 혼잡을 완화하고 오염을 줄임

   - charging ppl. → less likely to drive to work
     요금을 청구하는 것은 차로 출근할 가능성을 더 적게 함

   - ex) London: introduced a congestion fee → use public transp. & traffic congestion ↓
     예시) 런던: 혼잡 통행료를 도입하여 대중교통을 이용하게 하여 교통 혼잡을 완화함

2. charges can be used to fund environmentally friendly projects
   요금이 환경친화적인 정책에 자금을 제공하는 데 사용될 수 있음

   - utilize the tax money to make cities greener
     도시를 더 푸르게 만드는 데 세금을 이용함

   - ex) Stockholm: plant trees & flowers w/ the funds from a rush hour regulation
        → air quality ↑
     예시) 스톡홀름: 혼잡 시간대 규정으로 인한 자금으로 나무와 꽃을 심어서 공기 청정도를 향상시킴

서론 쓰기

도입

It is a common belief that ① _____

_____, even though it contributes to air pollution.

아무리 대기 오염의 원인이 된다 할지라도, 혼잡 시간대에 차량을 사용하는 것에 대해 요금을 청구해서는 안 된다는 것은 일반적인 생각이다.

나의 의견

However, I firmly believe that imposing a fee would do a lot of good because ② _____

_____.

하지만, 나는 요금을 부과하는 것이 많은 도움이 되리라고 굳게 믿는데, 그것이 교통량을 줄이고 환경을 보호하는 데 도움이 될 수 있기 때문이다.

본론 1 쓰기

이유 1

To begin with, implementing a rush hour fee would ease traffic congestion, diminishing some of the pollution in the atmosphere.

우선, 혼잡 시간대 요금제를 시행하는 것은 대기 오염을 일부 줄이면서, 교통 혼잡을 완화시킬 것이다.

일반적 진술

③ _____.

Instead, they would opt to use alternative means of transportation. This is important because being stuck in traffic also adds significantly to the emission of pollutants. Moreover, enforcing a fee is not only simple, but it works well.

사람들에게 요금을 청구하는 것은 그들이 차로 출근할 가능성을 더 적게 만들 것이다. 대신에, 그들은 대안이 되는 교통수단을 이용하는 것을 선택할 것이다. 이것이 중요한 이유는 교통 혼잡에 갇혀 있는 것이 오염 물질 배출을 상당히 늘리기 때문이다. 게다가, 요금제를 시행하는 것은 간단할 뿐만 아니라 효과도 좋다.

예시

In London, for example, the government introduced a congestion fee several years ago. As a result, many people started to carpool, walk, or use public transportation rather than drive to work. ④ _____

_____, and pollution levels have been going down ever since.

예를 들어, 런던에서는 정부가 몇 년 전에 혼잡 통행료를 도입했다. 결과적으로, 많은 사람들이 운전해서 출근하기보다는 합승을 하거나, 걷거나, 또는 대중교통을 이용하기 시작했다. 도로 위의 더 적은 차량은 교통 혼잡을 완화하였고, 그 이후로 오염 수준은 낮아지고 있다.

본론 2 쓰기

이유 2

On top of that, the revenue from those charges can be used to fund environmentally friendly projects.

게다가, 이러한 요금으로 인한 자금은 환경친화적인 정책에 자금을 제공하는 데 사용될 수 있다.

일반적 진술

⑤ _____.

정부는 도시를 더 푸르게 만드는 데 세금을 이용할 수 있게 될 것이다.

예시

In Stockholm, for instance, the city administration has been able to plant trees and flowers alongside roads with the funds from a rush hour regulation. This vegetation adds to the beauty of the landscape, but more importantly, ⑥ _____.
In effect, tax revenues from a rush hour fee can do much to alleviate the polluted air.

예를 들어, 스톡홀름에서, 시 행정부는 혼잡 시간대 규정으로 인한 자금으로 도로 옆에 나무와 꽃을 심을 수 있었다. 그것들은 풍경에 아름다움을 더해주기도 하지만, 더 중요하게도 공기 청정도를 전반적으로 향상시킨다. 실제로, 혼잡 시간대 요금으로 인한 세제 수입은 오염된 공기를 완화하는 데 보탬이 될 수 있다.

결론 쓰기

요약

To sum up, ⑦ _____
_____.

요약하자면, 혼잡 시간대 자동차 운전자에 대한 소액의 요금은 교통량을 줄이고 도시가 건강하고 깨끗한 환경을 유지하도록 도와줄 것이다.

맺음말

For these reasons, ⑧ _____.

이러한 이유로, 그런 운전자들에게 요금을 청구하는 것은 지구와 사회에 도움이 될 것이다.

*답변 작성 시 마지막 2분 동안 핵심 첨삭 포인트(p.331)를 참고하여 에세이를 검토하자.
*답변 작성을 완료한 후, 답변 셀프 체크 포인트(p.345)를 통해 나의 답변을 점검하고 보완하자.

모범답변 및 해석: 해석집 p.393

06
세계

> *It is important to be concerned about international events, even if those events have no direct impact on our lives.*
>
> *To what extent do you agree or disagree with this opinion?*

Give reasons for your answer and include any relevant examples from your own knowledge or experience.

Write at least 250 words.

📋 아웃라인

Agree 찬성

1. help other citizens of the world
   세계에 있는 다른 시민들을 도울 수 있음

   - crises, disasters, conflicts → share resources to assist others
     위기, 재해, 분쟁 시에 다른 이들을 돕는 데 자원을 공유함

   - ex) earthquake in Sichuan: international help
     예시) 쓰촨성에서 일어난 지진: 국제적으로 도움을 받음

2. better understanding of how to deal with problems in our society
   우리 사회의 문제를 어떻게 처리하는지 더 잘 이해하게 함

   - many societies face similar issues
     많은 사회가 비슷한 문제에 직면함

   - ex) Korea: no. of migrant workers ↑, international examples → introduce laws
     예시) 한국: 이주 노동자의 수가 증가함, 국제적인 사례들을 통해 법을 도입함

서론 쓰기

도입

① _____

as long as they are unlikely to directly impact our lives.

세계의 사건들이 우리의 삶에 직접적으로 영향을 미칠 가능성이 없는 한, 우리가 그것들을 알고 있을 필요가 없다는 것은 일반적인 생각이다.

나의 의견

② _____

_____. This is because knowledge of international events allows nations to provide support to other countries and even come up with solutions to their own problems.

하지만, 나는 우리가 다른 나라에서 발생하고 있는 사건들을 잘 알고 있어야 한다고 굳게 믿는다. 이는 국제적인 사건들에 대한 지식이 국가가 다른 나라를 지원하게 하고 심지어는 우리 자신의 문제들을 해결하도록 하기 때문이다.

본론 1 쓰기

이유 1

③ _____

_____.

우선, 국제적인 사건에 관심을 갖는 것은 사람들이 세계에 있는 다른 시민들을 도울 수 있게 한다.

일반적 진술

Humanitarian crises, natural disasters and conflicts are, unfortunately, frequent occurrences in many places around the globe. By paying attention to these events, it is possible to share resources to assist others in times of need.

인도주의적 위기, 자연재해와 분쟁은, 유감스럽게도, 세계의 많은 곳에서 자주 발생하는 사건들이다. 이러한 사건들에 관심을 가짐으로써 도움이 필요한 시점에 다른 이들을 돕는 데 자원을 공유할 수 있다.

예시

For instance, the 2008 earthquake in Sichuan, China, caused a lot of damage. However, a quick reaction from the international community helped China rescue more victims than they would have otherwise been able to save if they were working alone. Also, many countries donated large amounts of money to make repairs throughout the region.

④ _____.

예를 들어, 2008년 중국의 쓰촨성에서 일어난 지진은 많은 피해를 입혔다. 하지만, 국제 공동체의 신속한 대응은 중국이 그렇지 않으면 혼자 작업하여 구조할 수 있었던 것보다 더 많은 피해자들을 구조하도록 도왔다. 또한, 많은 국가들은 지역 전체를 복구할 많은 양의 돈을 기부했다. 이러한 도움은 현지 사람들이 그 비극에 더 쉽게 대처하게 했다.

본론 2 쓰기

이유 2

⑤ _____

_____.

게다가, 세계의 사건에 대해 잘 알고 있는 것은 우리 자신의 사회에서 일어날 수 있는 문제를 어떻게 처리하는지 더 잘 이해하게 한다.

일반적 진술

⑥ _____

_____.

많은 사회가 비슷한 문제에 직면하기 때문에, 다른 국가들이 어떻게 실패하고 성공했는지 알아보는 것은 더 나은 해결책에 대한 안내를 제공할 수 있다.

예시

Korea, for example, faced a dilemma when the number of migrant workers increased rapidly. Some of them suffered from poor treatment, while others remained in the country without a visa. After looking at international examples from countries like the UK and Germany, which have experienced a similar problem in the past, the Korean government was able to introduce laws to protect the rights of migrant workers while also reducing the number who overstayed illegally.

예를 들어, 한국은 이주 노동자의 수가 빠르게 증가했을 때 궁지에 빠졌다. 그들 중 일부가 부당한 대우에 시달리는 사이 다른 이들은 비자도 없이 나라에 체류했다. 한국 정부는 과거에 비슷한 문제를 겪었던 영국과 독일 같은 나라들의 국제적인 사례들을 검토한 후, 불법 장기 체류자들의 수를 줄일 뿐만 아니라 이주 노동자들의 권리를 보호하기 위한 법을 도입할 수 있었다.

결론 쓰기

요약

⑦ _____

_____.

요약하자면, 다른 나라들에서 발생하고 있는 일을 이해하는 것은 다른 사람들을 도울 수 있게 해주며 국내 문제들을 해결하는 데 사용할 수 있는 유용한 정보를 제공한다.

맺음말

⑧ _____

_____.

이러한 이유로, 우리가 다른 나라들에서 발생하는 사건들에 관심을 지속적으로 갖는 것은 중요하다.

*답변 작성 시 마지막 2분 동안 핵심 첨삭 포인트(p.331)를 참고하여 에세이를 검토하자.
*답변 작성을 완료한 후, 답변 셀프 체크 포인트(p.345)를 통해 나의 답변을 점검하고 보완하자.

모범답변 및 해석: 해석집 p.394

다음 문제를 읽고, 아웃라인을 완성하여 이를 바탕으로 에세이를 작성하시오.

01

교육

> *Art and music classes should not be mandatory at school.*
>
> *To what extent do you agree or disagree?*

Give reasons for your answer and include any relevant examples from your own knowledge or experience.

Write at least 250 words.

📋 아웃라인

Disagree

1. foster creativity
   - _____
   - ex) _____

2. create opportunities for students to relieve stress
   - _____
   - ex) _____

서론 쓰기

도입

_____

_____

_____

나의 의견

_____

_____

_____

_____

본론 1 쓰기

이유 1

_____

_____

_____

_____

일반적 진술

_____

_____

_____

예시

_____

_____

_____

_____

_____

_____

_____

_____

본론 2 쓰기

이유 2

_____

_____

_____

_____

일반적 진술

_____

_____

_____

_____

예시

_____

_____

_____

_____

_____

_____

_____

_____

결론 쓰기

요약

_____

_____

_____

맺음말

_____

_____

_____

_____

*답변 작성 시 마지막 2분 동안 핵심 첨삭 포인트(p.331)를 참고하여 에세이를 검토하자.
*답변 작성을 완료한 후, 답변 셀프 체크 포인트(p.345)를 통해 나의 답변을 점검하고 보완하자.

모범답변 및 해석: 해석집 p.396

02

직업

> *People should only concentrate on a single skill for life because it is the best way to succeed.*
>
> *To what extent do you agree or disagree with this opinion?*

Give reasons for your answer and include any relevant examples from your own knowledge or experience.

Write at least 250 words.

📋 아웃라인

Disagree

1. _____

   – _____

   – ex) _____

2. _____

   – _____

   – ex) _____

TASK 2

실전 유형 공략 HACKERS **IELTS** WRITING

서론 쓰기

도입
_____
_____
_____

나의 의견
_____
_____
_____
_____

본론 1 쓰기

이유 1
_____
_____
_____

일반적 진술
_____
_____
_____
_____
_____

예시
_____
_____
_____
_____
_____
_____
_____

본론 2 쓰기

이유 2

_____

_____

_____

일반적 진술

_____

_____

_____

_____

예시

_____

_____

_____

_____

_____

_____

_____

결론 쓰기

요약

_____

_____

_____

맺음말

_____

_____

_____

_____

*답변 작성 시 마지막 2분 동안 핵심 첨삭 포인트(p.331)를 참고하여 에세이를 검토하자.
*답변 작성을 완료한 후, 답변 셀프 체크 포인트(p.345)를 통해 나의 답변을 점검하고 보완하자.

모범답변 및 해석: 해석집 p.398

02 Both Views 유형

Both Views 유형은 문제의 주제에 대한 상반된 두 개의 관점이 제시되며, 각각의 관점에 대해 논하고 이에 대한 의견을 서술하는 문제 유형이다. 에세이에 두 관점에 대한 내용이 모두 포함되어야 하며, 자신의 의견 또한 명확하게 드러나야 한다.

■ 문제 형태

Both Views 유형의 문제는 주제에 대한 두 가지 입장을 논하고 나의 의견을 제시하라는 형태의 문제가 출제된다.

> *Some people believe that parents should devote more time to helping their children with schoolwork. Others think that they should allocate more time to playing sports with their kids.* —— ● 문제의 주제
>
> *Discuss both these views and give your own opinion.* —— ● 문제의 지시사항
>
> 일부 사람들은 부모가 자녀의 학업을 돕는 데 더 많은 시간을 쏟아야 한다고 생각한다. 다른 사람들은 자녀들과 운동을 하는 데 더 많은 시간을 할당해야 한다고 생각한다.
> 이러한 양쪽의 관점에 대해 논하고 자신의 의견을 제시하시오.

Give reasons for your answer and include any relevant examples from your own knowledge or experience.
Write at least 250 words.

■ 에세이 기본 구조

서론	① 도입 + 나의 의견 (관점 1 or 관점 2)
본론 1	② 반대 관점과 이유 + 구체적인 근거
본론 2	③ 찬성 관점과 이유 + 구체적인 근거
결론	④ 맺음말

■ 에세이 쓰기 전략

STEP 1 아웃라인 잡기

· 문제에서 제시된 주제에 대한 두 관점을 파악하고, 그에 대한 나의 의견을 정한다.

· 두 가지 관점 중 나의 의견과 반대되는 관점을 먼저 적고, 그 후에 나의 의견과 일치하는 관점을 적는다. 이어서 각각의 관점에 대한 구체적인 근거로 일반적 진술과 예시를 작성한다.

아웃라인 잡기의 예

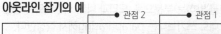
관점 2   관점 1

Some people believe that parents should devote more time to helping their children with schoolwork. Others think that they should allocate more time to playing sports with their kids.

Discuss both these views and give your own opinion.

일부 사람들은 부모가 자녀의 학업을 돕는 데 더 많은 시간을 쏟아야 한다고 생각한다. 다른 사람들은 자녀들과 운동을 하는 데 더 많은 시간을 할당해야 한다고 생각한다. 이러한 양쪽의 관점에 대해 논하고 자신의 의견을 제시하시오.

📋 아웃라인

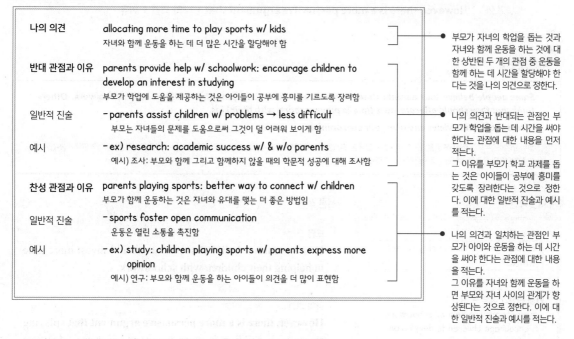

| 나의 의견 | allocating more time to play sports w/ kids |
| | 자녀와 함께 운동을 하는 데 더 많은 시간을 할당해야 함 |

부모가 자녀의 학업을 돕는 것과 자녀와 함께 운동을 하는 것에 대한 상반된 두 개의 관점 중 운동을 함께 하는 데 시간을 할당해야 한다는 것을 나의 의견으로 정한다.

반대 관점과 이유	parents provide help w/ schoolwork: encourage children to develop an interest in studying
	부모가 학업에 도움을 제공하는 것은 아이들이 공부에 흥미를 기르도록 장려함
일반적 진술	- parents assist children w/ problems → less difficult
	부모는 자녀들의 문제를 도움으로써 그것이 덜 어려워 보이게 함
예시	- ex) research: academic success w/ & w/o parents
	예시) 조사: 부모와 함께 그리고 함께하지 않을 때의 학문적 성공에 대해 조사함

나의 의견과 반대되는 관점인 부모가 학업을 돕는 데 시간을 써야 한다는 관점에 대한 내용을 먼저 적는다.
그 이유를 부모가 학교 과제를 돕는 것은 아이들이 공부에 흥미를 갖도록 장려한다는 것으로 정한다. 이에 대한 일반적 진술과 예시를 적는다.

찬성 관점과 이유	parents playing sports: better way to connect w/ children
	부모가 함께 운동하는 것은 자녀와 유대를 맺는 더 좋은 방법임
일반적 진술	- sports foster open communication
	운동은 열린 소통을 촉진함
예시	- ex) study: children playing sports w/ parents express more opinion
	예시) 연구: 부모와 함께 운동을 하는 아이들이 의견을 더 많이 표현함

나의 의견과 일치하는 관점인 부모가 아이와 운동을 하는 데 시간을 써야 한다는 관점에 대한 내용을 적는다.
그 이유를 자녀와 함께 운동을 하면 부모와 자녀 사이의 관계가 향상된다는 것으로 정한다. 이에 대한 일반적 진술과 예시를 적는다.

STEP 2 에세이 쓰기

Both Views 유형의 에세이를 쓸 때에는 먼저 문제에서 제시된 주제와 나의 의견에 반대되는 관점을 언급하며 도입 부분을 시작하고, 그 후 문제에 대한 나의 의견을 서론에 제시한다. 이어서 본론 1에는 나의 의견과 반대되는 관점에 대한 내용을 서술하고, 본론 2에는 나의 의견과 일치하는 관점에 대한 내용을 적는다. 마지막으로 결론에서 반대 관점에 대한 언급과 함께 나의 의견을 다시 한 번 강조한다.

❶ 서론 쓰기

Both Views 유형 에세이의 서론은 주제에 대한 상반된 두 관점 중 나의 의견을 밝히는 부분으로, 도입과 나의 의견으로 구성한다. 서론은 문제의 내용을 활용해서 작성할 수 있는 단락이다. 이때, 문제를 그대로 쓰기보다는 paraphrasing해서 작성한다.

· **도입**: 나의 의견과 반대되는 관점을 먼저 제시하여 다음에 나오는 나의 의견을 부각시킨다.
· **나의 의견**: 주제에 대해 동의하는지 또는 동의하지 않는지 명확히 드러나도록 의견을 제시하고, 이에 대한 이유를 간략하게 언급한다.

서론의 구조 및 기본 표현

도입	**It is a common belief that** + 나의 의견과 반대되는 관점
나의 의견	**However, there is a more persuasive argument that** + 나의 의견 + 이유

서론 쓰기의 예

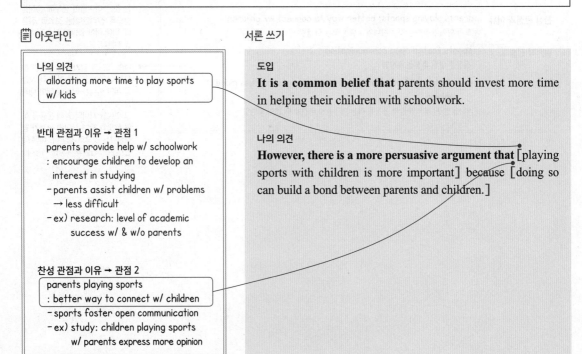

관점 2 ── 관점 1

> *Some people believe that parents should devote more time to helping their children with schoolwork. Others think that they should allocate more time to playing sports with their kids.*
> *Discuss both these views and give your own opinion.*
>
> 일부 사람들은 부모가 자녀의 학업을 돕는 데 더 많은 시간을 쏟아야 한다고 생각한다. 다른 사람들은 자녀들과 운동을 하는 데 더 많은 시간을 할당해야 한다고 생각한다.
> 이러한 양쪽의 관점에 대해 논하고 자신의 의견을 제시하시오.

📋 아웃라인

나의 의견
> allocating more time to play sports w/ kids

반대 관점과 이유 → 관점 1
parents provide help w/ schoolwork
: encourage children to develop an
  interest in studying
- parents assist children w/ problems
  → less difficult
- ex) research: level of academic
  success w/ & w/o parents

찬성 관점과 이유 → 관점 2
> parents playing sports
> : better way to connect w/ children
- sports foster open communication
- ex) study: children playing sports
  w/ parents express more opinion

서론 쓰기

도입
It is a common belief that parents should invest more time in helping their children with schoolwork.

나의 의견
However, there is a more persuasive argument that [playing sports with children is more important] because [doing so can build a bond between parents and children.]

❷ 본론 쓰기

Both Views 유형의 본론은 문제에서 주어진 두 관점에 대한 내용으로 이루어진다. 본론은 2단락으로 구성한다.

본론 1 쓰기

· **반대 관점과 이유**: 주제에 대한 상반된 두 개의 관점 중 나의 의견과 반대되는 관점에 대해 적고, 그에 대한 이유를 적는다.
· **일반적 진술**: 반대 관점과 이유에 대해 추가 설명을 해준다.
· **예시**: 개인적인 경험, 조사 결과 등 이유를 뒷받침하는 구체적인 예시를 든다.

본론 1의 구조 및 기본 표현

본론 1	반대 관점과 이유	**On the one hand** + 반대 관점과 이유
	일반적 진술	반대 관점에 대한 부가적 설명
	예시	**For example,/Research has shown that** 등 + 예시

본론 1 쓰기의 예

● 관점 2 ● 관점 1

Some people believe that parents should devote more time to helping their children with schoolwork. Others think that they should allocate more time to playing sports with their kids.
Discuss both these views and give your own opinion.

일부 사람들은 부모가 자녀의 학업을 돕는 데 더 많은 시간을 쏟아야 한다고 생각한다. 다른 사람들은 자녀들과 운동을 하는 데 더 많은 시간을 할당해야 한다고 생각한다. 이러한 양쪽의 관점에 대해 논하고 자신의 의견을 제시하시오.

📋 아웃라인

반대 관점과 이유 → 관점 1
parents provide help w/ schoolwork
: encourage children to develop an interest in studying

일반적 진술
– parents assist children w/ problems → less difficult

예시
– ex) research: level of academic success w/ & w/o parents

찬성 관점과 이유 → 관점 2
parents playing sports
: better way to connect w/ children

일반적 진술
– sports foster open communication

예시
– ex) study: children playing sports w/ parents express more opinion

본론 1 쓰기

반대 관점과 이유
On the one hand, [when parents provide help with schoolwork, it encourages children to develop an interest in studying.]

일반적 진술
[Specifically, by assisting their children with any problems they have with their work, parents make their children's tasks seem less difficult. This can result in greater interest in classes and lead to better grades in the long run.]

예시
For example, [research has shown that children whose parents help them solve math problems get better grades than those who do their work on their own. Assisting them with their schoolwork makes children more enthusiastic about studying, thereby providing a basis for their academic success.]

본론 2 쓰기

본론 2에서는 두 가지 상반된 관점 중 내가 찬성하는 관점에 대해 적고, 본론 1과 마찬가지로 이에 대한 일반적 진술과 예시를 적는다.

본론 2의 구조 및 기본 표현

본론 2	찬성 관점과 이유	**Nevertheless, I support the idea that** + 찬성 관점과 이유
	일반적 진술	찬성 관점에 대한 부가적 설명
	예시	**For instance,/A recently published study illustrates that** 등 + 예시

본론 2 쓰기의 예

관점 2   관점 1

Some people believe that parents should devote more time to helping their children with schoolwork. Others think that they should allocate more time to playing sports with their kids.
Discuss both these views and give your own opinion.

일부 사람들은 부모가 자녀의 학업을 돕는 데 더 많은 시간을 쏟아야 한다고 생각한다. 다른 사람들은 자녀들과 운동을 하는 데 더 많은 시간을 할당해야 한다고 생각한다. 이러한 양쪽의 관점에 대해 논하고 자신의 의견을 제시하시오.

📋 아웃라인

반대 관점과 이유 → 관점 1
parents provide help w/ schoolwork
: encourage children to develop an
  interest in studying

일반적 진술
- parents assist children w/ problems
  → less difficult

예시
- ex) research: level of academic
  success w/ & w/o parents

찬성 관점과 이유 → 관점 2
parents playing sports
: better way to connect w/ children

일반적 진술
- sports foster open communication

예시
- ex) study: children playing sports
  w/ parents express more opinion

본론 2 쓰기

찬성 관점과 이유
Nevertheless, [playing sports is a better way for parents to connect with their children.]

일반적 진술
[It fosters open communication by making children feel more comfortable about sharing their thoughts with their parents. The experience of cooperation and bonding, which is a part of every sport, removes any feelings of nervousness children may have in the presence of their parents.]

예시
In fact, [a recent study revealed that children express their opinions more when their parents create a relaxed environment by playing sports with them. Topics that children may consider too embarrassing or difficult to discuss under normal circumstances are brought up more easily while playing sports. The result is that parents and children build closer relationships.]

❸ 결론 쓰기

Both Views 유형 에세이의 결론은 에세이 전체를 마무리하는 부분으로, 맺음말로 구성한다. 결론은 지금까지 에세이에서 다뤘던 중심 내용을 언급하며 정리하는 부분이므로, 본론에서 사용한 표현을 그대로 쓰기보다는 다른 표현을 사용해 paraphrasing 해서 작성한다.

· **맺음말**: 나의 입장과 반대되는 관점을 언급하고, 나의 의견이 무엇인지 명확하게 드러나도록 내가 찬성하는 관점을 다시 한 번 언급한다.

결론의 구조 및 기본 표현

맺음말	**To sum up, while it is apparent that** + 반대 관점, **it is undeniable that** + 나의 의견

결론 쓰기의 예

관점 2 ━━━●   ●━━━ 관점 1

Some people believe that parents should devote more time to helping their children with schoolwork. Others think that they should allocate more time to playing sports with their kids.

Discuss both these views and give your own opinion.

일부 사람들은 부모가 자녀의 학업을 돕는 데 더 많은 시간을 쏟아야 한다고 생각한다. 다른 사람들은 자녀들과 운동을 하는 데 더 많은 시간을 할당해야 한다고 생각한다. 이러한 양쪽의 관점에 대해 논하고 자신의 의견을 제시하시오.

📝 아웃라인

나의 의견
> allocating more time to play sports
> w/ kids

반대 관점과 이유 → 관점 1
> parents provide help w/ schoolwork
> : encourage children to develop an
>   interest in studying
> - parents assist children w/ problems
>   → less difficult
> - ex) research: level of academic
>   success w/ & w/o parents

찬성 관점과 이유 → 관점 2
> parents playing sports
> : better way to connect w/ children
> - sports foster open communication
> - ex) study: children playing sports
>   w/ parents express more opinion

결론 쓰기

맺음말

To sum up, while it is apparent that helping with schoolwork is one way parents can support their children, **it is undeniable that** [playing sports together is more important.]

모범답변 및 해석: 해석집 p.400

TASK 2 실전 유형 공략 HACKERS **IELTS** WRITING

STEP 1 아웃라인 잡기

다음 주어진 질문에 답하는 에세이의 아웃라인을 완성하시오.

01
과학
기술

> Some people believe that the development of artificial intelligence will make human labour obsolete. Others think that work performed by humans will always be important.
>
> Discuss both these views and give your own opinion.

Give reasons for your answer and include any relevant examples from your own knowledge or experience.

Write at least 250 words.

Guideline

'인공지능의 발전과 인간의 노동'에 대한 주제에 '인간에 의한 활동은 항상 중요할 것이다'라는 두 번째 관점을 나의 의견으로 정한다. 나의 의견과 반대되는 관점의 이유를 '기계가 더 효율적이고 많은 수익을 낼 수 있다'로 정하고, 찬성하는 관점에 대한 이유를 '기계가 사람처럼 할 수 없는 업무가 있다'로 정하여 아웃라인으로 잡아보자.

📋 아웃라인

나의 의견	work performed by humans will always be impt.
반대 관점과 이유 일반적 진술	replace humans w/ machines: auto. program = efficient & generate ↑ income
예시	
찬성 관점과 이유 일반적 진술	humans = essential part of the workforce: machines X as well as humans
예시	

02
직업

Some people say that devoting one's time to family activities is more important than spending time working. Others believe that dedicating one's time to work is more important.

Discuss both these views and give your own opinion.

Give reasons for your answer and include any relevant examples from your own knowledge or experience.

Write at least 250 words.

Guideline

'가족 활동과 일 중 더 많은 시간을 쏟아야 하는 것'에 대한 주제에 '가족 활동에 시간을 쏟는 것이 일하는 데 시간을 보내는 것보다 더 중요하다'라는 첫 번째 관점을 나의 의견으로 정한다. 나의 의견과 반대되는 관점의 이유를 '가족의 경제적 안정에 중요하다'로 정하고, 찬성하는 관점에 대한 이유를 '개인과 가족의 행복에 더 기여한다'로 정하여 아웃라인으로 잡아보자.

📋 아웃라인

나의 의견	devoting time to family activities is more impt.
반대 관점과 이유 일반적 진술	work time: impt. to family's financial wellbeing
예시	
찬성 관점과 이유 일반적 진술	family time: contributes more to individual's & family's happiness
예시	

아웃라인 및 해석: 해석집 p.401

주어진 아웃라인을 참고하여 빈칸에 적절한 문장을 써서 에세이를 완성하시오.

03

과학
기술

> *Some people believe that the development of artificial intelligence will make human labour obsolete. Others think that work performed by humans will always be important.*
>
> *Discuss both these views and give your own opinion.*

Give reasons for your answer and include any relevant examples from your own knowledge or experience.

Write at least 250 words.

📋 **아웃라인**

My opinion: work performed by humans will always be impt.
나의 의견: 인간에 의한 활동은 언제나 중요할 것임

1. replace humans w/ machines: auto. program = efficient & generate ↑ income
   자동화 프로그램이 효율적이고 많은 수익을 창출하기 때문에 사람이 기계로 대체될 것임

   - robots take over humans' role in workplaces
     로봇이 업무 현장에서 사람의 역할을 대체함

   - ex) automobile company: efficiency ↑ → profit ↑
     예시) 자동차 회사의 효율성이 높아져 수익이 증가함

2. humans = essential part of the workforce: machines X as well as humans
   기계는 인간처럼 잘하지 못하기 때문에 인간은 일터에서 필수적인 역할을 함

   - ability of machines – limited to very few professions
     기계의 능력은 매우 적은 직업군에 한정되어있음

   - ex) robotic surgery → limited, need supervision of surgeons
     예시) 로봇 수술은 제한적이고 외과 의사의 감독이 필요함

서론 쓰기

도입

① _____ by developing artificial intelligence, humans will be superseded by robots in the workforce.

인공지능을 개발함으로써 인간이 일터에서 로봇에 의해 대체될 것이라는 것은 일반적인 의견이다.

나의 의견

② _____ people will always play a vital role in many occupations. This is because machines will never be able to perform at the same level as humans in most jobs.

하지만, 사람들이 많은 직업에서 언제나 중요한 역할을 할 것이라는 것에 대한 더 설득력 있는 주장이 있다. 이는 대부분의 직업에서 기계가 결코 사람과 같은 수준으로 일할 수 없을 것이기 때문이다.

본론 1 쓰기

반대 관점과 이유

③ _____, people think that artificial intelligence will lead to humans being replaced by machinery or computers since automated programs are able to work much more efficiently and generate more income than people.

한편으로는, 사람들은 인공지능이 사람을 기계나 컴퓨터로 대체되도록 이끌 것이라고 생각하는데, 자동화된 프로그램이 사람보다 훨씬 더 효율적으로 일하고 더 많은 수익을 창출할 수 있기 때문이다.

일반적 진술

Robotic machines have already taken over roles that traditionally were occupied by humans in factories and other workplaces.

로봇화된 기계는 이미 공장이나 다른 업무 현장에서 사람이 전통적으로 차지했던 역할을 대신했다.

예시

④ _____, one major automobile company was able to increase its efficiency by replacing workers with automated machines. Since machines can operate continually at higher speeds, the company reduced production time significantly and cut the cost of manufacturing by 30 percent, resulting in a considerable increase in profits.

예를 들어, 한 자동차 대기업은 직원들을 자동화된 기계로 대체하면서 효율성을 높일 수 있었다. 기계들은 더 빠른 속도로 계속적으로 작업할 수 있기 때문에, 회사는 생산 시간을 크게 단축하고 제조 비용을 30퍼센트 줄여, 수익의 상당한 증가를 이루어냈다.

본론 2 쓰기

찬성 관점과 이유

⑤ _____, humans will always be an essential part of the workforce because there are many tasks that machines are not able to do as well as humans.

그럼에도 불구하고, 인간은 일터에서 항상 필수적인 역할을 할 것인데, 기계가 인간만큼 잘 하지 못하는 많은 업무가 있기 때문이다.

일반적 진술

In fact, the ability of machines to match or exceed human efficiency is currently limited to very few professions.

실제로, 인간 효율성과 맞먹거나 능가하는 기계의 능력은 현재 매우 적은 직업군에 한정되어 있다.

예시

For instance, although the technology to perform surgery with machines was developed long ago, the procedures that they can complete are limited, and humans still carry out most surgical operations. ⑥ _____, even if robotic surgeons were to be utilized more, it is likely that they would only be used under the supervision of trained surgeons who could step in if something went wrong.

예를 들어, 기계로 수술하는 기술은 오래전에 개발되었지만, 그것이 해낼 수 있는 수술은 제한적이고, 여전히 인간이 대부분의 외과수술을 한다. 게다가, 로봇화된 외과 의사가 더 많이 활용되더라도, 그것들은 무언가가 잘못되면 항상 이에 개입할 수 있는 숙달된 외과 의사의 감독하에서만 이용될 가능성이 높다.

결론 쓰기

맺음말

⑦ _____ there is concern that artificial intelligence will make the work of humans redundant, ⑧ _____ people will never be totally removed from the workplace.

요약하자면, 인공지능이 인간의 노동을 불필요하게 만들 것이라는 우려가 있다는 점은 분명하지만, 사람들이 업무 현장에서 완전히 없어지지는 않을 것임을 부인할 수 없다.

*답변 작성 시 마지막 2분 동안 핵심 첨삭 포인트(p.331)를 참고하여 에세이를 검토하자.
*답변 작성을 완료한 후, 답변 셀프 체크 포인트(p.345)를 통해 나의 답변을 점검하고 보완하자.

모범답변 및 해석: 해석집 p.402

> *Some people say that devoting one's time to family activities is more important than spending time working. Others believe that dedicating one's time to work is more important.*
>
> *Discuss both these views and give your own opinion.*

Give reasons for your answer and include any relevant examples from your own knowledge or experience.

Write at least 250 words.

📋 아웃라인

My opinion: devoting time to family activities is more impt.
나의 의견: 가족 활동에 시간을 쏟는 것이 더 중요함

1. work time: impt. to family's financial wellbeing
   가족의 경제적 안정에 중요하므로 일하는 시간에 보내야 함

   – X make a living → family happiness X ensured
     생계를 유지할 수 없다면 가족의 행복은 보장될 수 없음

   – ex) parents miss out on children's events X uninterested – trade-off
     예시) 부모가 자녀의 행사를 놓치는 것은 무관심해서가 아니라, 거래임

2. family time: contributes more to individual's & family's happiness
   개인과 가족의 행복에 더 기여하므로 가족과의 시간이 중요함

   – family time = fun & relaxing ↔ work = stressful
     가족과의 시간은 재미있고 편하지만, 일은 스트레스가 많음

   – ex) poll: 85% enjoy time w/ family, while 60% experience stress at their jobs
     예시) 여론 조사: 85퍼센트가 가족과의 시간을 즐기는 반면, 60퍼센트는 직장에서 스트레스를 경험함

서론 쓰기

도입

① _____ the time a person spends working is more beneficial than the time he or she spends interacting with their family.

사람이 일을 하는 시간이 가족과 교류하며 보내는 시간보다 더 유익하다는 것은 일반적인 생각이다.

나의 의견

However, there is a more persuasive argument that ② _____
_____ as both individuals and families are far happier when they have more time together.

그러나, 가족과 더 많은 시간을 보낼 때 개인과 가족 모두가 훨씬 더 행복하기 때문에 가족과의 귀중한 시간이 매우 중요하다는 것에 대한 더 설득력 있는 주장이 있다.

본론 1 쓰기

반대 관점과 이유

On the one hand, ③ _____.

한편으로는, 일을 하는 것은 가족의 경제적 안정에 중요하다.

일반적 진술

④ _____ if a worker cannot make a living, the overall happiness of his or her family cannot be ensured. Therefore, most people must commit much of their lives to their careers.

이는 근로자가 생계를 유지할 수 없다면 그 또는 그녀의 가족 전체의 행복이 보장될 수 없기 때문이다. 따라서, 대부분의 사람들은 직장 생활에 인생의 많은 부분을 써야 한다.

예시

⑤ _____, parents sometimes miss out on events in their children's lives, but this does not indicate that they are uninterested in their family. It is simply a trade-off they must make. In order to be able to afford their children's education, parents must work long hours that sometimes separate them from their families. It's a sacrifice for the family's overall happiness and success.

예를 들어, 부모들은 때때로 자녀의 인생에서 행사를 놓치지만, 이것이 그들이 가족 행사에 무관심하다는 것을 보여 주는 것은 아니다. 그것은 그저 그들이 해야만 하는 거래이다. 부모는 자녀의 교육비를 마련하기 위해 장시간 근무를 해야 하는데 이는 때때로 그들을 가족으로부터 떼어놓는다. 이는 가족 전체의 행복과 성공을 위한 희생이다.

본론 2 쓰기

Nevertheless, ⑥ _____

_____ .

그럼에도 불구하고, 가족과 시간을 보내는 것이 개인의 행복과 그 또는 그녀의 가족의 행복에 더 기여하므로 더 가치 있다.

일반적 진술

Family time is usually fun and relaxing, ⑦ _____ .

가족과의 시간은 대개 재미있고 편안한 반면, 일은 보통 스트레스를 매우 많이 받을 수 있다.

예시

According to a poll by the Center for Family Development, the majority of respondents ranked family time over work when asked about the things that brought the most satisfaction to their lives. Also, when asked separately whether being with their family and being at work were positive or negative experiences, an overwhelming 85 percent responded that they always enjoy the time that they spend with their families, while over 60 percent claimed to experience more stress than pleasure at their jobs.

가족 개발 센터에서 시행한 여론 조사에 따르면, 응답자의 대다수는 인생에서 가장 만족스러웠던 일을 떠올리라는 질문을 받았을 때 일보다는 가족과의 시간을 꼽았다. 또한, 가족과 함께 있는 것과 직장에 있는 것이 각각 긍정적 또는 부정적인 경험인지를 질문 받았을 때, 압도적인 85퍼센트가 가족과 함께 보내는 순간을 항상 즐긴다고 응답한 반면, 60퍼센트 이상이 직장에서 즐거움보다 스트레스를 더 경험한다고 말했다.

결론 쓰기

맺음말

To sum up, while it is apparent that time used for working is sometimes more crucial than family time, **it is undeniable that** ⑧ _____

_____ .

요약하자면, 때로는 일하는 데 사용되는 시간이 가족과 보내는 시간보다 더 중요하다는 것은 분명하지만, 가족과의 시간을 즐기는 것이 일반적으로 더 중요하고 우선시 되어야 함을 부인할 수 없다.

*답변 작성 시 마지막 2분 동안 핵심 첨삭 포인트(p.331)를 참고하여 에세이를 검토하자.
*답변 작성을 완료한 후, 답변 셀프 체크 포인트(p.345)를 통해 나의 답변을 점검하고 보완하자.

모범답변 및 해석: 해석집 p.403

05

Some people believe that purchasing imported agricultural products has a positive effect. Others think consuming domestic products is better.

Discuss both these views and give your own opinion.

Give reasons for your answer and include any relevant examples from your own knowledge or experience.

Write at least 250 words.

📋 아웃라인

My opinion: consuming domestic products is better
나의 의견: 국산품을 소비하는 것이 더 좋음

1. purchasing imported agr. pd: ppl. can eat various types of agr. pd.
1. 사람들이 다양한 종류의 농산물을 먹을 수 있기 때문에 수입 농산물 구매해야 함

- importing products X in domestic → ppl.'s choice ↑
  국내에서 경작되지 않는 생산품을 수입하면 사람들의 선택권이 넓어짐

- ex) Korea: import kiwifruit → people can enjoy them
  예시) 한국: 키위를 수입하여 사람들이 그것들을 즐길 수 있게 됨

2. protect domestic agr. ind.: NEG for local ind.
2. 지역 산업에 부정적이므로 국내 농업을 보호해야 함

- many goods imported are cheap → prices ↓ – local farmers X match
  많은 수입품들이 저렴하고, 현지 농민들이 필적할 수 없을 정도로 가격을 낮춤

- ex) France: competitiveness of domestic product ↓ b/c of imports
  예시) 프랑스는 수입품 때문에 국내 생산품의 경쟁력이 하락함

서론 쓰기

도입

It is a common belief that ① _____ _____.

다른 나라로부터 농산물을 수입하는 것이 우리에게 유익하다는 것은 일반적인 생각이다.

나의 의견

② _____ _____,

which would protect the livelihoods of local farmers by not letting prices drop too low.

그러나, 쇼핑객들이 국산품을 구매하고 소비하면 이것이 물가가 너무 낮게 떨어지지 않게 함으로써 지역 농민들의 생계를 보호하고 사회에 더 유익할 것이라는 것에 대한 더 설득력 있는 주장이 있다.

본론 1 쓰기

반대 관점과 이유

③ _____, **purchasing food items brought in from abroad allows people to consume a greater variety of agricultural products.**

한편으로는, 해외로부터 들여온 식품을 구입하는 것은 사람들이 더 다양한 농작물을 소비할 수 있게 한다.

일반적 진술

Importing products that cannot be grown domestically ④ _____ _____.

국내에서 재배될 수 없는 생산물을 수입하는 것은 시장에서 현지 소비자들에게 훨씬 더 많은 선택권을 준다.

예시

For instance, kiwifruit are very difficult to grow in Korea, so few farmers are willing to plant them. This results in a very limited supply of domestically grown kiwifruit. Luckily, importing fruits such as these is very common nowadays, and they are available in most markets. ⑤ _____ _____.

예를 들어, 키위는 한국에서 재배하기 매우 어렵기 때문에, 그것을 기꺼이 심으려는 농부들이 거의 없다. 이는 국내에서 기른 키위에 대한 부족한 공급량을 야기한다. 다행히도, 이러한 과일을 수입하는 것이 오늘날에는 매우 일반적이고, 대부분의 시장에서 그것들을 구할 수 있다. 이는 일반인이 이 외국산 과일을 훨씬 더 쉽게 즐기도록 한다.

찬성 관점과 이유

Nevertheless, it is more important to protect domestic agriculture, which is in decline because many of the goods that are imported are cheap. This has negative consequences for the local farming industry, which is not always able to compete.

그럼에도 불구하고, 수입된 많은 제품들이 값이 싸기 때문에 감소하고 있는 국내 농업을 보호하는 것은 중요하다. 이것은 항상 경쟁할 수는 없는 지역 농업에 부정적인 결과를 갖는다.

일반적 진술

For one, ⑥ _____
_____. When these low-priced products hit the market, they drive prices down to a level that cannot be matched by local farmers. This leads to consumers preferring to purchase less expensive imported products instead of local ones.

우선 한 가지 이유는, 농산물이 잘 자라는 곳에서 수입된 생산품은 보통 더 저렴하다. 이런 값싼 생산물이 시장에 나오면, 그것들은 현지 농민들이 필적할 수 없는 수준까지 가격을 낮춘다. 이는 소비자들이 지역 농산물 대신 덜 비싼 수입품을 구매하는 것을 선호하게 한다.

예시

A good example of this occurred in France, where the country's high labor and equipment costs make domestically produced farm products rather expensive. When cheaper meat and dairy imports from Spain were introduced, the local farmers simply could not deliver products to market at prices that were competitive with the imports. This led to farmers going out of business.

이것의 좋은 예가 프랑스에서 일어났는데, 이곳에서는 국내의 높은 인건비와 장비의 가격이 국내에서 생산된 농산물을 상당히 비싸게 만든다. 스페인의 값싼 육류 및 유제품 수입품이 처음 들어왔을 때, 현지 농민들은 도저히 수입품에 경쟁력 있는 가격으로 시장에 생산품을 공급할 수 없었다. 이는 많은 농민들이 농사를 그만두게 만들었다.

결론 쓰기

맺음말

⑦ _____, ⑧ _____
_____, **it is undeniable that** buying domestic farm products should be our top priority.

요약하자면, 해외로부터 상품을 수입하는 것이 소비자 선택권을 증가시킨다는 것은 분명하지만, 국내 농산물을 구매하는 것이 우리의 최우선이 되어야 함을 부인할 수 없다.

*답변 작성 시 마지막 2분 동안 핵심 첨삭 포인트(p.331)를 참고하여 에세이를 검토하자.
*답변 작성을 완료한 후, 답변 셀프 체크 포인트(p.345)를 통해 나의 답변을 점검하고 보완하자.

모범답변 및 해석: 해석집 p.405

06
가정

> *Some people say that the extended family is not as important now as it once was. Others think that its worth has not changed because people always need help from their family members.*
>
> *Discuss both these views and give your own opinion.*

Give reasons for your answer and include any relevant examples from your own knowledge or experience.

Write at least 250 words.

📝 아웃라인

My opinion: ext. family is X impt. now
나의 의견: 대가족이 지금은 중요하지 않음

1. ext. family impt.: rising incidence of grandparents raising grandchildren
   손주를 키우는 조부모들이 증가했기 때문에 대가족은 중요함

   - both parents working → need for a 3rd party to care for children
     부모가 모두 일하면서 아이들을 돌볼 제3자가 필요함

   - ex) research: Korea – grandparents twice likely to raise grandchildren
     예시) 연구: 한국 – 조부모가 손주를 키울 가능성이 2배 높음

2. ext. family X impt.: younger generation – edu. & career > family life
   젊은 세대는 가정생활보다 교육과 직업을 우선시하므로 대가족이 중요하지 않음

   - many leave hometowns to seek edu. & career opportunities
     많은 이들이 교육과 취업의 기회를 찾기 위해 고향을 떠남

   - ex) many Chinese college students desire to emigrate even though X see families
     예시) 많은 중국 대학생들이 가족들을 볼 수 없음에도 불구하고 이민 가기를 원함

서론 쓰기

도입

① _____

_____ .

대가족이 전처럼 여전히 가치 있다는 것은 일반적인 생각이다.

나의 의견

② _____

_____

_____ .

그러나, 오늘날 가정생활을 인식하는 방식의 변화로 인해 대가족의 중요성이 크게 줄어들었다는 것에 대한 더 설득력 있는 주장이 있다.

본론 1 쓰기

반대 관점과 이유

On the one hand, ③ _____

_____ .

한편으로는, 손주를 키우는 것을 도와주는 조부모들의 증가가 현대의 대가족의 중요성을 보여준다.

일반적 진술

With both parents working outside the home, there is now a need for a third party to care for the children during the day. Grandparents often step in to fill this role.

부모가 모두 집 밖에서 일하면서, 이제 낮에 아이들을 돌보기 위해 제3자가 필요하다. 조부모들이 보통 이 역할을 하기 위해 돕고 나선다.

예시

In fact, research in Korea shows that grandparents are now twice as likely as they were a decade ago to play a primary role in raising their grandchildren. ④ _____

_____ .

실제로, 한국에서의 연구는 현재 조부모가 손주를 키우는 데 있어 주된 역할을 할 가능성이 그들이 십 년 전에 그랬던 것만큼의 두 배나 된다는 것을 보여준다. 이는 대가족이 여전히 사람들의 삶에서 커다란 역할을 한다는 것을 시사한다.

본론 2 쓰기

결론 쓰기

*답변 작성 시 마지막 2분 동안 핵심 첨삭 포인트(p.331)를 참고하여 에세이를 검토하자.
*답변 작성을 완료한 후, 답변 셀프 체크 포인트(p.345)를 통해 나의 답변을 점검하고 보완하자.

모범답변 및 해석: 해석집 p.406

다음 문제를 읽고, 아웃라인을 완성하여 이를 바탕으로 에세이를 작성하시오.

01 법과 정책

> *Some people believe that the personal information of violent criminals should be made available to the public. Others think that this information should be protected.*
>
> *Discuss both these views and give your own opinion.*

Give reasons for your answer and include any relevant examples from your own knowledge or experience.

Write at least 250 words.

📋 아웃라인

My opinion: info. of criminals should be available to the public

1. protect info.: victimize innocent ppl.

  - _____

  - ex) _____

2. publicize info.: protect community

  - _____

  - ex) _____

서론 쓰기

도입

나의 의견

본론 1 쓰기

반대 관점과 이유

일반적 진술

예시

본론 2 쓰기

찬성 관점과 이유

_____

_____

_____

일반적 진술

_____

_____

_____

_____

예시

_____

_____

_____

_____

_____

_____

결론 쓰기

맺음말

_____

_____

_____

_____

_____

*답변 작성 시 마지막 2분 동안 핵심 첨삭 포인트(p.331)를 참고하여 에세이를 검토하자.
*답변 작성을 완료한 후, 답변 셀프 체크 포인트(p.345)를 통해 나의 답변을 점검하고 보완하자.

모범답변 및 해석: 해석집 p.408

> *Some people say that web content should be used to instruct children. Others think that it is not helpful in an educational setting.*
>
> *Discuss both views and give your own opinion.*

Give reasons for your answer and include any relevant examples from your own knowledge or experience.

Write at least 250 words.

📋 아웃라인

My opinion: web con. should be used to instruct children

1. _____
   - _____
   - ex) _____

2. _____
   - _____
   - ex) _____

서론 쓰기

도입

_____

_____

_____

나의 의견

_____

_____

_____

_____

본론 1 쓰기

반대 관점과 이유

_____

_____

_____

_____

일반적 진술

_____

_____

_____

_____

_____

예시

_____

_____

_____

_____

_____

_____

_____

본론 2 쓰기

찬성 관점과 이유

_____

_____

_____

_____

일반적 진술

_____

_____

_____

_____

_____

예시

_____

_____

_____

_____

_____

_____

_____

_____

결론 쓰기

맺음말

_____

_____

_____

_____

_____

_____

*답변 작성 시 마지막 2분 동안 핵심 첨삭 포인트(p.331)를 참고하여 에세이를 검토하자.
*답변 작성을 완료한 후, 답변 셀프 체크 포인트(p.345)를 통해 나의 답변을 점검하고 보완하자.

모범답변 및 해석: 해석집 p.410

실전 유형 공략 HACKERS **IELTS** WRITING

03 Advantage & Disadvantage 유형

Advantage & Disadvantage 유형은 문제에 주어진 주제에 대해 장단점을 논하고, 이에 대한 자신의 의견을 서술하는 문제 유형이다. 에세이에 장단점에 대한 내용이 모두 포함되어야 하며, 자신의 의견 또한 명확하게 드러나야 한다.

■ 문제 형태

Advantage & Disadvantage 유형의 문제는 장단점에 대해 논하거나 이를 비교하라는 형태의 문제가 출제된다.

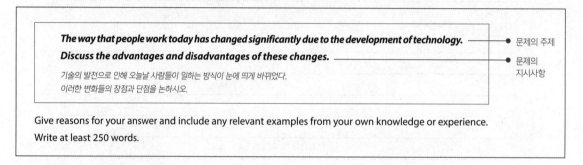

> *The way that people work today has changed significantly due to the development of technology.* ──● 문제의 주제
> *Discuss the advantages and disadvantages of these changes.* ──● 문제의 지시사항
>
> 기술의 발전으로 인해 오늘날 사람들이 일하는 방식이 눈에 띄게 바뀌었다.
> 이러한 변화들의 장점과 단점을 논하시오.

Give reasons for your answer and include any relevant examples from your own knowledge or experience.
Write at least 250 words.

■ 에세이 기본 구조

서론	① 도입 + 나의 의견 (장점 선호 or 단점 선호)
본론 1	② 나의 의견과 반대되는 장단점 + 구체적인 근거
본론 2	③ 나의 의견과 일치하는 장단점 + 구체적인 근거
결론	④ 나의 의견을 다시 진술

■ 에세이 쓰기 전략

STEP 1 아웃라인 잡기

· 문제에서 제시된 주제에 대한 장점과 단점을 파악하고, 그에 대한 나의 의견을 정한다.

· 장단점 중 나의 의견과 반대되는 내용을 먼저 적고, 이어서 나의 의견과 일치하는 내용을 적는다. 이어서, 각각의 내용에 대한 구체적인 근거로 일반적 진술과 예시를 작성한다.

아웃라인 잡기의 예

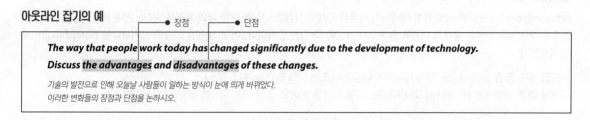

The way that people work today has changed significantly due to the development of technology. Discuss the advantages and disadvantages of these changes.

기술의 발전으로 인해 오늘날 사람들이 일하는 방식이 눈에 띄게 바뀌었다.
이러한 변화들의 장점과 단점을 논하시오.

📋 아웃라인

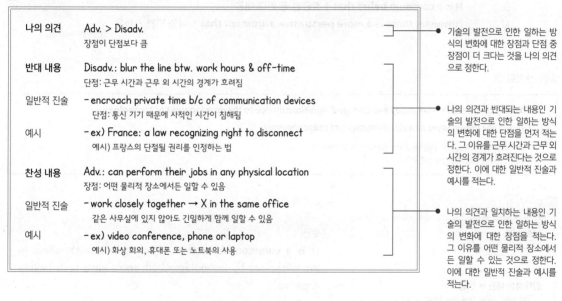

나의 의견	Adv. > Disadv. 장점이 단점보다 큼	기술의 발전으로 인한 일하는 방식의 변화에 대한 장점과 단점 중 장점이 더 크다는 것을 나의 의견으로 정한다.
반대 내용	Disadv.: blur the line btw. work hours & off-time 단점: 근무 시간과 근무 외 시간의 경계가 흐려짐	나의 의견과 반대되는 내용인 기술의 발전으로 인한 일하는 방식의 변화에 대한 단점을 먼저 적는다. 그 이유를 근무 시간과 근무 외 시간의 경계가 흐려진다는 것으로 정한다. 이에 대한 일반적 진술과 예시를 적는다.
일반적 진술	– encroach private time b/c of communication devices 단점: 통신 기기 때문에 사적인 시간이 침해됨	
예시	– ex) France: a law recognizing right to disconnect 예시) 프랑스의 단절될 권리를 인정하는 법	
찬성 내용	Adv.: can perform their jobs in any physical location 장점: 어떤 물리적 장소에서든 일할 수 있음	나의 의견과 일치하는 내용인 기술의 발전으로 인한 일하는 방식의 변화에 대한 장점을 적는다. 그 이유를 어떤 물리적 장소에서든 일할 수 있는 것으로 정한다. 이에 대한 일반적 진술과 예시를 적는다.
일반적 진술	– work closely together → X in the same office 같은 사무실에 있지 않아도 긴밀하게 함께 일할 수 있음	
예시	– ex) video conference, phone or laptop 예시) 화상 회의, 휴대폰 또는 노트북의 사용	

Advantage & Disadvantage 유형의 에세이를 쓸 때에는 먼저 문제에서 제시된 주제와 나의 의견과 반대되는 내용을 언급하여 도입 부분을 시작하고, 주제에 대한 나의 의견을 서론에 제시한다. 이어서 본론 1에는 장, 단점 중 나의 의견과 반대되는 내용을 서술하고, 본론 2에는 나의 의견과 일치하는 내용과 이에 대한 구체적인 근거를 적는다. 마지막으로 결론에서 반대 내용과 함께 나의 의견을 다시 한 번 요약한다.

❶ 서론 쓰기

Advantage & Disadvantage 유형 에세이의 서론은 주제의 장점과 단점에 대한 나의 의견을 밝히는 부분으로, 도입과 나의 의견으로 구성한다. 서론은 문제의 내용을 활용해서 작성할 수 있는 단락이다. 이때, 문제를 그대로 쓰기보다는 paraphrasing해서 작성한다.

· **도입**: 장단점 중 반대 내용을 먼저 제시하여 다음에 나오는 나의 의견을 부각시킨다.
· **나의 의견**: 도입에서 제시한 내용과 반대되는 나의 의견을 밝히고, 이에 대한 이유를 간략하게 언급한다.

서론의 구조 및 기본 표현

도입	**It is a common belief that** + 장단점 중 반대 내용
나의 의견	**However, there is a more persuasive argument that** + 나의 의견 + 이유

서론 쓰기의 예

> *The way that people work today has changed significantly due to the development of technology.*
> *Discuss the advantages and disadvantages of these changes.*
>
> 기술의 발전으로 인해 오늘날 사람들이 일하는 방식이 눈에 띄게 바뀌었다.
> 이러한 변화들의 장점과 단점을 논하시오.

📋 아웃라인

나의 의견
Adv. > Disad.

반대하는 내용 → 단점
Disadv.: blur the line btw. work hours & off-time
- encroach private time b/c of communication devices
- ex) France: a law recognizing right to disconnect

찬성하는 내용 → 장점
Adv.: can perform their jobs in any physical location
- work closely together → X in the same office
- ex) video conference, phone or laptop

서론 쓰기

도입
It is a common belief that the changes brought about in the workplace by technological advances have been largely negative.

나의 의견
However, there is a more persuasive argument that [these changes have had an overall positive effect] because [they allow people to work and communicate from any location.]

❷ 본론 쓰기

Advantage & Disadvantage 유형의 본론은 주제의 장단점에 대한 내용으로 이루어진 부분이다. 본론은 2단락으로 구성한다.

본론 1 쓰기

· **반대 내용과 이유**: 주제에 대한 두 가지 상반된 관점 중 나의 의견과 반대되는 내용에 대해 적고, 이 관점에 대한 이유를 적는다.
· **일반적 진술**: 반대 내용에 대해 일반적인 관점에서의 추가 설명을 해준다.
· **예시**: 개인적인 경험, 조사 결과 등 이유를 뒷받침하는 구체적인 예시를 든다.

본론의 구조 및 기본 표현

본론 1	반대 내용	**On the one hand,** + 장단점 중 반대 내용
	일반적 진술	반대 내용에 대한 부가적 설명
	예시	**For example,/In fact,** 등 + 예시

본론 1 쓰기의 예

> *The way that people work today has changed significantly due to the development of technology.*
> *Discuss the advantages and disadvantages of these changes.*
>
> 기술의 발전으로 인해 오늘날 사람들이 일하는 방식이 눈에 띄게 바뀌었다.
> 이러한 변화들의 장점과 단점을 논하시오.

📓 **아웃라인**

반대하는 내용 → 단점
> Disadv.: blur the line btw. work hours
> & off-time

일반적 진술
> - encroach private time b/c of
>   communication devices

예시
> - ex) France: a law recognizing right
>   to disconnect

찬성하는 내용 → 장점
> Adv.: can perform their jobs in any
> physical location

일반적 진술
> - work closely together → X in the
>   same office

예시
> - ex) video conference, phone or
>   laptop

본론 1 쓰기

반대 내용
On the one hand, [technology has blurred the line between work hours and off-time.]

일반적 진술
This is because [smartphones and other communication devices have made it much easier to contact workers after they are finished with work. As a result, supervisors can now encroach upon the private time of their employees.]

예시
In fact, [this became such a problem in France that it led to a law recognizing the right to disconnect once work has finished. French people felt that working after their stated hours was an invasion of their personal time, so legislation was passed allowing people to avoid work communications when they are not on company time.]

실전 유형 공략 HACKERS **IELTS** WRITING

본론 2 쓰기

본론 2에서는 주제에 대한 장단점 중 찬성하는 내용을 적고, 본론 1과 마찬가지로 이에 대한 일반적 진술과 예시를 적는다.

본론의 구조 및 기본 표현

본론 2	찬성 내용	**Nevertheless,** + 장단점 찬성 내용
	일반적 진술	**찬성 내용에 대한 부가적 설명**
	예시	**For instance,/A recently released report shows that** 등 + 예시

본론 2 쓰기의 예

> **The way that people work today has changed significantly due to the development of technology.**
> **Discuss the advantages and disadvantages of these changes.**
>
> 기술의 발전으로 인해 오늘날 사람들이 일하는 방식이 눈에 띄게 바뀌었다.
> 이러한 변화들의 장점과 단점을 논하시오.

📋 아웃라인

반대하는 내용 → 단점
Disadv.: blur the line btw. work hours & off-time

일반적 진술
- encroach private time b/c of communication devices

예시
- ex) France: a law recognizing right to disconnect

찬성하는 내용 → 장점
Adv.: can perform their jobs in any physical location

일반적 진술
- work closely together → X in the same office

예시
- ex) video conference, phone or laptop

본론 2 쓰기

찬성 내용
Nevertheless, [the development of technology has benefited workers by giving them the ability to perform their jobs in any physical location.]

일반적 진술
[Due to advances in Internet technology, people can work closely together even if they are not in the same office.]

예시
For instance, [people nowadays can hold video conference meetings with clients in different countries, saving them the time and money it would take to travel to those destinations. Furthermore, the ability to check work communications on a phone or laptop offers people the freedom to work from anywhere.]

❸ 결론 쓰기

Advantage & Disadvantage 유형 에세이의 결론은 에세이 전체를 마무리하는 부분으로, 맺음말로 구성한다. 결론은 주제에 대한 장단점을 모두 언급하며 정리하는 부분이므로, 본론에서 사용한 표현을 그대로 쓰기보다는 다른 표현을 사용해 paraphrasing해서 작성한다.

· **맺음말**: 주제에 대한 장단점 중 내가 반대하는 내용이 존재함을 주제와 함께 언급하고, 그럼에도 내가 찬성하는 내용이 무엇인지 명확하게 드러나도록 다시 한 번 언급한다.

결론의 구조 및 기본 표현

> 맺음말　**To sum up, while there are some (dis)advantages** + 반대 내용,
> **it is evident that** + 나의 의견

결론 쓰기의 예

> ***The way that people work today has changed significantly due to the development of technology.***
> ***Discuss the advantages and disadvantages of these changes.***
>
> 기술의 발전으로 인해 오늘날 사람들이 일하는 방식이 눈에 띄게 바뀌었다.
> 이러한 변화들의 장점과 단점을 논하시오.

📝 아웃라인

나의 의견

　　Adv. > Disadv.

반대하는 내용 → 단점
　Disadv.: blur the line btw. work hours
　　& off-time
　- encroach private time b/c of
　　communication devices
　- ex) France: a law recognizing right
　　to disconnect

찬성하는 내용 → 장점
　Adv.: can perform their jobs in any
　　physical location
　- work closely together → X in the
　　same office
　- ex) video conference, phone or
　　laptop

결론 쓰기

맺음말

To sum up, while there are some disadvantages to using new technologies in the professional sphere, **it is evident that** [the advantages of technological advances far outweigh the drawbacks.]

모범답변 및 해석: 해석집 p.412

STEP 1 아웃라인 잡기

다음 주어진 질문에 답하는 에세이의 아웃라인을 완성하시오.

01
교육

Some colleges encourage students to create businesses while they are still in school.

Do the advantages of this outweigh the disadvantages?

Give reasons for your answer and include any relevant examples from your own knowledge or experience.

Write at least 250 words.

Guideline
'일부 대학에서는 아직 학생들이 학교에 다니는 동안 창업하는 것을 장려한다'는 주제에 장점보다 단점이 더 크다는 쪽으로 의견을 정한다. 장점의 이유를 '학생들이 그들의 아이디어를 실행하는 데 도움을 준다'로 정하고, 나의 의견인 단점에 대한 이유를 '학업에 집중하기 어렵다'로 정한다. 각 이유에 대한 일반적 진술 및 예시를 함께 작성해보자.

📋 아웃라인

나의 의견	Adv. < Disadv.
반대 내용 일반적 진술	Adv.: help students put their ideas into practice
예시	
찬성 내용 일반적 진술	Disadv.: struggle to concentrate on their studies
예시	

02
가정

> *The number of people who decide not to have children has increased greatly.*
>
> *Do you think this is a positive or negative development?*

Give reasons for your answer and include any relevant examples from your own knowledge or experience.

Write at least 250 words.

Guideline

'아이를 갖지 않기로 결정하는 사람들의 수가 크게 늘었다'는 주제에 대해 부정적이기보다 긍정적 발전이라는 쪽으로 의견을 정한다. 부정적 발전인 이유를 '노동력이 부족해진다'로 정하고, 나의 의견인 긍정적 발전에 대한 이유를 '더 좋은 교육과 보육을 제공한다'로 정한다. 각 이유에 대한 일반적 진술 및 예시를 함께 작성해보자.

📋 아웃라인

나의 의견	POS dev.
반대 내용 일반적 진술	NEG dev.: lead to labor shortage
예시	
찬성 내용 일반적 진술	POS dev.: offer better livelihood to children
예시	

아웃라인 및 해석: 해석집 p.413

주어진 아웃라인을 참고하여 빈칸에 적절한 문장을 써서 에세이를 완성하시오.

03
교육

Some colleges encourage students to create businesses while they are still in school.

Do the advantages of this outweigh the disadvantages?

Give reasons for your answer and include any relevant examples from your own knowledge or experience.

Write at least 250 words.

📋 아웃라인

My opinion: Adv. < Disadv.
나의 의견: 단점이 장점보다 큼

1. Adv.: help students put their ideas into practice
   장점: 학생들이 그들의 아이디어를 실행하는 데 도움을 줌

   – hands-on involvement = a more engaging way of learning
   직접적인 참여는 더 흥미로운 학습 방법임

   – ex) planning & creating food truck business in class
   예시) 수업에서 푸드 트럭 사업을 계획하고 실행하는 것

2. Disadv.: struggle to concentrate on their studies
   단점: 학업에 집중하기 힘듦

   – starting a business → involve significant time & energy
   사업을 시작하는 것은 상당한 양의 시간과 에너지를 수반함

   – ex) research: to get a business up & running → takes average of two yrs.
   예시) 연구: 사업을 시작하고 운영되도록 하는 데 평균 2년이 걸림

서론 쓰기

도입

① _____ it is good for college and university business programs to make their students start businesses while in school.

대학원과 대학의 경영 프로그램들이 학생들이 학교에 다니는 동안 사업을 시작하도록 하는 것이 좋다는 것은 일반적인 생각이다.

나의 의견

② _____ the disadvantages of this outweigh the benefits. This is because running a business can divert students' attention away from the basic goal of higher education.

그러나, 이것의 단점이 장점보다 더 크다는 것에 대한 더 설득력 있는 주장이 있다. 이는 사업을 하는 것이 고등 교육의 기본 목표로부터 학생들의 주의를 딴 곳으로 돌릴 수 있기 때문이다.

본론 1 쓰기

반대 내용

③ _____ , trying to get a business off the ground while still in college can help students put their ideas into practice using theories presented during their classes.

한편으로는, 대학에 다니고 있는 동안 사업 활동을 시작하려 하는 것은 학생들이 수업시간에 등장한 이론들을 활용하여 그들의 생각을 실행하는 데 도움을 줄 수 있다.

일반적 진술

This hands-on involvement offers the students a more engaging way of learning.

이런 직접적인 참여는 학생들에게 더 흥미로운 학습 방법을 제공한다.

예시

④ _____ , students may be asked to write out a business plan for a food truck in class, but they will not know whether it would actually be successful without trying to bring their idea to life. If they are encouraged to set up the business, they will be able to see how to implement their plan and more easily gain practical knowledge that will be valuable in their future careers.

예를 들어, 학생들은 수업에서 푸드 트럭에 대한 사업 계획을 작성하는 것을 요청받을지도 모르지만, 그들은 그들의 생각을 현실화해보려 하지 않고서는 그것이 실제로 성공적일지 아닐지 알 수 없을 것이다. 그들이 사업을 시작하도록 권장된다면, 그들은 그들의 계획을 어떻게 실행할지 알 수 있을 것이고, 그들의 미래 경력에 가치 있을 실질적인 지식을 더 쉽게 얻을 수 있을 것이다.

본론 2 쓰기

찬성 내용

⑤ _____, students would struggle to concentrate on their studies if universities made them create businesses.

그럼에도 불구하고, 만약 대학들이 학생들을 창업하게 한다면 학생들은 학업에 집중하는 데 어려움을 겪을 것이다.

일반적 진술

Starting a business involves a significant commitment of time and energy, which students should be using to focus on studying.

사업을 시작하는 것은 상당한 시간과 에너지의 투입을 수반하는데, 이는 학생들이 공부에 집중하기 위해 써야 하는 것이다.

예시

⑥ _____, it takes an average of two years to get a business up and running. Furthermore, managing a successful business is a full-time job, which usually requires people to work at least six hours per day. Students would be unable to dedicate that amount of time to their businesses without neglecting their studies to some extent, thus hindering their long-term professional development.

최근 연구에 따르면, 사업을 시작하고 운영되도록 하기 위해서는 평균 2년이 걸린다. 게다가, 성공적인 사업을 경영하는 것은 보통 사람들에게 하루에 최소 6시간을 일하도록 요구하는 전업직이다. 학생들은 그들의 학업을 어느 정도 소홀히 하지 않고서는 그들의 사업에 그만큼의 시간을 투자할 수 없을 것이고, 이렇게 하여 그들의 장기적인 전문성의 개발을 방해할 것이다.

결론 쓰기

맺음말

⑦ _____, **while there are some advantages** to encouraging students to start businesses as part of their studies, ⑧ _____ there are far more disadvantages to forcing students to go into business while in college.

요약하자면, 학업의 일환으로 학생들이 사업을 시작하도록 장려하는 것에는 장점도 있지만, 대학에 다니는 동안 학생들이 사업을 하도록 강요하는 것의 단점이 더 많다는 것은 분명하다.

*답변 작성 시 마지막 2분 동안 핵심 첨삭 포인트(p.331)를 참고하여 에세이를 검토하자.
*답변 작성을 완료한 후, 답변 셀프 체크 포인트(p.345)를 통해 나의 답변을 점검하고 보완하자.

모범답변 및 해석: 해석집 p.414

04
가정

> *The number of people who decide not to have children has increased greatly.*
>
> *Do you think this is a positive or negative development?*

Give reasons for your answer and include any relevant examples from your own knowledge or experience.

Write at least 250 words.

📋 아웃라인

My opinion: POS dev.
나의 의견: 긍정적인 발전임

1. NEG dev.: lead to labor shortage
   부정적 발전: 노동력의 부족을 초래함

   - couples deciding against having children ↑ → available workers ↓
     아이를 낳지 않기로 결정하는 부부가 많아지면 생산 가능 인구가 줄어듦

   - ex) 'demographic cliff' – rapid reduction of working age population
     예시) '인구 절벽' – 생산 가능 인구가 급격하게 감소함

2. POS dev.: offer better livelihood to children
   긍정적 발전: 아이들에게 더 나은 생활을 제공함

   - can offer better childcare service for children w/ same resources
     같은 자원으로 아이들에게 더 나은 보육을 제공할 수 있음

   - ex) school w/ small number of students: efficiency ↑, produce well-educated students
     예시) 적은 수의 학생을 가진 학교는 효율성이 높고 교육을 잘 받은 학생들을 배출할 것임

서론 쓰기

① _____ deciding to remain childless negatively affects society as a whole.

자녀가 없는 채 살기로 결정하는 것이 사회에 전체적으로 부정적인 영향을 미친다는 것은 일반적인 생각이다.

② _____
_____.

In fact, with fewer children, society can provide better education and childcare options.

그러나, 아이를 낳지 않기로 선택하는 것이 긍정적인 결정이 될 수도 있다는 것에 대한 더 설득력 있는 주장이 있다. 사실, 아이들이 더 적으면, 사회는 더 나은 교육과 보육의 선택권을 제공해 줄 수 있다.

본론 1 쓰기

On the one hand, ③ _____
_____.

한편으로는, 한 사회에서 아이들의 수의 감소는 결국 노동력의 부족을 초래할 것이다.

We need young people to continually join the workforce to foster economic growth. However, with more couples deciding against having children, the number of available workers will eventually decrease.

경제 성장을 촉진하기 위해서는 계속해서 노동 인구에 투입될 젊은 사람들이 필요하다. 그러나, 자녀를 갖지 않기로 결정하는 부부가 더 많아지면, 일할 수 있는 노동자의 수는 결국 줄어들 것이다.

④ _____, recent research has shown that we are headed towards what is known as a 'demographic cliff', a rapid reduction of the working age population. This means that there will be fewer people of working age who can support both their children and the increasing amount of elderly retirees.

사실, 최근 연구는 우리가 '인구 절벽'이라고 알려진, 생산 가능 인구의 급격한 감소로 향하고 있음을 보여주었다. 이것은 그들의 아이들과 증가하는 노년의 은퇴자들을 부양할 수 있는 사람들이 적어질 것이라는 것을 뜻한다.

본론 2 쓰기

Nevertheless, ⑤ _____

_____ .

그럼에도 불구하고, 더 낮은 출생률을 가진 사회는 그 사회에 있는 아이들에게 더 나은 생활을 제공할 수 있다.

일반적 진술

Since the funds available to a society are limited, providing sufficient childcare and education becomes difficult when there are more children. However, with fewer children, societies can offer better services with the same amount of resources.

사회에 사용할 수 있는 자금이 한정적이므로, 아이들이 더 많이 있으면 충분한 보육과 교육을 제공하는 것은 어려워진다. 그러나, 아이들이 적으면 사회는 같은 양의 자원으로 더 나은 서비스를 제공할 수 있다.

예시

To illustrate, a school with 100 students may have a budget that only allows for basic educational needs. Yet if the number of students was halved, the extra money may permit the school to provide a better quality of education using state-of-the-art tools. ⑥ _____ .

설명하자면, 100명의 학생이 있는 학교는 오직 기본 교육에만 할당되는 예산을 가질 수 있을 것이다. 그러나 학생 수가 반으로 줄어든다면, 여분의 돈은 학교가 최신 교육 장비를 사용하여 더 나은 양질의 교육을 제공할 수 있도록 할 것이다. 이것은 학교의 효율성을 높이고 직장 생활에 더 준비되어 있는 교육을 잘 받은 학생들을 배출해낼 것이다.

결론 쓰기

맺음말

To sum up, ⑦ _____ to an increase in childless couples, **it is evident that** ⑧ _____

_____ .

요약하자면, 자녀가 없는 부부의 증가에는 단점도 있지만, 한 나라의 출생률의 감소에 대한 장점이 더 많다는 것은 분명하다.

*답변 작성 시 마지막 2분 동안 핵심 첨삭 포인트(p.331)를 참고하여 에세이를 검토하자.
*답변 작성을 완료한 후, 답변 셀프 체크 포인트(p.345)를 통해 나의 답변을 점검하고 보완하자.

모범답변 및 해석: 해석집 p.415

People are spending more on travel today than in the past.

Do the advantages of this outweigh the disadvantages?

Give reasons for your answer and include any relevant examples from your own knowledge or experience.

Write at least 250 words.

📝 아웃라인

> My opinion: Adv. < Disadv.
> 나의 의견: 단점이 장점보다 큼
>
> 1. Adv.: ppl. can recharge themselves
>   장점: 사람들이 스스로 재충전할 수 있음
>   - offer an escape from the tensions of daily lives
>   일상생활에서의 긴장으로부터 벗어나게 해줌
>   - ex) survey: office workers → choose to travel to relieve stress
>   예시) 설문조사: 직장인들이 스트레스를 해소하기 위해 여행하는 것을 선택함
>
> 2. Disadv.: practical - spending on travel < setting aside money
>   단점: 여행에 지출하는 것이 돈을 모아두는 것보다 덜 실용적임
>   - cannot pay bills when sth. unexpected happens
>   예상치 못한 일이 생기면 비용을 내지 못함
>   - ex) surgical procedures: cost hundreds to thousands of $ → sacrifice assets, take
>   out loans
>   예시) 수술: 몇백에서 몇천 달러의 비용이 들기 때문에 재산을 회생하거나 대출을 해야 함

서론 쓰기

도입

It is a common belief that ① _____

_____ .

최근 몇 년간 여행에 소비되는 돈이 증가한 것이 좋은 것이라는 것은 일반적인 생각이다.

나의 의견

However, there is a more persuasive argument that this spending will cause some

problems ② _____

_____ .

그러나, 이 지출이 몇 가지 문제를 야기할 것이라는 것에 대한 더 설득력 있는 주장이 있는데, 그것이 사람들을 긴급 상황에 준비가 안 된 상태로 만들기 때문이다.

본론 1 쓰기

반대 내용

On the one hand, ③ _____

_____ .

한편으로는, 여행에 돈을 쓰는 것은 사람들이 스스로 재충전할 수 있게 한다.

일반적 진술

Travel is beneficial because ④ _____ .

_____ .

여행은 사람들에게 일상생활에서의 긴장으로부터 벗어나게 해주기 때문에 유익하다.

예시

For example, a recent survey of office workers revealed that a majority of them choose to travel as a way of relieving stress. Traveling allows them to get away from their worries and revitalize themselves while also creating precious memories.

예를 들어, 사무실 직원들을 대상으로 한 최근 설문 조사는 대부분이 스트레스를 푸는 방법으로 여행을 선택한다는 것을 밝혔다. 여행하는 것은 소중한 추억을 만드는 동시에 그들이 걱정으로부터 벗어나게 해주고 스스로 새로운 활력을 불어넣게 해준다.

본론 2 쓰기

찬성 내용

Nevertheless, setting aside money in preparation for unexpected situations is more practical than spending it on travel.

그럼에도 불구하고, 예기치 않은 상황에 대비하기 위해 돈을 모아두는 것이 그것을 여행에 지출하는 것보다 더 실용적이다.

일반적 진술

⑤ _____

and be unable to pay their bills when something unexpected happens.

만약 사람들이 저축해둔 돈이 없다면, 재정상의 어려움을 겪고 예기치 못한 일이 발생했을 때 비용을 지불하지 못하게 될 수도 있다.

예시

For example, surgical procedures can cost hundreds or even thousands of dollars in some countries. It is very common for people who suddenly get sick to find that they are unable to afford treatment. They then have to sacrifice any assets they may have or take out unfavorable loans to pay for their care. In this situation, they would regret spending money on traveling. ⑥ _____

_____.

예를 들어, 수술은 어떤 나라에서는 수백 심지어는 수천 달러의 비용이 들 수 있다. 갑자기 아프게 된 사람들이 치료 비용을 지불하지 못한다는 것을 발견하는 일은 매우 흔하다. 그렇게 되면 그들은 그들이 갖고 있을 어떤 재산이라도 희생하거나 치료 비용을 지불하기 위해 불리한 대출을 받아야 한다. 이런 상황에서 그들은 여행에 돈을 쓴 것을 후회할 것이다. 따라서, 사람들이 여행에 더 적게 소비함으로써 긴급 상황에 대비해 돈을 아끼는 것을 우선시하는 것은 중요하다.

결론 쓰기

맺음말

To sum up, ⑦ _____,

it is evident that ⑧ _____

_____.

요약하자면, 증가한 여행비 지출에는 장점도 있지만, 이 증가한 여행비 지출의 단점이 그것보다 더 크다는 것은 분명하다.

*답변 작성 시 마지막 2분 동안 핵심 첨삭 포인트(p.331)를 참고하여 에세이를 검토하자.
*답변 작성을 완료한 후, 답변 셀프 체크 포인트(p.345)를 통해 나의 답변을 점검하고 보완하자.

모범답변 및 해석: 해석집 p.416

06
사회

The pursuit of wealth has become the main motivation for many business owners nowadays.

Do you think this is a positive or negative development?

Give reasons for your answer and include any relevant examples from your own knowledge or experience.

Write at least 250 words.

📋 아웃라인

My opinion: NEG dev.
나의 의견: 부정적인 발전임

1. POS dev.: national economy grows quickly
   긍정적 발전: 국가 경제가 빠르게 성장함

   - desire to acquire wealth → make business more successful
     부를 얻고자 하는 욕망은 사업을 더 성공적으로 만듦

   - ex) company: maximize profit → growth, cash flow ↑, hire more ppl.
     예시) 회사: 이윤을 극대화하면 회사가 성장하고 현금의 유동성이 높아지며 사람들을 더 많이 고용할 것임

2. NEG dev.: leads to financial crimes
   부정적 발전: 금융 범죄로 이어짐

   - people tempted to skirt laws for money
     사람들은 돈을 위해 법을 어기고 싶은 충동을 느낌

   - ex) some Asian countries: shifted to free market systems → wrongdoing ↑
     예시) 일부 아시아 국가들: 자유 시장

TASK 2
실전 유형 공략 HACKERS **IELTS** WRITING

서론 쓰기

도입

① _____

_____ .

사업주가 주로 부를 창출하는 데 집중하는 것이 좋다는 것은 일반적인 생각이다.

나의 의견

② _____

_____ that can lead to financial misconduct on the part of business owners.

그러나, 재산을 축적하려 하는 욕구의 증가는 사업자 측의 금전적 위법 행위로 이어질 수 있는 부정적인 현상이라는 것에 대한 더 설득력 있는 주장이 있다.

본론 1 쓰기

반대 내용

On the one hand, ③ _____

_____ .

한편으로는, 기업가가 돈에 의해 동기를 부여받을 때 국가 경제가 빠르게 성장할 수 있다.

일반적 진술

The desire to acquire wealth propels them to make their businesses more successful.

④ _____ .

부를 획득하려는 욕구는 그들이 그들의 사업을 더 성공적으로 만들도록 나아가게 한다. 업계의 빠른 성공은 경제 전반의 성장을 추진하기 때문에 사회에 유익하다.

예시

For example, when companies seek to maximize their profits, it eventually leads to corporate growth. This increases cash flow in the overall economy and boosts economic production. To keep up, companies have to hire more people, which creates more jobs and leads to even more money entering the economy.

예를 들어, 회사가 이윤의 극대화를 추구할 때, 그것은 결국 회사의 성장으로 이어진다. 이것은 경제 전반의 현금 유동성을 높여주고 경제 생산을 활성화할 것이다. 이에 맞춰, 회사들은 더 많은 사람들을 고용해야 할 것이고, 이것은 더 많은 직업을 만들어 내고 이전보다 더 많은 돈의 경제 유입으로 이어진다.

본론 2 쓰기

찬성 내용

⑤ _____ ,
such as graft, bribery, and extortion.

그럼에도 불구하고, 이윤에 초점을 맞추는 것은 사기, 뇌물 수수 및 직책상의 부당 취득과 같은 금융 범죄로 이어질 수 있다.

일반적 진술

People may be tempted to skirt laws, such as anti-monopoly and corruption regulations, to make even more money if they focus too much on making themselves rich.

사람들이 부자가 되려는 것에 지나치게 집중하면 독점 금지나 부패 규제와 같은 법을 회피하고 싶은 충동을 느끼게 될 수 있다.

예시

This is evident from studying the economic growth of some Asian countries. As these countries shifted to free market systems, the desire for wealth became widespread and the amount of wrongdoing increased dramatically. ⑥ _____ _____ and eventually disrupted the development of these fledgling economies.

이것은 일부 아시아 국가들의 경제 성장을 연구하는 것에서 명백하게 드러난다. 이러한 국가들이 자유 시장 체제로 전환되자, 부에 대한 열망이 널리 퍼지게 되었고, 범법 행위의 수가 극적으로 증가했다. 이는 전통 사회 질서의 붕괴를 가져왔고 결국 이러한 신생 경제의 발전을 방해했다.

결론 쓰기

맺음말

To sum up, ⑦ _____ ,
it is evident that ⑧ _____ .

요약하자면, 사업주가 부를 추구하는 것에는 장점도 있지만, 오직 부유해지는 것에 집중하는 것의 단점이 그것보다 더 크다는 것은 분명하다.

*답변 작성 시 마지막 2분 동안 핵심 첨삭 포인트(p.331)를 참고하여 에세이를 검토하자.
*답변 작성을 완료한 후, 답변 셀프 체크 포인트(p.345)를 통해 나의 답변을 점검하고 보완하자.

모범답변 및 해석: 해석집 p.418

다음 문제를 읽고, 아웃라인을 완성하여 이를 바탕으로 에세이를 작성하시오.

01

교육

> *In some places, teenagers are encouraged to get part-time jobs while they are still in school.*
>
> *Do the advantages of teenagers working outweigh the disadvantages?*

Give reasons for your answer and include any relevant examples from your own knowledge or experience.

Write at least 250 words.

📋 아웃라인

My opinion: Adv. < Disadv.

1. Adv.: part-time jobs teach students about the virtues required to succeed
   - _____
   - ex) _____

2. Disadv.: distract students & make weary
   - _____
   - ex) _____

서론 쓰기

도입

_____
_____
_____

나의 의견

_____
_____
_____
_____

본론 1 쓰기

반대 내용

_____
_____
_____
_____

일반적 진술

_____
_____
_____

예시

_____
_____
_____
_____
_____

본론 2 쓰기

찬성 내용

_____

_____

_____

_____

일반적 진술

_____

_____

_____

_____

_____

_____

예시

_____

_____

_____

_____

_____

_____

_____

_____

_____

결론 쓰기

맺음말

_____

_____

찬성 내용

_____

_____

_____

_____

_____

*답변 작성 시 마지막 2분 동안 핵심 첨삭 포인트(p.331)를 참고하여 에세이를 검토하자.
*답변 작성을 완료한 후, 답변 셀프 체크 포인트(p.345)를 통해 나의 답변을 점검하고 보완하자.

모범답변 및 해석: 해석집 p.419

> *Many automobile manufacturers created self-driving systems for their vehicles.*
>
> *Discuss the advantages and disadvantages of releasing cars with these systems.*

Give reasons for your answer and include any relevant examples from your own knowledge or experience.

Write at least 250 words.

📝 아웃라인

My opinion: Adv. > Disadv.

1. Disadv.: _____
   - _____
   - ex) _____

2. Adv.: _____
   - _____
   - ex) _____

서론 쓰기

도입

_____

_____

_____

나의 의견

_____

_____

_____

_____

_____

본론 1 쓰기

반대 내용

_____

_____

_____

_____

일반적 진술

_____

_____

_____

_____

_____

_____

예시

_____

_____

_____

_____

_____

_____

_____

본론 2 쓰기

찬성 내용

_____

_____

_____

일반적 진술

_____

_____

_____

_____

예시

_____

_____

_____

_____

_____

_____

_____

결론 쓰기

맺음말

_____

_____

_____

_____

_____

_____

*답변 작성 시 마지막 2분 동안 핵심 첨삭 포인트(p.331)를 참고하여 에세이를 검토하자.
*답변 작성을 완료한 후, 답변 셀프 체크 포인트(p.345)를 통해 나의 답변을 점검하고 보완하자.

모범답변 및 해석: 해석집 p.421

04 Cause/Problem & Solution 유형

Cause/Problem & Solution 유형은 어떤 현상의 문제점이 무엇인지, 또는 어떤 문제가 발생한 원인이 무엇인지 분석하고, 이에 대한 해결책을 서술하는 문제 유형이다. 에세이에는 원인 또는 문제점과 이에 대한 적절한 해결책을 모두 제시하는 것이 중요하다.

■ 문제 형태

Cause/Problem & Solution 유형의 경우 주제에 따라 문제가 다양하게 출제된다. 해결책 이외에 원인 또는 문제점 중 어떤 것을 서술해야 하는지 꼼꼼하게 확인해야 한다.

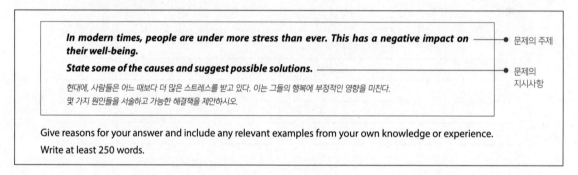

In modern times, people are under more stress than ever. This has a negative impact on ——● 문제의 주제
their well-being.

State some of the causes and suggest possible solutions. ——● 문제의 지시사항

현대에, 사람들은 어느 때보다 더 많은 스트레스를 받고 있다. 이는 그들의 행복에 부정적인 영향을 미친다.
몇 가지 원인들을 서술하고 가능한 해결책을 제안하시오.

Give reasons for your answer and include any relevant examples from your own knowledge or experience.
Write at least 250 words.

■ 에세이 기본 구조

서론	① 도입 + 나의 의견
본론 1	② 원인 / 문제점 + 구체적인 근거
본론 2	③ 문제에 대한 해결책 + 구체적인 근거
결론	④ 요약 + 맺음말

■ 에세이 쓰기 전략

STEP 1 아웃라인 잡기

· 문제에서 제시된 주제를 파악한다. 문제 발생 원인 또는 문제점을 분석하고, 이를 바탕으로 떠올린 해결책을 작성한다.

· 문제가 발생한 원인 또는 어떤 현상의 문제점과 해결책을 적고, 이에 대한 구체적인 근거로 일반적 진술과 예시를 작성한다.

아웃라인 잡기의 예

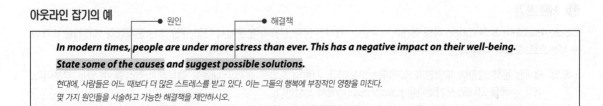

원인 ●──── 해결책 ●────

In modern times, people are under more stress than ever. This has a negative impact on their well-being. State some of the causes and suggest possible solutions.

현대에, 사람들은 어느 때보다 더 많은 스트레스를 받고 있다. 이는 그들의 행복에 부정적인 영향을 미친다.
몇 가지 원인들을 서술하고 가능한 해결책을 제안하시오.

📋 아웃라인

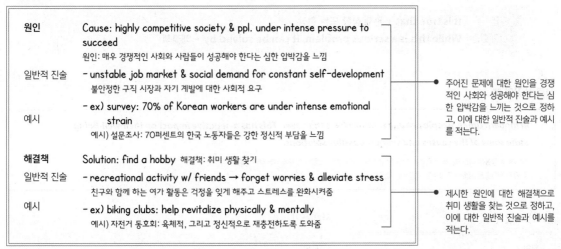

원인	Cause: highly competitive society & ppl. under intense pressure to succeed 원인: 매우 경쟁적인 사회와 사람들이 성공해야 한다는 심한 압박감을 느낌
일반적 진술	– unstable job market & social demand for constant self-development 불안정한 구직 시장과 자기 계발에 대한 사회적 요구
예시	– ex) survey: 70% of Korean workers are under intense emotional strain 예시) 설문조사: 70퍼센트의 한국 노동자들은 강한 정신적 부담을 느낌
해결책	Solution: find a hobby 해결책: 취미 생활 찾기
일반적 진술	– recreational activity w/ friends → forget worries & alleviate stress 친구와 함께 하는 여가 활동은 걱정을 잊게 해주고 스트레스를 완화시켜줌
예시	– ex) biking clubs: help revitalize physically & mentally 예시) 자전거 동호회: 육체적, 그리고 정신적으로 재충전하도록 도와줌

● 주어진 문제에 대한 원인을 경쟁적인 사회와 성공해야 한다는 심한 압박감을 느끼는 것으로 정하고, 이에 대한 일반적 진술과 예시를 적는다.

● 제시한 원인에 대한 해결책으로 취미 생활을 찾는 것으로 정하고, 이에 대한 일반적 진술과 예시를 적는다.

Cause/Problem & Solution 유형 에세이를 쓸 때에는 먼저 문제에서 제시된 주제와 그에 대한 원인 또는 문제점이 있음을 언급하고, 내가 제시하는 해결책은 무엇인지 간단히 소개하며 서론을 마친다. 이어서 본론 1에는 원인 또는 문제점을 이에 대한 구체적인 근거와 함께 적고, 본론 2에는 본론 1에서 제시한 원인 또는 문제점과 연관된 해결책과 그에 대한 근거를 적는다. 마지막으로 결론에서 본론의 원인 또는 문제점과 해결 방안의 내용을 요약하면서 마무리한다.

❶ 서론 쓰기

Cause/Problem & Solution 유형 에세이의 서론은 제시된 문제 상황과 본론에서 다룰 원인 또는 문제점과 해결책을 소개하는 부분으로, 도입과 나의 의견으로 구성한다.

· **도입**: 제시된 문제 상황이 무엇인지 소개하는 부분이다. 서론의 도입은 문제의 내용을 활용해서 작성할 수 있는 부분이다. 이때, 문제를 그대로 쓰기보다는 paraphrasing해서 작성한다.
· **나의 의견**: 문제 상황에 대한 원인 또는 현상의 문제점이 존재함을 언급하고, 이에 대한 해결책을 간단하게 요약하여 소개한다.

서론의 구조 및 기본 표현

도입	**It is true that** + 문제 상황 또는 현상
나의 의견	**While this is a serious problem, it can be solved by** + 해결책

서론 쓰기의 예

> *In modern times, people are under more stress than ever. This has a negative impact on their well-being. State some of the causes and suggest possible solutions.*
>
> 현대에, 사람들은 어느 때보다 더 많은 스트레스를 받고 있다. 이는 그들의 행복에 부정적인 영향을 미친다. 몇 가지 원인들을 서술하고 가능한 해결책을 제안하시오.

📋 **아웃라인**

원인
Cause: highly competitive society &
ppl. under intense pressure to succeed
- unstable job market & social demand
 for constant self-development
- ex) survey: 70% of Korean workers
 are under intense emotional
 strain

해결책
Solution: find a hobby
- recreational activity w/ friends
 → forget worries & alleviate stress
- ex) biking clubs: help revitalize
 physically & mentally

서론 쓰기

도입
It is true that many people feel more stress nowadays than they used to, and this is leading to a general decline in people's mental health.

나의 의견
While this is a serious problem, it can be solved by [taking up a hobby.]

❷ 본론 쓰기

본론은 문제 상황에 대한 원인 또는 현상의 문제점과 해결책을 제시하는 부분이다. 본론은 2단락으로 구성한다.

본론 1 쓰기

· **원인 또는 문제점**: 문제가 나타난 원인 또는 현상에 따른 문제점을 적는다.
· **일반적 진술**: 원인 또는 문제점에 대해 일반적인 관점에서의 추가 설명을 해준다.
· **예시**: 개인적인 경험, 조사 결과 등 이유를 뒷받침하는 구체적인 예시를 든다.

본론 1의 구조 및 기본 표현

본론 1	원인	**The main cause of** + 주제 + **is (that)** + 원인
	or 문제점	**The main issue with** + 주제 + **is (that)** + 문제점
	일반적 진술	원인/문제점에 대한 부가적 설명
	예시	**In fact,/For instance** 등 + 예시

본론 1 쓰기의 예

> *In modern times, people are under more stress than ever. This has a negative impact on their well-being.*
> *State some of the causes and suggest possible solutions.*
>
> 현대에, 사람들은 어느 때보다 더 많은 스트레스를 받고 있다. 이는 그들의 행복에 부정적인 영향을 미친다.
> 몇 가지 원인들을 서술하고 가능한 해결책을 제안하시오.

📋 **아웃라인**

원인
> Cause: highly competitive society & ppl. under intense pressure to succeed

일반적 진술
> - unstable job market & social demand for constant self-development

예시
> - ex) survey: 70% of Korean workers are under intense emotional strain

해결책
> Solution: find a hobby

일반적 진술
> - recreational activity w/ friends
>   → forget worries & alleviate stress

예시
> - ex) biking clubs: help revitalize physically & mentally

본론 1 쓰기

원인
~~The main cause of~~ stress **is that** [society is highly competitive and people are under intense pressure to succeed.]

일반적 진술
[The unstable job market has contributed to making people think that they will lose their jobs if they cannot compete. Furthermore, society demands constant self-development in order to remain successful. As a result, people experience a high degree of tension and pressure at work, which has an extremely negative effect on their health.]

예시
In fact, [in a recent survey conducted on workers in Korea, over 70 percent of those questioned stated that they are under intense emotional strain because of the social pressure to remain competitive.]

본론 2 쓰기

본론 2에서는 본론 1에서 제시한 원인 또는 문제점에 따른 해결책을 적고, 본론 1과 마찬가지로 이에 대한 일반적 진술과 예시를 적는다.

본론 2의 구조 및 기본 표현

본론 2	해결책	**However, there are solutions to this problem.**
		One of the ways to + 주제의 해결 + is + 해결책
	일반적 진술	해결책에 대한 부가적 설명
	예시	**For example,/Recent study has shown that 등 + 예시**

본론 2 쓰기의 예

In modern times, people are under more stress than ever. This has a negative impact on their well-being.
State some of the causes and suggest possible solutions.

현대에, 사람들은 어느 때보다 더 많은 스트레스를 받고 있다. 이는 그들의 행복에 부정적인 영향을 미친다.
몇 가지 원인들을 서술하고 가능한 해결책을 제안하시오.

📋 **아웃라인**

원인
Cause: highly competitive society & ppl. under intense pressure to succeed

일반적 진술
- unstable job market & social demand for constant self-development

예시
- ex) survey: 70% of Korean workers are under intense emotional strain

해결책
Solution: find a hobby

일반적 진술
- recreational activity w/ friends
  → forget worries & alleviate stress

예시
- ex) biking clubs: help revitalize physically & mentally

본론 2 쓰기

해결책
However, there are solutions to this problem. One of the ways to deal with stress **is** [to find a hobby] that allows one to forget the pressures one faces in professional life.

일반적 진술
[A recreational activity can help people stop thinking about their worries and unwind. In addition, doing activities with friends can be a particularly effective means of alleviating work-related stress.]

예시
For example, [biking clubs have recently become extremely popular in Seoul. People who join them claim that cycling with a group of like-minded people helps to revitalize them both physically and mentally. The positive energy they generate from this hobby helps them cope with work-related anxiety.]

❸ 결론 쓰기

Cause/Problem & Solution 유형 에세이의 결론은 에세이 전체를 마무리하는 부분으로, 요약과 맺음말로 구성한다. 결론은 지금까지 에세이에서 다루었던 중심 내용을 언급하며 정리하는 부분이므로, 본론에서 사용한 표현을 그대로 쓰기보다는 다른 표현을 사용해 paraphrasing해서 작성한다.

· 요약: 본론 1에서 서술한 문제 상황의 원인 또는 현상에 따른 문제점을 간단히 요약한다.
· 맺음말: 본론 2에서 서술한 해결책을 요약해서 언급하며 글을 끝맺는다.

결론의 구조 및 기본 표현

요약	**To sum up, it is clear that** + 원인/문제점
맺음말	**Nevertheless, the issue can be resolved by/with** + 해결책

결론 쓰기의 예

> *In modern times, people are under more stress than ever. This has a negative impact on their well-being.*
> *State some of the causes and suggest possible solutions.*
>
> 현대에, 사람들은 어느 때보다 더 많은 스트레스를 받고 있다. 이는 그들의 행복에 부정적인 영향을 미친다.
> 몇 가지 원인들을 서술하고 가능한 해결책을 제안하시오.

📝 아웃라인

원인
> Cause: highly competitive society & ppl. under intense pressure to succeed
- unstable job market & social demand for constant self-development
- ex) survey: 70% of Korean workers are under intense emotional strain

해결책
> Solution: find a hobby
- recreational activity w/ friends
  → forget worries & alleviate stress
- ex) biking clubs: help revitalize physically & mentally

결론 쓰기

요약
To sum up, it is clear that [intense pressure to succeed is generating high levels of stress, which is harmful to people's health.]

맺음말
Nevertheless, the issue can be resolved by [finding a hobby one can enjoy.]

모범답변 및 해석: 해석집 p.423

STEP 1 아웃라인 잡기

다음 주어진 질문에 답하는 에세이의 아웃라인을 완성하시오.

01
교육

> *Cases of bullying in school are increasing and worsening.*
>
> *What do you think are the causes of this?*
>
> *How can we tackle this issue?*

Give reasons for your answer and include any relevant examples from your own knowledge or experience.

Write at least 250 words.

Guideline

'학교에서 괴롭힘의 사례가 증가하며 심해지고 있다'라는 문제에 대한 원인을 '인터넷과 소셜 미디어에 쉽게 접근한다'로 정한다. 이에 대한 해결책으로 '인터넷상에서 공손하고 정중하게 대하는 것의 중요성을 가르치기'를 제시한다. 각각의 원인과 해결책에 대한 일반적 진술 및 예시를 함께 작성해보자.

📋 아웃라인

원인	Cause: easy access to the Internet & social media
일반적 진술	_____
	_____
예시	_____
	_____
해결책	Solution: teach the importance of being respectful & polite on the Internet
일반적 진술	_____
	_____
예시	_____
	_____

02
가정

Children these days spend a lot of time apart from their parents because in many homes, both parents work.

What problems can be caused by this?
What are some ways to support such children?

Give reasons for your answer and include any relevant examples from your own knowledge or experience.

Write at least 250 words.

Guideline

'요즘 많은 가정에서, 부모가 모두 일하기 때문에 아이들은 많은 시간을 부모와 떨어져서 보낸다'라는 주제에 대한 문제점을 '부모와 떨어져 있는 어린이들이 정신적으로 부정적인 영향을 받는다'로 정한다. 이에 대한 해결책으로 '더 많은 시설과 방과 후 프로그램 설립하기'를 제시한다. 각각의 원인과 해결책에 대한 일반적 진술 및 예시를 함께 작성해보자.

📋 아웃라인

문제점	Problem: children being separated from parents are affected mentally in a negative way
일반적 진술	
예시	
해결책	Solution: establish more facilities & after-school programs
일반적 진술	
예시	

아웃라인 및 해석: 해석집 p.424

TASK 2

실전 유형 공략 HACKERS **IELTS** WRITING

주어진 아웃라인을 참고하여 빈칸에 적절한 문장을 써서 에세이를 완성하시오.

03
교육

> *Cases of bullying in school are increasing and worsening.*
>
> *What do you think are the causes of this?*
>
> *How can we tackle this issue?*

Give reasons for your answer and include any relevant examples from your own knowledge or experience.

Write at least 250 words.

📋 아웃라인

---

1. Cause: easy access to the Internet & social media
   원인: 인터넷과 소셜 미디어에의 쉬운 접근

   - students can be bullied regardless of time or place & teachers X prevent
     학생들이 시간이나 장소에 관계없이 괴롭힘을 당할 수 있고 선생님이 막지 못함

   - ex) survey: 42% students have been harassed online
     예시) 설문조사: 42퍼센트의 학생들이 온라인에서 괴롭힘당한 경험이 있음

2. Solution: teach the importance of being respectful & polite on the Internet
   해결책: 인터넷상에서 공손하고 정중하게 대하는 것의 중요성을 가르치기

   - understanding hurtful impact of mean comments: prevent bullying online
     악성 댓글이 미치는 유해한 영향을 이해하는 것은 온라인상의 괴롭힘을 막음

   - ex) schools offering classes about cyberbullying & online etiquette
     예시) 온라인 폭력과 온라인 예절에 대한 수업들을 제공하는 학교들

서론 쓰기

도입

① _____ bullying in schools is becoming more severe and happening more frequently.

학교에서 괴롭힘이 더 심해지고 있고 더 자주 일어나고 있는 것은 사실이다.

나의 의견

② _____

teaching students good online etiquette.

이는 심각한 문제이지만, 학생들에게 올바른 온라인상 예절을 가르침으로써 해결될 수 있다.

본론 1 쓰기

원인

③ _____

the easy access to the Internet and social media which students now enjoy.

늘어난 괴롭힘의 주된 원인은 요즘 학생들이 즐기는 인터넷과 소셜 미디어에의 쉬운 접근이다.

일반적 진술

The constant presence of the Internet now means that students can be bullied through computers or mobile phones. They no longer have to be face-to-face with their tormentor and can suffer from harassment regardless of time or place. Not only that, this means that teachers have no resources to help prevent cyberbullying because they cannot oversee what goes on online.

인터넷의 끊임없는 존재는 이제 학생들이 컴퓨터나 휴대폰으로 괴롭힘을 당할 수 있음을 의미한다. 그들은 더 이상 그들을 괴롭히는 사람을 직접 만날 필요가 없으며 시간이나 장소에 관계없이 괴롭힘에 시달릴 수 있다. 그뿐만 아니라, 이는 교사들이 온라인상에서 일어나는 일을 감시할 수 없기 때문에 그들이 사이버 폭력을 막도록 도울 수 있는 수단이 없다는 것을 의미한다.

예시

④ _____, a survey stated that 42 percent of students have been harassed online. Many received hurtful messages, and some even got them every day. Such statistics are far higher compared to just a decade ago when smartphones and home computers were not as commonplace.

이 문제의 규모에 대한 감을 주자면, 한 설문 조사는 학생의 42퍼센트가 온라인에서 괴롭힘을 당한 적이 있음을 말했다. 많은 이들이 감정을 상하게 하는 문자를 받았고, 심지어 몇 명은 그것들을 매일 받았다. 이러한 통계는 스마트폰과 가정용 컴퓨터가 흔하지 않았던 불과 10년 전에 비해 훨씬 더 높다.

본론 2 쓰기

해결책

⑤ _____.

One of the ways to restrict bullying **is** to educate students about the importance of being respectful and polite to others on the Internet.

하지만, 이 문제에 대한 해결책이 있다. 괴롭힘을 제지하는 방법 중 하나는 학생들에게 인터넷상에서 다른 사람들을 존중하고 정중하게 대하는 것의 중요성을 가르치는 것이다.

일반적 진술

Understanding the hurtful impact that mean comments made on social media have on others is an important and effective step towards preventing bullying online.

소셜 미디어상의 악성 댓글이 다른 이들에게 미치는 유해한 영향을 이해하는 것은 온라인상의 괴롭힘을 막는 데 도움이 되는 중요하고 효과적인 조치이다.

예시

⑥ _____, some schools are now offering classes in which teachers show students the negative effects of cyberbullying and explain proper online etiquette. They have caused students to start treating others with more respect online, and the number of counseling sessions related to bullying in these schools is decreasing.

예를 들어, 현재 일부 학교에서는 교사들이 학생들에게 사이버 폭력의 부정적 영향을 보여주고 올바른 온라인 예절을 설명하는 수업을 제공하고 있다. 이것들은 학생들이 온라인상에서 다른 사람들을 더 예의 바르게 대하게 했고 이런 학교에서 괴롭힘과 관련된 상담의 수가 줄어들고 있다.

결론 쓰기

요약

⑦ _____, the prevalence of the Internet and social media has made bullying more common.

요약하자면, 인터넷과 소셜 미디어의 대중화가 괴롭힘을 더 흔하게 만들었음은 명확하다.

맺음말

⑧ _____

teaching students the importance of being well-mannered online.

그럼에도 불구하고, 온라인상에서 예의 바르게 행동하는 것의 중요성을 학생들에게 가르침으로써 이 문제는 해결될 수 있다.

*답변 작성 시 마지막 2분 동안 핵심 첨삭 포인트(p.331)를 참고하여 에세이를 검토하자.
*답변 작성을 완료한 후, 답변 셀프 체크 포인트(p.345)를 통해 나의 답변을 점검하고 보완하자.

모범답변 및 해석: 해석집 p.425

04

가정

> *Children these days spend a lot of time apart from their parents because in many homes, both parents work.*
>
> *What problems can be caused by this?*
>
> *What are some ways to support such children?*

Give reasons for your answer and include any relevant examples from your own knowledge or experience.

Write at least 250 words.

📋 아웃라인

1. Problem: children being separated from parents are affected mentally in a negative way
   문제점: 부모와 떨어져 있는 어린이들이 정신적으로 부정적인 영향을 받음

   - interact w/ limited number of ppl.
     교감할 사람이 한정적임
   - ex) study: children staying home without parents exhibit negative social development
     예시) 연구: 부모 없이 집에 있는 아이들이 부정적인 사회성 발달을 보임

2. Solution: establish more facilities & after-school programs
   해결책: 더 많은 시설과 방과 후 프로그램 설립하기

   - do activities w/ peers → develop social skills
     친구들과 함께 활동을 함으로써 사회성을 발달함
   - ex) many Korean working parents send their children to after-school programs
     예시) 많은 한국 맞벌이 부모들은 그들의 자녀를 방과 후 프로그램에 보냄

서론 쓰기

도입

① _____ many children spend an increasing amount of time away from their parents since it is common for both mothers and fathers to have full-time jobs.

부모 모두가 전 시간 근무하는 일을 하는 것이 흔하기 때문에, 많은 아이들이 점점 더 많은 시간을 부모와 떨어져서 보내는 것은 사실이다.

나의 의견

While this is a serious problem, ② _____

_____ .

이는 심각한 문제이지만, 맞벌이 부모에게 이용 가능한 자원을 개선함으로써 해결될 수 있다.

본론 1 쓰기

문제점

③ _____

_____ **is that** this can affect them mentally in a negative way.

대부분의 시간 동안 아이들이 부모와 떨어져 지내는 것에 대한 주된 문제는 이것이 그들에게 정신적으로 부정적인 방향으로 영향을 미칠 수 있다는 것이다.

일반적 진술

For starters, kids will have a limited number of people to communicate with in their daily lives. Interaction is an important part of healthy development, so emotional progress can be adversely impacted when children are left without supervision.

우선 첫째로, 아이들은 일상생활에서 함께 소통할 한정적인 숫자의 사람을 가질 것이다. 사람들과 어울리는 것은 건강한 발달의 중요한 부분이므로, 아이들이 오랜 시간 감독 없이 남겨지게 되면 정서 발달은 부정적으로 영향을 받을 수 있다.

예시

In fact, ④ _____ children who stay home without their parents are likely to exhibit negative social development by the time they reach the sixth grade. Even if they have a babysitter looking after them, they can develop extreme shyness, or conversely, they can act out.

실제로, 한 연구에서 집에서 부모 없이 지내는 어린아이들이 6학년이 될 때쯤에는 부정적인 사회성 발달을 보일 가능성이 있다는 것이 나타났다. 그들을 보살펴 줄 보모가 있다고 하더라도, 그들은 극도의 수줍음을 발현시키거나, 정반대로, 과하게 행동할 수 있다.

본론 2 쓰기

해결책

However, there are solutions to this problem. One of the ways to ⑤ _____
_____ .

하지만, 이 문제에 대한 해결책이 있다. 아이들을 행복하고 안전하게 지켜주는 방법 중 하나는 더 많은 시설과 방과 후 프로그램을 수립하여 일하는 부모들을 돕는 것이다.

일반적 진술

Creating more supervised environments can give children a chance to do their homework, play games, and participate in a range of extracurricular activities with peers until their parents are able to pick them up. In effect, these facilities can help children to develop social skills.

더 관리가 되는 환경을 만드는 것은 아이들에게 그들의 부모가 데리러 올 때까지 숙제를 하고, 놀이를 하며 또래들과 다양한 과외 활동을 할 수 있는 기회를 준다. 사실상 이런 시설들은 아이들이 사회적 기술을 발달시키는 데 도울 수 있다.

예시

⑥ _____ where many working parents send their children to after-school clubs, classes, and programs. There, they can take part in activities with their friends that enhance their ability to interact with others while boosting their development.

이것은 많은 맞벌이 부모들이 그들의 자녀를 방과 후 클럽, 수업 그리고 프로그램에 보내는 한국의 예로 설명될 수 있다. 그곳에서, 그들은 다른 사람들과 소통하는 능력을 높이는 동시에 그들의 발달을 신장시키는 활동들에 친구들과 참여할 수 있다.

결론 쓰기

요약

To sum up, it is clear that being away from their parents is ⑦ _____
_____ .

요약하자면, 그들의 부모로부터 떨어져 있는 것은 자녀들의 정서적 발달에 바람직하지 않음은 명확하다.

맺음말

Nevertheless, ⑧ _____
offering more childcare options to working parents.

그럼에도 불구하고, 맞벌이 부모에게 더 많은 보육 선택권을 제안함으로써 이 문제는 해결될 수 있다.

*답변 작성 시 마지막 2분 동안 핵심 첨삭 포인트(p.331)를 참고하여 에세이를 검토하자.
*답변 작성을 완료한 후, 답변 셀프 체크 포인트(p.345)를 통해 나의 답변을 점검하고 보완하자.

모범답변 및 해석: 해석집 p.426

It is an increasing trend of businesses to neglect the environment to further their profits.

What problems can this cause?

What measures could resolve them?

Give reasons for your answer and include any relevant examples from your own knowledge or experience.

Write at least 250 words.

📋 아웃라인

1. Problem: places economic burdens & endangers the health of residents
   문제점: 경제적 부담을 주고 국민의 신체적 건강을 위협함

- restoring environment → taxes, industrial waste → serious health problems
  환경을 회복시키는 것은 세금에서 지출되고 공업용 쓰레기는 심각한 건강 문제를 초래함

- ex) India: many cases of asthma & huge budget to recover
  예시) 인도: 많은 천식 사례와 복구하기 위한 막대한 예산

2. Solution: impose taxes that can help protect the environment
   해결책: 환경 보호에 도움을 줄 수 있는 세금을 부과하기

   - businesses' activities will become less harmful to the environment & government can use money for the environment
     사업체들의 활동이 환경에 덜 해로워지고 정부는 돈을 환경을 위해 쓸 수 있음

   - ex) UK imposes green tax on landfill companies
     예시) 영국은 쓰레기 매립 회사에 환경세를 부과함

서론 쓰기

도입

It is true that ① _____
_____.

많은 기업들이 경제적 성장에 중점을 두고 환경 문제는 모른 체하는 것을 선호하는 것은 사실이다.

나의 의견

While this is a serious problem, ② _____
_____.

이는 심각한 문제이지만, 더 엄격한 환경세 정책을 시행함으로써 해결될 수 있다.

본론 1 쓰기

문제점

The main issue with companies neglecting the environment **is that** it places long-term economic burdens on the nation and endangers the physical health of residents.

환경을 간과하는 기업의 주된 문제는 그것이 국가에 장기적인 경제적 부담을 주고 국민의 신체적 건강을 위협한다는 것이다.

일반적 진술

The economic costs of restoring the environment when companies do not dispose of waste properly often have to come out of taxes. Furthermore, it is well known that industrial waste pollutes the air and water, ③ _____
_____.

회사가 폐기물을 제대로 처리하지 않았을 경우 환경을 회복시키기 위한 경제적 비용은 보통 세금에서 지출되어야 한다. 게다가, 산업 폐기물이 공기와 물을 오염시켜, 그것에 노출된 시민들에게 심각한 건강 문제를 일으킨다는 것은 잘 알려져 있다.

예시

④ _____. Manufacturing companies that produce large amounts of pollution have grown both in number and size in India since the 1990s. Unfortunately, they have not made the same effort to protect the environment as they have to make profits. Thus, pollution in India causes 20 million new cases of asthma and costs 80 billion dollars to repair environmental damage annually.

인도는 아주 좋은 예이다. 1990년대 이래로 인도에서는 다량의 오염 물질을 발생시키는 제조업 회사가 그 수와 규모 면에서 모두 성장해왔다. 유감스럽게도, 그들은 이익을 창출하기 위해 들인 것만큼의 노력을 환경을 보호하는 데에 기울이지 않았다. 이렇게 하여, 인도의 오염은 매년 2천만 건의 새로운 천식 환자를 초래하고 환경 피해를 바로잡기 위한 800억 달러의 비용이 든다.

본론 2 쓰기

해결책

However, there are solutions to this problem. One of the ways to deter businesses from polluting **is** to impose taxes that help to protect the environment.

하지만, 이 문제에 대한 해결책이 있다. 기업들이 오염시키는 것을 막을 수 있는 방법 중 하나는 환경을 보호하는 데 도움이 되는 세금을 부과하는 것이다.

일반적 진술

⑤ _____, businesses will ensure that their activities are less harmful to the natural world. Meanwhile, the government can use these funds to implement cleanup and protection programs.

기업들에게 그들이 오염시킨 것을 정화할 비용을 지불하도록 만들면, 기업들은 그들의 활동이 환경에 보다 해롭지 않도록 보장할 것이다. 한편, 정부는 이러한 자금을 환경 정화 및 보호 계획을 실행하는데 쓸 수 있다.

예시

In the UK, for instance, a green tax was imposed on landfill companies based on their intake of rubbish since decomposing waste can pollute the ground and produce methane. This additional cost led to ⑥ _____ _____. Furthermore, it provided the government with funds for cleaning up landfills and for preventing further environmental damage.

예를 들어, 영국에서는, 쓰레기 매립 회사에 그들의 쓰레기 처리량에 따라 환경세가 부과됐는데, 이는 부패되는 쓰레기가 땅을 오염시키고 메탄을 생성할 수 있기 때문이다. 이러한 추가 비용은 매립지에 들어오는 쓰레기의 감소와 분리수거의 증가를 이끌었다. 또한, 이것은 정부에게 매립지 정화와 환경 훼손을 방지하기 위한 자금을 제공했다.

결론 쓰기

요약

To sum up, it is clear that ⑦ _____ _____.

요약하자면, 기업들이 자연에 대한 책임감을 무시할 때 국가가 경제적인 손실과 공공 보건 문제를 겪음은 명확하다.

맺음말

⑧ _____ _____.

그럼에도 불구하고, 정부에 의해 집행되는 더 많은 과세로 이 문제는 해결될 수 있다.

*답변 작성 시 마지막 2분 동안 핵심 첨삭 포인트(p.331)를 참고하여 에세이를 검토하자.
*답변 작성을 완료한 후, 답변 셀프 체크 포인트(p.345)를 통해 나의 답변을 점검하고 보완하자.

모범답변 및 해석: 해석집 p.428

Drug abuse is an increasing problem in modern times.

Discuss some reasons behind this and suggest ways it can be hindered.

Give reasons for your answer and include any relevant examples from your own knowledge or experience.

Write at least 250 words.

📋 아웃라인

---

1. Cause: major misconception about using drugs
   원인: 마약 사용에 대한 중대한 오해

   - media portray them as glamorous & ppl. can readily access drugs
     대중 매체는 마약을 멋진 것으로 묘사하고, 사람들은 손쉽게 마약을 구할 수 있음

   - ex) famous celebrities who use drugs & info. about drugs on the Internet
     예시) 마약을 사용하는 유명한 연예인과 인터넷에 있는 마약에 대한 정보

2. Solution: show the problems caused by illegal drugs
   해결책: 불법 마약에 의해 발생한 문제들 보여주기

   - anti-drug campaign w/ related families & celebrities
     관련 가족들과 연예인들과 함께 하는 마약 방지 캠페인

   - ex) an actor talked of his experience on drugs
     예시) 한 배우는 마약에 대한 그의 경험을 이야기함

서론 쓰기

도입

도입

① _____.

현대 사회에서 불법 약물의 남용이 중요한 문제가 되었다는 것은 사실이다.

나의 의견

② _____

_____.

이는 심각한 문제이지만, 대중에게 마약 사용이 얼마나 위험할 수 있는지에 대해 더 많이 알림으로써 해결될 수 있다.

본론 1 쓰기

원인

③ _____

_____.

마약 남용률 증가의 주된 원인은 마약 사용에 대한 중대한 오해가 있다는 것이다.

일반적 진술

In particular, the media portrays it as something glamorous and harmless. Characters who use drugs on TV and in films are portrayed as cool or chic. Making matters worse is that people can readily access drugs these days, which gives the impression that drugs can be taken freely without consequence.

특히, 대중 매체는 그것을 화려하고 무해한 것으로 묘사한다. 마약을 사용하는 텔레비전과 영화 속의 등장인물들은 멋지거나 세련된 것으로 묘사된다. 설상가상으로 요즘 사람들은 마약을 손쉽게 입수할 수 있는데, 이는 마약이 부작용 없이 대량으로 사용될 수 있다는 인상을 준다.

예시

For instance, ④ _____

_____. Also, there are a lot of websites devoted to people talking about how to make, purchase, or use drugs without getting caught.

예를 들어, 마약을 사용하지만 여전히 인기 있고 유명한 연예인들의 이야기는 인터넷에서 쉽게 발견된다. 또한, 어떻게 걸리지 않고 마약을 만들고, 사고, 사용하는지에 대해 이야기하는 사람들을 위한 많은 웹사이트들이 있다.

본론 2 쓰기

However, there are solutions to this problem. ⑤ _____

_____.

하지만, 이 문제에 대한 해결책이 있다. 마약 남용을 방지하는 방법 중 하나는 불법 마약으로 인한 문제들의 정확한 정도를 보여주는 것이다.

일반적 진술

Anti-drug campaigns could depict families with members who are missing or sick due to their drug addiction to really get the point across. In addition, the message that drugs cause pain and unhappiness can be promoted further if more influential people speak up about it.

마약 방지 캠페인은 이 문제를 실제로 와닿게 하기 위해 마약 중독으로 인해 실종되거나 아픈 식구가 있는 가족들을 보여줄 수 있다. 게다가, 이러한 메시지는 더 영향력 있는 사람들이 그것에 대해 목소리를 높일 때 더욱 고취될 수 있다.

예시

For example, a popular American actor served time in prison and ruined his career when he was young because of his drug use. Afterwards, he candidly talked about how horrible his experiences were. ⑥ _____

_____.

예를 들어, 한 인기 있는 미국 배우는 어렸을 때 마약 사용으로 감옥에서 복역했고 그의 경력을 망쳤다. 그 후, 그는 자신의 경험이 얼마나 끔찍했는지에 대해 솔직하게 이야기했다. 그의 끔찍한 경험에 대해 듣는 것은 더 많은 사람들이 마약 사용이 실제로 얼마나 위험한지 알게 했다.

결론 쓰기

요약

⑦ _____

_____.

요약하자면, 마약에 대한 잘못된 생각이 마약 남용 사례의 증가의 주요한 이유임은 명확하다.

맺음말

⑧ _____

_____.

그럼에도 불구하고, 마약의 부작용과 그것이 야기하는 심각한 피해를 보여줌으로써 이 문제는 해결될 수 있다.

*답변 작성 시 마지막 2분 동안 핵심 첨삭 포인트(p.331)를 참고하여 에세이를 검토하자.
*답변 작성을 완료한 후, 답변 셀프 체크 포인트(p.345)를 통해 나의 답변을 점검하고 보완하자.

모범답변 및 해석: 해석집 p.429

다음 문제를 읽고, 아웃라인을 완성하여 이를 바탕으로 에세이를 작성하시오.

01
여행

> *Tourists damage many historical places, making them harder to preserve.*
>
> *What are some of the reasons for this?*
>
> *Suggest some ways to resolve this problem.*

Give reasons for your answer and include any relevant examples from your own knowledge or experience.

Write at least 250 words.

📝 아웃라인

> 1. Cause: ppl. get excited when traveling → forget the historical significance
>   - _____
>   - ex) _____
>
> 2. Solution: organize comprehensive educational programs for tourists
>   - _____
>   - ex) _____

서론 쓰기

도입

_____

_____

_____

나의 의견

_____

_____

_____

_____

본론 1 쓰기

원인

_____

_____

_____

_____

일반적 진술

_____

_____

_____

_____

예시

_____

_____

_____

_____

_____

_____

본론 2 쓰기

해결책
_____
_____
_____
_____

일반적 진술
_____
_____
_____
_____
_____
_____

예시
_____
_____
_____
_____
_____
_____
_____
_____
_____
_____

결론 쓰기

요약
_____
_____
_____

맺음말
_____
_____
_____
_____

*답변 작성 시 마지막 2분 동안 핵심 첨삭 포인트(p.331)를 참고하여 에세이를 검토하자.
*답변 작성을 완료한 후, 답변 셀프 체크 포인트(p.345)를 통해 나의 답변을 점검하고 보완하자.

모범답변 및 해석: 해석집 p.431

02

사회

> *Many women are in the workforce today, but only a few are in senior positions.*
>
> *What causes this phenomenon?*
>
> *Suggest possible solutions that would resolve this issue.*

Give reasons for your answer and include any relevant examples from your own knowledge or experience.

Write at least 250 words.

📋 아웃라인

1. Cause: _____

    - _____

    - ex) _____

2. Solution: _____

    - _____

    - ex) _____

서론 쓰기

도입

_____

_____

나의 의견

_____

_____

_____

_____

본론 1 쓰기

원인

_____

_____

_____

일반적 진술

_____

_____

_____

_____

예시

_____

_____

_____

_____

_____

_____

본론 2 쓰기

해결책

_____

_____

_____

일반적 진술

_____

_____

_____

_____

예시

_____

_____

_____

_____

_____

_____

_____

_____

결론 쓰기

요약

_____

_____

맺음말

_____

_____

_____

*답변 작성 시 마지막 2분 동안 핵심 첨삭 포인트(p.331)를 참고하여 에세이를 검토하자.
*답변 작성을 완료한 후, 답변 셀프 체크 포인트(p.345)를 통해 나의 답변을 점검하고 보완하자.

모범답변 및 해석: 해석집 p.433

05 Two-part Question 유형

> Two-part Question 문제 유형은 문제의 주제에 대한 두 가지 과제가 제시되고, 주어진 과제를 모두 수행해야 하는 문제 유형이다. 앞서 학습했던 네 개의 유형은 유형별로 주어지는 과제가 일정했지만, 이 유형에서는 다양한 과제가 결합되어 출제되므로 문제를 잘 읽고 과제를 수행해야 한다.

■ 문제 형태

Two-part Question 문제 유형은 문제마다 다양한 형태로 출제된다. 문제가 요구하는 두 가지 과제가 무엇인지 꼼꼼하게 확인해야 한다.

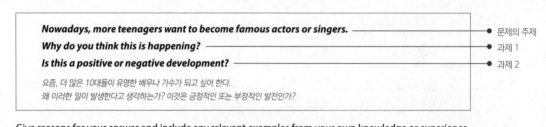

Nowadays, more teenagers want to become famous actors or singers. ● 문제의 주제
Why do you think this is happening? ● 과제 1
Is this a positive or negative development? ● 과제 2

요즘, 더 많은 10대들이 유명한 배우나 가수가 되고 싶어 한다.
왜 이러한 일이 발생한다고 생각하는가? 이것은 긍정적인 또는 부정적인 발전인가?

Give reasons for your answer and include any relevant examples from your own knowledge or experience.
Write at least 250 words.

■ 에세이 기본 구조

서론	① 도입 + 나의 의견
본론 1	② 과제 1의 중심내용 + 구체적인 근거
본론 2	③ 과제 2의 중심내용 + 구체적인 근거
결론	④ 요약 + 맺음말

STEP 1 아웃라인 잡기

· 먼저, 문제에서 제시된 주제를 파악하고, 어떤 과제가 주어졌는지 확인한다.

· 두 가지 과제 중 먼저 나온 과제를 본론 1에 적고 나중에 나온 과제를 본론 2에 이어서 적는다. 각 단락의 중심 내용에 대한 구체적인 근거로 일반적 진술과 예시를 제시한다.

· Two-part Question 유형에서는 이제까지 학습했던 4개의 유형 중 두 유형이 결합되어 출제되기도 하고, 익숙하지 않은 문제가 출제되기도 한다. 이때, 앞서 학습했던 내용을 토대로 각 과제에 맞는 아웃라인을 작성하면 짜임새 있는 에세이를 구성할 수 있다.

아웃라인 잡기의 예

> ***Nowadays, more teenagers want to become famous actors or singers.***
> ***Why do you think this is happening?*** ──● 과제
> ***Is this a positive or negative development?*** ──● 과제 2
>
> 요즘, 더 많은 10대들이 유명한 배우나 가수가 되고 싶어 한다.
> 왜 이러한 일이 발생한다고 생각하는가? 이것은 긍정적인 또는 부정적인 발전인가?

📋 아웃라인

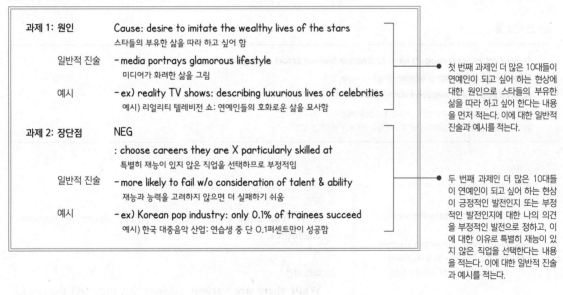

과제 1: 원인	Cause: desire to imitate the wealthy lives of the stars 스타들의 부유한 삶을 따라 하고 싶어 함	
일반적 진술	- media portrays glamorous lifestyle 미디어가 화려한 삶을 그림	
예시	- ex) reality TV shows: describing luxurious lives of celebrities 예시) 리얼리티 텔레비전 쇼: 연예인들의 호화로운 삶을 묘사함	
과제 2: 장단점	NEG	
	: choose careers they are X particularly skilled at 특별히 재능이 있지 않은 직업을 선택하므로 부정적임	
일반적 진술	- more likely to fail w/o consideration of talent & ability 재능과 능력을 고려하지 않으면 더 실패하기 쉬움	
예시	- ex) Korean pop industry: only 0.1% of trainees succeed 예시) 한국 대중음악 산업: 연습생 중 단 0.1퍼센트만이 성공함	

첫 번째 과제인 더 많은 10대들이 연예인이 되고 싶어 하는 현상에 대한 원인으로 스타들의 부유한 삶을 따라 하고 싶어 한다는 내용을 먼저 적는다. 이에 대한 일반적 진술과 예시를 적는다.

두 번째 과제인 더 많은 10대들이 연예인이 되고 싶어 하는 현상이 긍정적인 발전인지 또는 부정적인 발전인지에 대한 나의 의견을 부정적인 발전으로 정하고, 이에 대한 이유로 특별히 재능이 있지 않은 직업을 선택한다는 내용을 적는다. 이에 대한 일반적 진술과 예시를 적는다.

STEP 2 에세이 쓰기

Two-part Question 유형의 에세이를 쓸 때는 먼저 내가 파악한 주제와 주어진 두 가지 과제에 대해 본론에서 어떤 이야기를 할 것인지 서론에서 제시한다. 이어서 주어진 순서대로 본론 1과 본론 2에서 과제를 수행하고, 각각의 서술에 대해 구체적인 근거를 들어 설명한다. 마지막으로 결론에서는 본론을 간략하게 요약하며 에세이를 마무리한다.

❶ 서론 쓰기

Two-part Question 유형 에세이의 서론은 에세이의 중심 내용을 소개하고, 본론의 두 가지 과제에 대한 나의 의견을 밝히는 부분으로, 도입과 나의 의견으로 구성한다. 서론은 문제의 내용을 활용해서 작성할 수 있는 단락이다. 이때, 문제를 그대로 쓰기보다는 paraphrasing해서 작성한다.

· 도입: 문제에서 제시된 에세이의 중심 내용을 소개한다.

    <도입에서 사용할 수 있는 표현>

     · **It is true that** + 주제

     · **It is a common belief that** + 나의 의견과 반대되는 관점 또는 내용

· 나의 의견: 본론에서 상세히 제시할 두 가지 과제에 대한 답을 간단하게 적는다.

    <나의 의견에서 사용할 수 있는 표현>

     · **While there are various reasons ~,** + 나의 의견

     · **However, I firmly believe that** + 나의 의견

     · **In general,** + 나의 의견

서론 쓰기의 예

Nowadays, more teenagers want to become famous actors or singers.
Why do you think this is happening? ● 과제 1
Is this a positive or negative development? ● 과제 2

요즘, 더 많은 10대들이 유명한 배우나 가수가 되고 싶어 한다.
왜 이러한 일이 발생한다고 생각하는가? 이것은 긍정적인 또는 부정적인 발전인가?

📋 아웃라인

```
과제 1: 원인
Cause: desire to imitate the wealthy
lives of the stars
- media portrays glamorous lifestyle
- ex) reality TV shows: describing
       luxurious lives of celebrities

과제 2: 장단점
[NEG]
: choose careers they are X
  particularly skilled at
- more likely to fail w/o consideration
  of talent & ability
- ex) Korean pop industry: only 0.1%
      of trainees succeed
```

서론 쓰기

도입

It is true that many teenagers today desire to become celebrities.

나의 의견

While there are various reasons that they feel this way, [it is actually a negative development] because [it is leading them to aim for careers that do not match their talents.]

❷ 본론 쓰기

Two-part Question 유형 에세이의 본론에서는 두 개의 과제를 각각 한 단락으로 구성한다. 문제에서 과제가 제시된 순서대로 본론 1과 본론 2에 서술한다. 이때, 각 과제에 따라 적절한 구조를 사용한다.

본론 1 쓰기

본론 1에서는 첫 번째 과제에 대한 중심 내용과 이에 대한 구체적인 근거로 일반적 진술과 예시를 적는다.

· **과제 1**: 문제에서 제시된 과제 1의 중심 내용을 작성한다. 이때, 주어진 과제에 따라 적절한 표현을 사용한다.
· **일반적 진술**: 과제 1의 중심 내용에 대한 일반적인 관점에서의 추가 설명을 해준다.
· **예시**: 개인적인 경험, 조사 결과 등 이유를 뒷받침하는 구체적인 예시를 든다.

> **<본론 1에서 사용할 수 있는 표현>**
> · **The main reason/cause of** + 문제 상황 + **is(that)** + 원인
> · **The main way that** + 주제 + **is** + 영향
> · **To begin with,** + 나의 의견에 대한 이유

본론 1 쓰기의 예

> ***Nowadays, more teenagers want to become famous actors or singers.***
> ***Why do you think this is happening?*** ●── 과제 1
> ***Is this a positive or negative development?*** ●── 과제 2
>
> *요즘, 더 많은 10대들이 유명한 배우나 가수가 되고 싶어 한다.*
> *왜 이러한 일이 발생한다고 생각하는가? 이것은 긍정적인 또는 부정적인 발전인가?*

📝 **아웃라인**

> **과제 1: 원인**
> Cause: desire to imitate the wealthy lives of the stars
> - media portrays glamorous lifestyle
> - ex) reality TV shows: describing luxurious lives of celebrities
>
> **과제 2: 장단점**
> NEG
> : choose careers they are X particularly skilled at
> - more likely to fail w/o consideration of talent & ability
> - ex) Korean pop industry: only 0.1% of trainees succeed

본론 1 쓰기

과제 1: 원인
The main cause of more teens wanting to become actors and singers **is** [their desire to imitate the wealthy and elegant lives of the stars.]

일반적 진술
[Celebrities are portrayed in the media as having glamorous lifestyles, which makes teenagers want to emulate them.]

예시
For instance, [there are reality television shows dedicated to describing the exciting and luxurious lives of certain celebrities. These shows are very popular with teenagers who see the stars as role models and dream of attaining similar levels of fame and wealth.]

본론 2 쓰기

본론 1과 마찬가지로 본론 2에서도 두 번째 과제에 대한 중심 내용과 이에 대한 일반적 진술과 예시를 적절한 표현을 사용하여 적는다.

<본론 2에서 사용할 수 있는 표현>
- **Overall, I think that** + 나의 의견
- **Nevertheless, I firmly believe that** + 나의 의견
- **For the most part, it is apparent that** + 나의 의견
- **Nevertheless, there are other solutions to the problem** + 문제
  One of the ways to + 해결책

본론 2 쓰기의 예

> ***Nowadays, more teenagers want to become famous actors or singers.***
> ***Why do you think this is happening?*** ● 과제 1
> ***Is this a positive or negative development?*** ● 과제 2
>
> 요즘, 더 많은 10대들이 유명한 배우나 가수가 되고 싶어 한다.
> 왜 이러한 일이 발생한다고 생각하는가? 이것은 긍정적인 또는 부정적인 발전인가?

📋 아웃라인

과제 1: 원인
Cause: desire to imitate the wealthy
lives of the stars
– media portrays glamorous lifestyle
– ex) reality TV shows: describing
   luxurious lives of celebrities

과제 2: 장단점
NEG
: choose careers they are X
  particularly skilled at
– more likely to fail w/o consideration
  of talent & ability
– ex) Korean pop industry: only 0.1%
  of trainees succeed

본론 2 쓰기

과제 2: 장단점
Nevertheless, I firmly believe that [the growing number of teenagers who want to become famous is having an overall negative effect] because [young people are choosing careers they are not particularly skilled at.]

일반적 진술
[Without taking into consideration their natural talent and ability, they are likely to fail in their pursuit of fame.]

예시
For example, [in the Korean pop industry, only 0.1 percent of young trainees actually succeed. Those that fail are left with limited career prospects. They often invest so much time and money in their dreams of stardom that they do not consider their education and are unable to find a backup career.]

❸ 결론 쓰기

Two-part Question 유형 에세이의 결론은 에세이 전체를 마무리하는 부분으로, 맺음말로 구성한다. 결론은 지금까지 에세이에서 다루었던 중심 내용을 언급하며 정리하는 부분이므로, 본론에서 사용한 표현을 그대로 쓰기보다는 다른 표현을 사용해 paraphrasing해서 작성한다.

· **맺음말**: 본론에서 서술한 중심 내용을 요약하거나 한 번 더 강조하며 글을 명확하게 끝맺는다.

    <맺음말에서 사용할 수 있는 표현>

       · **To sum up, it is clear that** + 본론의 내용 요약

       · **In this regard, the issue can only be resolved by** + 해결책

       · **However,/Therefore, it is evident/undeniable that** + 나의 의견

결론 쓰기의 예

> ***Nowadays, more teenagers want to become famous actors or singers.***
> ***Why do you think this is happening?***   ● 과제 1
> ***Is this a positive or negative development?***   ● 과제 2
>
> 요즘, 더 많은 10대들이 유명한 배우나 가수가 되고 싶어 한다.
> 왜 이러한 일이 발생한다고 생각하는가? 이것은 긍정적인 또는 부정적인 발전인가?

🗒 아웃라인

과제 1: 원인

Cause: desire to imitate the wealthy lives of the stars
- media portrays glamorous lifestyle
- ex) reality TV shows: describing luxurious lives of celebrities

과제 2: 장단점

NEG
: choose careers they are X particularly skilled at
- more likely to fail w/o consideration of talent & ability
- ex) Korean pop industry: only 0.1% of trainees succeed

결론 쓰기

맺음말

To sum up, it is clear that [exposure to the lifestyles of the stars leads many in the younger generation to aspire to the wealth of these celebrities.] **However, it is evident that** [the drawbacks of so many teenagers trying to become entertainers makes it a negative phenomenon.]

모범답변 및 해석: 해석집 p.435

HACKERS **PRACTICE**

다음 주어진 질문에 답하는 에세이의 아웃라인을 완성하시오.

01

자원과 환경

> *Raising household electricity fees is the most effective solution to the problems associated with power generation and environmental pollution.*
>
> *To what extent do you agree or disagree?*
>
> *What other measures do you think might be effective in reducing the environmental pollution caused by power generation?*

Give reasons for your answer and include any relevant examples from your own knowledge or experience.

Write at least 250 words.

Guideline

'가정용 전기 사용료를 인상하는 것은 발전 및 환경 오염과 관련된 문제들에 대한 가장 효과적인 해결책이다'라는 견해에 반대하는 쪽으로 의견을 정하고, 그 이유를 '가정에서의 사용량은 아주 작은 부분을 차지한다'로 정한 뒤 과제 1을 수행한다. 이어서 다른 해결책으로 '재생 가능 에너지 사용 확대하기'를 제시하며 과제 2를 수행한다. 각각의 과제에 대한 일반적 진술 및 예시를 함께 작성해보자.

📋 아웃라인

과제 1: 찬반	Disagree
	: household usage takes very small part
일반적 진술	_____
	_____
예시	_____
	_____
과제 2: 해결책	Solution: expand the use of renewable energy
일반적 진술	_____
	_____
예시	_____
	_____
	_____

02

교육

> *Most schools give their students grades based on their performance.*
>
> *Why do so many schools utilise this method of student evaluation?*
>
> *In what ways does this affect students?*

Give reasons for your answer and include any relevant examples from your own knowledge or experience.

Write at least 250 words.

Guideline

'대부분의 학교는 성과에 근거하여 학생들에게 성적을 준다'라는 주제의 원인을 '학생들에게 학업 성과를 개선하도록 장려하기 위해'로 정하고 과제 1을 수행한다. 이어서 이에 대한 영향으로 '학생들을 결과에 지나치게 집중하게 만들고, 종종 그들의 건강을 해친다'로 정하고 과제 2를 수행한다. 각각의 과제 1과 과제 2에 대한 일반적 진술 및 예시를 함께 작성해보자.

📋 아웃라인

과제 1: 원인 일반적 진술	Cause: encourage students to improve their academic performance
예시	
과제 2: 영향 일반적 진술	Effect: make students focus too much on results → the detriment of their health
예시	

아웃라인 및 해석: 해석집 p.436

TASK 2

실전 유형 공략 HACKERS **IELTS** WRITING

주어진 아웃라인을 참고하여 빈칸에 적절한 문장을 써서 에세이를 완성하시오.

03
자원과 환경

> *Raising household electricity fees is the most effective solution to the problems associated with power generation and environmental pollution.*
>
> *To what extent do you agree or disagree?*
>
> *What other measures do you think might be effective in reducing the environmental pollution caused by power generation?*

Give reasons for your answer and include any relevant examples from your own knowledge or experience.

Write at least 250 words.

📋 아웃라인

1. Disagree 반대
   : household usage takes very small part
   가정에서의 사용량이 아주 작은 부분을 차지하기 때문임
   - in factories & businesses = main energy consumers
   공장과 산업이 주된 에너지 소비원임
   - ex) USA: industrial & commercial usage: over half of the whole
   예시) 미국: 공업용, 상업용 사용량: 전체의 반 이상임

2. Solution: expand the use of renewable energy
   해결책: 재생 가능 에너지 사용 확대하기
   - developing renewable energy reduces pollution
   재생 가능 에너지를 발전시키는 것은 오염을 줄여줌
   - the Korean gov't provides incentives for companies that convert power supply to renewable sources
   한국 정부는 전력 공급을 재생 에너지원으로 바꾸는 기업에게 포상금을 제공함

서론 쓰기

① _____ increasing the cost of household utilities can solve the environmental problems caused by producing electricity.

가정용 전기 사용료를 인상하는 것이 전기를 생산함으로써 야기되는 환경 문제를 해결할 수 있다는 것은 일반적인 생각이다.

나의 의견

② _____ raising household bills would not be helpful and that this problem can only truly be addressed by using clean energy sources.

그러나, 나는 가정용 요금을 인상하는 것은 도움이 되지 않을 것이고, 이 문제는 청정에너지원을 사용함으로써만 제대로 처리될 수 있다고 굳게 믿는다.

본론 1 쓰기

과제 1: 찬반

③ _____, day-to-day residential energy consumption only accounts for a small part of overall energy use.

우선, 일일 가정 에너지 소비량은 전체 에너지 사용량의 작은 부분만을 차지한다.

일반적 진술

The environmental destruction caused by energy production would remain a problem even if residential consumption decreased as a result of raising energy costs. Factories and businesses should be the ones that are regulated since they are actually the main energy consumers.

에너지 생산으로 인한 환경 파괴는 에너지 비용을 인상함으로써 가정 내 소비량이 줄어들더라도 여전히 문제일 것이다. 공장들과 회사들이야말로 규제되어야 하는데, 사실 그들이 주된 에너지 소비원들이기 때문이다.

예시

④ _____, in the United States, industrial and commercial activities account for more than half of all energy use, while residential energy use makes up only 20 percent. Therefore, burdening households with higher electricity bills would not lead to a great reduction in pollution.

실제로, 미국에서는, 공업과 상업 활동이 전체 에너지 소비량의 반 이상을 차지하고, 가정 내 에너지 사용량은 단 20퍼센트만 구성한다. 그러므로, 가정에 더 높은 전기 사용료의 부담을 주는 것은 환경 오염의 감소를 크게 가져오지 않을 것이다.

본론 2 쓰기

과제 2: 해결책

Neveltheless, ⑤ _____.

One of the ways to decrease the environmental damage caused by power production **is** to expand the use of clean, renewable energy.

그럼에도 불구하고, 오염 문제에 대한 다른 해결책이 있다. 전력 생산으로 인해 야기되는 환경 피해를 줄이는 방법 중 하나는 깨끗하고 재생 가능한 에너지의 사용을 확대하는 것이다.

일반적 진술

Clean energy sources, like solar, wind, and hydroelectric power, do not produce pollution to the same extent as fossil fuels. Developing more energy systems that use these sources would reduce our reliance on fossil-fuel-burning power plants.

태양력, 풍력, 수력 발전력과 같은 청정에너지원들은 화석 연료와 같은 정도로 오염 물질을 야기하지 않는다. 이러한 자원들을 사용하는 에너지 시스템을 더 발전시키는 것은 화석 연료를 태우는 발전소에 대한 우리의 의존도를 줄일 것이다.

예시

⑥ _____, the Korean government currently provides incentives for companies that convert their power supply to renewable sources. This has boosted the growth of renewable energy production considerably and means that Korea is on track to increase its use of green power sources in the near future. This would result in a major drop in the country's overall pollution.

예를 들어, 한국 정부는 현재 전력 공급을 재생 에너지원으로 바꾸는 기업에게 포상금을 제공한다. 이것은 재생 가능 에너지 생산의 성장을 상당히 추진시켰고, 한국이 가까운 미래에 친환경 에너지의 사용량을 늘리기 위해 나아가고 있다는 것을 의미한다. 이것은 국가의 전반적인 오염의 큰 하락을 야기할 수 있다.

결론 쓰기

맺음말

⑦ _____, raising electricity bills would not have a positive impact on the pollution problem because households represent a very small amount of overall energy use. **In this regard,** ⑧ _____ increasing the use of cleaner alternative energy sources.

요약하자면, 전기 요금을 인상하는 것은 오염 문제에 긍정적인 영향을 주지 않을 것인데 이는 가정이 전체 에너지 소비의 아주 작은 양에 해당하기 때문이다. 이런 관점에서, 이 문제는 더 깨끗한 대체 에너지원의 사용을 증가시킴으로써 해결될 수 있다.

*답변 작성 시 마지막 2분 동안 핵심 첨삭 포인트(p.331)를 참고하여 에세이를 검토하자.
*답변 작성을 완료한 후, 답변 셀프 체크 포인트(p.345)를 통해 나의 답변을 점검하고 보완하자.

모범답변 및 해석: 해석집 p.437

04

교육

Most schools give their students grades based on their performance.

Why do so many schools utilise this method of student evaluation?

In what ways does this affect students?

Give reasons for your answer and include any relevant examples from your own knowledge or experience.

Write at least 250 words.

📝 아웃라인

1. Cause: encourage students to improve their academic performance
   원인: 학생들에게 학업 성과를 개선하도록 장려하기 위해
   - grades offer a means of determining progress
     점수는 성취를 측정하는 수단을 제공함
   - ex) research: a relation btw. receiving lower mark & motivation
     예시) 연구: 낮은 점수를 받는 것과 동기부여의 관계

2. Effect: make students focus too much on results → the detriment of their health
   영향: 학생들을 결과에 지나치게 집중하게 만들고, 종종 그들의 건강을 해침
   - students can become stressed & suffer psychologically
     학생들이 스트레스를 받고 심리적으로 고통받음
   - ex) survey: US teachers & SAT
     예시) 설문조사: 미국 교사들과 수능시험

서론 쓰기

It is true that ① _____
_____.

대부분의 교육 기관에서 학생들에게 성과의 질에 따라서 성적을 주는 것은 사실이다.

While there are various reasons for them to do this, ② _____
_____, as it can make them worry
too much about their results.

그들이 이렇게 하는 다양한 이유가 있지만, 성과에 근거해 점수를 매기는 것은 사실 학생들에게 전반적으로 부정적인 영향을 미치는데, 그것이 학생들을 자신의 결과에 대해 너무 많이 걱정하도록 만들 수 있기 때문이다.

본론 1 쓰기

The main reason schools assign grades according to the quality of a student's work **is** that ③ _____
_____.

학교가 학생의 성과의 질에 따라 성적을 부여하는 것의 주된 이유는 그렇게 하는 것이 학생에게 학업 성과를 개선하도록 장려하기 때문이다.

④ _____
_____. Without grades, students cannot really determine how well they are doing in their classes and may not put in the effort required to improve their work as a result.

성적은 성취를 측정할 뿐만 아니라 더 많은 노력이 필요한 분야에 대해 주의를 상기시키는 수단을 제공한다. 성적이 없다면, 학생들은 그들이 수업에서 얼마나 잘하고 있는지 사실상 측정할 수 없고 그 결과 성과를 개선하기 위해 필요한 노력을 들이지 않을지도 모른다.

In fact, recent research has shown that receiving low marks in one subject often motivates students to push harder to improve their grades. This can result in a better academic performance overall.

실제로, 최근의 연구는 한 과목에서 낮은 점수를 받는 것은 종종 점수를 높이기 위해 학생들이 더 노력하게 만드는 동기를 부여한다는 것을 보여주었다. 이것은 전반적으로 더 좋은 학업 성취를 이끌어 낼 수 있다.

본론 2 쓰기

과제 2: 영향

Nevertheless, ⑤ _____

because it can make them focus too much on results, often to the detriment of their health.

그럼에도 불구하고, 학생의 학업 성취에 근거해 성적을 주는 것은 부정적인 결과를 가져올 수 있는데, 학생들이 결과에 지나치게 집중하게 만들어, 종종 결국 건강을 해치게 하기 때문이다.

일반적 진술

When they are under academic pressure to achieve good grades, ⑥ _____

_____ **and may even suffer psychologically.**

좋은 성적을 받아야 한다는 학업적 압박을 받을 때, 학생들은 자신들이 얼마나 잘하고 있는지에 대해 스트레스를 받게 되고 심지어는 심리적으로 고통받을 수 있다.

예시

To see a good example of this, one need look no further than the SAT, a standardized test that many students are required to take. A survey of teachers in the US revealed that 80 percent of them believed that students were experiencing stress related disorders resulting from the pressure of this exam. The relentless focus on exam results was causing serious mental health problems among students, including depression and anxiety.

이에 대한 좋은 예를 보자면, 다른 것을 볼 필요도 없이 많은 학생들이 치러야 하는 수능시험이 있다. 미국에서의 교사들의 설문조사는 80퍼센트의 교사들이 이 시험의 압박에 의해 학생들이 스트레스와 연관된 질환을 겪고 있다고 생각한다는 것을 보여주었다. 시험 결과에 대한 심한 집중은 학생들에게 우울감과 불안을 포함한 심각한 정신적 건강 문제를 야기하고 있었다.

결론 쓰기

맺음말

To sum up, it is clear that ⑦ _____.

However, it is undeniable that ⑧ _____

and that other approaches should be considered.

요약하자면, 학교가 성적을 매기는 것을 학생의 성과에 대한 명확한 지표로 이용하는 것임은 명확하다. 그러나, 이 절차는 그들에게 부정적인 영향을 미칠 수 있고 다른 접근 방법이 고려되어야 함을 부인할 수 없다.

*답변 작성 시 마지막 2분 동안 핵심 첨삭 포인트(p.331)를 참고하여 에세이를 검토하자.
*답변 작성을 완료한 후, 답변 셀프 체크 포인트(p.345)를 통해 나의 답변을 점검하고 보완하자.

모범답변 및 해석: 해석집 p.438

다음 문제를 읽고, 아웃라인을 완성하여 이를 바탕으로 에세이를 작성하시오.

01

Nowadays, many governments budget money for the sports industry.

Why do you think governments are funding sports so heavily?

Do you think this is an appropriate investment?

Give reasons for your answer and include any relevant examples from your own knowledge or experience.

Write at least 250 words.

📋 아웃라인

1. Cause: strengthen their country's image by sponsoring events

   - _____

   - ex) _____

2. Agree

   : sports = entertain ppl. & encourage fitness & stimulate the economy

   - _____

   - ex) _____

서론 쓰기

도입

나의 의견

본론 1 쓰기

과제 1: 원인

일반적 진술

예시

본론 2 쓰기

과제 2: 찬반

_____

_____

_____

_____

일반적 진술

_____

_____

_____

_____

_____

예시

_____

_____

_____

_____

_____

_____

_____

_____

결론 쓰기

맺음말

_____

_____

_____

_____

_____

_____

_____

*답변 작성 시 마지막 2분 동안 핵심 첨삭 포인트(p.331)를 참고하여 에세이를 검토하자.
*답변 작성을 완료한 후, 답변 셀프 체크 포인트(p.345)를 통해 나의 답변을 점검하고 보완하자.

모범답변 및 해석: 해석집 p.440

> *Consumer behaviour has changed considerably in recent years due to technology.*
>
> *In what ways does technology affect consumer activities such as shopping?*
>
> *Do the advantages outweigh the disadvantages?*

Give reasons for your answer and include any relevant examples from your own knowledge or experience.

Write at least 250 words.

📋 아웃라인

```
1. Effect: _____
     - _____
     - ex) _____
2. Adv.: _____
     - _____
     - ex) _____
```

서론 쓰기

도입

_____

_____

_____

나의 의견

_____

_____

_____

_____

본론 1 쓰기

과제 1: 영향

_____

_____

_____

일반적 진술

_____

_____

_____

_____

_____

예시

_____

_____

_____

_____

_____

_____

_____

_____

본론 2 쓰기

과제 2: 장단점

_____

_____

_____

일반적 진술

_____

_____

_____

_____

_____

예시

_____

_____

_____

_____

_____

_____

_____

결론 쓰기

맺음말

_____

_____

_____

_____

_____

_____

*답변 작성 시 마지막 2분 동안 핵심 첨삭 포인트(p.331)를 참고하여 에세이를 검토하자.
*답변 작성을 완료한 후, 답변 셀프 체크 포인트(p.345)를 통해 나의 답변을 점검하고 보완하자.

모범답변 및 해석: 해석집 p.442

HACKERS

IELTS

WRITING

goHackers.com

학습자료 제공·유학정보 공유

ACTUAL TEST

WRITING TASK 1

You should spend about 20 minutes on this task.

The chart below gives information about high school graduates in Mexico, Portugal, and Luxembourg between 2005 and 2011.

Summarise the information by selecting and reporting the main features, and make comparisons where relevant.

Write at least 150 words.

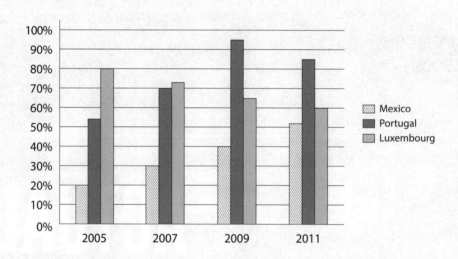

High school graduation rate (2005-2011)

....

....

....

....

....

....

....

....

....

....

....

....

....

....

....

....

....

....

....

....

....

....

....

*답변 작성 시 마지막 2분 동안 핵심 첨삭 포인트(p.331)를 참고하여 요약문을 검토하자.
*답변 작성을 완료한 후, 답변 셀프 체크 포인트(p.344)를 통해 나의 답변을 점검하고 보완하자.

모범답변 및 해석: 해석집 p.444

WRITING TASK 2

You should spend about 40 minutes on this task.

Write about the following topic:

> *Governments should spend tax money on public libraries rather than public transportation improvements.*
>
> *To what extent do you agree or disagree with this statement?*

Give reasons for your answer and include any relevant examples from your own knowledge or experience.

Write at least 250 words.

....

....

....

....

....

....

....

....

....

....

....

....

....

....

....

....

....

....

....

....

....

....

....

....

*답변 작성 시 마지막 2분 동안 핵심 첨삭 포인트(p.331)를 참고하여 에세이를 검토하자.
*답변 작성을 완료한 후, 답변 셀프 체크 포인트(p.345)를 통해 나의 답변을 점검하고 보완하자.

모범답변 및 해석: 해석집 p.445

WRITING TASK 1

You should spend about 20 minutes on this task.

The table below gives information about the advertising costs and revenues of five types of products sold by a European company in 2004.

Summarise the information by selecting and reporting the main features, and make comparisons where relevant.

Write at least 150 words.

Advertising costs and revenues - 2004

	% of advertisement costs	% of revenues
Computers	12.96%	42.95%
Refrigerators	6.42%	8.81%
Air conditioners	36.6%	23.7%
Washing machines	3.96%	8.14%
Televisions	40.06%	16.4%

....

....

....

....

....

....

....

....

....

....

....

....

....

....

....

....

....

....

....

....

....

....

*답변 작성 시 마지막 2분 동안 핵심 첨삭 포인트(p.331)를 참고하여 요약문을 검토하자.
*답변 작성을 완료한 후, 답변 셀프 체크 포인트(p.344)를 통해 나의 답변을 점검하고 보완하자.

모범답변 및 해석: 해석집 p.447

ACTUAL TEST 2 327

AT 2

TASK 1 HACKERS **IELTS** WRITING

WRITING TASK 2

You should spend about 40 minutes on this task.

Write about the following topic:

> *Some people say that students should not be exposed to teachers' opinions on social and political issues in the classroom. Others, however, think that it is helpful for students to hear various perspectives.*
>
> *Discuss both these views and give your own opinion.*

Give reasons for your answer and include any relevant examples from your own knowledge or experience.

Write at least 250 words.

*답변 작성 시 마지막 2분 동안 핵심 첨삭 포인트(p.331)를 참고하여 에세이를 검토하자.
*답변 작성을 완료한 후, 답변 셀프 체크 포인트(p.345)를 통해 나의 답변을 점검하고 보완하자.

모범답변 및 해석: 해석집 p.448

HACKERS
IELTS
WRITING

goHackers.com

학습자료 제공·유학정보 공유

HACKERS IELTS WRITING

부록

1. 필수 첨삭 포인트

활용 방법

답변 작성을 완료한 후 시간의 여유가 있다면 2분 정도 작성한 답변을 검토하는 과정을 거치는 것이 좋다. 이때, 문법, 철자, 문장구조 등을 중심으로 검토하면 답변의 완성도를 한층 더 높일 수 있다. 필수 첨삭 포인트를 숙지한 후, 이에 근거해 답변을 검토 및 수정한다.

• 01 완전한 문장인가?

모든 문장이 주어와 동사를 갖춘 완전한 문장인지 확인한다. 문장에는 주어와 동사가 반드시 하나씩은 있어야 한다.
또한, 주절 없이 종속절만으로 문장을 쓸 수 없다.

주어가 빠진 경우

> 게다가, 그녀는 광고가 아이들에게 부정적인 영향을 미친다고 주장한다.
>
> In addition, argues that advertising has negative effects on children.
>   she

➡ 주어가 빠진 불완전한 문장이므로, 주어를 삽입해야 한다.

동사가 빠진 경우

> 우리 어머니는 나의 학교 성적에 무관심하셨었다.
>
> My mother indifferent to my school grades.
>   was

➡ 동사가 빠진 불완전한 문장이므로, 동사를 삽입해야 한다.

주절 없이 종속절만 쓴 경우

> 아이들이 컴퓨터 게임을 너무 많이 하기 때문에, 부모들은 아이들의 컴퓨터 사용을 통제해야 한다.
>
> Because children play computer games too much.
>   , parents should control their kids' computer use

➡ 종속절은 독립적으로 사용될 수 없으므로, 주절을 삽입해야 한다.

연습문제 다음 해석을 참고하여 영어 문장을 바르게 고치시오.

1. 고등학교 때, 나는 공부할 충분한 시간이 있었다.
   When I was in high school, had enough time to study.

2. 여가 시간은 20년 후에 더 많을 것이다.
   Leisure time will more abundant in 20 years.

3. 정확한 판단 없이 물건을 샀기 때문에, 그들은 구매를 후회했다.
   Because they bought things without accurate judgment. They regretted their purchases.

정답 p.340

문장 내 주어와 동사의 수가 일치하는지 확인한다. 주어가 단수면 단수 동사, 복수면 복수 동사가 와야 한다.

단수 주어 – 단수 동사

> 그는 항상 집에 머문다.
> He always ~~stay~~ at home.
>   stays

➡ 주어가 단수이므로, 단수 동사가 와야 한다.

복수 주어 – 복수 동사

> 나는 학교 친구들이 부모님보다 더 영향력이 있다는 데 동의한다.
> I agree that friends in school ~~is~~ more influential than parents.
>   are

➡ 주어가 복수이므로, 복수 동사가 와야 한다.

연습문제 다음 해석을 참고하여 영어 문장을 바르게 고치시오.

> 1. 아쉽게도 그의 형들은 너무 바빴다.
>   Sadly his brothers was too busy.
>
> 2. 그는 공부를 전혀 하지 않아서, 그의 점수는 형편없다.
>   He never study, so his scores are poor.
>
> 3. 나의 상사는 매일 걸어서 출근한다.
>   My boss walk to work every day.

정답 p.340

• 03 동사의 시제가 일치하는가?

주절 동사의 시제와 종속절 동사의 시제가 일치하는지 확인한다. 또한, 때를 나타내는 표현의 시제와 동사의 시제가 일치하는지 확인한다. 아래에는 자주 틀리는 시제 일치의 예를 정리하였다.

주절과 종속절 동사의 시제 일치

> 어렸을 때, 나는 바이올린을 연주했었다.
> When I was young, I ~~play~~ the violin.
>   **played**

➡ '바이올린을 연주한 것'은 과거인 '어렸을 때'와 같은 시점의 일이므로, 과거 동사가 와야 한다.

> 나는 한 달 전에 샀던 자전거를 팔았다.
> I sold the bike that I ~~bought~~ a month ago.
>   **had bought**

➡ '자전거를 샀던 것'은 과거인 '자전거를 판 것'보다 먼저 일어난 일이므로, 과거완료 동사가 와야 한다.

때를 나타내는 표현의 시제와 동사의 시제 일치

> 작년에, 나는 그 영화를 처음 보았다.
> Last year, I ~~watch~~ the movie for the first time.
>   **watched**

➡ 'Last year'는 과거를 나타내는 표현이므로, 과거 동사가 와야 한다.

> 12살 때부터, 나는 영어를 공부해왔다.
> Since I was 12 years old, I ~~studied~~ English.
>   **have studied**

➡ 'Since'는 '그 이후로 계속'이라는 의미이므로, 현재완료 동사가 와야 한다.

연습문제 다음 해석을 참고하여 영어 문장을 바르게 고치시오.

> 1. 나는 배가 고팠어서, 그 식당에 들어갔다.
>   Because I was hungry, I go into the restaurant.
>
> 2. 나는 오늘 그 과제를 끝내야만 한다.
>   I had to finish the assignment today.
>
> 3. 내년에, 나는 더 자주 운동할 것이다.
>   Next year, I exercise more often.

04 조동사와 to부정사가 바르게 사용되었는가?

동사의 형태가 바르게 사용되었는지 확인한다. 조동사 뒤에 오는 동사와 to부정사의 동사는 반드시 원형이어야 한다.

조동사 + 동사원형

> 나는 나의 미래에 대해 생각할 수 있었다.
> I ~~could thought~~ about my future.
>   could think

➡ 조동사 could 뒤에는 동사원형이 와야 한다.

> 부모들은 자녀를 가르쳐야만 한다.
> Parents ~~must teaching~~ their children.
>   must teach

➡ 조동사 must 뒤에는 동사원형이 와야 한다.

to부정사 = to + 동사원형

> 나의 오빠는 비디오 게임에 빠지기 시작했다.
> My brother started ~~to indulged~~ in video games.
>   to indulge

➡ to부정사에서는 항상 to 다음에 동사원형이 와야 한다.

> 동아리 활동은 학생들이 대인관계를 넓히는 것을 가능하게 한다.
> Club activities allow students ~~to expanding~~ their personal relationships.
>   to expand

➡ to부정사에서는 항상 to 다음에 동사원형이 와야 한다.

연습문제 다음 해석을 참고하여 영어 문장을 바르게 고치시오.

> 1. 우리 학교의 정책은 모든 학생이 미술 수업을 들어야 한다는 것이다.
>   My school's policy is that all students should attended art class.
>
> 2. 사람들은 그들의 많은 시간을 일하면서 보낼 것이다.
>   People will spent much of their time working.
>
> 3. 할 일이 더 많이 있을 것이다.
>   There will be more work to doing.

정답 p.340

05 명사가 바르게 사용되었는가?

가산명사와 불가산명사가 바르게 사용되었는지 확인한다. 또한, every/each/another 등의 표현 뒤에 오는 명사가 단수 형태로 사용되었는지 확인한다.

가산명사

사람이나 물질이 하나인 경우

일부 사람들은 포크를 사용해서 피자를 먹는다.
Some people eat pizza with ~~fork~~.
  a fork

➡ 단수명사는 관사 a/an과 함께 사용해야 한다.

사람이나 물질이 둘 이상인 경우

Robert는 그의 아내에게 생일 선물로 꽃을 주었다.
Robert gave his wife ~~flower~~ as her birthday gift.
  flowers

➡ 복수명사는 -(e)s를 붙여 사용해야 한다.
  * 불규칙 명사의 경우 해당 명사의 복수형을 사용한다. ex) child → children

불가산명사

물질명사 ex) water, air, salt   **추상명사** ex) advice, information, traffic

그는 나에게 그 문제에 대한 조언을 요청했다.
He asked me for ~~an advice~~ about the problem.
  advice

➡ 추상명사 advice는 불가산명사로, a/an과 함께 쓰지 않고 복수 형태로도 사용하지 않는다.

each/every/another + 단수명사

모든 학생은 이 활동에 참여할 필요가 있다.
Every ~~students~~ need to participate in this activity.
  student

➡ every 뒤에 오는 명사는 단수 형태로 사용해야 한다.

연습문제 다음 해석을 참고하여 영어 문장을 바르게 고치시오.

1. 여행 가이드는 우리에게 유용한 정보를 말해주었다.
   The tour guide told us a useful information.
2. 각각의 책은 이달 말까지 반납되어야 한다.
   Each books must be returned by the end of this month.

정답 p.341

관사가 필요하지 않은 자리에 사용되었는지, 혹은 꼭 필요한 자리에서 빠져있지 않은지 확인한다. 다음은 관용적으로 관사를 사용하지 않거나, 관사 the를 반드시 사용해야 하는 경우이다.

관용적으로 관사를 사용하지 않는 경우

한정되지 않은 일반적인 의미의 불가산명사 앞 ex) emotion, knowledge, information
장소가 건물/사물이 아닌 본래의 목적을 뜻하는 경우 ex) be at school, go to church, stay in bed
운동 명사 앞 ex) golf, basketball, tennis
학문 명사 앞 ex) psychology, physics, sociology

나의 오빠는 학교에 지각했다.
My brother was late for ~~the~~ school.

➡ school이 학교 건물이 아니라 본래의 목적인 '배우는 곳'을 뜻할 때에는 관사를 사용하지 않는다.

관사 the를 반드시 사용해야 하는 경우

유일한 것과 자연환경 앞 ex) the sun, the world, the sea
서수 앞 ex) the first, the second, the third
형용사의 최상급 앞 ex) the best, the fastest, the most beautiful
same/only/next/last 앞 ex) the same, the only, the next, the last

나는 내 생애 첫 번째 직업을 빵집에서 얻었다.
I got ~~first~~ job of my life at a bakery.
   the first

➡ 서수 first 앞에는 반드시 관사 the를 사용해야 한다.

연습문제 다음 해석을 참고하여 영어 문장을 바르게 고치시오.

1. 작은 여자 아이가 그 선생님과 골프를 치고 있었다.
   A little girl was playing the golf with the teacher.

2. 그 도서관은 세상에서 가장 큰 것으로 알려졌다.
   The library is known as the biggest one in world.

3. 그날은 내 인생에서 최고의 날이었다.
   That day was best day of my life.

정답 p.341

• 07 적절한 전치사가 사용되었는가?

전치사가 동사나 명사와 함께 쓰이는 경우, 적절한 전치사가 사용되었는지 확인한다. 아래에는 자주 틀리는 전치사 표현을 정리하였다.

'동사 + 전치사' 표현

be addicted to ~에 중독되다	**be published by** ~에 의해 출간되다	**major in** ~을 전공하다
be interested in ~에 흥미가 있다	**talk about** ~에 관해 이야기하다	**disagree with** ~에 동의하지 않다
agree with ~에 동의하다	**compete with** ~와 경쟁하다	**share with** ~와 공유하다
prepare for ~을 준비하다		

> 많은 아이들이 컴퓨터 게임에 중독되었다.
> Many children are addicted ~~from~~ computer games.
>   to

➡ 동사 be addicted(중독되다)는 전치사 to(~에)와 함께 사용되어야 한다.

'명사 + 전치사' 표현

an influence on ~에 대한 영향	**a solution to** ~에 대한 해결책	**concern over** ~에 대한 걱정
a problem with ~와의 문제	**increase/decrease in** ~의 증가/감소	**lack of** ~의 부족
access to ~에의 접근		

> 부모들은 아이들의 학교 생활에 큰 영향을 끼친다.
> Parents have a strong influence ~~in~~ chidren's school life.
>   on

➡ 명사 influence(영향)는 전치사 on과 함께 사용되어야 한다.

연습문제 다음 해석을 참고하여 영어 문장을 바르게 고치시오.

> 1. 그들은 그들의 목표를 달성하기 위해 서로 경쟁할 것이다.
>   They will compete by each other to accomplish their goals.
>
> 2. 그들은 보통 쓸데없는 주제에 관해 이야기한다.
>   They usually talk with useless topics.
>
> 3. 다음의 사건들은 수요의 감소를 야기할 것이다.
>   The following events would cause a decrease of demand.

정답 p.341

문장 부호가 올바르게 사용되었는지 확인한다. 아래에는 자주 틀리는 문장 부호의 쓰임을 정리하였다.

콤마 (,)
주절의 문장 성분에 포함되지 않는 단어나 구를 문장의 맨 처음에 제시하거나 문장 중간에 삽입할 때

> 이러한 이유들 때문에, 나는 사람들이 처벌받아서는 안 된다고 믿는다.
> For these reasons I believe that people should not be punished.
>   ‿
>   ,

➡ For these reasons와 같은 구를 문장의 맨 처음에 제시할 때는 뒤에 콤마가 와야 한다.

> 이주 노동자의 수는, 예를 들어, 최근 수십 년 동안 증가했다.
> The number of migrant workers for example has grown in recent decades.
>   ‿   ‿
>   ,   ,

➡ for example과 같은 구를 문장 중간에 삽입할 때는 해당 구의 앞뒤에 콤마가 와야 한다.

세미콜론 (;)
두 문장을 접속사 대신 이어줄 때

> 축구는 전 세계적으로 매우 인기 있는 스포츠이다. 야구는 많은 팬이 있는 또 다른 스포츠이다.
> Soccer is a very popular sport worldwide baseball is another sport with a large following.
>   ‿
>   ;

➡ 두 문장을 접속사 대신 이어주고자 할때는 첫 문장 뒤에 세미콜론이 와야 한다.

하이픈 (-)
두 개 이상의 단어가 연결되어 하나의 형용사나 명사 역할을 할 때

> 이는 임금이 낮은 사람들에게 영향을 끼치지 않을 것이다.
> It will not influence ~~low income~~ people.
>   low-income

➡ low와 income이 함께 사용되어 하나의 형용사 역할을 하므로, 두 단어 사이에 하이픈이 와야 한다.

연습문제 다음 해석을 참고하여 영어 문장을 바르게 고치시오.

> 1. 게다가, 사람들은 우울할 때 더 많은 돈을 쓰는 경향이 있다.
>   On top of that people tend to spend more money when they are depressed.
>
> 2. 고속 인터넷 접속에는 장점이 있다.
>   There are advantages of a high speed Internet connection.

정답 p.341

연습문제 정답

01 완전한 문장인가?

1. When I was in high school,_had enough time to study.
   I

2. Leisure time will_more abundant in 20 years.
   be

3. Because they bought things without accurate judgment. ~~They~~ regretted their purchases.
   , they

02 주어와 동사의 수가 일치하는가?

1. Sadly his brothers ~~was~~ too busy.
   were

2. He never ~~study~~, so his scores are poor.
   studies

3. My boss ~~walk~~ to work every day.
   walks

03 동사의 시제가 일치하는가?

1. Because I was hungry, I ~~go~~ into the restaurant.
   went

2. I ~~had~~ to finish the assignment today.
   have

3. Next year, I ~~exercise~~ more often.
   will exercise

04 조동사와 to부정사가 바르게 사용되었는가?

1. My school's policy is that all students ~~should attended~~ art class.
   should attend

2. People ~~will spent~~ much of their time working.
   will spend

3. There will be more work ~~to doing~~.
   to do

05 명사가 바르게 사용되었는가?

1. The tour guide told us ~~a useful information~~.
   useful information

2. Each ~~books~~ must be returned by the end of this month.
   book

06 관사가 알맞은 경우에 사용되었는가?

1. A little girl was playing ~~the golf~~ with the teacher.
   golf

2. The library is known as the biggest one in ~~world~~.
   the world

3. That day was ~~best~~ day of my life.
   the best

07 적절한 전치사가 사용되었는가?

1. They will compete ~~by~~ each other to accomplish their goals.
   with

2. They usually talk ~~with~~ useless topics.
   about

3. The following events would cause a decrease ~~of~~ demand.
   in

08 문장 부호가 올바르게 사용되었는가?

1. On top of that people tend to spend more money when they are depressed.
   ,

2. There are advantages of a ~~high speed~~ Internet connection.
   high-speed

HACKERS
IELTS
WRITING

goHackers.com

학습자료 제공·유학정보 공유

부록

2. 답변 셀프 체크 포인트

Task 1 답변 셀프 체크 포인트
Task 2 답변 셀프 체크 포인트

활용 방법

답변 셀프 체크 포인트를 이용해 작성한 답변을 스스로 점검할 수 있다. TASK 1과 TASK 2의 평가 요소에 따라 답변을 검토함으로써 라이팅 실력 향상을 위해 개선해야 할 점을 파악하고, 이를 통해 앞으로의 학습 계획을 세우면 목표 점수 달성에 도움이 된다.

• TASK 1 답변 셀프 체크 포인트

TASK 1에서는 문제에서 따라 주어진 시각자료에서 적절한 정보를 선택하여 요약문을 작성하는 과제가 주어진다. 앞서 학습한 유형별 요약문 쓰기 전략을 바탕으로 직접 작성한 TASK 1 요약문에 대해 다음 사항을 확인하고, 실력 향상을 위해 개선해야 할 점을 적어보자.

과제 수행

1 문제와 문제의 지시사항에서 주어진 과제를 모두 수행하였다. ☐ Yes ☐ No

2 주어진 시간 내에 요약문을 150단어 이상 작성하였다. ☐ Yes ☐ No

3 시각자료에서 두드러지는 특징을 분석하여 답변에 충분히 설명하였다. ☐ Yes ☐ No

4 주제를 벗어난 문장이나 내용을 포함하지 않았다. ☐ Yes ☐ No

일관성과 결합성

1 다양한 연결어를 사용하여 자연스러운 흐름의 답변을 작성하였다. ☐ Yes ☐ No

2 <주제 – 전체 특징 – 세부 특징>으로 단락을 나누어 답변을 작성하였다. ☐ Yes ☐ No

3 시각자료의 전체를 아우르는 눈에 띄는 특징을 포함하여 요약문을 작성하였다. ☐ Yes ☐ No

4 시각자료에서 제시된 구체적인 정보를 포함하여 요약문을 작성하였다. ☐ Yes ☐ No

어휘 사용

1 상황과 주제에 어울리는 적절한 어휘 및 표현을 사용하였다. ☐ Yes ☐ No

2 동일한 어휘 또는 표현을 반복적으로 사용하지 않았다. ☐ Yes ☐ No

3 문제에서 제시된 주제 문장을 그대로 다시 사용하지 않았다. ☐ Yes ☐ No

4 문법 및 철자의 오류를 보이지 않았다. ☐ Yes ☐ No

문법의 다양성과 정확성

1 알맞은 문장 부호를 사용하였다. ☐ Yes ☐ No

2 다양한 문장 구조를 사용하였다. ☐ Yes ☐ No

3 답변을 모두 작성한 후, 문법적 오류가 없는지 다시 한 번 확인하였다. ☐ Yes ☐ No

• TASK 2 답변 셀프 체크 포인트

TASK 2에서는 문제에서 주어진 주제에 대한 나의 의견을 명확히 담은 에세이를 작성하는 과제가 주어진다. 앞서 학습한 유형별 에세이 쓰기 전략을 바탕으로 직접 작성한 TASK 2 에세이에 대해 다음 사항을 확인하고, 실력 향상을 위해 개선해야 할 점을 적어보자.

과제 수행

1 문제와 문제의 지시사항에서 주어진 과제를 모두 수행하였다. □ Yes □ No

2 주어진 시간 내에 에세이를 250단어 이상 작성하였다. □ Yes □ No

3 구체적인 근거를 포함하여 나의 의견을 명확하게 제시하였다. □ Yes □ No

4 주제를 벗어난 문장이나 내용을 포함하지 않았다. □ Yes □ No

일관성과 결합성

1 다양한 연결어를 사용하여 자연스러운 흐름의 답변을 작성하였다. □ Yes □ No

2 <서론 – 본론1 – 본론2 – 결론>의 구조가 명확히 드러나도록 단락을 구성하였다. □ Yes □ No

3 각 단락의 첫 문장에 단락의 중심내용을 서술하여 내용이 명확하게 드러나도록 작성하였다. □ Yes □ No

4 본론의 내용이 서론에 제시된 나의 의견과 긴밀하게 연결되어 있다. □ Yes □ No

어휘 사용

1 상황과 주제에 어울리는 적절한 어휘 및 표현을 사용하였다. □ Yes □ No

2 동일한 어휘 또는 표현을 반복적으로 사용하지 않았다. □ Yes □ No

3 문제에서 제시된 주제 문장을 그대로 다시 사용하지 않았다. □ Yes □ No

4 문법 및 철자의 오류를 보이지 않았다. □ Yes □ No

문법의 다양성과 정확성

1 알맞은 문장 부호를 사용하였다. □ Yes □ No

2 다양한 문장 구조를 사용하였다. □ Yes □ No

3 답변을 모두 작성한 후, 문법적 오류가 없는지 다시 한 번 확인하였다. □ Yes □ No

HACKERS IELTS Writing

TASK 2 주제별 출제 예상 토픽 & 아웃라인 모음집

해커스 어학연구소

CONTENTS

TASK 2 주제별 출제 예상 토픽 & 아웃라인 모음집 구성

■ 구성

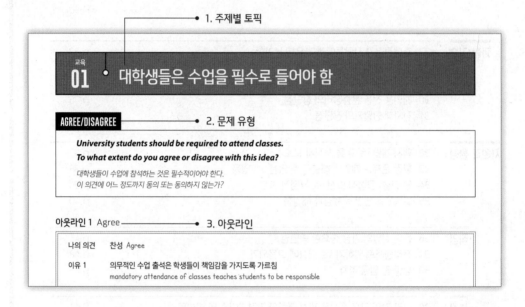

● 1. 주제별 토픽

교육
01 ● 대학생들은 수업을 필수로 들어야 함

AGREE/DISAGREE ─────● 2. 문제 유형

University students should be required to attend classes.
To what extent do you agree or disagree with this idea?

대학생들이 수업에 참석하는 것은 필수적이어야 한다.
이 의견에 어느 정도까지 동의 또는 동의하지 않는가?

아웃라인 1 Agree ─────● 3. 아웃라인

나의 의견	찬성 Agree
이유 1	의무적인 수업 출석은 학생들이 책임감을 가지도록 가르침 mandatory attendance of classes teaches students to be responsible

---

1. 주제별 토픽 출제 가능성이 높은 50개의 토픽을 주제별로 나누어 학습함으로써 취약한 주제를 추가로 학습하고 다양한 분야의 문제를 연습해볼 수 있습니다.

2. 문제 유형 최신 출제 경향을 철저히 반영하여 주제별로 자주 출제되는 문제 유형을 학습할 수 있습니다.

3. 아웃라인 에세이에 바로 적용할 수 있는 아이디어를 아웃라인의 형태로 제시하였으며, 이를 글쓰기 전략에 적용하여 에세이를 작성해볼 수 있습니다

■ 활용 방법

1. 문제의 주제와 토픽을 파악하기

에세이를 쓰기 전 토픽이 무엇인지 정확하게 파악하는 것이 중요하다. 문제에서 제시된 토픽이 어떤 유형으로 출제되었는지 빠르게 파악한다.

2. 문제 유형을 보고 본 교재에서 배운 유형별 전략 떠올려보기

<Hackers IELTS Writing>에서 배웠던 유형별 전략을 문제에 적용해본다. 학습한 아웃라인의 형태에 따라 에세이의 구조를 구상해본다.

3. 토픽에 대한 아이디어를 브레인스토밍해보기

쉬운 토픽이라도 평소에 충분히 생각해보지 않았다면 빠른 시간에 아이디어를 떠올리기 힘들다. 제시된 아웃라인을 먼저 읽기보다는 토픽에 대한 나의 평소 생각을 정리해보는 것이 실전을 대비하는 효과적인 방법이다. 실제 시험장에서 문제가 출제되었다면 어떤 아이디어로 답안을 작성할 것인지 생각해본다.

4. 제시된 아웃라인을 읽고 내가 브레인스토밍한 내용과 비교해보기

토픽에 대해 스스로 브레인스토밍해보았다면 이제 제시된 아웃라인을 읽어보고 나의 논리구조와 어떤 차이점이 있는지 비교해본다. 잘 떠오르지 않았던 아이디어는 에세이를 쓸 때 활용할 수 있도록 다시 한번 읽어 익혀둔다.

5. 아이디어를 토대로 에세이 써보기

문제에 대해 정리한 아이디어를 토대로 에세이를 써본다. 앞서 배운 유형별 글쓰기 전략을 적용하고, 답안 작성 단계에 따라 완전한 에세이를 작성하며 실제 시험에 대한 적응력을 키운다. 이렇게 토픽과 각 토픽에 대한 아이디어를 학습함으로써 다양한 분야의 문제에 익숙해지고, 관련 표현 사용 및 에세이 전개 방식을 연습해볼 수 있다.

01 · 대학생들은 수업을 필수로 들어야 함

AGREE/DISAGREE

University students should be required to attend classes.
To what extent do you agree or disagree with this idea?

대학생들이 수업에 참석하는 것은 필수적이어야 한다.
이 의견에 어느 정도까지 동의 또는 동의하지 않는가?

아웃라인 1 Agree

나의 의견	찬성 Agree
이유 1	의무적인 수업 출석은 학생들이 책임감을 가지도록 가르침
	mandatory attendance of classes teaches students to be responsible
	– 시간 엄수와 규율은 중요함
	punctuality and discipline are impt.
	– 예시) 수업에 매일 참석함으로써 규칙적인 생활 습관을 가짐
	had a well-regulated life by attending classes everyday
이유 2	교수가 학생들의 참여도를 평가할 수 있음
	prof. can evaluate student participation
	– 학생들의 많은 행동 요소가 평가되어야 함
	students should be evaluated on many elements of behavior
	– 예시) 교수가 출석과 강의 참여를 높이 평가하는 것을 보았음
	ex) saw prof. appreciating attendance & engagement in lectures

아웃라인 2 Disagree

나의 의견	반대 Disagree
이유 1	학생은 수업에 출석할지에 대해 스스로 선택할 수 있어야 함
	students should be able to choose whether they go to classes
	– 수업이 들을 가치가 없을 것이라고 생각할 때 생략할 수 있음
	if they do not think it will be valuable, they can skip the class
	– 예시) 교수님이 학생에게 신경을 쓰지 않은 수업에 출석하지 않았음
	ex) did not go a class where prof. was inattentive to students
이유 2	학생이 결석하더라도 공부할 수 있는 다른 방법이 있음
	other ways to study even if students are absent
	– 온라인 수업 자료로 수업을 보충할 수 있음
	able to make up the class w/ online course materials
	– 예시) 한국의 대부분의 대학에서는 온라인 수업 플랫폼을 제공함
	ex) majority of univ. in Korea provide online class platforms

AGREE/DISAGREE

It is better for children to grow up in the countryside than in a big city.
To what extent do you agree or disagree with this opinion?

대도시보다 시골에서 자라는 것이 아이들에게 더 유익하다.
이 의견에 어느 정도까지 동의 또는 동의하지 않는가?

아웃라인 1 Agree

나의 의견	찬성 Agree

이유 1 시골은 아이들이 도시보다 더 안전하게 자랄 수 있는 장소임
the countryside is a safer place for children to grow up than the city

- 더 적은 자동차로 인한 더 적은 오염과 함께 더 많은 야외 활동을 함
  more outdoor activities w/ less pollution b/c of fewer cars

- 예시) 도시와 시골의 미세먼지 양의 차이
  ex) the difference in volume of fine dust btw. cities & countryside

이유 2 아이들에게 공동체 의식을 가르침
teach children a sense of community

- 이웃들과 친하고 일상생활 속에서의 일을 공유함
  friendly w/ neighbors & share things about their daily lives

- 예시) 시골에서 살았을 때 이웃과 휴일을 함께 보냄
  ex) spent holidays w/ neighbors when I lived in the countryside

아웃라인 2 Disagree

나의 의견	반대 Disagree

이유 1 문화와 예술을 접할 기회가 적음
less opportunity to access culture & art

- 문화 교육은 정서 발달에 중요함
  cultural education is impt. for emotional development

- 예시) 도시와 시골 간의 문화생활지수가 97.3%까지 크게 차이 남
  ex) huge art index gap btw. cities & countryside – up to 97.3%

이유 2 의료 시설에 접근성이 제한되어 있음
limited access to medical facilities

- 아이들은 자주, 갑자기 아플 수 있기 때문에 중요함
  it is impt. b/c children can often suddenly get sick

- 예시) 병원이 너무 멀어서 사람들은 헬기를 탐
  ex) ppl. take helicopters b/c the hospital is too far

AGREE/DISAGREE

With the help of technology, students nowadays can learn more information much faster.
To what extent do you agree or disagree with this statement?

과학 기술의 도움으로 오늘날 학생들은 더 많은 정보를 더 빨리 배울 수 있다.
이 진술에 어느 정도까지 동의 또는 동의하지 않는가?

아웃라인 1 Agree

나의 의견	찬성 Agree
이유 1	다양한 주제에 대한 정보에 빠르고 쉬운 접근
	quick & easy access to info. on various topics

- 검색 엔진은 여러 풍부한 정보를 이용할 수 있게 함
  search engines give access to an abundant variety of info.

- 예시) 인터넷으로 학위 논문에 대해 조사했을 때 좋은 점수를 받았음
  ex) got a good mark when I researched my thesis on the Internet

이유 2	시간과 장소에 관계없이 다른 학생들과 토론함
	discuss w/ other students regardless of time & place

- 궁금증이 생겼을 때 바로 의견을 공유하고 물어봄
  share opinions & ask sth. directly when being curious

- 예시) 연구: 온라인 토론을 통한 학생 간 학습 방법의 이점
  ex) study: benefits of peer-to-peer learning thrw. online discussion

---

아웃라인 2 Disagree

나의 의견	반대 Disagree
이유 1	인터넷에서 잘못된 지식을 습득함
	get inaccurate knowledge on the Internet

- 출처가 불분명한 지식을 통해 배우면 학습의 효율성이 떨어짐
  when learning w/ knowledge from uncertain sources, learning efficiency ↓

- 예시) 웹사이트에서 잘못된 정보를 사용하여 낙제를 받음
  ex) got an F grade when I used inaccurate info. from a website

이유 2	스스로 자료를 정리하는 방법을 배우지 못해서 게을러지게 만듦
	makes students lazy → they cannot learn how to organize data by themselves

- 정보를 클릭 한 번으로 찾기 쉬움
  easy to search thrw. info. w/ one click

- 예시) 연구: 인터넷의 발전으로 학생들이 더 게을러졌음
  ex) study: students have became lazier due to the development of the Internet

AGREE/DISAGREE

University students should be required to take at least one class that teaches them about the culture of a country other than their own.

To what extent do you agree or disagree with this statement?

대학생들은 자국의 문화 외에 다른 국가의 문화에 대해 가르치는 수업을 적어도 하나는 듣도록 요구되어야 한다.
이 진술에 어느 정도까지 동의 또는 동의하지 않는가?

아웃라인 1 Agree

나의 의견	찬성 Agree
이유 1	국제 협력에 기여할 수 있음 can contribute to international cooperation
	– 다른 문화 간의 분쟁을 막거나 해결할 수 있음 can prevent or settle disputes btw. diff. cultures
	– 예시) 연구: 다른 문화에 대한 지식은 포용력을 증가시키고 세계 평화에 기여함 ex) study: knowledge of other cultures increases tolerance & contributes to world peace
이유 2	자국의 문화를 더 잘 이해할 수 있음 can understand their own culture better
	– 자국의 문화를 다른 관점에서 생각해 보는 기회를 줌 gives them the opportunity to think about their culture from a diff. point of view
	– 예시) 일본 문화 수업은 내가 한국 문화를 새로운 방식으로 이해하는 데 도움이 되었음 ex) Japanese culture class helped me understand Korean culture in a new way

아웃라인 2 Disagree

나의 의견	반대 Disagree
이유 1	다른 문화를 배우는 데 효과적인 방법들이 있음 there are more effective ways to learn about other cultures
	– 다른 문화권의 친구를 사귀는 것과 다른 나라를 방문하는 것 making a friend from another culture & visiting other countries
	– 예시) 수업을 들은 것보다 중국을 여행하면서 중국 문화를 더 많이 배웠음 ex) learned more about Chinese culture by traveling in China than by taking courses
이유 2	다른 문화에 대한 지식은 유익하지 않음 knowledge of other cultures is not beneficial
	– 대부분의 사람들은 그 국가를 전혀 방문하지 않을지도 모르므로 유용하지 않음 X useful for most people b/c they may never visit that country
	– 예시) 일생을 한국에서 사는 사람들은 미국 문화 수업에서 배운 지식을 전혀 활용하지 못함 ex) ppl. living in Korea for their entire life → never use knowledge learned in American culture class

BOTH VIEWS

Some people say that it is fair for each group member to be given the same grade after a group project. Others think that different grades should be allocated based on the level of contribution.

Discuss both these views and give your own opinion.

일부 사람들은 그룹 과제 후 그룹의 각 구성원이 같은 점수를 받는 것은 공평하다고 주장한다. 다른 사람들은 기여도에 따라 다른 점수가 주어져야 한다고 생각한다.

이러한 양쪽의 관점에 대해 논하고 자신의 의견을 제시하시오.

아웃라인

나의 의견	다른 점수가 주어져야 함 diff. grades should be allocated
반대 관점과 이유	그룹 과제에서는 팀워크가 중요하므로 같은 점수를 받아야 함 same grade: teamwork is impt. in a group project
	– 각 구성원의 기여도가 아닌, 전체적인 결과가 평가되어야 함 overall result should be graded, not the contribution of each member
	– 예시) 전체적인 결과로 평가된 과제를 통해 한 그룹으로서 목표를 달성하는 법을 배웠음 ex) project evaluated on overall result → learned how to accomplish a goal as a group
찬성 관점과 이유	학생들을 실제 세계에 준비시키지 않으므로 다른 점수를 주어야 함 different grades: X prepare students for the real world
	– 현실에서는, 자신의 몫을 하지 않은 사람들은 대가를 치러야 함 in reality, ppl. who do not do their part have to deal w/ the consequences
	– 예시) 스포츠팀에서, 최고의 선수들은 가장 높은 봉급을 받고 무능한 선수들은 교체됨 ex) sports team → best players get the highest salaries & incompetent players get replaced

BOTH VIEWS

Some people think that universities should assign students to share dormitory rooms. Others think that students should be able to choose their roommates on their own.

Discuss both these views and give your own opinion.

일부 사람들은 기숙사 방을 나눠 쓸 학생을 대학교에서 지정해 주어야 한다고 생각한다. 다른 사람들은 학생들이 룸메이트를 스스로 선택할 수 있어야 한다고 생각한다.
이러한 양쪽의 관점에 대해 논하고 자신의 의견을 제시하시오.

아웃라인

나의 의견	학생들은 룸메이트를 스스로 선택할 수 있어야 함 students should be able to choose their roommates on their own

반대 관점과
이유
	새로운 사람들과 문제를 제기하고 해결하는 방법을 배울 수 있으므로 룸메이트를 지정해 주어야 함
	assign roommates: learn how to bring up problems & solve them w/ new ppl.
	
	– 일상생활에서 문제를 해결하는 방법을 배우는 것은 중요함
	  impt. to learn how to deal w/ problems in one's life
	
	– 예시) 설문조사: 학생들은 새로운 룸메이트와 살고 난 후에 더 성숙하게 느낀다고 답함
	  ex) survey: students answer that they feel more mature after living w/ new roommates

찬성 관점과
이유
	학교는 룸메이트의 적합성을 보장할 수 없으므로 룸메이트를 선택할 수 있어야 함
	choose roommates: schools cannot guarantee the compatibility of roommates
	
	– 특정 유형의 사람들은 다른 생활 습관으로 인해 방을 같이 쓸 수 없음
	  certain types of ppl. cannot share rooms b/c of different lifestyles
	
	– 예시) 채식주의자는 룸메이트들과 곤란한 상황이 발생할 수 있음
	  ex) vegetarian → embarrassing situations w/ roommates

BOTH VIEWS

Some people think that children should begin their formal education at a very early age and should spend most of their time studying. Others believe that young children should spend most of their time playing.

Discuss both these views and give your own opinion.

일부 사람들은 아이들이 아주 어린 나이에 정규 교육을 시작해서 대부분의 시간을 공부하며 보내야 한다고 생각한다. 다른 사람들은 아이들이 대부분의 시간을 노는 데 보내야 한다고 생각한다.
이러한 양쪽의 관점에 대해 논하고 자신의 의견을 제시하시오.

아웃라인

나의 의견	정규 교육 일찍 시작하기 begin formal edu. early
반대 관점과 이유	다른 아이들과 놀면서 더 사회적으로 발달하므로 노는 데 시간을 보내야 함 spend time playing: become more socially developed by playing w/ other children
	– 더 행복해지고 공동체에서 적응을 잘하게 함 make them happier & well-adjusted in their communities
	– 예시) 정규 교육 대신 사교적 활동을 선택한 학생들의 중학교 적응력이 더 높음 ex) students who chose social activities rather than regular edu. have a higher level of adjustment in middle school life
찬성 관점과 이유	정규 교육을 일찍 시작한 아이들이 인생에서 출발의 우위를 점할 수 있으므로 정규 교육을 빨리 시작해야 함 begin formal edu. early: children who begin their formal edu. early can get a head start in life
	– 특별한 재능과 능력이 발견되고 키워질 수 있음 special talents & abilities can be identified & nurtured
	– 예시) 많은 음악가들이 어린 나이에 음악적 재능을 찾았음 ex) many musicians discovered their musical talents at an early age

BOTH VIEWS

Some people think that universities should use their funds to support social activities for students. Others think that this money should be used to improve the food at university cafeterias.

Discuss both these views and give your own opinion.

일부 사람들은 대학이 학생들을 위한 사교 활동을 후원하는 데 자금을 사용해야 한다고 생각한다. 다른 사람들은 이 돈이 구내식당의 음식을 개선하는 데 사용되어야 한다고 생각한다.
이러한 양쪽의 관점에 대해 논하고 자신의 의견을 제시하시오.

아웃라인

나의 의견	구내식당 음식 개선 improve food at cafeterias

반대 관점과
이유
	학생들이 스트레스를 풀게 하므로 사교 활동을 후원해야 함
	support social act.: allows students to relieve stress
	
	– 공부하는 것으로부터 정신적, 육체적 휴식을 제공함
	  provides a mental & physical break from studying
	
	– 예시) 대학 동아리 활동에서의 주간 여행은 학생들이 학업을 잊게 해주었음
	  ex) univ. club act.: weekly excursions took students' mind off schoolwork

찬성 관점과
이유
	학생들에게 재정적으로 이익을 제공하므로 학교 식당을 개선해야 함
	improve food at cafeterias: benefits students financially
	
	– 대학이 높은 품질의 음식을 제공하면 학생들이 교내에서 식사를 하고 돈을 절약함
	  univ. offers higher quality food → students eat on campus & save money
	
	– 예시) 대학 구내식당의 품질이 떨어져서 학생들은 $5 이상 더 주고 외부에서 먹을 의향이 있음
	  ex) students are willing to pay $5 more to eat out b/c univ. cafe's quality ↓

해외 학교에 다니는 것의 장단점

ADVANTAGE & DISADVANTAGE

Many students choose to attend schools or universities outside their home countries.
Discuss the advantages and disadvantages of this.

많은 학생들이 해외에 있는 학교나 대학에 다니는 것을 선택한다.
이것의 장점과 단점을 논하시오.

아웃라인

나의 의견	단점이 장점보다 큼 Adv. < Disadv.

반대 내용	장점: 해외에서 공부하는 동안 다른 문화를 경험할 수 있음
	Adv.: can experience another culture while studying abroad
	– 다른 문화권의 사람들을 만나고 유산을 공유하는 것은 견문을 넓혀줌
	   meeting ppl. from different cultures & sharing their heritage widens one's vision
	– 예시) 설문조사: 문화적 경험은 유학을 결심하는 가장 큰 이유 중 하나임
	   ex) survey: cultural experience is one of the biggest reasons to decide to study abroad

찬성 내용	단점: 학생들은 공부에 집중하지 않을 수도 있음
	Disadv.: students may not focus on their studies
	– 외국어로 공부하고 새로운 환경에 적응하는 것은 에너지가 많이 소모됨
	   takes a lot of energy to study in a foreign language & adjust to a new environ.
	– 예시) 유학 시절 강의를 이해하지 못해 많은 유학생들이 낙제했음
	   ex) many international students failed classes b/c they could not understand the lectures

ADVANTAGE & DISADVANTAGE

Many parents let their children care for a pet on their own.
Do the advantages of this outweigh the disadvantages?

많은 부모들이 아이들 스스로 애완동물을 돌보게 한다.
이것의 장점은 단점보다 많은가?

아웃라인

나의 의견	장점이 단점보다 큼 Adv. > Disadv.
반대 내용	단점: 어린아이들에게 너무 어려움 Disadv.: too difficult for young children – 돌보는 방법을 알지 못해 스트레스가 많고 혼란스러워함 　X know how to care → stressful & confusing – 예시) 개에게 초콜릿이 해롭다는 것을 알지 못해 개가 죽어서 힘든 시간을 보냈음 　ex) had a tough time when my dog died b/c I did not know chocolate was harmful
찬성 내용	장점: 아이들이 그들 스스로의 행동에 대한 결과를 배움 Adv.: children learn the consequences of their own actions – 애완동물은 돌봄을 받지 못하면 병이 들 수 있음 　pets can get sick when they are not taken care of – 예시) 설문: 아이들은 자신의 행동이 애완동물의 행복에 영향을 미친다는 것을 이해해서 더 책임감이 생김 　ex) survey: children understand that their actions affect the well-being of their pets → more responsible

11 학교를 그만두는 학생 수의 증가

CAUSE/PROBLEM & SOLUTION

The number of students who decide to drop out of school is increasing.
What do you think are the causes of this problem and what measures could be taken to deal with it?

학교를 그만두기로 결정하는 학생의 수가 늘어나고 있다.
이 문제의 원인은 무엇이라고 생각하고 이 상황을 해결하기 위해 어떤 방법이 취해질 수 있다고 생각하는가?

아웃라인

원인	원인: 전보다 학교가 학생에게 관심을 덜 가지기 때문임 Cause: schools pay attention to students less than before
	– 학교에서 문제를 겪는 학생들은 교사로부터 조언을 받을 수 없음 students w/ problems in schools cannot get advice from teachers
	– 예시) 설문조사: 학교를 그만둔 학생들은 학교에서 고립감을 느꼈다고 대답했음 ex) survey: students who drop out of schools said that they felt a sense of isolation in school
해결책	해결책: 교내 상담을 지원하기 Solution: support counseling sessions in school
	– 학생들의 개인적인 이야기를 듣고 문제가 있다면 도울 수 있음 can listen to students' personal stories & help them if they have problems
	– 예시) 학업 성적 문제로 힘들었을 때 상담 시간을 통해 극복함 ex) I overcame problems thrw. counseling when I had a hard time w/ my grades

12 • 컴퓨터 공학 전공 선택

TWO-PART QUESTION

More students these days are choosing to study computer science.
Why is this happening?
Is this a positive or negative development?

요즘 더 많은 학생들이 컴퓨터 공학을 전공하는 것을 선택한다.
왜 이러한 상황이 발생하는가?
이것은 긍정적 또는 부정적 발전인가?

아웃라인

원인	원인: 학생들은 졸업 후에 전도 유망한 직업을 가지고 싶어 하기 때문임
	Cause: students want to get a promising job after graduation
	– 과학 기술에 관련된 직업은 가까운 미래에 없어지지 않을 것임
	science-related jobs will not disappear in the near future
	– 예시) 고소득 직업은 컴퓨터 기술 분야에 편중되어 있을 것임
	ex) high-paying jobs will be concentrated in the computer technology sector
장단점	미래의 높은 소득만 보고 전공을 선택하게 되므로 부정적인 발전임
	NEG.: choose their majors only for high income
	– 학생들은 흥미가 없으면 깊게 배울 수 없음
	students cannot learn deeply if they are not interested
	– 예시) 전공 변경의 흔한 이유 중 하나는 적성에 맞지 않아서임
	ex) one of the common reasons students change major: no aptitude for the major

13 · 경제 위기 시 복지 예산 삭감

AGREE/DISAGREE

Governments should cut their welfare budget when they face economic crises.
To what extent do you agree or disagree with this argument?

정부는 경제 위기에 직면했을 때, 복지 예산을 줄여야 한다.
이 주장에 어느 정도까지 농의 또는 동의하지 않는가?

아웃라인 1 Agree

나의 의견	찬성 Agree

이유 1	경기 회복이 복지보다 더 중요함
	economic recovery is more impt. than welfare
	
	- 경제가 안정적일 때 복지에 예산을 배당할 수 있음
	  can allocate budget for welfare when the economy is stable
	- 예시) 그리스는 경기가 악회되고 있어 결국 복지 예산을 줄임
	  ex) Greece: finally cut its welfare budget b/c its economy is getting worse

이유 2	복지가 경기 회복에 직접적인 도움이 되지 않음
	welfare is not directly helpful to economic recovery
	
	- 복지 정책에 의한 경제적 반환은 눈에 띄지 않음
	  the economic effects of welfare policies are not noticeable
	- 예시) 아르헨티나는 과도한 복지 예산으로 국가 경쟁력이 낮아짐
	  ex) Argentina: national competiveness ↓ b/c of an excessive welfare budget

아웃라인 2 Disagree

나의 의견	반대 Disagree

이유 1	국가가 경제 위기에 직면할 때 복지 혜택을 필요로 하는 사람들이 많음
	there are many ppl. who need benefits when a country faces an economic crisis
	
	- 빈곤이 증가할 때 사람들의 생활이 위태롭게 됨
	  ppl.'s lives are endangered when poverty increases
	- 예시) 연구: 경제 문제를 겪는 국가에서 가난한 사람들의 수가 급증함
	  ex) study: the number of poor people grows rapidly in a country with economic problems

이유 2	덜 중요한 다른 예산을 먼저 줄일 수 있음
	can reduce the budget for other, less impt. things first
	
	- 도로 정비와 같은 미뤄질 수 있는 사업들
	  works that can wait such as road maintenance
	- 예시) 한국의 한 도시는 복지 예산을 유지하고 불필요한 정책을 폐기해 부족액을 갚음
	  ex) a city in Korea: kept its welfare budget & discarded unnecessary policies → covered its deficit

AGREE/DISAGREE

Governments should expand their antismoking policies.
To what extent do you agree or disagree with this opinion?

정부는 금연 정책을 확대해야 한다.
이 의견에 어느 정도까지 동의 또는 동의하지 않는가?

아웃라인 1 Agree

나의 의견	찬성 Agree	
이유 1	간접흡연은 무고한 사람들에게 피해를 줌 secondhand smoke harms innocent ppl.	
	– 흡연은 폐암과 같은 건강상의 위험을 유발함 smoking causes health risks such as lung cancer	
	– 예시) 간접흡연으로 인해 죽는 사람들의 수가 매년 늘어나고 있음 ex) the number of ppl. dying from secondhand smoke is increasing every year	
이유 2	도시 환경에 부정적인 영향을 미침 negative impact on the city environment	
	– 담배는 건물 벽이나 도보에 더러운 찌꺼기를 남김 smoke leaves a dirty residue on building walls & sidewalks	
	– 예시) 시는 버려진 담배꽁초를 청소하는 데 많은 돈을 소비함 ex) the city spends a lot of money to clean up discarded cigarette butts	

아웃라인 2 Disagree

나의 의견	반대 Disagree	
이유 1	정부는 비흡연자의 권리만큼 흡연자의 권리도 존중해야 함 govn't should consider the rights of smokers as much as those of non-smokers	
	– 흡연은 개인의 선택이기 때문에 금연 정책은 개인의 자유를 침해함 smoking is an individual choice → antismoking policies impinge on individual freedom	
	– 예시) 한국 정부는 비흡연자와 흡연자 모두 존중하기 위해 흡연 부스의 수를 확충함 ex) Korean govn't increases number of smoking booths to respect both non-smokers & smokers	
이유 2	흡연율은 금연 정책 때문에 떨어지지 않음 smoking rates do not decline due to antismoking policies	
	– 흡연자들이 금연 정책에 쉽게 동요되지 않음 smokers are not easily swayed by antismoking policies	
	– 예시) 한국은 담뱃값을 인상했지만 매출은 그대로였음 ex) Korea: increased cigarette prices but sales remained the same	

AGREE/DISAGREE

Some people believe that the crime rate would be lower if there was less economic inequality.
To what extent do you agree or disagree with this opinion?

일부 사람들은 경제적 불평등이 적어지면 범죄율이 낮아질 것이라고 생각한다.
이 의견에 어느 정도까지 동의 또는 동의하지 않는가?

아웃라인 1 Agree

나의 의견	찬성 Agree
이유 1	사람들은 박탈감을 느낄 때 범죄를 저지름 ppl. commit crimes when they feel a sense of deprivation
	− 경제적 불평등에서 오는 좌절은 극복하기 어려움 difficult to overcome the frustration of economic inequality
	− 예시) 부유한 사람들에 대한 증오로 범행을 저지르는 경우가 늘고 있음 ex) increasing cases of crime motivated by the hatred of rich ppl.
이유 2	경제적 어려움이 대부분의 범죄의 원인이 됨 majority of crimes are motivated by economic difficulty
	− 정부의 조치로 불평등이 해소된다면 동기가 줄어들 것임 motivation would decrease when inequality is reduced through govn't action
	− 예시) 전체 범죄자 중 다수의 범행은 빈곤 때문이었음 ex) majority of all criminals motivated by poverty

아웃라인 2 Disagree

나의 의견	반대 Disagree
이유 1	경제적 불평등이 해결되어도 범죄율이 낮아지지 않음 crime rate X ↓ even if economic inequality resolved
	− 경제적 불평등이 반드시 범죄자의 동기인 것은 아님 economic inequality is not always the motivation for criminals
	− 예시) 경제적 불평등이 낮은 나라에서도 범죄율이 높을 수 있음 ex) countries w/ low economic inequality can have a high crime rate
이유 2	범죄는 경제적 문제가 아닌 개인의 문제에 의한 것임 crime caused by individual problems not economic ones
	− 같은 상황에 처해있어도 범죄를 저지르지 않는 사람이 더 많음 more ppl. X commit crime if they were in the same situation
	− 예시) 연구: 범죄자는 특정 성향을 가지고 있음 ex) study: criminals have specific characteristics

BOTH VIEWS

Some people think that governments should spend as much money as possible conducting research in the ocean. Others, however, believe that they should spend this money in places where it is needed more.

Discuss both views and give your own opinion.

일부 사람들은 정부가 가능한 한 많은 돈을 해양 연구 진행에 써야 한다고 생각한다. 하지만 다른 사람들은 더 큰 필요가 있는 곳에 써야 한다고 생각한다.

이러한 양쪽의 관점에 대해 논하고 자신의 의견을 제시하시오.

아웃라인

나의 의견	이 돈을 더 필요로 하는 곳에 써야 함 spend this money in places where it is needed more
반대 관점과 이유	사람들의 생활에 직접적으로 영향을 미치는 문제를 해소하므로 돈이 필요한 곳에 써야 함 places which need money: alleviate problems which directly affect the livelihood of ppl. – 대부분의 사회적 문제들은 과학적 연구의 부족 때문이 아님 　most social problems are not due to a lack of scientific research – 예시) 미국은 과학 기술에 많이 투자하지만 여전히 만연한 사회 문제들을 가지고 있음 　ex) the US invests a lot in technology, but still has pervasive social problems
찬성 관점과 이유	탐사를 위한 연구와 개발은 기술의 발전을 가져오므로 해양 연구에 써야 함 ocean research: research & development for exploration leads to improvements in tech. – 해양 생물과 지리에 대한 새로운 지식은 다른 분야에서 사용될 수 있음 　new knowledge of marine life and geology can be used in other fields – 예시) 해양 지형의 특징을 연구해 새로운 에너지 자원을 발견했음 　ex) discovered new resources thrw. researching marine geographical features

BOTH VIEWS

Some people argue that police should be permitted to use more powerful weapons such as Taser guns.
Others argue that these weapons are a threat to the public.

Discuss both views and give your own opinion.

일부 사람들은 경찰이 테이저건과 같은 더 강력한 무기를 사용할 수 있도록 허가되어야 한다고 주장한다. 다른 사람들은 이것이 국민들에게 위협적인 존재라고 주장한다.
이러한 양쪽의 관점에 대해 논하고 자신의 의견을 제시하시오.

아웃라인

나의 의견	대중에게 위협적인 존재임 a threat to the public
반대 관점과 이유	사람들의 삶을 더 안전하게 만들므로 강력한 무기를 사용해야 함 use powerful weapons: make ppl.'s lives more safe – 경찰은 사람들을 지킬 수 있어야 함 　police should be able to guard ppl. – 예시) 테러와 같은 상황에는 강력한 무기를 가진 경찰이 필요함 　ex) situations like terrorism: police w/ strong weapons are needed
찬성 관점과 이유	사람들을 과도하게 해칠 수 있으므로 대중에게 위협적인 존재임 threat to the public: can harm ppl. excessively – 무기가 언제나 정당한 이유로 쓰인다고 장담할 수 없음 　cannot be assured that the weapons are always used for a good reason – 예시) 결백한 민간인이 테이저건을 맞은 사례 　ex) a case when an innocent man was shot by a Taser gun

18 교도소 개선하기 vs. 빈곤한 사람들 돕기

BOTH VIEWS

Some people think that prisons should be improved. Others, however, believe that helping the poor is more of a priority.

Discuss both views and give your own opinion.

일부 사람들은 교도소가 개선되어야 한다고 생각한다. 하지만 다른 사람들은 빈곤한 사람들을 돕는 것이 더 우선순위라고 생각한다. 이러한 양쪽의 관점에 대해 논하고 자신의 의견을 제시하시오.

아웃라인

나의 의견	빈곤한 사람들을 돕는 것이 우선순위임 helping the poor is a priority
반대 관점과 이유	교도소는 교화를 목적으로 하는 국가 시설이므로 교도소를 개선해야 함 improving prisons: prisons are national facilities that aim at rehabilitation – 좋은 환경에서 교화가 더 효과적임 　rehabilitation is more effective in a good environ. – 예시) 좋은 교도소 여건을 제공하는 북유럽 국가들은 더 낮은 재범률을 가짐 　ex) Northern European countries which provide good prison conditions have lower rates of recidivism
찬성 관점과 이유	세금은 필요한 사람들을 위해 먼저 쓰여야 하므로 빈곤한 사람들을 도와야 함 helping the poor: tax money should be used for those in need first – 시민에게 피해를 주는 범죄자들보다 선량한 사람들을 돕는 것이 더 중요함 　helping good ppl. is more impt. than helping criminals who harm civilians – 예시) 빈곤한 학생을 교육하는 것은 미래에 사회에 더 큰 도움이 될 것임 　ex) educating poor students will benefit society more in the future

CAUSE/PROBLEM & SOLUTION

Accidents involving firearms are increasing nowadays.
Why do you think this is happening?
What measures can be taken to prevent such accidents?

요즘 총기 관련 사고가 증가하고 있다.
왜 이러한 일이 일어난다고 생각하는가?
이런 사고를 막기 위해 어떤 조치가 취해질 수 있는가?

아웃라인

원인	원인: 총기에 대한 잘못된 인식 때문임
	Cause: wrong perception about guns
	
	- 불법 총기를 어떻게 만드는지에 대한 설명을 온라인에서 구할 수 있음
	  instructions for how to make illegal guns available online
	
	- 예시) 불법 총기를 만드는 안내 영상을 따라 하는 학생들
	  ex) students follow video guides making illegal guns

해결책	해결책: 총기의 위험성에 대해 홍보하기
	Solution: publicize the danger of guns
	
	- 사람들에게 심각한 위험을 야기할 수 있는 무기에 대해 알림
	  inform ppl. about weapons which can cause serious harm
	
	- 예시) 학교에서 아이들에게 무기의 위험성에 대한 비디오를 보여줌
	  ex) children are shown videos about the riskiness of weapons in schools

CAUSE/PROBLEM & SOLUTION

Cases of stalking are increasing, and the methods of stalking are becoming more varied.
What do you think are the causes for this?
How can we tackle this issue?

스토킹 사례가 증가하고 있고, 스토킹의 수법이 더 다양해지고 있다.
이것의 원인이 무엇이라고 생각하는가?
우리는 이 문제를 어떻게 해결할 수 있는가?

아웃라인

원인	원인: 인터넷에서 사람들의 개인 정보에 접근하기가 쉬움 Cause: easy to access ppl.'s personal information on the Internet – 사생활이 온라인에 시시각각 게시됨 private life is posted online hour by hour – 예시) 연예인의 소셜 미디어 게시글을 활용하여 그들을 따라다닌 스토커가 체포됨 ex) a stalker was arrested for using a celebrity's social media posts to follow them
해결책	해결책: 스토킹에 대한 처벌 강화 Solution: strengthen punishment for stalking – 엄청난 벌금이나 징역으로 스토커를 처벌하는 것은 스토킹 비율을 낮출 것임 punishing stalkers with a huge fine or imprisonment would reduce the stalking rate – 예시) 영국은 스토킹을 엄격히 처벌하고자 '괴롭힘 방지법'을 도입했음 ex) UK introduced a 'Protection from Harassment Act' to punish stalking more severely

AGREE/DISAGREE

> *Nowadays, food has become easier to prepare. This change has improved the way people live.*
> *To what extent do you agree or disagree with this argument?*
>
> 요즘 음식을 준비하기가 더 손쉬워졌다. 이러한 변화는 사람들의 생활 방식을 개선하였다.
> 이 주장에 어느 정도까지 동의 또는 동의하지 않는가?

아웃라인 1 Agree

나의 의견	찬성 Agree
이유 1	현대인들이 빠르고 효율적인 식사를 할 수 있도록 함 allows modern ppl. to have quick & efficient meals
	– 너무 바빠서 음식을 요리하고 준비할 시간이 없음 　too busy to cook & prepare a meal
	– 예시) 내 친구는 아침 식사를 거르곤 했는데 지금은 전자레인지 음식을 먹음 　ex) my friend used to skip breakfast but now has a microwave meal
이유 2	최소한의 주방 기구로 요리할 수 있음 can cook w/ the minimum number of kitchen utensils
	– 최소의 기기로 훌륭한 음식을 요리할 수 있는 제품을 구매할 수 있음 　can buy products which can cook nice dishes w/ few appliances
	– 예시) 물과 전자레인지만 있으면 되는 파스타 제품 　ex) pasta products which need only water & a microwave oven

아웃라인 2 Disagree

나의 의견	반대 Disagree
이유 1	음식을 준비하는 더 손쉬운 방법은 사실 요리의 즐거움을 빼앗아갔음 easier ways of preparing food have actually taken away the enjoyment of cooking
	– 가족 구성원들이 모두 요리에 동참할 수 있어서 유대가 강화됨 　all family members can get involved in cooking –> build closer ties
	– 예시) 크리스마스 음식을 준비하면서 요리의 즐거움을 배움 　ex) learn the joy of cooking when preparing food for Christmas
이유 2	손쉽게 준비되는 음식은 대체로 몸에 나쁨 easily prepared foods are mostly unhealthy
	– 빠른 조리를 돕는 화학 물질을 많이 함유함 　contain many chemicals to aid faster cooking
	– 예시) 연구: 즉석조리 식품을 많이 섭취하는 것이 건강 문제를 야기하는 경향이 있음 　ex) study: eating instant food a lot tends to cause health problems

사회

AGREE/DISAGREE

Advertising can tell people a lot about a country.
To what extent do you agree or disagree with this opinion?

광고는 한 나라에 대해서 사람들에게 많은 것을 말해줄 수 있다.
이 의견에 어느 정도까지 동의 또는 동의하지 않는가?

아웃라인 1 Agree

나의 의견	찬성 Agree

이유 1	광고는 한 나라의 풍습과 전통을 묘사함
	AD depicts the customs & traditions of a country
	
	– 특정 제품의 문화적 중요성을 보여줌
	  shows the cultural importance of certain products
	
	– 예시) 김치 냉장고 광고는 한국 사람들에게 있어서 음식의 중요성을 보여줌
	  ex) Kimchi refrigerator AD shows the importance of food to Korean ppl.

이유 2	사람들의 국민성이 드러남
	reveals the national characteristics of a population
	
	– 현시대 사회에서 인기가 있는 물건들이 광고에 등장함
	  objects which are popular in contemporary society are featured in AD
	
	– 예시) 일본의 화장품 광고는 일본인들의 미에 대한 관심을 보여줌
	  ex) Japanese cosmetic AD shows their interest in beauty

아웃라인 2 Disagree

나의 의견	반대 Disagree

이유 1	다양한 문화를 대상으로 하는 광고
	AD which targets a variety of cultures
	
	– 다국적 기업은 여러 나라에 같은 광고를 방영함
	  multi-national companies broadcast the same ADs in many countries
	
	– 예시) 한 음료 업체는 전 세계에 같은 사진으로 광고를 냄
	  ex) a beverage company advertises globally w/ the same pictures

이유 2	광고는 종종 과장된 관점으로 본 사회를 묘사함
	AD often depicts an exaggerated view of society
	
	– 극적인 효과를 위해 실제와는 다르게 묘사됨
	  described differently from reality for dramatic effects
	
	– 예시) 과장 광고는 왜곡된 사회를 묘사하기도 함
	  ex) excessive AD depicts a distorted society

BOTH VIEWS

Some people think that their first impressions about a person's character are generally correct.

Others believe that they should not judge a person's character quickly because first impressions are often wrong.

Discuss both views and give your own opinion.

일부 사람들은 한 사람의 성격에 대한 첫인상이 일반적으로 정확하다고 생각한다.
다른 사람들은 첫인상은 종종 틀리기 때문에 어떤 사람의 성격을 섣불리 판단해서는 안 된다고 생각한다.
이러한 양쪽의 관점에 대해 논하고 자신의 의견을 제시하시오.

아웃라인

나의 의견	한 사람의 성격을 섣불리 판단해서는 안됨 should not judge a person's character quickly
반대 관점과 이유	첫인상은 어떤 사람의 성격의 많은 요소를 드러내므로 판단 가능 judge O: they reveal many elements of someone's character
	− 바디 랭귀지와 예의를 통해 사람의 특징을 알 수 있음 can catch a person's characteristics thrw. body language & manners
	− 예시) 연구: 짧은 시간에 성격을 간파할 수 있음 ex) study: can judge personality in a short period of time
찬성 관점과 이유	첫인상은 오해를 만들기 때문에 신뢰할 수 없으므로 판단 불가 judge X: first impressions are misleading & cannot be trusted
	− 외모는 종종 기만적임 appearances are often deceiving
	− 예시) 아주 무섭게 생긴 선생님은 실제로 나에게 친절했음 ex) a teacher who looks very scary was actually kind to me

ADVANTAGE & DISADVANTAGE

There are many people who enjoy playing video games as a hobby.
Discuss the advantages and disadvantages of this.

취미로 비디오 게임을 즐기는 사람들이 많다.
이것의 장점과 단점을 논하시오.

아웃라인

나의 의견	단점이 장점보다 큼 Adv. < Disadv.

반대 내용	장점: 게임을 하면서 도전과 장애물을 다루는 방법을 배움
	Adv.: learn how to deal w/ challenges & obstacles while playing games
	
	– 직장이나 학교와 같은 다른 장소에서도 이러한 교훈을 사용할 수 있음
	  can use these lessons for other areas such as in work or at school
	– 예시) 마치 게임을 하는 것처럼 학교에서 더 높은 레벨을 도전하여 높은 성적을 받음
	  ex) got a good mark for reaching a higher level in school, like playing a game

찬성 내용	단점: 게임 중독의 위험
	Disadv.: risk of gaming addiction
	
	– 한 번 중독되면 그만둘 수 없고, 현실에 적응하는 데 어려움을 겪음
	  once you get addicted, you cannot quit and have a hard time adapting to reality
	– 예시) 연구: 대부분의 게임 중독자들은 일상생활을 제대로 영위하지 못함
	  ex) study: most game addicts do not function well in their everyday life

ADVANTAGE & DISADVANTAGE

Many children use mobile phones nowadays.
Do the advantages of this outweigh the disadvantages?

요즘 많은 어린이들이 휴대전화를 사용한다.
이것의 장점은 단점보다 많은가?

아웃라인

나의 의견	단점이 장점보다 큼 Adv. < Disadv.
반대 내용	장점: 아이들의 안전을 보장할 수 있음 Adv.: can protect children's safety
	– 그들이 어디에 있는지 언제든지 알 수 있음 can know where they are at anytime
	– 예시) GPS로 아이들의 위치를 알아서 부모들이 안심됨 ex) parents relieved b/c they are aware of children's location with GPS
찬성 내용	단점: 아이들이 휴대전화에 중독될 수 있음 Disadv.: children can be addicted to mobile phones
	– 계속 친구들과 메시지를 하고 동영상을 시청함 keep texting friends & watching videos
	– 예시) 아이들의 휴대전화 중독률이 점점 더 심각해지고 있음 ex) the rate of phone addiction among children is getting worse

26 ● 과거보다 덜 행복하고 덜 만족하는 현대인

CAUSE/PROBLEM & SOLUTION

People are less happy and satisfied today than people were in the past.
Discuss some of the causes of this and suggest ways to improve people's happiness.

오늘날 사람들은 과거의 사람들보다 덜 행복하고 덜 만족한다.
이 문제의 원인을 논하고 사람들의 행복을 향상시킬 수 있는 방법을 제안하시오.

아웃라인

원인	원인: 과거에는 삶이 단순했지만 요즘은 사람들이 너무 바쁘기 때문임
	Cause: life was simple in the past, but now ppl. are too busy
	
	– 요즘에는 복잡한 직업을 가지고 있고 일을 많이 함
	  have complex jobs & work a lot these days
	
	– 예시) 연구: 사람들은 오늘날 그 어느 때보다도 일로 인해 스트레스를 받음
	  ex) study: ppl. stressed from work more now than ever

해결책	해결책: 지금 생활에 만족하기 위해 노력하기
	Solution: try to find satisfaction in their current life
	
	– 작은 것에 감사하면 삶의 만족감이 높아짐
	  when appreciating small things, life satisfaction ↑
	
	– 예시) 매일 감사한 것에 대해 일기를 쓰면 행복도가 더 높아짐
	  ex) level of happiness gets higher when keeping a diary about things to be thankful for everyday

27 휴대전화가 사람들에게 자유를 부여함

AGREE/DISAGREE

Mobile phones have given people more freedom.
To what extent do you agree or disagree with this idea?

휴대전화는 사람들에게 더 많은 자유를 부여했다.
이 의견에 어느 징도까지 동의 또는 동의하지 않는가?

아웃라인 1 Agree

나의 의견	찬성 Agree

이유 1 물리적 위치에 관계없이 연락할 수 있음
can make contact regardless of physical location

– 해외에 있는 가족과도 언제든지 안부를 물음
  say hello to families outside of home countries anytime

– 예시) 미국에 살고 계시는 이모와 자주 전화함
  ex) often call my aunt who is living in the US

이유 2 사람들이 정보를 자유롭게 얻을 수 있게 함
they let ppl. get information freely

– 무선 인터넷을 이용해 휴대전화로 정보를 검색함
  search info. w/ cell phones using wireless Internet

– 예시) 낯선 장소에서 인터넷 지도를 이용해 길을 찾음
  ex) find the way w/ an Internet map in an unfamiliar place

아웃라인 2 Disagree

나의 의견	반대 Disagree

이유 1 사람들은 언제라도 연락이 닿을 수 있기 때문에 해방이 불가능함
liberation is impossible because ppl. can be reached at any time

– 다른 사람들이 언제든 연락이 가능하기를 바람
  expect others to be available at all times

– 예시) 나의 형은 상사나 고객이 전화를 할 수도 있어서 휴식을 취하지 못함
  ex) my brother: boss/clients may call → X relax

이유 2 사람들은 공공장소에서 소음으로 인해 방해받음
ppl. are disturbed by noise in public spaces

– 벨이 울리는 전화와 잡담하는 사람들로부터 벗어날 수 없음
  cannot escape from ringing phones & ppl. chatting

– 예시) 설문조사: 사람들은 휴대전화 관련 행위들로 인해 공공장소에서 방해받음
  ex) survey: ppl. disturbed in public places due to cell phone activity

28 · 과학 기술과 아이들의 창의성

AGREE/DISAGREE

Technology has made our children less creative than in the past.
To what extent do you agree or disagree with this argument?

과학 기술은 어린이들을 과거보다 덜 창의적으로 만들었다.
이 주장에 어느 정도까지 동의 또는 동의하지 않는가?

아웃라인 1 Agree

나의 의견   찬성 Agree

이유 1   과학 기술은 수동적인 사고를 야기했음
          technology has led to passive thinking

          – 아이들은 매일 엄청난 양의 시각 정보를 받음
            children receive a tremendous amount of visual information everyday

          – 예시) 책은 어린이들이 모든 것을 상상하게 하지만, TV는 영상을 보여줌
            ex) books make children visualize things, but TV shows images

이유 2   과학 기술 때문에 야외에서 덜 놀게 됨
          play less outdoors due to technology

          – 자연을 경험할 기회가 더 적음
            have less chance to experience nature

          – 예시) 자연 세계가 나의 상상력을 자극했던 어릴 적 나의 경험
            ex) my experience as a child: natural world stimulated my imagination

아웃라인 2 Disagree

나의 의견   반대 Disagree

이유 1   아이들이 다양한 미디어 플랫폼을 접할 수 있게 함
          lets children encounter various media platforms

          – 미디어는 그들에게 많은 창의적인 아이디어들을 보여줌
            media shows them many creative ideas

          – 예시) 십대 아이들은 자신들의 아이디어를 표현한 동영상을 동영상 공유 플랫폼에 올림
            ex) teenagers upload videos describing their ideas on video sharing platforms

이유 2   다양한 의견을 읽고 나눌 수 있음
          can read & share various opinions

          – 과학 기술을 통해 활발하게 토론하고 의견을 공유함
            actively discuss & share opinions through technology

          – 예시) 인터넷에서 열린 어린이 토론대회
            ex) debate competition for children held on the Internet

29 · 전자 제품 출시 후 바로 산다 vs. 기다렸다가 산다

BOTH VIEWS

Some people think that it is a good idea to buy a new technological device as soon as it is available. Others think that it is better to wait until it is cheaper.

Discuss both these views and give your own opinion.

일부 사람들은 새로운 기술 장비를 구할 수 있을 때 바로 사는 것이 좋은 생각이라고 믿는다. 다른 사람들은 더 저렴해질 때까지 기다리는 것이 더 좋다고 생각한다.
이러한 양쪽의 관점에 대해 논하고 자신의 의견을 제시하시오.

아웃라인

나의 의견	장비를 구할 수 있게 되자마자 사기 buy a device as soon as it is available
반대 관점과 이유	경제적이기 때문에 더 저렴해질 때까지 기다림 wait until it is cheaper: economical
	– 처음 출시되었을 때 가장 비쌈 most expensive when first released
	– 예시) 처음 출시되었을 때와 1년 후의 전자 제품 가격 비교 ex) price comparisons of electronics when first released vs. a year later
찬성 관점과 이유	새로운 기술을 먼저 경험할 수 있기 때문에 구할 수 있게 되자마자 장비를 구매함 buy a device as soon as it is available: able to experience new technology first
	– 최첨단 기술을 다루는 것은 특권임 handling cutting-edge tech. is a special privilege
	– 예시) 새로운 장비들의 출시일을 기다리는 얼리 어답터들 ex) early adopters waiting for the release days of new devices

ADVANTAGE & DISADVANTAGE

Many companies are releasing electric personal transport devices.
Discuss the advantages and disadvantages of this.

많은 기업들이 개인용 전동 운송장비를 출시하고 있다.
이것의 장점과 단점을 논하시오.

아웃라인

나의 의견	장점이 단점보다 큼 Adv. > Disadv.
반대 내용	단점: 개인용 전동 운송장비를 타는 것은 위험함 Disadv.: dangerous to ride electric personal transport devices
	– 최근 출시되어서 안전 정책이 미흡함 recently released → safety policies are not sufficient
	– 예시) 한국에서는 사고가 났을 때, 적절한 보상을 받기 어려움 ex) Korea: when involved in an accident → hard to get proper compensation
찬성 내용	장점: 운송수단에 대한 사람들의 선택권을 늘려줌 Adv.: increases ppl.'s options for transportation
	– 더 빠른 운송수단을 더 저렴한 가격에 선택할 수 있음 can choose faster transportation at a cheaper price
	– 예시) 전기 자전거가 스쿠터보다 훨씬 더 저렴함 ex) electric bicycles are much cheaper than scooters

ADVANTAGE & DISADVANTAGE

The number of people who buy e-book devices is increasing.
Discuss the advantages and disadvantages of this.
Do you think this is a positive or negative development?

전자책 단말기를 사는 사람들의 수가 증가하고 있다.
이것의 장점과 단점을 논하시오.
이것이 긍정적 또는 부정적 발전이라고 생각하는가?

아웃라인

나의 의견	긍정적 발전임 POS dev.
반대 내용	출판 산업을 위협하므로 부정적인 발전임 NEG dev.: threatens the publishing industry
	– 소비자들이 종이책보다 전자책을 구입할 것임 　consumers will buy e-books rather than printed books
	– 예시) 판매 부진으로 인해 인기 있는 잡지사들이 폐업함 　ex) popular magazine companies closed their business due to poor sales
찬성 내용	콘텐츠로의 쉬운 접근을 가능하게 하므로 긍정적인 발전임 POS dev.: allows for easy access to content
	– 다운로드를 받은 후 바로 독서를 즐길 수 있음 　can enjoy reading books immediately after downloading
	– 예시) 전자책 단말기를 산 후 더 많은 책들을 읽음 　ex) read more books after buying an e-book device

32 택지 개발 vs. 동물 서식지 보호

AGREE/DISAGREE

Some people think that developing land for human use is more important than saving it for animals. To what extent do you agree or disagree with this opinion?

일부 사람들은 인류의 필요에 의한 택지를 개발하는 것이 동물들을 위해 남겨 놓는 것보다 더 중요하다고 생각한다.
이 의견에 어느 정도까지 동의 또는 동의하지 않는가?

아웃라인 1 Agree

나의 의견	찬성 Agree
이유 1	개발을 하지 않으면 많은 인류의 삶이 위협될 것임 the lives of many humans will be threatened if there is no development
	– 자원 개발처럼 개발은 인류의 행복에 직결되어 있음 development is directly linked to humanity's well-being such as resource development
	– 예시) 가뭄 문제를 해소하기 위해 강에 댐을 만듦 ex) built a dam on the river to alleviate a drought problem
이유 2	인류의 필요에 의한 개발이 지구를 긍정적인 측면으로 발전시킴 development for human use changes the earth in a positive way
	– 인간과 동물에게 더 안전하고 편안한 환경을 조성함 create a safer and more comfortable environ. for humans & animals
	– 예시) 동물원에서 희귀종을 보호해서 생물 다양성을 보존함 ex) protect rare species in zoos → preserve biological diversity

아웃라인 2 Disagree

나의 의견	반대 Disagree
이유 1	멸종 위기에 처한 동물들을 위해 땅을 남겨두는 것은 다음 세대들이 그것들을 향유할 수 있게 할 것임 setting aside land for endangered animals will allow future generations to enjoy them
	– 사람들이 미래에 그것들을 관찰하고 공부할 수 있음 ppl. can observe or study them in the future
	– 예시) 한국에서 호랑이가 멸종되어 아이들이 토종 호랑이를 보지 못함 ex) Korea: tiger became extinct → children cannot see native tigers
이유 2	지구의 자연적 활력을 보존할 수 있음 can preserve the natural health of the planet
	– 각각의 동물들은 생태계에 중요한 역할을 함 each animal has an impt. role in an ecosystem
	– 예시) 산업 발전 때문에 멸종되면서 자연의 전반적 균형이 깨짐 ex) overall balance in nature destroyed by extinction b/c of industrial development

33 · 환경 문제는 개인이 해결할 수 없음 vs. 있음

AGREE/DISAGREE

The issues facing the environment are so complicated that individuals acting alone have no power to affect them.

To what extent do you agree or disagree with this opinion?

환경에 직면한 문제늘은 너무 복잡해서 혼자 행동하는 개인은 그것에 영향력이 없다.
이 의견에 어느 정도까지 동의 또는 동의하지 않는가?

아웃라인 1 Agree

나의 의견	찬성 Agree
이유 1	개인이 환경 문제에 미치는 영향은 미미함 environ. impact of an individual is insignificant
	– 개인이 매일 야기하는 오염 물질의 양은 산업에 비해 극히 적음 amount of pollution a person causes everyday is far lower than that of industry
	– 예시) 한 명이 낭비하는 물의 양보다 공장이 오염시키는 물의 양이 더 많음 ex) volume of water a person wastes < water a factory contaminates
이유 2	환경 오염의 다양한 원인들 various causes of environ. pollution
	– 개인들은 다양한 원인에 모두 영향을 미칠 수 없음 individuals cannot affect all the different causes
	– 예시) 스모그 현상은 자동차 매연, 공장 가동, 삼림 개발 등으로 인해 일어남 ex) smog is caused by vehicle emission, factory operation, forest development, etc.

아웃라인 2 Disagree

나의 의견	반대 Disagree
이유 1	대기 오염을 줄일 수 있음 can reduce air pollution
	– 이산화탄소를 덜 배출하기 위해 전기를 덜 사용함 use less electricity to emit less CO2
	– 예시) 텔레비전 시청과 이산화탄소 농도에 관한 연구 ex) research on watching TV & CO2 levels
이유 2	수질 오염을 줄일 수 있음 can reduce water pollution
	– 유해한 화학물질이 수중에 들어가지 않게 함 ensure harmful chemicals X enter water
	– 예시) 내 어머니는 환경친화적인 제품만 사용함 ex) my mother only uses environmentally friendly products

34 댐 건설: 긍정적 발전 vs. 부정적 발전

ADVANTAGE & DISADVANTAGE

As the demand for alternative energy sources grows, many hydroelectric dams are being built.
Do you think this is a positive or negative development?

대체 에너지 자원의 수요가 커지면서 수력발전 댐이 많이 건설되고 있다.
이것이 긍정적 또는 부정적 발전이라고 생각하는가?

아웃라인

나의 의견	장점이 단점보다 큼 Adv. > Disadv.
반대 내용	장점: 에너지 문제를 해결함 Adv.: solve energy problems
	– 화석 연료 사용의 균형을 맞추기 위한 천연 대체 에너지 자원임 alternative clean energy source to balance fossil fuel usage
	– 예시) 많은 나라에서 수력 발전을 에너지 문제의 해결 방안으로 선정함 ex) many countries chose waterpower generation as a solution to energy problems
찬성 내용	단점: 사람들과 동식물의 서식지를 파괴함 Disadv.: destroy habitation of humans, animals & plants
	– 댐 때문에 물에 잠긴 계곡을 돌이킬 수 없음 cannot reverse the flooding of valleys due to dams
	– 예시) 댐 건설 때문에 실향민이 된 사람들 ex) ppl. lost their hometown b/c of dam construction

In many countries, logging is increasing, and it is rapidly destroying forests.
What problems can this cause? What measures could resolve them?

많은 나라에서 벌목이 늘어나고 있고, 이는 삼림 지대를 급속하게 파괴하고 있다.
이것이 어떤 문제들을 일으킬 수 있는가? 어떤 방법으로 그것들을 해결할 수 있는가?

아웃라인

문제점	문제점: 오염이 더욱 심해지고 있음
	Problem: pollution is getting more severe
	
	– 산림은 오염된 공기와 물을 정화해줌
	  forests purify polluted air & water
	– 예시) 아마존에서의 삼림 벌채는 지구 온난화 진행 속도를 가속시켰음
	  ex) deforestation in the Amazon increased the speed of global warming

해결책	해결책: 불법 벌목 규제하기
	Solution: prohibit illegal logging
	
	– 정말로 필요한 것만 허가하고 규제를 강화하기
	  permit only what is absolutely needed & reinforce regulation
	– 예시) 브라질 정부는 불법 벌목을 규제하기 위한 많은 정책을 시행함
	  ex) Brazilian govn't has put many policies in place to regulate illegal logging

AGREE/DISAGREE

The most important aspect of a job is the amount of money a person earns.
To what extent do you agree or disagree with this opinion?

직업의 가장 중요한 측면은 한 사람이 벌어들이는 돈의 양이다.
이 의견에 어느 정도까지 동의 또는 동의하지 않는가?

아웃라인 1 Agree

나의 의견	찬성 Agree
이유 1	살기에 충분한 돈이 있으면 일 할 필요가 없음 X need to work if one has enough money to live
	– 사람들은 돈이 필요하기 때문에 직업을 가지려고 노력함 ppl. try to get a job b/c they need money
	– 예시) 일을 하지 않고 본인의 부동산 관리만 하는 부자 ex) a rich person who does not work but only manages his estate
이유 2	급여는 한 사람의 능력에 대한 인정을 보여줌 a salary shows an appreciation of one's ability
	– 회사는 능력이 좋은 직원의 급여를 인상해줌 companies raise the pay for valuable employees
	– 예시) 가장 많은 돈을 버는 직원은 종종 회사에 가장 많은 사업 실적을 창출하는 사람임 ex) employees who make the most money are often those that generate the most business for companies

아웃라인 2 Disagree

나의 의견	반대 Disagree
이유 1	급여는 직원의 만족도를 결정하는 직업의 한 부분일 뿐임 salary: only one part of a job that determines an employee's satisfaction
	– 가족들을 위한 의료와 같은 다른 혜택들도 중요함 other benefits are impt. such as health care for families
	– 예시) 친구는 급여는 높았지만 다른 혜택이 없는 직장을 그만두었음 ex) my friend quit a job which provided a high salary but no other benefits
이유 2	사람들은 일반적으로 돈 이외의 이유들 때문에 일함 ppl. generally work for reasons other than money
	– 성취감을 얻기 위해 열심히 일함 work hard to obtain a sense of achievement
	– 예시) 설문조사: 응답자들은 돈 이외의 이유로 더 동기부여 받는다고 답했음 ex) survey: respondents answered that they are motivated by reasons other than money

BOTH VIEWS

Some people believe that working for themselves is the ideal form of employment.
Others, however, think that working for an employer is preferable.
Discuss both these views and give your own opinion.

일부 사람들은 프리랜서로 일하는 것이 고용의 이상적인 형태라고 생각한다.
그러나, 다른 사람들은 다른 사람에게 고용되어 일하는 것이 더 좋다고 생각한다.
이러한 양쪽의 관점에 대해 논하고 자신의 의견을 제시하시오.

아웃라인

나의 의견	프리랜서로 일하는 것 working for themselves
반대 관점과 이유	더 안정적이므로 다른 사람에게 고용되어 일하는 것이 좋음 work for an employer: more stable
	− 일정한 수입을 받고 특정 기간 동안 직업을 유지할 수 있음 get regular income & keep a job for a certain period
	− 예시) 연구: 혼자 사신 할머니가 지역 회사에서 정규직 직원으로 생계를 꾸릴 수 있었음 ex) study: an old lady who lived alone could make a living as a permanent employee at a local company
찬성 관점과 이유	유연성의 혜택이 크기 때문에 프리랜서로 일하는 것이 좋음 working for themselves: flexibility is a great benefit
	− 자신의 근무 시간을 결정하고, 근로 환경을 선택할 수 있어 만족도가 높음 highly satisfied → decide one's own work time & choose the working environ.
	− 예시) 조사: 프리랜서로 일하는 사람들의 직업 만족도가 더 높음 ex) research: ppl. who do freelance work have a higher level of job satisfaction

38 · 성별 간 임금 격차

TWO-PART QUESTION

The gender pay gap still exists.
Why do you think this is the case?
What measures do you think might be effective in narrowing the gap?

성별 간 임금 격차가 여전히 존재한다.
왜 이러한 상황이 발생한다고 생각하는가?
이 격차를 좁히는 데 효과적인 방법이 무엇이라고 생각하는가?

아웃라인

원인	원인: 고용주들의 편견이 여전히 문제임 Cause: employer bias is still a problem – 여성의 능력에 대한 고정관념 stereotypes about women's abilities – 예시) 승진 경쟁에서 여성 지원자들은 남성 경쟁자에게 빈번히 밀려남 ex) promotion: female applicants often lose out to their male counterparts
해결책	영향: 공평한 평가 체계 만들기 Effect: create a fair evaluation system – 블라인드 테스트 또는 다른 평가 요소들로 편파적이지 않도록 함 make it unbiased w/ a blind test or other evaluation elements – 예시) 개인 정보 없이 진행된 평가의 공평성이 더 높음 ex) evaluation w/o personal info has higher level of fairness

AGREE/DISAGREE

The most effective way to ensure global peace is by encouraging trade between countries.
To what extent do you agree or disagree with this statement?

세계 평화를 보장하는 가장 효과적인 방법은 나라 간의 교류를 증진하는 것이다.
이 진술에 어느 정도까지 동의 또는 동의하지 않는가?

아웃라인 1 Agree

나의 의견	찬성 Agree
이유 1	국가는 갈등을 관리하는 데 더 신중하게 될 것임
	countries will be more careful to manage conflicts
	– 이해관계가 밀접한 연관을 갖기 때문에 갈등으로 인해 서로에게 미치는 영향이 커짐
	the impact of conflicts on each other ↑ b/c their interests are interrelated
	– 예시) 국제 관계는 나라들이 FTA에 서명한 뒤 더 협조적임
	ex) international relations are more cooperative after countries signed FTA
이유 2	문화간 갈등이 줄어들 수 있음
	intercultural conflicts can be diminished
	– 인적 자원 교류를 확대함으로써 다른 문화를 받아들임
	accept other cultures by expanding the exchange of human resources
	– 예시) 역사적으로 다른 나라와의 교류를 통해 새로운 문화가 발전됨
	ex) in history, new cultures are developed through interaction between countries

아웃라인 2 Disagree

나의 의견	반대 Disagree
이유 1	이기주의가 팽배할 수 있음
	selfishness could be widespread
	– 이득을 더 많이 얻으려는 시도는 평화를 약화시킬 수 있음
	attempts to gain more advantages can undermine peace
	– 예시) 무역으로 더 큰 이익을 보려고 관세를 조정함
	ex) adjusting tariffs to benefit more from trade
이유 2	무력 갈등이 더 자주 일어나게 됨
	more frequent armed conflicts
	– 경제적 이권이 세력을 잡으려는 시도로 연결될 수 있음
	economic interests could lead to attempts to capture power
	– 예시) 러시아와 우크라이나의 크림반도 무력 갈등
	ex) military conflicts between Russia & Ukraine on the Crimean Peninsular

40 의복의 문화적 특성: 남아있다 vs. 남아있지 않다

BOTH VIEWS

Some people think that clothes no longer have cultural characteristics.
Others, however, believe that the clothes people wear still reveal aspects of their culture.
Discuss both these views and give your own opinion.

일부 사람들은 더 이상 의복이 문화적 특성을 가지고 있지 않다고 생각한다.
그러나, 다른 사람들은 사람들이 입는 복장에 문화적 특성이 여전히 남아있다고 생각한다.
이러한 양쪽의 관점에 대해 논하고 자신의 의견을 제시하시오.

아웃라인

나의 의견	복장은 여전히 문화적 측면을 드러냄 clothes still reveal aspects of culture

반대 관점과
이유
	세계 패션 산업의 구조가 단순화되어 의복에 문화적 특성이 없음
	X cultural characteristics: the structure of the intl' fashion industry has been simplified
	
	– 지역과 관계없이 소수의 회사가 패션 산업을 차지했음
	  small number of companies have taken over the fashion industry regardless of region
	– 예시) 패션 트렌드는 매년 4개 도시에서 열리는 패션 위크에서 결정됨
	  ex) fashion trends are decided in fashion weeks held in 4 cities every yr.

찬성 관점과
이유
	문화권마다 취향이 다르므로 의복에는 문화적 특성이 있음
	O cultural characteristics: each culture has different tastes
	
	– 각 문화권의 생활 방식과 전통에 따라 선호하는 스타일이 존재함
	  a preferred style depending on each culture's lifestyle & traditions
	– 예시) 붉은색이 복을 준다고 믿는 중국 사람들은 붉은 옷을 더 선호함
	  ex) Chinese ppl. who believe red brings good luck prefer red clothes

늘어나는 외국어 학습자: 긍정적 vs. 부정적

ADVANTAGE & DISADVANTAGE

Many people are trying to learn foreign languages these days.
Do you think this is a positive or negative development?

요즘 많은 사람들이 외국어를 배우기 위해 노력하고 있다.
이것이 긍정적 또는 부정적 발전이라고 생각하는가?

아웃라인

나의 의견	**긍정적 발전** POS dev.
반대 내용	**외국어 교육이 의무가 될 수 있으므로 부정적인 발전임** NEG dev.: foreign lang. edu. can be an obligation
	– 외국어 능력이 필요하지 않은 사람들은 마지못해 배울 것임 　ppl. who X need foreign lang. ability would learn it unwillingly
	– 예시) 전혀 사용하지 않는 외국어를 공부하는 젊은 사람들 　ex) young ppl. studying foreign lang. which they never use
찬성 내용	**기술과 지식을 발전시키는 데 도움이 되므로 긍정적인 발전임** POS dev.: helpful to develop tech. & knowledge
	– 다른 나라의 새로운 기술과 지식에 더 쉽게 접근할 수 있게 함 　can make it easier to access new tech. & knowledge from other countries
	– 예시) 한국에서는 없었던 논문 아이디어를 한 스페인 대학에서 찾았음 　ex) found thesis ideas from a Spanish univ. which did not exist in Korea

ADVANTAGE & DISADVANTAGE

There are new hotels and shops being built especially for tourists in many areas these days.
Discuss the advantages and disadvantages of this for local people.

요즘 많은 지역에서 여행객을 위해 특별히 새로운 호텔과 상점이 지어지고 있다.
이것이 지역 주민들에게 주는 장점과 단점을 논하시오.

아웃라인

나의 의견	장점이 단점보다 많음 Adv. > Disadv.
반대 내용	단점: 지역 환경을 훼손함 Disadv.: damage the local environ.
	– 과도한 건설은 동물의 서식지를 파괴하고 자연경관을 바꿈 excessive construction destroys animals' habitations & alters the natural scenery
	– 예시) 하와이에서는 리조트 건설로 인해 멸종위기 동물의 수가 많아짐 ex) Hawaii: the number of endangered animals ↑ due to resort construction
찬성 내용	장점: 지역 경제를 활성화시킴 Adv.: stimulate the local economy
	– 지역 주민을 위한 많은 일자리가 창출되고 지역 사회의 수입이 늘어났음 many jobs for local people created & income for communities ↑
	– 예시) 케냐에 유명 호텔들이 지어지면서 지역 사회가 경제적 이익을 얻었음 ex) famous hotels constructed in Kenya → the local community received the economic benefits

CAUSE/PROBLEM & SOLUTION

Many well-known tourist destinations are overcrowded.
What problems does this cause?
How could they be solved?

잘 알려진 많은 여행지들은 너무 붐빈다.
이는 어떤 문제점을 발생시키는가?
그것들은 어떻게 해결될 수 있는가?

아웃라인

문제점	문제점: 관광으로 인한 심각한 교통 혼잡 Problem: serious traffic congestion as a result of tourism
	– 많은 사람들이 바쁜 시간대에 특정한 장소에 방문함 　many ppl. visit a specific place at peak times
	– 예시) 뉴욕 타임스퀘어는 관광객들로 인해 밤에 교통 혼잡이 일어남 　ex) Time Square in NY: traffic jams created at night because of tourists
해결책	해결책: 방문객의 수를 다양한 시기로 분산시키기 Solution: spread the number of visitors over various times
	– 사람들이 서로 다른 시기에 여행 장소를 방문하면 혼잡이 줄어듦 　congestion is reduced when ppl. visit tour spots at different times
	– 예시) 디즈니랜드는 주중에 티켓의 가격을 내려 주말 방문객 수를 낮춤 　ex) Disney Land: lower ticket price on weekdays → lower number of visitors on weekends

44 · 여행객 대상 범죄 증가의 원인과 해결책

여행

CAUSE/PROBLEM & SOLUTION

Crimes against tourists are increasing.
What do you think is causing this problem and what possible solutions could be put in place?

여행객들을 대상으로 하는 범죄가 늘어나고 있다.
이 문제를 일으키는 원인은 무엇이고, 어떤 가능한 해결책이 시행될 수 있다고 생각하는가?

아웃라인

원인	원인: 여행객들은 대체로 자신이 방문하는 지역에 대해 잘 모름 Cause: tourists are mostly unfamiliar w/ the region they visit
	– 지역의 범죄 활동에 대한 지식이 없다면 범죄 수법에도 속기 쉬움 easy to be tricked w/ criminal methods if X knowledge of criminal activity in a location
	– 예시) 몇몇 나라에서, 방문객들에게 위조 관광지 입장권이 종종 팔림 ex) in some countries, counterfeit tickets for sights are often sold to visitors
해결책	해결책: 여행객들에게 범죄자들이 사용하는 흔한 방법들 알리기 Solution: inform tourists of the common methods used by criminals
	– 여행객들이 속임수와 예방하는 방법을 알면 더 조심할 수 있음 when tourists know the tricks & how to prevent them, they can be more careful
	– 예시) 프랑스의 한 박물관에서 사람들이 소매치기 경고 안내문을 보면 가방을 주의함 ex) in a French museum, ppl. take care of their bags when they see a pickpocket warning notice

45 · 오늘날 가족과 함께하는 식사의 중요성

가정

AGREE/DISAGREE

It is not important for families today to have meals together.
To what extent do you agree or disagree with this idea?

오늘날 가족이 함께 식사하는 것은 중요하지 않다.
이 의견에 어느 정도까지 동의 또는 동의하지 않는가?

아웃라인 1 Agree

나의 의견	찬성 Agree
이유 1	오늘날 가족 구성원들은 서로 일정이 매우 다름 family members have very diff. schedules these days
	– 개개인의 일상 의무를 존중해야 함 have to respect each individuals' daily obligations
	– 예시) 부모와 아이들이 집을 나서는 시간이 달라 혼자 아침을 먹음 ex) time that parents & children leave home is diff. → eat breakfast alone
이유 2	식사를 고를 때 모든 사람을 만족시키기 어려움 difficult to satisfy everyone when selecting the meal
	– 가족 구성원 각자의 취향과 식단 요건이 있음 each family member has their own taste and dietary requirements
	– 예시) 한 가족 안에서 채식주의자와 비 채식주의자 간의 갈등 ex) conflicts btw. vegetarians & non-vegetarians in a family

아웃라인 2 Disagree

나의 의견	반대 Disagree
이유 1	가족은 유대를 강화해야 함 families should strengthen their bonds
	– 가족들은 요즘 거의 함께 시간을 보내지 않음 families rarely spend time together nowadays
	– 예시) 함께 식사하는 것은 더 강한 유대를 만듦 ex) eating together → stronger connection
이유 2	아이들에게 식사 예절을 가르쳐야 함 should teach children table manners
	– 식사 예절 가르치는 전통적인 방식이 유지되어야 함 traditional ways of teaching dining etiquette should be maintained
	– 예시) 연구: 청년의 80%가 식사 예절이 부족함 ex) study: 80% of youth lack table manners

ADVANTAGE & DISADVANTAGE

Some parents often make important decisions for their teenage children.
Do the advantages of this outweigh the disadvantages?

일부 부모는 종종 10대 자녀들을 대신해서 중요한 결정을 내려준다.
이것의 장점이 단점보다 더 큰가?

아웃라인

나의 의견	단점이 장점보다 많음 Adv. < Disadv.
반대 내용	장점: 부모가 더 객관적이고 현실적인 관점을 가지고 있음 Adv.: parents have a more objective and realistic point of view – 많은 경우에 아이를 가장 잘 아는 사람은 그 자신보다 부모임 in many cases, parents know their children more than the children know themselves – 예시) 연구: 부모가 제안하는 진로를 선택한 사람이 더 성공할 가능성이 높다 ex) study: people who choose the career their parents suggest are more likely to succeed
찬성 내용	단점: 스스로 진로를 결정하지 않으면 책임감이 생기지 않음 Disadv.: have less responsibility when they do not decide their career for themselves – 자신이 직접 결정한 것을 더 열심히 하는 경향이 있음 tend to work hard on something they decide to do – 예시) 연구: 부모가 전공을 선택한 학생들은 직접 선택한 학생들보다 평점이 더 낮음 ex) study: students whose parents picked their major got a lower GPA than those who picked it themselves

ADVANTAGE & DISADVANTAGE

Some young people select a job in the same field as their parents rather than choose a different career for themselves.

Do the advantages of this outweigh the disadvantages?

일부 젊은 사람들은 스스로 다른 직업을 선택하기보다 부모와 같은 분야의 직업을 선택한다.
이것의 장점이 단점보다 더 큰가?

아웃라인

나의 의견	장점이 단점보다 많음 Adv. > Disadv.
반대 내용	단점: 부모의 성공에 부응해야 한다는 부담감 Disadv.: pressure to live up to their parents' success
	– 항상 부모의 업적과 비교하여 평가됨 always measured against their parents' achievements
	– 예시) 사촌은 아버지의 직업을 따라 변호사가 되었는데 끊임없이 아버지와 비교됨 ex) cousin: lawyer following his father's career, constantly compared to him
찬성 내용	장점: 부모의 연줄을 이용할 수 있음 Adv.: can make use of parents' connections
	– 유용한 사업상의 협력 관계를 형성하는 데 연줄을 활용함 utilize them to create useful business partnerships
	– 예시) 최근 연구: 부모로부터 사업을 물려받은 사람들은 실패할 가능성이 훨씬 더 낮음 ex) recent study: ppl. who inherited a business from their parents have a much lower chance of failure

48 · 노인 운동의 필요성

AGREE/DISAGREE

The elderly need exercise more than young people do.
To what extent do you agree or disagree with this statement?

노인들은 젊은 사람들보다 운동이 더 필요하다.
이 진술에 어느 정도까지 동의 또는 동의하지 않는가?

아웃라인 1 Agree

나의 의견	찬성 Agree
이유 1	나이가 많은 사람들은 젊은 사람들보다 신체적으로 더 약함 older ppl. are physically weaker than young ppl. – 운동으로 뼈를 튼튼하게 하면 넘어져 골절되는 것을 예방할 수 있음 strengthen bones by exercising → can prevent fall & fracture – 예시) 연구: 운동하는 사람들은 덜 다치고, 더 빨리 나음 ex) research: ppl. who exercise hurt themselves less & heal faster
이유 2	노인들은 덜 활동적인 생활 방식을 가짐 the elderly have less active lifestyles – 신체 활동이 감소하므로 운동의 필요성이 더 큼 physical activity declines → increased need to exercise – 예시) 연구: 젊은 사람들은 일상생활에서 필요한 운동량을 충족시키지만 노인들은 그렇지 않음 ex) study: young ppl. meet physical requirements in their everyday life but elderly do not

아웃라인 2 Disagree

나의 의견	반대 Disagree
이유 1	운동을 하다가 다칠 가능성이 많음 high possibility to get injured by doing sports – 나이가 많은 사람들은 쉽게 다침 older ppl. get easily hurt – 예시) 연구: 같은 운동을 할 때 나이 많은 사람들이 젊은 사람들보다 더 다칠 가능성이 많음 ex) study: older ppl. are more likely to injure themselves than younger ppl. when doing the same sport
이유 2	근육통 회복이 더딤 recovery from muscle ache is slow – 운동은 근육을 손상시킬 수 있음 exercising can damage muscles – 예시) 할아버지께서 운동 후 근육통으로 고생을 하셨음 ex) my grandfather suffered from muscle pain after doing sports

BOTH VIEWS

Some people think that exercising regularly is the best way to become healthier.
Others, however, believe that there are more effective ways to get healthy.
Discuss both these views and give your own opinion.

일부 사람들은 주기적으로 운동을 하는 것이 더 건강해지기 위한 가장 좋은 방법이라고 생각한다.
그러나, 다른 사람들은 건강을 증진시키는 데 더 효과적인 방법들이 있다고 생각한다.
이러한 양쪽의 관점에 대해 논하고 자신의 의견을 제시하시오.

아웃라인

나의 의견	더 효과적인 방법이 있음 there are more effective ways
반대 관점과 이유	주기적으로 운동하는 것은 면역체계를 강화함 there are exercising regularly: strengthens the immune system
	− 방어 체계가 튼튼해서 사람들이 병에 덜 취약함 defense system is strong so that ppl. are less susceptible to illness
	− 예시) 하루에 30분씩 규칙적인 운동을 하니 오랫동안 아프지 않았음 ex) X sick for a long time after doing regular exercise for 30mins/day
찬성 관점과 이유	운동과 달리 다른 방법들은 실전하기 그다지 어렵지 않음 other ways: X so difficult to do as exercise
	− 사람들이 건강을 유지하기 위해 규칙적으로 할 수 있는 방법이 있음 there are ways to keep healthy which ppl. can do regularly
	− 예시) 연구: 운동을 시작하는 50퍼센트의 사람들은 포기하지만, 80퍼센트의 사람들은 매일 충분한 비타민제를 섭취함 ex) study: 50% of those who start exercising give up, 80% of ppl. take vitamin supplements every day

아동 비만의 원인과 해결책

CAUSE/PROBLEM & SOLUTION

Nowadays, a lot of children are damaging their health by becoming obese.
What are some of the reasons behind this?
Suggest some ways to reduce the rate of child obesity.

요즘 많은 아이들이 비만이 되면서 건강을 해치고 있다.
이것의 이면에 있는 몇 가지 이유는 무엇인가?
아동 비만율을 줄이는 몇 가지 방법들을 제안하시오.

아웃라인

원인	**원인: 영양상 균형이 맞지 않은 식단을 자주 먹음**
	Cause: children often eat meals which are unbalanced nutritionally
	
	– 지방을 많이 함유한 패스트푸드와 간식을 즐김
	  they enjoy fast food & snacks which contain a lot of fat
	
	– 예시) 조사: 미국 어린이의 42퍼센트는 패스트푸드를 정기적으로 먹음
	  ex) research: 42% of children in the US eat fast food regularly

해결책	**해결책: 아이들에게 좋은 식단의 중요성에 대해 교육하기**
	Solution: educate children about the importance of a good diet
	
	– 건강한 식단에 대해 알면 스스로 건강한 음식을 선택함
	  knowing about a healthy diet → choose healthy food by themselves
	
	– 예시) 연구: 학교가 영양 교육을 실시한 후 아이들이 패스트푸드를 덜 먹게 됨
	  ex) study: children eat fast food less after schools provided education about nutrition

아이엘츠 유형별 공략으로 Overall 고득점 달성!

HACKERS IELTS

ACADEMIC MODULE Writing

초판 16쇄 발행 2025년 1월 6일

초판 1쇄 발행 2017년 6월 8일

지은이	해커스 어학연구소
펴낸곳	(주)해커스 어학연구소
펴낸이	해커스 어학연구소 출판팀

주소	서울특별시 서초구 강남대로61길 23 (주)해커스 어학연구소
고객센터	02-537-5000
교재 관련 문의	publishing@hackers.com
동영상강의	HackersIngang.com

ISBN	978-89-6542-232-7 (13740)
Serial Number	01-16-01

외국어인강 1위,
해커스인강(HackersIngang.com)

해커스인강

- 내 답안을 고득점 에세이로 만드는 **IELTS 라이팅 1:1 첨삭**
- 해커스 스타강사의 **IELTS 인강**

전세계 유학정보의 중심,
고우해커스(goHackers.com)

고우해커스

- **IELTS 라이팅/스피킹 무료 첨삭 게시판**
- **IELTS 리딩/리스닝 실전문제** 등 다양한 IELTS 무료 학습 컨텐츠
- **IELTS Q&A 게시판** 및 **영국유학 Q&A 게시판**

헤럴드 선정 2018 대학생 선호브랜드 대상 '대학생이 선정한 외국어인강' 부문 1위

너는 오르고, 나는 오르지 않았던 이유
너만 알았던 **그 비법**!

HACKERS IELTS Writing

Writing

ACADEMIC MODULE

모범답변 · 해석 · 어휘

IELTS 인강
해커스인강 HackersIngang.com

IELTS 라이팅/스피킹 무료 첨삭 게시판 · IELTS 리딩/리스닝 무료 실전문제
고우해커스 goHackers.com

해커스 어학연구소

HACKERS
IELTS
Writing

모범답변·해석·어휘

해커스 어학연구소

HACKERS
IELTS
WRITING

goHackers.com

학습자료 제공·유학정보 공유

CONTENTS

WRITING TASK 1

> 아래 그래프는 1970년에서 2010년 사이에 미국의 가장 흔한 세 개의 상업용 차량 등록 비율의 변화를 보여준다.
> 주요 특징들을 선택하고 서술함으로써 정보를 요약하고, 관련 있는 것들을 비교하시오.
> 적어도 150단어 이상 서술하시오.

분석메모

% change of V. reg. of 3 types of commercial V., 40 yrs. 40년간의 세 종류의 상업용 차량 등록 건수의 비율의 변화

- changed, but still T > TX > B 변동했지만, 여전히 트럭, 택시, 버스 순으로 비율이 높음

- T: highest for most of the period exc. 1980
  트럭은 1980년을 제외하고 대부분의 기간에 가장 높았음

  ↓ by 20%p btw. 1970~1980 → reached 45% by 2010
  1970년과 1980년 사이에 20%p 떨어졌고, 2010년에는 45%까지 도달함

- TX: ↑ at 35% in 1980, ↓ less than 20% in 2000, ↑ btw. 2000~2010
  택시는 1980년에 35%까지 오르고, 2000년에 20% 아래로 내려갔으며, 2000년과 2010년 사이에 오름

- B: the least common 버스는 가장 덜 흔함

  ↑ btw. 1970~1980, ↓ next 30 yrs.
  1970년과 1980년 사이에 오르고, 그다음 30년 동안 감소함

요약문

The line graph above shows the percentage change of vehicle registrations for the three most used types of commercial vehicles in the US during a 40-year period.

Overall, it is clear that although the proportion of registrations for each type of vehicle changed over time, by the end of the 40-year period, trucks still made up the largest share, followed by taxis and then buses.

Looking at the graph more closely, one can see that trucks represented the highest proportion of registered commercial vehicles for most of the period. The only exception was 1980, when taxi registrations exceeded truck registrations. This was due to the proportion of trucks being registered dipping by almost 20 percentage points between 1970 and 1980. Following this slump, truck registrations gradually increased and had reached 45 percent by 2010. Moreover, the number of taxi registrations peaked at 35 percent in 1980, before plummeting to less than 20 percent by 2000. Taxi registrations then jumped by about 20 percentage points between 2000 and 2010. Meanwhile, buses were consistently the least common vehicle to be registered, representing a considerably smaller proportion than trucks or taxis throughout the period. The rate of bus registrations did increase between 1970 and 1980, but then gradually fell over the course of the next 30 years.

해석 선 그래프는 40년의 기간 동안 미국의 가장 많이 이용된 상업용 차량의 차량 등록 비율의 변화를 보여준다.

전반적으로, 각 종류의 차량 등록 비율이 시간이 지남에 따라 변동하긴 했지만, 40년 기간의 끝 무렵에, 트럭이 여전히 가장 큰 몫을 차지했고, 뒤이어 택시, 그리고 그다음을 버스가 따랐음이 분명하다.

그래프를 더 자세히 살펴보면, 트럭이 1980년을 제외하고는 대부분의 시기에 가장 높은 상업용 차량 등록률을 가졌다는 것을 알 수 있다. 유일한 예외는 1980년인데, 택시 등록이 트럭 등록을 초과한 때였다. 이것은 1970년과 1980년 사이에 등록된 트럭의 비율이 거의 20퍼센트포인트만큼 현저히 감소했기 때문이다. 이러한 급감 이후, 트럭 등록은 서서히 증가하였고 2010년에는 45퍼센트까지 도달하였다. 게다가, 택시 등록의 수는 2000년도까지 20퍼센트보다 더 낮게 급락하기 전, 1980년에 35퍼센트로 정점을 찍었다. 그리고 나서 택시 등록률은 2000년과 2010년 사이에 20퍼센트포인트 정도 뛰었다. 한편, 버스는 항상 가장 흔하지 않게 등록되는 차량이었는데, 이 기간 내내 트럭 또는 택시보다 상당히 적은 비율을 보였다. 버스 등록률은 1970년에서 1980년 사이에 증가했지만, 그다음 30년 동안 서서히 감소했다.

어휘 vehicle 차량, 자동차 registration 등록, 등록 건수 proportion 비율 exceed 초과하다 dip 감소하다, 떨어지다 peak 정점에 도달하다 plummet 급락하다 consistently 항상, 지속적으로 considerably 상당히 over the course of ~동안

WRITING TASK 2

일부 학생들은 이른 나이에 요리나 제빵을 포함하는 직업적 진로를 추구하기로 결정한다. 그들에게는 정규 과목을 공부하는 것보다 고등학교에서 그들이 선택한 직업에 대해서 공부하는 것이 더 좋다.
당신은 어느 정도까지 동의 또는 동의하지 않는가?
답변에 구체적인 이유를 제시하고 자신의 지식이나 경험으로부터 관련된 예를 들어 자신의 의견을 뒷받침하시오.
적어도 250단어 이상 서술하시오.

아웃라인

Agree 찬성

1. contribute to future jobs 장래 직업에 도움이 됨
   - learn practical skills → faster success 더 빠른 성공으로 이끌어 줄 실용적인 기술을 배움
   - ex) vocational high schools that specialize in certain disciplines
     예시) 특정 분야를 전문으로 하는 직업 고등학교

2. better attendance rates 더 나은 출석률
   - more willing to go to class when have interest 관심이 있으면 수업에 더 기꺼이 가려고 함
   - ex) study on attendance rate: special vocational high school > regular high schools
     예시) 출석률에 대한 연구: 직업 고등학교가 정규 고등학교보다 출석률이 높음

에세이

It is a common belief that high schools should offer their students a well-rounded education comprising a broad range of subjects. **However, I firmly believe that** schools should prepare students for specific occupations if they decide on their career early in life. This is because such an education would help them succeed in their future jobs and increase the attendance rate in schools.

To begin with, a specialized curriculum would contribute to students' future jobs. By obtaining an education that helps them prepare for their career later in life, students can develop practical skills that will lead to faster success in their line of work. For example, these days there are many vocational high schools that specialize in certain disciplines, such as cooking or baking. Students who attend these types of institutions have a head start over those who spend time learning other subjects. The early practice and experience they gain are sure to help them reach their career goals much faster.

On top of that, providing a career-focused education would lead to better attendance rates in schools. When students study topics they have an active interest in, they are more willing to go to class. According to the Ministry of Education in Korea, students who enrolled in vocational high schools demonstrated far more commitment to attending their classes than those at regular high schools. The study reveals that students are more interested in subjects that are directly related to their future jobs, and this makes them more likely to go to school.

To sum up, schools that teach practical subjects related to future jobs better prepare students to succeed, and such schools have better attendance rates. **For these reasons,** when a student knows what he or she wants to do, a career-focused education is preferable.

해석 고등학교가 학생들에게 광범위한 과목을 포함한 다방면에 걸친 교육을 제공해야 한다는 것은 일반적인 생각이다. 그러나, 나는 학생들이 그들의 진로를 이른 나이에 결정한다면 학교는 그들을 특정 직업에 대해 준비시켜야 한다고 굳게 믿는다. 이는 이러한 교육이 그들이 장래 직업에서 성공하도록 도움을 주고 학교 내 출석률을 높일 것이기 때문이다.

우선, 전문화된 교육과정은 학생들의 장래 직업에 도움이 될 것이다. 그들의 장래 직업을 위한 준비를 할 수 있도록 돕는 교육을 받음으로써, 학생들은 그들의 직업 분야에서 더 빠른 성공으로 이끌어 줄 실용적인 기술을 발전시킬 수 있다. 예를 들어, 요즘에는 요리나 제빵과 같은 특정 분야를 전문으로 하는 많은 직업 고등학교가 있다. 이러한 종류의 교육 기관에 다니는 학생들은 다른 과목들을 배우는 데 시간을 들이는 사람들보다 유리한 출발을 한다. 그들이 얻는 조기 실습과 경험은 그들이 자신의 직업 목표에 훨씬 더 빨리 도달하도록 분명히 도움이 될 것이다.

게다가, 직업 특성화 교육을 제공하는 것은 학교 내 더 나은 출석률로 이어질 것이다. 학생들은 적극적인 관심을 갖고 있는 주제를 공부할 때, 더 기꺼이 수업에 가려고 한다. 한국 교육부에 따르면, 직업 고등학교에 입학한 학생들은 일반 고등학교의 학생들보다 훨씬 더 수업 참여에 전념하는 것을 보여준다. 이 연구는 학생들이 그들의 장래 직업과 직접적으로 관련이 있는 과목에 더 흥미가 있다는 것을 드러내며, 이는 그들이 학교에 갈 가능성을 더 많게 한다.

요약하자면, 장래 직업과 관련된 실용적인 과목을 가르치는 학교들은 학생들이 성공하도록 더 잘 준비시키고, 그러한 학교들은 더 좋은 출석률을 갖는다. 이러한 이유로, 학생들이 자신이 무엇을 하고 싶은지 알고 있을 때, 직업 중심적 교육은 바람직하다.

어휘 **well-rounded** 다방면에 걸친, 다재다능한 **comprising** 포함하는 **occupation** 직업 **curriculum** 교육과정 **contribute to** ~에 도움이 되다 **line of work** 직업 분야 **vocational** 직업의 **specialize in** ~을 전문으로 하다 **discipline** 분야, 학과 **institution** 교육기관, 기관 **a head start** 유리한 출발 **enroll** 입학하다, 등록하다 **demonstrate** 보여주다, 실증하다 **commitment** 전념 **preferable** 바람직한

TASK 1

필수 표현 공략

01 상황별 표현 – 증가, 하락, 변동 표현

CHECK-UP

p.42

01 House prices **increased gradually** in the years following the economic downturn.

02 **Growth was slow** for Denmark in 2005, then it increased rapidly in 2009.

03 The number of European immigrants in the UK **peaked at** 650 thousand in 2016.

04 Oil prices **grew steadily** over the next two years.

05 Imports from Australia **have gone up moderately** in the last quarter.

06 **An upward trend was seen** in the adoption of high-speed Internet over the last six months.

07 The price of fuel **dipped notably** during that fiscal year.

08 The market value continued to **fall steadily** throughout the summer.

09 Audience numbers **dropped rapidly** after the first week of the film's release.

10 The country's population growth rate **hit a low of** only 2 percent last year.

11 Production costs **fluctuated over the** first **5-year period** of business.

12 **There were some slight shifts** in the stock price over the course of the two years in question.

02 상황별 표현 – 비교, 비율, 안정 표현

CHECK-UP

p.50

01 Operational expenses **were higher than** those of any other corporate cost.

02 **The gap widened** between projected revenue and the actual results in the third quarter.

03 **In contrast,** the German manufacturing industry was the most profitable in Europe.

04 **A similar trend was seen** in the public sector, where investment has fallen.

05 Beef exports had dropped dramatically, **whereas** pork exports were still increasing.

모범답안·해석

HACKERS **IELTS** WRITING

06 The proportion of agricultural workers **stands out** as the highest in the region.

07 The national parks **account for almost** half of Scotland's total land.

08 Statistics show that most people **fall into** the category of unhealthy eaters.

09 **The portion of** capital allocated to marketing was greater than in any previous year.

10 Ship transport **was the dominant** form of trade in the 1940s.

11 Economic output **remained relatively stable** despite the shocks of the dramatic market changes.

12 **There was nearly no change** in the unemployment figures in the last five years.

03 상황별 표현 - 과정, 전환, 위치 표현

CHECK-UP

p.58

01 **The process begins when** the chemical compound is poured across the metal surface.

02 **Subsequently,** water goes through a distillation treatment to filter out impurities.

03 **In the final step of the process**, the finished products are packaged.

04 **The first step is** to combine flour, an egg and milk in a bowl.

05 **One of the biggest changes to** the city **was** the addition of a subway system.

06 **The removal of** the existing building was the most notable difference between the two maps.

07 **The addition of** a new terminal was a major improvement to the airport facility in 2008.

08 The old structure **has been transformed into** affordable residential units.

09 The canal **was replaced with** a highway in the late 1990s.

10 The train line **was parallel to** the shore.

11 The restaurant **is across from** the entrance to the museum.

12 An information counter is situated **in the middle of** the lobby.

01 Bar Graph 유형

EXAMPLE

p.64

The bar graph shows the employment rates of men and women in South Africa, Chile, Finland, and Norway in 2002.

Overall, it is clear that the proportion of men in the workforce was higher than that of women in all four countries. Also noticeable was that the employment figures for the two sexes in Finland and Norway were relatively close, while there was more of a difference in South Africa and Chile. In the latter case, the gap between the percentages of men and women was the largest.

Looking at the graph more closely, one can see that nearly 80 percent of Norwegian men were in work, which makes them the group with the highest rate of employment for the period. The proportions of employed Chilean and Finnish men were close behind at roughly 70 percent. However, the percentage of South African men in work was low compared to the others since only half of them held jobs. As was the case with men, Norway had the highest employment rate for women, at above 70 percent. Finland was second with around 65 percent of women in work. The rates for South Africa and Chile were lower; only about one-third of women worked in both countries. Moreover, Chile's female employment rate was only half of what its male rate was.

해석 막대 그래프는 2002년 남아프리카, 칠레, 핀란드, 그리고 노르웨이에서의 남녀 취업률을 보여준다.

전반적으로, 4개 나라에서 모두 일하는 남성의 비율이 여성의 것보다 더 높았음이 명확하다. 또 분명한 것은 핀란드와 노르웨이에서 두 성별의 취업률은 상대적으로 비슷했던 것에 반해, 남아프리카와 칠레에서는 차이가 더 컸다는 것이다. 후자의 경우, 일하는 남녀 비율 사이의 격차가 가장 컸다.

그래프를 더 자세히 살펴보면, 거의 80퍼센트의 노르웨이 남성이 고용되어 있었음을 알 수 있는데, 이는 그들을 그 기간에 취업률이 가장 높은 그룹으로 만든다. 취업이 된 칠레와 핀란드 남성은 약 70퍼센트로 바로 뒤를 따랐다. 그러나, 다른 곳과 비교했을 때 남아프리카 남성의 취업률은 낮았는데, 그들의 절반만이 직업이 있었기 때문이다. 남자의 경우와 같이, 노르웨이는 70퍼센트 이상으로 가장 높은 여성 취업률을 갖고 있었다. 핀란드는 일하는 여성이 약 65퍼센트로 두 번째였다. 남아프리카와 칠레의 비율은 더 낮았는데, 두 나라 모두 여성의 3분의 1만 일했다. 또한, 칠레의 여성 취업률은 남성 취업률의 절반밖에 안 됐다.

`STEP 1` Bar Graph 분석메모 작성하기

01 아래 차트는 1998년에서 2013년 사이의 3개 나라와 세계 평균 인터넷 사용자의 수를 보여준다. 주요 특징들을 선택하고 서술함으로써 정보를 요약하고, 관련 있는 것들을 비교하시오. 적어도 150단어 이상 서술하시오.

분석메모

주제	# of Internet users in Gre., Den., Can. & WA, 1998~2013 1998년에서 2013년 사이의 그리스, 덴마크, 캐나다, 그리고 세계 평균 인터넷 사용자 수
그래프 전체 특징	– Den. & Can. > others 덴마크와 캐나다는 다른 곳보다 높았음 – Gre.: fewer, close to WA, but gradually ↑ 그리스는 더 적었고 세계 평균과 비슷했지만, 서서히 증가함
항목별 세부 특징	– Den.: roughly 4x, 2nd (1998) → surpass Can. (2003) 덴마크는 거의 4배가 되었음, 1998년에 두 번째였다가 2003년에는 캐나다를 능가함 – Can.: ↑ slow (2003~), but 3x (1998~2013) 캐나다는 2003년부터 완만히 증가했지만 1998년에서 2013년 사이에 3배가 됨 – Gre.: + about 20,000 every 5 yrs. 그리스는 5년마다 약 20,000명씩 증가함 – WA: ↑, but gap btw. 3 countries ↑ at the end 세계 평균은 증가했지만, 말에는 세 나라와의 격차가 넓어짐

02 아래 첫 번째 차트는 2011년부터 2015년까지 미국에 방문한 영국인 여행객의 수와 영국에 방문한 미국인 여행객의 수를 보여준다. 두 번째 차트는 그 기간에 이 여행객들이 사용한 총액을 보여준다. 주요 특징들을 선택하고 서술함으로써 정보를 요약하고, 관련 있는 것들을 비교하시오. 적어도 150단어 이상 서술하시오.

분석메모

주제	# of UK trs. → US w/ # of US trs. → UK & their spending patterns, 2011~2015 2011년에서 2015년 사이에 미국에 간 영국인 여행객의 수와 영국에 간 미국인 여행객의 수 그리고 그들의 소비 형태
그래프 1 전체 특징 세부 특징	1. British → US > American → UK 미국에 가는 영국인은 영국에 가는 미국인보다 많았음 – UK tourism → US: ↓ (2011~2013), then ↑ (2014~2015) 미국으로의 영국인 여행객은 2011년에서 2013년까지 하락하고, 그 후 2014년에서 2015년까지 증가함 – US tourism → UK: remain (2011~2012), but ↓ (2013) 영국으로의 미국인 여행객은 2011년에서 2012년 사이에는 유지되었지만 2013년에 하락함 : ↑ to highest point (2015) 2015년에는 증가하여 최고점에 도달함
그래프 2 전체 특징 세부 특징	2. UK trs. in US > US trs. in UK 미국에 있는 영국인 여행객이 영국에 있는 미국인 여행객보다 많이 지출함 – UK trs.' $: slow ↑ ~2013, then ↑ last yr. 영국인 여행객의 지출은 2013년까지 서서히 증가하다가 마지막 해에 증가함 – US trs.' $: consistent, then ↑ (2014, 2015) 미국인 여행객의 지출은 변함없다가, 2014년과 2015년에 증가함

03 아래 차트는 1998년에서 2013년 사이의 3개 나라와 세계 평균 인터넷 사용자의 수를 보여준다. 주요 특징들을 선택하고 서술함으로써 정보를 요약하고, 관련 있는 것들을 비교하시오. 적어도 150단어 이상 서술하시오.

주제 쓰기

① **The bar graph shows** the number of Internet users in Greece, Denmark, and Canada from 1998 to 2013 alongside the world average for those years.

그래프 전체 특징 쓰기

② **Overall, it is clear that** Denmark and Canada had considerably more Internet users than the others during this 15-year period. In contrast, Greece had fewer users, which was close to the world average, but both gradually increased just as the other countries did.

항목별 세부 특징 쓰기

③ **Looking at the graph more closely, one can see that** the number of Internet users in Denmark roughly quadrupled from 23,000 to 95,000 over the 15 years. In 1998, it had the second highest number of Internet users, but it had surpassed Canada by 2003. While growth after 2003 for Canada was slow, the nation's overall number of users ultimately expanded by more than threefold from 1998 to 2013. ④ Also, Greece experienced gains of about 20,000 new users every five years. Although the world average climbed as well, moving from about 3,000 users to 35,000 users, the gap between it and the three countries included in the chart had widened at the end of the period in question.

해석   **주제**
막대 그래프는 1998년에서 2013년 사이의 그리스, 덴마크, 그리고 캐나다의 인터넷 사용자 수와 함께 그 연도들의 세계 평균을 보여준다.

그래프 전체 특징
전반적으로, 덴마크와 캐나다가 이 15년의 기간 동안 다른 곳에 비해 상당히 더 높은 인터넷 사용률을 가졌음이 명확하다. 그에 반해, 그리스는 세계 평균에 가까운 더 적은 사용자를 가졌는데, 둘 다 다른 나라들이 그러했듯이 서서히 증가했다.

항목별 세부 특징
그래프를 더 자세히 살펴보면, 덴마크의 인터넷 사용자 수가 15년 동안 23,000명에서 95,000명으로 거의 4배가 되었음을 알 수 있다. 1998년에, 이는 두 번째로 많은 인터넷 사용자 수를 가졌지만, 2003년에는 캐나다를 능가했다. 2003년 이후의 캐나다 증가는 완만했지만, 그 국가의 전반적인 사용자 수는 궁극적으로 확대되어, 1998년에서 2013년 사이에 3배 이상 증가했다. 또한, 그리스는 5년마다 새로운 사용자들이 약 20,000명씩 증가했다. 세계 평균도 약 3,000명에서 35,000명으로 올랐음에도 불구하고, 차트에 포함된 세 나라와의 격차는 문제에서 제시된 기간 말에 넓어졌다.

어휘   **alongside** ~와 함께   **considerably** 상당히   **gradually** 서서히   **quadruple** 4배가 되다   **surpass** 능가하다, 뛰어넘다
       ultimately 궁극적으로   **threefold** 3배의   **widen** 넓어지다, 커지다

04 아래 첫 번째 차트는 2011년부터 2015년까지 미국에 방문한 영국인 여행객의 수와 영국에 방문한 미국인 여행객의 수를 보여준다. 두 번째 차트는 그 기간에 이 여행객들이 사용한 총액을 보여준다. 주요 특징들을 선택하고 서술함으로써 정보를 요약하고, 관련 있는 것들을 비교하시오. 적어도 150단어 이상 서술하시오.

주제 쓰기

The first bar graph shows ① the number of UK tourists that traveled to the US with the number of US tourists that took trips to the UK**, and the second one indicates** ② their spending patterns from 2011 to 2015.

그래프 1 전체 특징과 항목별 세부 특징 쓰기

전체 특징

According to the first graph, it is clear that ③ there were more British people traveling to the US than there were Americans traveling to the UK during the 5 years in question.

항목별 세부 특징

While UK tourism to the US dipped from 2011 to 2013, hitting a low of just under 3 million, it increased over the following 2 years, peaking at 3.5 million in 2015. ④ The number of US tourists traveling to the UK remained at around 2.8 million in 2011 and 2012 but fell in 2013. However, the number reached its highest point of about 3.2 million in 2015.

그래프 2 전체 특징과 항목별 세부 특징 쓰기

전체 특징

In the second graph, it is apparent that ⑤ UK tourists in the US heavily outspent US tourists in the UK every year.

항목별 세부 특징

For UK tourists, ⑥ spending growth was slow until 2013, and then it shot up by about $1.1 billion in the last year, totaling $5.8 billion. ⑦ US tourists' spending was relatively consistent until it surged in 2014 and 2015, reaching a pinnacle of $4 billion.

해석　**주제**
첫 번째 막대 그래프는 2011년과 2015년 사이에 미국에 여행 간 영국인 여행객의 수와 영국에 여행 간 미국인 여행객의 수를 보여주고 두 번째 막대 그래프는 그들의 소비 형태를 나타낸다.

그래프 1
전체 특징 첫 번째 그래프에 따르면, 문제에서 제시된 5년 동안 영국으로 여행한 미국인보다 미국으로 여행한 영국인이 더 많음이 명확하다. **항목별 세부 특징** 2011년에서 2013년 사이에 미국으로 가는 영국인 여행객의 수가 떨어져, 3백만 이하로 최저점에 이르렀지만, 그다음 2년 동안 증가하여 2015년에 350만의 최고점에 도달했다. 영국으로 여행한 미국인 여행객의 수는 2011년과 2012년에 280만 즈음에 머물렀지만, 2013년에는 하락했다. 하지만, 이 수치는 2015년에 약 320만의 최고점에 도달했다.

그래프 2
전체 특징 두 번째 그래프에서는, 미국에 있는 영국인 여행객이 영국에 있는 미국인 여행객보다 매년 더 많이 지출했음이 분명하다. **항목별 세부 특징** 영국 여행객들을 보면, 2013년까지는 지출의 증가가 더뎠지만, 그 후 마지막 해에 약 11억 달러 만큼 급증하여, 총 58억 달러가 되었다. 미국인 여행객의 지출은 2014년과 2015년에 급등하여 40억 달러의 정점에 도달하기 전까지 상대적으로 변함없었다.

어휘　tourist 여행객　spending pattern 소비 형태　dip 떨어지다, 내려가다　hit a low 최저점에 이르다
peak 최고점에 도달하다; 최고점, 정점　outspend ~보다 많이 쓰다　surge 급등하다, 솟구치다　pinnacle 정점

01 아래 차트는 1995년, 2000년 그리고 2005년에 미국 영화관에서 가장 많이 관람된 7개의 영화 장르의 수익 비율을 연도별 미국 영화 산업의 총수익에서의 비율로 보여준다. 주요 특징들을 선택하고 서술함으로써 정보를 요약하고, 관련 있는 것들을 비교하시오. 적어도 150단어 이상 서술하시오.

분석메모

% of profits of the 7 most viewed movie genres in US, 1995, 2000, 2005
1995년, 2000년, 2005년에 미국에서 가장 많이 관람된 영화 장르 7개의 수익률

- all fluctuated w/ advt. & drama changing the most 모든 장르의 수익이 변동했고, 모험과 드라마가 가장 많이 변화함
- advt., com., act., drama made more money 모험, 코미디, 액션, 드라마가 돈을 더 벌었음

- 1995: drama > com. > action > advt. ≒ 3 least combined
1995년에는 드라마, 코미디, 액션, 모험 순으로 높은데, 모험은 가장 적은 3개를 합친 것과 거의 같음
- 2000: com. ↑ → most profitable genre, thri. & music. & ani. ↑
2000년에는 코미디가 증가하며 가장 수익성 있는 장르가 되었고, 스릴러, 뮤지컬, 애니메이션도 증가함

    others ↓, drama ↓ the most 다른 장르들은 하락했으며 드라마가 가장 많이 떨어짐
- 2005: com. remained most profitable genre, ani. ↑, advt. ↑ most = 2nd
2005년에는 코미디가 가장 수익성 있는 장르로 남았고, 애니메이션이 증가하고, 모험이 가장 많이 증가하여 두 번째로 높아짐

    ↔ act., drama, thri., music. ↓ 반면, 액션, 드라마, 스릴러, 뮤지컬은 하락함

주제 쓰기

The bar graph shows the proportion of profits made from the seven most popular movie genres in the US in 1995, 2000, and 2005 as a percentage of the total for the industry.

그래프 전체 특징 쓰기

Overall, it is clear that the profits from all the genres fluctuated across the three years, with adventure and drama changing the most. Furthermore, adventure, comedy, action, and drama generated considerably more profits than the other three genres.

항목별 세부 특징 쓰기

Looking at the graph more closely, one can see that in 1995, drama stands out as the most lucrative genre since it accounted for almost one-third of the film industry's total profits. Drama was followed by comedy, which generated 20 percent of the industry's profits, while action was the third highest grossing genre at 17 percent. Adventure was also successful, representing close to 15 percent of the total, which was nearly equal to the combined profits of the three genres that made the least money. In 2000, comedy became the most profitable genre, surging five percentage points above its 1995 figure. An upward trend was also evident that year for thrillers, musicals, and animated films. Meanwhile, the other genres were less profitable that year, with the earnings generated by dramas decreasing the most. In 2005, comedy remained the most profitable genre and its profit share increased to above 25 percent. While the profits from animated films also grew, adventure movies gained the most compared to 2000. Adventure became the second most profitable genre after earning close to 25 percent. In contrast, the share of profits of action, drama, thrillers, and musicals all declined.

주제

막대 그래프는 1995년, 2000년 그리고 2005년에 미국에서 산업의 전체 비율에서 가장 인기 있었던 일곱 개의 영화 장르의 수익률을 보여준다.

그래프 전체 특징

전반적으로, 모든 장르의 수익이 3년 동안 변동했고, 모험과 드라마가 가장 많이 변화했음이 명확하다. 게다가, 모험, 코미디, 액션, 그리고 드라마가 다른 세 개의 장르보다 상당히 더 많은 이윤을 냈다.

항목별 세부 특징

그래프를 더 자세히 살펴보면, 1995년에, 드라마가 가장 수익성이 좋은 장르로 두드러진다는 것을 알 수 있는데, 이는 전체 영화 산업 수익의 거의 3분의 1을 차지했기 때문이다. 드라마 다음에는 산업 수익의 20퍼센트를 발생시킨 코미디가 뒤따르는 동안, 액션이 17퍼센트로 세 번째로 많은 수익을 거둔 장르였다. 모험도 전체의 15퍼센트에 가깝게 차지하며 성공적이었고, 이는 가장 적은 돈을 번 장르 세 개의 수익을 합친 것과 거의 같았다. 2000년에는, 코미디가 1995년 수치보다 5퍼센트포인트 더 급증하여, 가장 수익성 있는 장르가 되었다. 스릴러, 뮤지컬, 그리고 애니메이션에서도 역시 상승 추세가 명확했다. 한편, 다른 장르들은 그 해에 수익성이 적었는데, 드라마가 가장 급격히 하락했다. 2005년에는, 코미디가 가장 수익성 있는 장르로 남았고, 수익률이 25퍼센트 이상으로 증가하였다. 애니메이션의 수익 역시 증가한 반면, 모험이 2000년에 비해 가장 많이 증가했다. 모험은 25퍼센트에 가깝게 증가한 후 두 번째로 가장 수익성 있는 장르가 되었다. 반면, 액션, 드라마, 스릴러, 그리고 뮤지컬의 수익률은 모두 하락했다.

genre 장르, 양식 fluctuate 변동하다, 오르내리다 lucrative 수익성이 좋은 account for 차지하다, 설명하다 generate 발생시키다 gross 수익을 올리다 equal 동일한 profitable 수익성 있는 upward 상승하고 있는

---

02 Line Graph 유형

EXAMPLE

p.76

The line graph shows the percentage of oil used in Iceland, Sweden, Italy, and Turkey from 1966 to 2006 as a proportion of each country's total energy consumption.

Overall, it is clear that Turkey's proportion of oil use surged over the 40-year period. Meanwhile, the share of oil usage in Italy remained relatively consistent, but Sweden and Iceland's percentage plunged.

Looking at the graph more closely, one can see that Turkey had the lowest proportion of oil use in 1966. At this time, the nation relied on oil for around 60 percent of its energy needs, which was only two-thirds of the proportion Italy used. However, by the end of the period in question, Turkey's share was the same as Italy's at 90 percent. Italy's proportion was consistently high, maintaining a share of between 80 to 90 percent throughout the period. In contrast, Sweden and Iceland saw steep percentage declines during the first half of the period, with each dropping approximately 40 percentage points. The share of oil use in Sweden continued to gradually decrease, reaching 35 percent by 2006. Iceland experienced a small percentage point rise from 1986 to 1996 before dropping significantly to around 20 percent in 2006, the lowest share of oil use among the four countries.

선 그래프는 1966년에서 2006년까지 아이슬란드, 스웨덴, 이탈리아, 그리고 터키에서 사용된 석유의 비율을 각 나라의 전체 에너지 소비량과 대비한 비율로 보여준다.

전반적으로, 터키의 석유 사용 비율이 40년의 기간 동안 급증했음이 명확하다. 한편, 이탈리아의 석유 사용 비율은 상대적으로 변함이 없지만 스웨덴과 아이슬란드의 비율은 급락했다.

그래프를 더 자세히 살펴보면, 터키가 1966년에 가장 낮은 석유 사용 비율을 가졌다는 것을 알 수 있다. 당시에 그 국가는 그것의 에너지 수요 중 약 60퍼센트를 석유에 의존하고 있었으며, 이는 이탈리아가 사용한 비율의 단 3분의 2였다. 하지만, 문제에서 제시된 기간의 말에, 터키의 비율은 90퍼센트인 이탈리아의 비율과 같았다. 이탈리아의 비율은 기간 동안 내내 80에서 90퍼센트 사이의 몫을 유지하며 지속적으로 높았다. 반대로, 스웨덴과 아이슬란드는 각각 약 40퍼센트포인트씩 떨어지며, 기간의 전반부 동안 급격한 비율로 하락했다. 스웨덴에서의 석유 사용 비율은 계속해서 서서히 감소하여 2006년에는 35퍼센트에 도달했다. 아이슬란드는 1986년부터 1996년까지 조금 증가했는데, 2006년에 4개국 중 가장 낮은 비율인 약 20퍼센트로 상당히 하락하기 전이었다.

HACKERS PRACTICE

p.78

Line Graph 분석메모 작성하기

01 아래 그래프는 1975년과 2035년 사이에 칠레의 연령대별 인구를 보여준다. 주요 특징들을 선택하고 서술함으로써 정보를 요약하고, 관련 있는 것들을 비교하시오. 적어도 150단어 이상 서술하시오.

분석메모

주제	Chile's demographic info. of 3 age groups, 1975~2035 1975년부터 2035년까지 칠레의 세 연령대의 인구통계학 정보
그래프 전체 특징	- 15-64: consistently largest 15-64세는 일관되게 가장 큼 - oldest: ↑ slowly & expected to ↑ 가장 나이가 많은 집단은 천천히 증가했고 확대될 것으로 추측됨 - under 15: ↓ & projected to continue 15세 미만은 하락했고 앞으로도 그럴 것으로 예상됨
항목별 세부 특징	- 15-64: ↑ (1975~2015), predicted to ↓ 15-64세는 1975년에서 2015년에 증가했다가 하락할 것으로 예측됨 - oldest: ↑, 3x of 1975 expected (2035) 가장 나이가 많은 집단은 증가했고, 2035년에는 1975년의 3배가 될 것으로 추측됨 - youngest: consistently ↓ 가장 어린 집단은 지속적으로 줄어듦

02 아래 그래프들은 멜버른의 1989년에서 2009년까지의 대중교통 탑승객 수와 2000년에서 2008년 사이의 버스와 전차 탑승객 수를 보여준다. 주요 특징들을 선택하고 서술함으로써 정보를 요약하고, 관련 있는 것들을 비교하시오. 적어도 150단어 이상 서술하시오.

분석메모

주제	ridership # for public transit, 1989~2009 & pass. data for buses, trams, 2000~2008 in Melbourne 멜버른에서 1989년과 2009년 사이의 대중교통 승객 수와 2000년에서 2008년 사이의 버스와 전차의 승객 정보
그래프 1 전체 특징 세부 특징	1. significantly ↑ 상당히 증가함 - 280m (1989) → 500m (2009) 1989년에 2억 8천만 명에서 2009년에 5억 명까지 증가함 - consistent 1st 5 yrs. → soared last 5 yrs. 첫 5년 동안 변함없다가 마지막 5년 동안 급증함

그래프 2 전체 특징
세부 특징
	2. bus & tram pass. ↑, bus larger 버스와 전차 탑승객은 증가하는데, 버스가 더 큼
	- bus users: unchanged → 100m ↑ (~2008)
	  버스 이용객은 변함없다가 2008년까지 1억 명 증가함
	- tram users: stable (~2002), ↑ (2002~2004), ↑ but < bus (2007~2008)
	  전차 이용객은 2002년까지 안정적인데, 2002년에서 2004년에 증가하고, 2007년에서 2008년에도 증가하지만
	  버스보다 적음

모범답변·해석 HACKERS IELTS WRITING

03 아래 그래프는 1975년과 2035년 사이에 칠레의 연령대별 인구를 보여준다. 주요 특징들을 선택하고 서술함으로써 정보를 요약하고, 관련 있는 것들을 비교하시오. 적어도 150단어 이상 서술하시오.

주제 쓰기

① **The line graph shows** Chile's demographic information from 1975 to 2035 divided into the age groups 0 to 14 years, 15 to 64 years, and 65 years and older.

그래프 전체 특징 쓰기

② **Overall, it is clear that** the portion of the population aged 15 to 64 has consistently been the largest and will likely remain that way. It is also evident that the oldest group has been growing slowly and is expected to get even bigger. Meanwhile, the proportion of people under 15 has been plummeting and is projected to continue to do so.

항목별 세부 특징 쓰기

③ **Looking at the graph more closely, one can see that** the largest age group comprises 15 to 64-year-olds and that it grew steadily from 1975 to 2015, gradually reaching nearly 70 percent. It is predicted that it will start getting smaller between 2015 and 2035. In contrast, the oldest group, made up of people 65 years and over, is the only group projected to continue expanding. Despite being much smaller than the other groups, it is expected to triple from its share of 5 percent in 1975 to 15 percent by 2035. ④ **Finally, the youngest age group has been consistently shrinking.** It went from just under 40 percent to nearly half of that amount between 1975 and 2015 and is expected to remain in decline all the way through to 2035.

해석　**주제**

선 그래프는 1975년부터 2035년까지의 칠레 인구통계학 정보를 0세부터 14세, 15세부터 64세, 그리고 65세 이상의 세 연령대로 나누어 보여준다.

그래프 전체 특징

전반적으로, 15세부터 64세 연령대의 인구 비율이 일관되게 가장 크며 그렇게 계속 유지될 가능성이 높다는 것이 명확하다. 가장 나이가 많은 집단은 천천히 증가했으며 더 확대될 것으로 예측된다는 것 또한 분명하다. 한편, 15세 미만의 인구 비율은 급락했고 앞으로도 계속 그러할 것으로 예상된다.

항목별 세부 특징

그래프를 더 자세히 살펴보면, 가장 큰 연령대 집단은 15세부터 64세로 구성되어 있으며 1975년부터 2015년까지 꾸준히 성장하여, 거의 70퍼센트까지 서서히 도달했다는 것을 알 수 있다. 이것은 2015년에서 2035년 사이에 적어지기 시작할 것으로 예측된다. 그에 반해, 65세 이상으로 구성되어 있는 가장 나이가 많은 집단은 계속 확장할 것으로 예상되는 유일한 집단이다. 다른 집단보다는 훨씬 적음에도 불구하고, 1975년 5퍼센트의 점유율이 2035년까지 15퍼센트로 3배가 될 것으로 예측된다. 마지막으로, 가장 어린 연령대 집단은 지속적으로 줄어들고 있다. 1975년과 2015년 사이에는 40퍼센트 바로 아래에서 그 양의 거의 절반이 되었으며 2035년까지 계속해서 하락할 것으로 예측된다.

어휘　demographic 인구통계학의　age group 연령대　consistently 일관되게　plummet 급락하다, 곤두박질치다
project 예상하다, 추정하다　comprise 구성되다　predict 예측하다　expand 확장하다　triple 3배가 되다　shrink 줄어들다

04 아래 그래프들은 멜버른의 1989년에서 2009년까지의 대중교통 탑승객 수와 2000년에서 2008년 사이의 버스와 전차 탑승객 수를 보여준다. 주요 특징들을 선택하고 서술함으로써 정보를 요약하고, 관련 있는 것들을 비교하시오. 적어도 150단어 이상 서술하시오.

주제 쓰기

The first line graph shows ① the ridership numbers for public transit between 1989 and 2009, **and the second one indicates** ② the passenger data for buses and trams from 2000 to 2008 in Melbourne.

그래프 1 전체 특징과 항목별 세부 특징 쓰기

전체 특징

According to the first graph, it is clear that ③ the number of public transit passengers in Melbourne increased significantly over the 20-year period.

항목별 세부 특징

Public transportation use grew from roughly 280 million passengers in 1989 to about 500 million in 2009. ④ While passenger numbers were consistent during the first five years, they soared by over 150 million from 2004 to the end of the period.

그래프 2 전체 특징과 항목별 세부 특징 쓰기

전체 특징

In the second graph, it is apparent that ⑤ even though bus and tram passenger numbers both went up over the eight years following 2000, there was a great increase in bus riders.

항목별 세부 특징

The total number of bus users was the same for the first three years, but ⑥ by 2008, it had steeply risen by around 100 million. As for tram usage, it was stable until 2002, at which point it increased for two years before declining slightly. Then from 2007 to 2008, it surged, reaching approximately 200 million passengers. However, ⑦ trams still had about 30 million fewer users than buses.

해석　**주제**

첫 번째 선 그래프는 멜버른에서 1989년과 2009년 사이의 대중교통 승객 수를 보여주며, 두 번째 것은 2000년에서 2008년 사이의 버스와 전차의 탑승객 정보를 보여준다.

그래프1

전체 특징 첫 번째 그래프에 따르면, 20년의 기간 동안 대중교통 탑승객의 수가 멜버른에서 상당히 증가했음이 명확하다. **항목별 세부 특징** 1989년의 약 2억 8천만 명의 탑승객에서 2009년에는 약 5억 명까지 대중교통의 이용이 증가했다. 첫 5년 동안은 승객 수가 변함없었지만, 마지막 5년에는 1억 5천만 명이 넘게 오르며 급증했다.

그래프 2

전체 특징 두 번째 그래프에서는, 2000년부터 8년 동안 버스 탑승객과 전차 탑승객이 모두 증가하긴 했지만, 버스를 타는 사람의 증가는 아주 컸음이 분명하다. **항목별 세부 특징** 버스 이용객의 총합은 처음 3년 동안에는 변화가 없었지만 2008년까지 가파르게 상승하여 약 1억 명만큼 증가했다. 전차 사용량에 관해서는 2002년까지는 그것이 안정적이었는데, 이 시점에서 약간 감소하기 이전인 2년 동안은 증가했다. 그 이후에, 2007년에서 2008년까지 그것은 급증하여, 약 2억 명의 탑승객에 도달했다. 하지만 전차는 여전히 버스보다 약 3천만 명 더 적은 이용객을 갖고 있었다.

어휘　**ridership** (공공 교통 기관의) 승객 수, 승객　**public transit** 대중교통　**tram** 전차　**roughly** 대략, 거의　**consistent** 변함없는
steeply 가파르게　**surge** 급증하다

01 아래 그래프는 1981년에서 2011년 사이에 대한민국의 3가지 다른 분야의 노동자 비율을 보여준다. 주요 특징들을 선택하고 서술함으로써 정보를 요약하고, 관련 있는 것들을 비교하시오. 적어도 150단어 이상 서술하시오.

분석메모

> **S. Korea's employment figures by sector over 30-yr. period** 30년 기간 동안의 대한민국의 분야별 고용 수치
>
> – ser. & agric.: significant change 서비스업과 농업에서는 상당한 변화가 있었음
>
> – gap ↑ from sector to sector 분야 간의 격차는 넓어짐
>
> – ser.: more workers & most growth 서비스업에서는 보다 많은 노동자가 있었고 가장 많이 증가함
>
> : 40% → 70% > other combined 40%에서 70%로 증가했으며 이는 다른 분야를 합친 것보다 많음
>
> – agric.: ↓ 농업에서는 감소함
>
> – ind.: ↑ initially, but settled into slow ↓ 공업에서는 처음에 증가했지만 완만한 감소에 머물렀음
>
> : ↑ (1991), ↓ (2011) 1991년에 증가했고, 2011년에 하락함

주제 쓰기

The line graph shows South Korea's employment figures by sector over a three-decade period.

그래프 전체 특징 쓰기

Overall, it is clear that there were significant changes in regard to the percentage of people employed in the service and agriculture industries. Moreover, the gaps widened from sector to sector toward the end of the period in question.

항목별 세부 특징 쓰기

Looking at the data more closely, one can see that the service sector employed more workers and had the most growth from 1981 to 2011. Close to 40 percent of the workforce had service jobs in 1981, and by 2011, the proportion of service workers had increased to 70 percent, which represents a greater number of people than the other two sectors combined. In contrast, the proportion of workers employed in the agriculture sector decreased from approximately 33 percent in 1981 to about six percent in 2011. Meanwhile, the percentage of industrial workers grew initially, increasing from about 27 percent of the workforce in 1981 to about 35 percent by 1991. However, this figure eventually settled into a slow decline, dropping to roughly 25 percent by 2011.

해석　**주제**
선 그래프는 30년의 기간 동안 대한민국의 분야별 고용 수치를 보여준다.

그래프 전체 특징
전반적으로, 서비스업과 농업 분야에서 고용된 사람들의 비율에 관련해서는 상당한 변화가 있었음이 명확하다. 또한, 문제에서 제시된 기간 말 무렵에는 분야 간 격차가 넓어졌다.

항목별 세부 특징
자료를 더 자세히 살펴보면, 서비스 직종에서 보다 많은 노동자를 고용했고 1981년부터 2011년까지 가장 많이 증가했음을 알 수 있다. 1981년에는 노동 인구의 40퍼센트 가까이가 서비스직을 갖고 있었으며 이 수치는 2011년에 70퍼센트로 증가했는데, 이는 다른 두 분야를 합친 것보다도 더 큰 수치를 보였다. 그에 반해, 농업 분야에 고용된 노동자의 비율은 1981년에 약 33퍼센트에서 2011년에 약 6퍼센트로 감소했

다. 한편, 공업 노동자의 비율은 처음에 증가하여 1981년에 노동인구의 27퍼센트에서 1991년에는 35퍼센트로 증가했다. 하지만, 이 수치는 완만한 감소에 머물렀고, 2011년에 대략 25퍼센트까지 떨어졌다.

어휘   **sector** 분야   **agriculture** 농업   **toward** 무렵, ~쪽으로   **workforce** 노동 인구   **combine** 결합하다   **industrial** 공업의, 산업의

---

03 Pie Chart 유형

EXAMPLE

The pie charts show the proportion of students pursuing specific types of degrees at a Canadian university in 1980 and 2000.

Overall, it is clear that most students were studying for a bachelor's degree in 1980 and 2000. Also evident is that the percentage of students enrolled in the other three degree programs increased during the 20-year period. Notably, the portion of students seeking a master's degree saw a massive gain.

Looking at the pie charts more closely, one can see that the proportion of bachelor's degree students, which accounted for more than three-quarters of the total in 1980, dropped sharply to 42 percent in 2000. Even though the share of bachelor's degree students decreased, it still remained the category with the highest percentage of student enrollment. In contrast, the proportion of master's degree students, representing nine percent in 1980, nearly quadrupled by 2000. Meanwhile, the share of students pursuing doctoral and associate degrees went up by only three and five percentage points respectively, ranking fourth and third by the year 2000.

해석   파이 차트들은 1980년과 2000년에 캐나다의 한 대학교에서 특정 종류의 학위를 이수하고 있는 학생들의 비율을 보여준다.

전반적으로, 1980년과 2000년에 가장 많은 학생들이 학사 학위를 위해 공부하고 있었음이 명확하다. 또 분명한 점은 다른 세 학위에 등록된 학생들의 비율이 20년의 기간 동안 증가했다는 것이다. 특히, 석사 학위를 받고자 한 학생의 비율이 크게 증가했다.

파이 차트들을 더 자세히 살펴보면, 1980년에 전체에서 4분의 3 이상을 차지했던 학사 학위 학생의 비율이 2000년에 42퍼센트로 급격히 하락했음을 알 수 있다. 학사 학위 학생의 비율이 감소하긴 했지만, 그것은 그럼에도 여전히 학생 등록 비율이 가장 높은 범주였다. 그에 반해, 1980년에 9퍼센트를 차지했던 석사 학위 학생의 비율은, 2000년에 거의 4배가 되었다. 한편, 박사 과정과 준학사 학위에 등록된 학생들의 비율은 각각 3퍼센트포인트와 5퍼센트포인트씩 증가하여, 2000년에 네 번째와 세 번째를 차지했다.

HACKERS PRACTICE

p.90

STEP 1 | Pie Chart 분석메모 작성하기

01 아래 세 파이 차트는 2013년, 2015년, 그리고 2017년 다섯 개 연령대에서의 미국 온라인 음악 서비스 사용자의 비율을 보여준다. 주요 특징들을 선택하고 서술함으로써 정보를 요약하고, 관련 있는 것들을 비교하시오. 적어도 150단어 이상 서술하시오.

분석메모

주제	Online music service users by age group (2013, 2015, 2017) 연령대별 온라인 음악 서비스 이용자 (2013, 2015, 2017)
파이 차트 전체 특징	– each age group changed considerably 각 연령대는 상당히 변화하였음 – 40-49: made up the largest category in 2013 40-49세는 2013년에 가장 큰 범주를 차지함 　　　　→ replaced by 30-39 in 2015 2015년에 30-39세에 의해 교체되었음 – 20-29: comprised the largest category in 2017 20-29세는 2017년에 가장 큰 범주를 구성했음
항목별 세부 특징	– 40-49: <u>represented 34% in 2013 → dropped to 14% in 2017</u> 40-49세는 2013년에 34%에 해당했는데, 2017년에 14%로 떨어짐 – 20-29: <u>18% in 2013 → increased to 34% in 2017</u> 20-29세는 2013년에 18%였는데, 2017년에 34%로 증가함 – 10-19: <u>the smallest in 2013 & 2015, but became the 2nd largest in 2017</u> 10-19세는 2013년과 2015년에 가장 작은 범주였는데, 2017년에 두 번째로 큰 것이 됨 – 30-39: <u>expanded in 2013 & 2015 before falling in 2017</u> 30-39세는 2017년에 떨어지기 전, 2013년과 2015년에 확대되었음 – 50+: <u>remained stable in 2013 & 2015 → the smallest in 2017</u> 50세 이상은 2013년과 2015년에 안정적으로 유지되었으나, 2017년에 가장 작은 것이 됨

02 아래 차트들은 네 나라의 토지 이용에 관한 정보를 보여준다. 주요 특징들을 선택하고 서술함으로써 정보를 요약하고, 관련 있는 것들을 비교하시오. 적어도 150단어 이상 서술하시오.

분석메모

주제	land use by purpose, 4 countries 4개국의 용도에 따른 토지 이용
파이 차트 전체 특징	– most land non-agric. 대부분의 토지가 비농지임 – expt. N.Z., pasture < arable 뉴질랜드를 제외하고, 목초지는 경작지보다 적음
항목별 세부 특징	– non-agric.: <u>Can. & Nor. - massive portion</u> 비농지는 캐나다와 노르웨이에서 큰 부분을 차지함 　　　　　　<u>Port. - quite high</u> 포르투갈에서도 꽤 높음 　　　　　　<u>N.Z. - even split btw. non-agric. & pasture</u> 뉴질랜드는 비농지와 목초지가 균등하게 나뉨 – pasture: <u>Port., Can., Nor. - less than 10%</u> 목초지는 포르투갈, 캐나다, 노르웨이에서 10% 미만임 – arable: <u>aprt from Port., ≤ 5%</u> 경작지는 포르투갈을 제외하고 5퍼센트와 같거나 작음

03 아래 세 파이 차트는 2013년, 2015년, 그리고 2017년 다섯 개 연령대에서의 미국 온라인 음악 서비스 사용자의 비율을 보여준다. 주요 특징들을 선택하고 서술함으로써 정보를 요약하고, 관련 있는 것들을 비교하시오. 적어도 150단어 이상 서술하시오.

주제 쓰기

① **The pie charts show** the proportion of American online music service users in each age group in the years 2013, 2015, and 2017.

파이 차트 전체 특징 쓰기

② **Overall, it is clear that** the percentage of users from each age group changed considerably over the three years. The 40-49 year olds made up the largest category in 2013. They were replaced by 30-39 year olds in 2015, while 20-29 year olds comprised the largest category in 2017.

항목별 세부 특징 쓰기

③ **Looking at the pie charts more closely, one can see that** the proportion of the 40-49 age group represented 34% of the total in 2013. However, this figure had dropped to 14% by 2017. On the other hand, 18% of the users came from the 20-29 age group in 2013. This proportion increased to 34% in 2017. ④ Notably, the users who were 10 to 19 years old, the smallest category in 2013 and 2015, grew to become the second largest in 2017. Meanwhile, the proportion of 30-39 year-old users expanded from 31% in 2013 to 33% in 2015, before falling to 24% in 2017. Finally, the 50+ group remained stable at 12 and 11 percent in 2013 and 2015. However, by 2017 it was the smallest, with only 4% of the total.

해석   **주제**
파이 차트들은 2013년, 2015년, 그리고 2017년에 각 연령대별 미국 온라인 음악 서비스 사용자의 비율을 보여준다.

파이 차트 전체 특징
전반적으로, 각 연령대에서의 사용자 비율이 3개년에 걸쳐 상당히 변화하였음이 명확하다. 40-49세는 2013년에 가장 큰 범주를 차지했다. 그들은 2015년에 30-39세에 의해 교체되었던 반면, 20-29세는 2017년에 가장 큰 범주를 구성했다.

항목별 세부 특징
파이 차트들을 더 자세히 살펴보면, 40-49세 연령대의 비율이 2013년도에 전체의 34%에 해당했음을 알 수 있다. 하지만, 이 수치는 2017년까지 14%로 떨어졌다. 반면, 2013년에 18%의 사용자가 20-29세 연령대에서 왔다. 이 비율은 2017년에 34%로 증가했다. 특히, 10세에서 19세였던 사용자들이, 2013년과 2015년에는 가장 작은 범주였는데, 2017년에는 두 번째로 큰 것이 되며 증가하였다. 한편, 30-39세의 사용자들의 비율은 2013년에 31%에서 2015년에 33%로 확대되었는데, 2017년에 24%로 떨어지기 전이다. 마지막으로, 50세 이상 연령대는 2013년과 2015년에 12와 11%로 안정적으로 유지되었다. 그러나, 2017년까지 전체의 4%만을 차지하며, 그 연령대는 가장 작은 것이 되었다.

어휘   considerably 상당히   comprise 구성하다   represent 해당하다   notably 특히   expand 확대되다

04 아래 차트들은 네 나라의 토지 이용에 관한 정보를 보여준다. 주요 특징들을 선택하고 서술함으로써 정보를 요약하고, 관련 있는 것들을 비교하시오. 적어도 150단어 이상 서술하시오.

주제 쓰기

The pie charts show ① information about how land is used in Portugal, New Zealand, Canada, and Norway.

파이 차트 전체 특징 쓰기

Overall, it is clear that ② most land is used for non-agricultural purposes in these countries. Also, ③ the proportion of pasture land is lower than that of arable land in all countries except New Zealand.

항목별 세부 특징 쓰기

Looking at the pie charts more closely, one can see that ④ Canada and Norway have massive portions, over 90 percent, of non-agricultural land. At just under 60 percent, Portugal's share of non-agricultural land is also quite high. In contrast, ⑤ New Zealand has the most even split between non-agricultural land and pasture land, the latter of which makes up 48 percent of land in the country. Meanwhile, ⑥ Portugal, Canada, and Norway all use less than 10 percent of their land for pasture, with Canada and Norway using just two and one percent, respectively. ⑦ Apart from Portugal, where 34 percent of the land is arable, all the countries have proportions of arable land that are equal to or less than five percent.

해석　**주제**
파이 차트들은 포르투갈, 뉴질랜드, 캐나다, 그리고 노르웨이에서 토지가 어떻게 사용되는지에 관한 정보를 보여준다.

파이 차트 전체 특징
전반적으로, 이 나라들에서 대부분의 토지가 비농업적 목적으로 사용됨이 명확하다. 또한, 뉴질랜드를 제외한 모든 나라에서 목초지의 비율은 경작지의 비율보다 더 적다.

항목별 세부 특징
파이 차트들을 더 자세히 살펴보면, 캐나다와 노르웨이는 90퍼센트 이상인, 큰 몫의 비농지를 갖고 있음을 알 수 있다. 60퍼센트 바로 아래로, 포르투갈 비농지의 몫 또한 꽤 높다. 그에 반해, 뉴질랜드는 가장 균등한 몫의 비농지와 목초지를 가졌으며, 후자는 국가 내 토지의 48퍼센트를 차지한다. 한편, 포르투갈, 캐나다, 그리고 노르웨이는 모두 10퍼센트보다 적은 땅을 목초지로 사용하며, 캐나다와 노르웨이는 각각 2퍼센트와 1퍼센트만 사용한다. 34퍼센트의 땅이 경작지인 포르투갈을 제외하고, 모든 국가는 5퍼센트와 같거나 그보다 적은 경작지 비율을 갖는다.

어휘　non-agricultural 비농업의　purpose 목적, 용도　pasture land 목초지　arable land 경작지　massive 큰, 거대한
non-agricultural land 비농지　even 균등한, 동일한　split 몫, 분할　respectively 각각

01 파이 차트들은 1990년과 2000년에 영국에 있는 사람들이 미술관을 방문한 이유를 보여준다. 주요 특징들을 선택하고 서술함으로써 정보를 요약하고, 관련 있는 것들을 비교하시오. 적어도 150단어 이상 서술하시오.

분석메모

reasons ppl. had for visiting art museums, 1990 & 2000 사람들이 미술관을 방문한 이유, 1990년과 2000년

- to learn: <u>majority</u> 학습 목적이 대부분임
- most categories: <u>slight shifts</u> 대부분의 카테고리는 경미하게 변화함
- to fill their travel schedules: <u>↓ considerably</u> 여행 일정 채우기 목적은 크게 감소함

- to learn: <u>almost half</u> 학습은 전체에서 거의 반을 차지함
- to attend special exhibit & to spend time: <u>↑ nearly 20% (2000)</u>
  특별 전시회 참석과 시간 보내기 목적은 증가해서 2000년에 거의 20%가 됨
- to fill their travel schedules: <u>cut by more than half</u> 여행 일정 채우기 목적은 반 이상 줄어듦
- to buy art: <u>↑ 5x (2000)</u> 미술품 구매 목적은 2000년도에 5배 증가함
- others: <u>4% (1990), 3% (2000)</u> 그 외는 1990년에 4%, 2000년에 3%임

주제 쓰기

The pie charts show percentage changes in the purposes of visit to art museums, in 1990 and 2000 in Great Britain.

파이 차트 전체 특징 쓰기

Overall, it is clear that the majority of visitors went to art museums to learn and gain knowledge. Moreover, whereas there were only slight shifts in most categories, the proportion of people who visited to fill their travel schedules shrank considerably between the years.

항목별 세부 특징 쓰기

Looking at the pie charts more closely, one can see that the purpose of almost half of all art museum visits in both years was to learn and gain knowledge. In addition, the percentage of people visiting to attend a special exhibit or to spend time with friends and family grew by six and five percentage points, respectively. In the year 2000, these categories accounted for nearly 20 percent each. In contrast, the share of people visiting to fill their travel schedules decreased by more than half, going from 27 percent to 12 percent. Although the proportion of people visiting art museums to buy art was five times higher in 2000 than 1990, that figure was still relatively trivial, at only five percent. Furthermore, those who went for other purposes made up four percent in 1990 and three percent in 2000.

해석 **주제**
파이 차트들은 1990년과 2000년 영국의 미술관 방문 목적의 비율 변화를 보여준다.

파이 차트 전체 특징
전반적으로, 다수의 방문객이 배우고 지식을 습득하기 위해서 미술관에 갔음이 명확하다. 또한, 대부분의 범주에서 적은 변화만 있었던 반면, 여행 일정을 채우기 위해 방문했던 사람들의 비율은 두 연도 사이에 상당히 줄어들었다.

항목별 세부 특징

파이 차트들을 더 자세히 살펴보면, 두 연도 모두에서 미술관 방문 목적의 거의 절반이 학습하고 지식을 습득하기 위해서였음을 알 수 있다. 그리고, 특별 전시회에 참석하거나 친구와 가족과 시간을 보내기 위해 방문하는 사람들의 비율은 각각 6퍼센트포인트와 5퍼센트포인트씩 증가했다. 2000년에는, 이 범주들이 각각 거의 20퍼센트를 차지했다. 그에 반해, 여행 일정을 채우기 위해 방문한 사람의 비율은 절반 이상 줄어서, 27퍼센트에서 12퍼센트가 되었다. 미술품을 구매하기 위해 미술관을 방문하는 사람의 수는 1990년보다 2000년에 5배 더 높았지만, 그 수치는 단 5퍼센트로, 여전히 상대적으로 경미했다. 게다가, 그 외 목적으로 방문한 사람들은 1990년에 4퍼센트, 2000년에 3퍼센트를 차지했다.

어휘   **art museum** 미술관   **majority** 다수, 대부분   **knowledge** 지식   **shift** 변화   **category** 범주   **shrink** 줄어들다
account for 차지하다   **relatively** 상대적으로   **trivial** 경미한, 사소한

04 Table 유형

EXAMPLE

The table shows information about the amount of beef that was exported from five countries in the years 2012, 2014, and 2016.

Overall, it is clear that Brazil exported more beef than Japan, Switzerland, Norway, and Uruguay combined. It is also noticeable that Japan had the highest growth rate during this period.

Looking at the table more closely, one can see that the amount of beef Brazil exported rose from 125,465 to 137,650 tonnes between 2012 and 2016. During the same period, a dramatic upward trend was seen in Japan, where beef exports increased to almost five times what they were in 2012. The second largest beef exporter was Uruguay, which consistently exported around 40,000 tonnes every year. In contrast, Norway and Switzerland had the lowest export volume, with both nations shipping out under 100 tonnes in all three years. Interestingly, Norway did experience a surge in 2014, when its beef exports more than doubled, but this figure sharply dropped by the year 2016.

해석   표는 2012년, 2014년, 그리고 2016년 다섯 나라의 소고기 수출량에 대한 정보를 보여준다.

전반적으로, 브라질이 일본, 스위스, 노르웨이, 우루과이를 합한 것보다 많은 소고기를 수출했음이 명확하다. 이 기간에 일본이 가장 큰 증가율을 가졌다는 것도 뚜렷하다.

표를 더 자세히 살펴보면, 2012년과 2016년 사이에 브라질이 수출한 소고기양이 125,465톤에서 137,650톤으로 증가했음을 알 수 있다. 같은 기간 동안, 일본에서 극적인 상승 추세가 보였는데, 소고기 수출량이 2012년에 수출된 것에 비해 거의 5배가 증가했다. 두 번째로 큰 소고기 수출국은 우루과이였는데, 이곳은 매년 지속적으로 40,000톤 정도를 수출했다. 그에 반해, 노르웨이와 스위스는 가장 낮은 수출량을 가졌으며, 양국 모두 3년 내내 100톤 이하를 수출했다. 흥미롭게도, 노르웨이는 소고기 수출량이 두 배 이상이 증가했던 2014년에 급증을 경험했지만, 이 수치는 2016년에 급격히 떨어졌다.

HACKERS PRACTICE

p.102

STEP 1 Table 분석메모 작성하기

---

01 아래 표는 2006년 한 유럽 국가에서 여성이 차지하는 관리직에 관한 정보를 보여준다. 주요 특징들을 선택하고 서술함으로써 정보를 요약하고, 관련 있는 것들을 비교하시오. 적어도 150단어 이상 서술하시오.

분석메모

주제	info. about management positions held by women in 4 ind., 2006
	4개 산업에서 여성이 차지하는 관리직의 정보, 2006년
표 전체 특징	– hospitality: largest 서비스 산업에서는 비율이 가장 큼 manufacturing: lowest 제조업은 비율이 가장 작음
항목별 세부 특징	– hospitality: managers – 1/3, executives & CEOs – each 1/5 서비스 산업에서 매니저가 1/3을 차지하고, 경영진과 최고 경영자가 각각 5분의 1을 차지함 – manufacturing: fewest managers, executives & CEOs 제조업에서 매니저, 경영진, 최고 경영자 비율이 가장 적음 – finance & IT: managers = approx. 16% 금융과 IT산업에서 매니저가 대략 16%임 finance: executives & CEOs both ↓ 금융업에서 경영진과 최고 경영자는 모두 적음 IT: 1/2 executives = CEOs IT산업에서 경영진 수의 2분의 1이 최고 경영자의 수임

---

02 아래 표는 2005년, 2010년 그리고 2015년 미국 내 유학생의 경제적 가치에 관한 정보를 보여준다. 막대 그래프는 해당 연도 중 두 해에 세 개 나라에서 온 유학생 수의 변화를 보여준다. 주요 특징들을 선택하고 서술함으로써 정보를 요약하고, 관련 있는 것들을 비교하시오. 적어도 150단어 이상 서술하시오.

분석메모

주제	econ. value of int'l students in US (2005, 2010, 2015) & # of int'l students from 3 countries (2005, 2015)
	미국 내 유학생의 경제적 가치 (2005년, 2010년, 2015년)와 3개국 출신 유학생의 수(2005년, 2015년)
표 1 전체 특징	↑ 증가함
세부 특징	– 2015 = 3x 2005 2015년에는 2005년의 3배가 됨
표 2 전체 특징	2015 > 2005 in all countries 모든 나라에서 2015년에 2005년보다 많음
세부 특징	– 2005: less than 100,000, slightly more from India 2005년에는 10만보다 적으며, 인도가 약간 더 많음 – 2015: Chinese & Indian ↑ 2015년에는 중국과 인도가 증가함 China ≒ 3x South Korea 중국은 한국의 약 3배임

03 아래 표는 2006년 한 유럽 국가에서 여성이 차지하는 관리직에 관한 정보를 보여준다. 주요 특징들을 선택하고 서술함으로써 정보를 요약하고, 관련 있는 것들을 비교하시오. 적어도 150단어 이상 서술하시오.

주제 쓰기

① **The table shows** the management roles occupied by women within four industries in a European country during 2006 as a percentage of the total for each type of position.

표 전체 특징 쓰기

② **Overall, it is clear that** of all the industries, hospitality had the highest proportion of women in senior positions, and manufacturing had the lowest.

항목별 세부 특징 쓰기

③ **Looking at the chart more closely, one can see that** the proportion of managers in the hospitality industry stands out, with women representing almost one-third of those in this position. This industry also had the highest proportion of female executives and CEOs, with these categories each accounting for about one-fifth of the total. ④ In contrast, manufacturing had the lowest proportion of female employees in all three types of positions, with women accounting for nine percent of managers, 1.98 percent of executives, and just 1.21 percent of CEOs. In both finance and IT, approximately 16 percent of managers were women, but in finance, women made up less than five percent of executives and less than two percent of CEOs. In IT, meanwhile, 12.82 percent of executives and 6.58 percent of CEOs were female.

해석 **주제**
표는 2006년 한 유럽 국가의 네 개의 산업에서 각 직위 유형별 여성이 차지하는 관리직을 전체에 대한 비율로 보여준다.

표 전체 특징
전반적으로, 모든 산업 중에서, 서비스업이 고위직에 가장 높은 여성 비율을 가지고 있었으며, 제조업이 가장 적었음이 명확하다.

항목별 세부 특징
표를 더 자세히 살펴보면, 서비스업의 매니저 비율이 두드러지는 것을 알 수 있는데, 이 직무의 약 3분의 1을 여성이 차지한다. 이 산업은 가장 높은 여성 경영진과 최고 경영자의 비율을 갖고 있기도 하며, 이 부문들에서 각각 전체의 5분의 1 정도를 차지하였다. 그에 반해, 제조업은 세 직위 유형 모두에서 여성 직원의 비율이 가장 낮았는데, 여성이 매니저의 9퍼센트, 경영진의 1.98퍼센트, 그리고 최고 경영자의 단 1.21퍼센트만을 차지했다. 금융과 IT 모두에서, 대략 16퍼센트의 매니저가 여성이었지만, 금융에서는, 여성이 경영진의 5퍼센트 이하와 최고 경영자의 2퍼센트 이하를 구성했다. 한편, IT에서는, 경영진의 12.82퍼센트와 최고 경영자의 6.58퍼센트가 여성이었다.

어휘 **management** 관리 **hospitality** 서비스업 **senior position** 고위직 **executive** 경영진, 간부 **CEO** 최고 경영자

04 아래 표는 2005년, 2010년 그리고 2015년 미국 내 유학생의 경제적 가치에 관한 정보를 보여준다. 막대 그래프는 해당 연도 중 두 해에 세 개 나라에서 온 유학생 수의 변화를 보여준다. 주요 특징들을 선택하고 서술함으로써 정보를 요약하고, 관련 있는 것들을 비교하시오. 적어도 150단어 이상 서술하시오.

주제 쓰기

The table shows ① how much international students in the US contributed to the economy in the years 2005, 2010, and 2015, **and the bar graph indicates** ② how the number of these students changed from 2005 to 2015 based on their home countries.

표 1 전체 특징과 항목별 세부 특징 쓰기

전체 특징
According to the table, it is clear that ③ the economic contribution of students from overseas grew significantly in the US.

항목별 세부 특징
The amount jumped from 10.1 billion dollars in 2005 to 15.6 billion dollars in 2010. Then, rate of growth rose even more considerably during the last five years of the period, climbing by more than 20 billion dollars. ④ Compared to the amount of money international students contributed to the economy in 2005, the total for 2015 was around 3.5 times higher.

표 2 전체 특징과 항목별 세부 특징 쓰기

전체 특징
In the bar graph, it is apparent that ⑤ the total number of students from China, India, and South Korea was higher in 2015 than it was in 2005.

항목별 세부 특징
In 2005, the number of students from each of the three countries was less than 100,000, although there were slightly more from India than the other two. ⑥ However, the number of both Chinese and Indian students had markedly increased by 2015. There were approximately 230,000 Indian students and almost 350,000 Chinese students in the US that year, ⑦ with the latter figure being about three times higher than the number of South Koreans that were studying in the country.

해석　**주제**
표는 2005년, 2010년, 그리고 2015년에 미국 내 유학생이 얼마나 경제적으로 기여했는지 보여주며, 막대 그래프는 2005년부터 2015년까지 이 학생들의 수가 어떻게 변화했는지를 그들의 고국에 따라 나타낸다.

도표 1
전체 특징 표에 따르면, 해외에서 온 학생들의 경제적 기여가 미국에서 상당히 증가했음이 명확하다. **항목별 세부 특징** 총액은 2005년 101억 달러에서 2010년 156억 달러로 급증했다. 그 후, 증가율은 이 기간의 마지막 5년간 더욱 상당히 상승해, 200억 달러 이상이 올랐다. 2005년에 유학생들이 경제적으로 기여한 금액과 비교했을 때, 2015년의 총액은 약 3.5배 더 높았다.

도표 2
전체 특징 막대 그래프에서, 중국, 인도, 그리고 대한민국에서 온 총학생 수가 2005년보다 2015년에 더 높았음이 분명하다. **항목별 세부 특징** 2005년에, 각각 세 국가에서 온 학생의 수는 10만 명보다 적었지만, 인도에서 온 학생이 다른 두 나라보다 조금 더 많았다. 하지만, 인도인과 중국인 학생 수는 둘 모두 2015년에 현저하게 증가했다. 그 해에 미국에는 약 23만 명의 인도인 학생과 35만 명의 중국인이 있었으며, 후자의 수치는 그 나라에서 공부하던 한국인들의 수보다 약 3배 더 높았다.

어휘　**international students** 유학생, 국제 학생　**contribute** 기여하다　**overseas** 해외의　**considerably** 상당히　**climb** 올라가다, 상승하다　**markedly** 현저하게

01 아래 표는 2009년 독일, 이탈리아, 그리고 영국에서 국내 정책의 5개 분야에서의 정부 지출에 관한 정보를 보여준다. 주요 특징들을 선택하고 서술함으로써 정보를 요약하고, 관련 있는 것들을 비교하시오. 적어도 150단어 이상 서술하시오.

분석메모

> government expenditure in 5 sectors of dom. policy in 3 countries, 2009
> 국내 정책의 5개 분야에 대한 3개국의 정부 지출, 2009년
>
> - health: spending higher than most sectors in all 의료는 모든 나라에서 대부분의 분야보다 더 많이 지출함
> - environ.: least money in all 3 countries 환경 보호는 3개국 모두 가장 적은 금액임
> - Germany & Italy: similar trends - P.S. & health more
>   독일과 이탈리아는 유사한 경향을 보임 - 공공 서비스와 의료에 더 많이 씀
>> highest - P.S. in Italy, health in Germany
>> 가장 높은 것은 이탈리아에서 공공 서비스고 독일에서 의료임
>> econ. & edu. - about 4% 경제 문제와 교육은 약 4%임
>> environ. - less than 1% 환경 보호는 1% 이하임
> - UK: highest - health & followed by edu. 영국에서는 의료가 가장 높고, 교육이 그 뒤를 이음
>> econ. - 4.4% 경제 문제는 4.4%임
>> environ. - lowest share 환경 보호는 가장 낮은 부분임
>> P.S. - 1/2 of Italy 공공 서비스는 이탈리아의 반임

주제 쓰기

The table shows how much the governments of Germany, Italy, and the UK spent on five different sectors of domestic policy in 2009.

표 전체 특징 쓰기

Overall, it is clear that all three nations spent more on health than they did on most sectors. By contrast, they all devoted the least amount of money to environmental protection.

항목별 세부 특징 쓰기

Looking at the table more closely, one can see that Italy and Germany displayed some similar trends in government spending, putting more towards public services and health. Italy spent the most on public services at 8.6 percent, and Germany's highest spending was on health at 7.1 percent. Both countries spent a similar share of their budget on economic affairs and education, at about four percent. As with Germany, the UK's highest spending was on health, at 7.8 percent, but unlike Germany, this was followed by education at 6.4 percent. The UK also spent 4.4 percent on economic affairs and allotted only one percent to environmental protection, which was more than Germany and Italy did. In contrast to Italy, the UK devoted less of its budget to public services. At 4.6 percent, this was just over half of the proportion spent by the Italians.

주제

표는 2009년 독일, 이탈리아, 그리고 영국 정부가 국내 정책의 서로 다른 다섯 분야에서 얼마를 지출했는지 보여준다.

표 전체 특징

전반적으로, 모든 세 나라가 대부분의 분야에 지출한 것보다 의료에 더 많이 지출했다는 것이 명확하다. 반면, 그들 모두 환경 보호에 가장 적은 금액을 쏟았다.

항목별 세부 특징

표를 더 자세히 살펴보면, 이탈리아와 독일은 비슷한 정부 지출 경향을 보여줬음을 알 수 있는데, 공공 서비스와 의료에 더 많은 비용을 주었다. 이탈리아는 공공 서비스에 8.6퍼센트로 가장 많이 소비했고, 독일의 가장 높은 지출은 7.1퍼센트의 의료였다. 두 나라 모두 경제 문제와 교육에 약 4퍼센트로 비슷한 비율의 예산을 소비했다. 독일과 같이, 영국의 가장 높은 지출은 7.8퍼센트로 의료를 위한 것이었지만, 이는 독일과 달리 6.4퍼센트의 교육이 뒤따랐다. 영국은 또한 경제 문제에 4.4퍼센트를 소비했고 환경 보호에 오직 1퍼센트로 가장 낮은 몫을 할당했는데, 이는 독일과 이탈리아가 할당한 것보다 많다. 이탈리아에 반해, 영국은 공공 서비스에 더 적은 예산을 쏟았다. 이는 4.6퍼센트로, 이탈리아가 소비한 비율의 절반을 겨우 넘었다.

어휘   sector 분야, 부문   devote (돈·시간 등을) 쏟다, 바치다   environmental protection 환경 보호   spending 지출   public service 공공 서비스   budget 예산, 비용   economic affair 경제 문제   allot 할당하다

---

05   Map 유형

EXAMPLE

p.112

The maps show the differences in the town of Somerville over a 10-year period.

Overall, it is clear that hotels and new retail establishments have been built near the river. With only two car parks and a main road, the land was mostly vacant ten years ago, but now the town offers many new businesses.

Looking at the maps more closely, one can see that the most noticeable alteration to the town was the removal of car park 1 and the addition of restaurants and a café in its place. Furthermore, hotels now line the river along the new footpath. Some shops and a bookstore have been also added near this area over the years, completely transforming the site. The other substantial change was the rerouting of the road, which used to be parallel to the river. It is now curved and leads to the remaining car park. Finally, a large golf course was constructed in the unused land next to the car park.

해석   지도는 10년의 세월 동안 Somerville 시에서 달라진 점을 보여준다.

전반적으로, 호텔과 새로운 소매 시설이 강 근처에 건설되었음이 명확하다. 두 개의 주차장과 큰길만 있어서 10년 전에는 토지가 대부분 비어있었지만, 반면, 이제 도시는 많은 새로운 사업체들을 제공한다.

지도를 더 자세히 살펴보면, 이 도시에 일어난 가장 뚜렷한 변화는 1주차장의 철거와 그 자리에 추가된 식당들과 카페라는 것을 알 수 있다. 그리고, 호텔들이 새로운 보도를 따라서 강에 줄지어 있다. 몇몇 가게들과 서점 또한 몇 년 사이에 이 구역 근처에 추가되어, 부지를 완전히 바꿔놓았다. 다른 상당한 변화는 강과 평행했던 도로의 경로가 변경된 것이다. 그것은 이제 곡선을 그리며 남아 있는 주차장으로 향한다. 마지막으로, 큰 골프장이 주차장 옆 사용되지 않던 토지에 건설되었다.

HACKERS PRACTICE

p.114

STEP 1 Map 분석메모 작성하기

01 아래 두 다이어그램은 두 사무실의 배치를 보여주는데, 하나는 최대 여덟 명을 수용하기 위한 곳이고, 다른 하나는 최대 열 명을 수용하기 위한 곳이다. 주요 특징들을 선택하고 서술함으로써 정보를 요약하고, 관련 있는 것들을 비교하시오. 적어도 150단어 이상 서술하시오.

분석메모

주제	layouts of 2 offices, for max 8 ppl. or 10 ppl. 두 사무실의 배치, 최대 8명 또는 10명을 위함
지도 전체 특징	- desks: separated, A ↔ pushed together, B 　책상은 A실에서는 나뉘어 있고 B실에서는 함께 붙여져 있음 - office furniture & equipments: several differences 　사무용 가구와 용품의 배치에서 몇 가지 차이점이 있음
세부 특징	- desks: A - either side A실에서 책상은 양쪽 면에 있음 　　: B - facing each other B실에서 책상은 서로 마주 보고 있음 - bookshelves: A - right of the entr. A실에서 책장은 입구 오른쪽에 있음 　　　: B - left of the entr. B실에서 책장은 입구 왼쪽에 있음 - coffee: A - against the wall across from the bookshelves 　A실에서 커피머신은 책장 바로 맞은편 벽면에 있음 　　: B - next to the entr. B실에서 커피머신은 입구 옆에 있음

02 아래 다이어그램들은 Marlton 미술관이 개조되기 전과 후를 보여준다. 주요 특징들을 선택하고 서술함으로써 정보를 요약하고, 관련 있는 것들을 비교하시오. 적어도 150단어 이상 서술하시오.

분석메모

주제	layout of Marlton Gallery before & after renovation Marlton 미술관의 수리 전과 후 배치
지도 전체 특징	- gallery size ↑ 미술관의 규모가 커짐 - 2 floors w/ 5 rooms & roof garden → 3 floors w/ 7 rooms & parking lot 　방 5개와 옥상 정원이 있는 2층짜리 건물에서 방 7개와 주차장이 있는 3층짜리 건물이 됨
세부 특징	- roof garden → 3F w/ education centre, media room & lift extended 　옥상 정원은 교육실, 미디어실이 있는 3층이 되고 승강기가 연장됨 - 2F: media room → special exhibition room 2층에서는 미디어실이 특별 전시관이 됨 - 1F: special exhibition → parking lot beneath coffee shop 　1층에서는 특별전시관이 커피숍 아래 주차장이 됨 　　: stairs near gift shop 선물 가게 근처에 계단이 생김 　　: front desk split 1/2 → new coat room 새로운 외투실을 위해 안내 데스크가 반으로 나뉨

03 아래 두 다이어그램은 두 사무실의 배치를 보여주는데, 하나는 최대 여덟 명을 수용하기 위한 곳이고, 다른 하나는 최대 열 명을 수용하기 위한 곳이다. 주요 특징들을 선택하고 서술함으로써 정보를 요약하고, 관련 있는 것들을 비교하시오. 적어도 150단어 이상 서술하시오.

주제 쓰기

① **The diagrams show** the layouts of two offices. The first room is for up to eight people and the second room is for ten people.

지도 전체 특징 쓰기

② **Overall, it is clear that** the desks are separated in Room A and pushed together in Room B. There are also several other differences in terms of the layout of office furniture and equipment.

세부 특징 쓰기

③ **Looking at the diagrams more closely, one can see that** in Room A, there are four desks on either side of the room, and the table is in between them. Unlike Room A, Room B has ten desks that face each other on the left side of the room, and the table is on the right side of the room. Whereas the bookshelves in Room A are to the right of the entrance, they are to the left of the entrance in Room B. In Room A, the coffee machine is against the wall across from the bookshelves, yet in Room B it is right next to the entrance.

해석 　주제

다이어그램은 두 사무실의 배치를 보여준다. 첫 번째 사무실은 최대 여덟 명을 위한 곳이고 두 번째 사무실은 최대 열 명을 위한 곳이다.

지도 전체 특징

전반적으로, A 사무실에서는 책상이 나뉘어 있고 B 사무실에서는 함께 붙여져 있음이 명확하다. 사무용 가구와 용품의 배치에 관해서도 몇 가지 다른 차이점이 있다.

세부 특징

다이어그램을 더 자세히 살펴보면, A 사무실에서는, 사무실의 양쪽 면에 책상 네 개가 있으며, 탁자가 그 사이에 있다는 것을 알 수 있다. A 사무실과 달리, B 사무실에는 사무실 왼편에서 서로 마주 보고 있는 열 개의 책상이 있으며, 탁자는 사무실의 오른편에 있다. A 사무실의 책장은 입구 오른쪽에 있는 반면, B 사무실에서는 입구 왼쪽에 있다. A 사무실에서 커피 머신은 책장 바로 맞은편 벽면에 있는 반면 B 사무실에서는 입구 바로 옆에 있다.

어휘　**layout** 배치　**separate** 나누다　**furniture** 가구　**equipment** 용품　**entrance** 입구

04 아래 다이어그램들은 Marlton 미술관이 개조되기 전과 후를 보여준다. 주요 특징들을 선택하고 서술함으로써 정보를 요약하고, 관련 있는 것들을 비교하시오. 적어도 150단어 이상 서술하시오.

주제 쓰기

The diagrams show ① the layout of the Marlton Gallery before and after renovation.

지도 전체 특징 쓰기

Overall, it is clear that the remodeling work markedly increased the size of the gallery. ② It changed from a two-story building with five rooms and a roof garden to a three-story building with seven rooms and a parking lot.

세부 특징 쓰기

해석   주제
다이어그램은 Marlton 미술관의 수리 전과 후의 배치를 보여준다.

지도 전체 특징
전반적으로, 건물 개보수 공사가 미술관의 규모를 상당히 크게 늘렸음이 명확하다. 미술관은 5개의 방과 옥상 정원이 있는 2층짜리 건물에서 7개의 방과 주차장이 있는 3층짜리 건물로 바뀌었다.

세부 특징
다이어그램을 더 자세히 살펴보면, 옥상정원이 없어지고 3층이 추가되었음을 알 수 있다. 새로운 교육실이 그 층에 지어졌고, 미디어실도 이곳으로 재배치되었다. 게다가, 승강기도 3층까지 연장되었다. 그뿐만 아니라, 특별 전시관이 2층으로 옮겨졌으며 크기도 거의 두 배가 되어 원래 미디어실이었던 곳을 차지했다. 1층에는 이제 주차장이 커피숍 바로 아래에 있는데, 이곳은 원래 특별 전시관이 있던 곳이다. 그리고, 계단이 선물 가게 근처에 만들어졌으며, 안내 데스크는 새로운 외투실을 위한 공간을 만들기 위해 반으로 나누어졌다.

어휘   **gallery** 미술관 **renovation** 수리, 개조 **remodeling** 건물 개보수 **story** (건물의) 층 **roof** 옥상, 지붕 **eliminate** 없애다, 제거하다
relocate 재배치하다, 이전하다 **extend** 연장하다, 확장하다 **exhibition** 전시 **occupy** 차지하다 **beneath** 아래에 **coat room** 외투실

HACKERS TEST   p.120

01 아래 두 지도는 1980년과 2010년 사이 Olive 가 근처의 발달과 새로운 시설들의 건축 전후를 보여준다. 주요 특징들을 선택하고 서술함으로써 정보를 요약하고, 관련 있는 것들을 비교하시오. 적어도 150단어 이상 서술하시오.

분석메모

> changes around Olive Dr., 1980 & 2010 Olive 가 근처의 변화, 1980년과 2010년
>
> - several changes on both sides 양쪽 모두에 몇 가지 변화가 있음
>
>   more facilities & buildings constructed 시설과 빌딩이 더 건설됨
>
> - housing units: erected near the park 공원 근처에 주거 단지가 설립됨
> - school: added on the east of the resi. area 주택가 동쪽에 학교가 추가됨
> - shops: → shopping centre & supermarket 가게들이 쇼핑 센터, 슈퍼마켓으로 바뀜
> - bank: → café, relocated behind C.C. 은행은 카페가 되었고, 시민문화회관 뒤로 이동함
> - C.C.: reduced 시민문화회관의 규모가 줄었음
> - hospital: unchanged 병원은 변화 없음

주제 쓰기

The maps show the changes made around Olive Drive between 1980 and 2010.

지도 전체 특징 쓰기

Overall, it is clear that there were several changes, on both sides of Olive Drive. More facilities and buildings were constructed for educational, commercial, and residential purposes.

세부 특징 쓰기

Looking at the maps more closely, one can see that additional housing units were erected near the park, and a school was added on the east side of the residential area between 1980 and 2010. Moreover, to the southwest of Olive Drive, the various small shops were replaced by a large shopping centre and a supermarket, noticeably altering the commercial space in the area. In addition, the bank was displaced by a café and relocated to an area behind the community center. The size of the community center was reduced to make space for the bank. The hospital next to the bank and the community centre remained unchanged.

해석 **주제**
지도는 1980년과 2010년 사이에 Olive 가 근처에서 일어난 변화를 보여준다.

지도 전체 특징
전반적으로, Olive 가의 양쪽에 몇 개의 변화가 있었음이 명확하다. 교육, 상업 및 주거 목적을 위해 더 많은 시설과 건물들이 건설되었다.

세부 특징
지도를 더 자세히 살펴보면, 추가 주택들이 공원 근처에 설립되었고, 1980년과 2010년 사이에 주택가 동쪽에 학교가 생겼음을 알 수 있다. 그리고, Olive 가 남서쪽에서는 다양한 작은 가게들이 큰 쇼핑센터와 슈퍼마켓으로 대체되었으며, 지역의 상업 공간을 눈에 띄게 바꿔놓았다. 또한, 은행은 카페로 대체되고 시민문화회관 뒤에 있는 공간에 재배치되었다. 시민문화회관의 규모는 은행을 위한 공간을 만들기 위해 줄었다. 은행과 시민문화회관 옆에 있는 병원은 변하지 않고 유지되었다.

어휘 **several** 몇 개의 **facility** 시설, 기관 **housing unit** 주택 **erect** 설립하다, 세우다 **alter** 바꾸다, 변하다 **displace** 대체하다, 옮겨 놓다 **relocate** 재배치하다

---

06 | Diagram 유형

EXAMPLE

p.124

The diagram shows the multi-stage process of producing yoghurt.

Overall, it is clear that yoghurt is made through a four-stage process in which a mixture of various substances is exposed to different temperatures. This transforms the mixture into yoghurt, which is then packaged.

Looking at the diagram more closely, one can see that the process begins when the ingredients, which consist of stabilizers, dry milk, sugar, and milk, are mixed together in a hygienic stainless steel vessel. At this point, this mixture is heated to 85°C, starting the pasteurization process. Then, it is cooled to 42°C. This is the homogenization phase. After this phase is completed, cultures are added to the blend to begin the fermentation. The mixture is then stirred before the temperature is reduced to 7°C, and the fermentation process ends. In the final step, the finished yogurt product is packaged into individual containers to be sold.

해석 다이어그램은 요거트를 생산하는 다단계적인 과정을 보여준다.

전반적으로, 요거트는 4단계의 과정을 통해 만들어진다는 것이 명확한데 여기서 다양한 재료의 혼합물이 여러 다른 온도에 노출된다. 이는 이 혼합물을 요거트로 변형시키고, 그 후 포장된다.

다이어그램을 더 자세히 살펴보면, 안정제, 분유, 설탕, 그리고 우유로 구성된 재료가 위생적인 스테인리스강 용기 안에 함께 섞이면서 과정이 시작된다는 것을 알 수 있다. 이 단계에서, 이 혼합물은 85℃까지 가열되고, 저온 살균이 시작된다. 그 후, 그것은 42℃까지 식혀진다. 이것이 균질화 단계이다. 이 단계가 완료되고 나면, 발효를 시작하기 위해 이 혼합물에 배양균이 추가된다. 그러고 나서 혼합물은 온도가 7℃로 낮춰지기 전까지 저어지고, 발효 과정이 끝난다. 마지막 단계에서는, 완성된 요거트 제품이 판매되기 위해 개별 용기에 포장된다.

HACKERS PRACTICE

p.126

STEP 1 Diagram 분석메모 작성하기

01 아래 다이어그램은 매미라고 하는 곤충의 생애 주기를 보여준다. 주요 특징들을 선택하고 서술함으로써 정보를 요약하고, 관련 있는 것들을 비교하시오. 적어도 150단어 이상 서술하시오.

분석메모

주제	Life cycle of the cicada 매미의 생애 주기
다이어그램 전체 특징	3 stages: revolve around trees over many years 3단계: 수년 동안 나무 주위에서 순환함
단계별 세부 특징	- ①: eggs – inside tree branches 　① 단계에서는 알이 나뭇가지 안에 있음 - ②: nymph – hatch 2-7 mon. later 　　live underground near tree roots & tunneling for 2-17 yrs. 　② 단계에서는 유충이 2-7개월 후 부화하고, 2-17년 동안 나무뿌리 근처 땅속에 살며 굴을 뚫음 - ③: moult – shed skin from 20 to 150 min. → fully grown 　③ 단계에서는 탈피가 일어나 20에서 150분 동안 허물을 벗고 완전히 성장함

02 아래 다이어그램들은 펄프를 만드는 과정에 필요한 단계와 장비, 그리고 종이를 제작하기 위해 펄프가 어떻게 사용되는지 보여준다. 주요 특징들을 선택하고 서술함으로써 정보를 요약하고, 관련 있는 것들을 비교하시오. 적어도 150단어 이상 서술하시오.

분석메모

주제	stages & equipment in pulp-making process & pulp → paper 펄프 제작 과정의 단계와 장비, 그리고 펄프가 종이로 만들어지는 과정
다이어그램 1 전체 특징	basic ingredients combined & heated → pulp 기본 재료가 결합되고 가열되어 펄프가 됨
세부 특징	- soft woods, water, chemicals in digester machine → heat 증해기 안에 연한 목재, 물, 화학 약품을 넣고 가열함
다이어그램 2 전체 특징	pulp → paper: 4-stage process 4단계 과정으로 펄프가 종이가 됨
세부 특징	- screen: spread pulp 체: 펄프를 펼침 　→ drying rollers: remove all moisture 건조 롤러: 수분을 모두 제거함 　→ iron: make it smooth 다리미: 매끄럽게 만듦 　→ reel: paper rolled up 릴: 종이가 감아짐

03 아래 다이어그램은 매미라고 하는 곤충의 생애 주기를 보여준다. 주요 특징들을 선택하고 서술함으로써 정보를 요약하고, 관련 있는 것들을 비교하시오. 적어도 150단어 이상 서술하시오.

주제 쓰기

① **The diagram shows** the phases in the life of a cicada.

다이어그램 전체 특징 쓰기

② **Overall, it is clear that** the cicada's life has three distinct stages. These stages revolve around trees and occur over many years.

단계별 세부 특징 쓰기

③ **Looking at the diagram more closely, one can see that** the process begins when eggs are laid inside tree branches. Two to seven months later, the eggs hatch into 'nymphs.' ④ For the next two to seventeen years, these nymphs will live underground near tree roots where they build a network of tunnels. By the time the nymphs are about to reach maturity, they go back up to the tree branches where they shed their old skin. This process is called 'moult,' and it takes from 20 to 150 minutes to complete. They are now fully grown cicadas and are ready to lay eggs, at which point the cycle starts anew.

해석　**주제**
다이어그램은 매미의 삶의 단계를 보여준다.

다이어그램 전체 특징
전반적으로, 매미의 삶에는 세 가지 뚜렷한 단계가 있다는 것이 명확하다. 이 단계들은 나무 주위에서 주기적으로 일어나며 수년 동안 일어난다.

단계별 세부 특징
다이어그램을 더 자세히 살펴보면, 알이 나뭇가지 안에 낳아질 때 과정이 시작됨을 알 수 있다. 두 달에서 일곱 달 뒤, 이 알은 '유충'으로 부화한다. 다음 2년에서 17년 동안, 이 유충은 나무뿌리 근처 땅속에 살면서 터널 망을 만든다. 유충이 다 자란 상태에 도달할 때쯤 되면, 그들은 나무로 다시 올라가고 여기서 낡은 허물을 벗는다. 이 과정은 '탈피'라고 불리며, 끝마치기까지 20분에서 150분이 걸린다. 그들은 이제 완전히 다 큰 매미이며 알을 낳을 준비가 되었고, 이 시점에서 주기가 새로 시작된다.

어휘　cicada 매미　distinct 뚜렷한, 별개의　revolve 주기적으로 일어나다, 순환하다　hatch 부화하다　nymph 유충　underground 땅속에
network 망　maturity 다 자란 상태　shed 벗다, 갈다　skin 허물, 피부　moult 탈피　cycle 주기　anew 새로, 다시

04 아래 다이어그램들은 펄프를 만드는 과정의 단계와 사용되는 장비, 그리고 종이를 제작하기 위해 펄프가 어떻게 사용되는지를 보여준다. 주요 특징들을 선택하고 서술함으로써 정보를 요약하고, 관련 있는 것들을 비교하시오. 적어도 150단어 이상 서술하시오.

주제 쓰기

The first diagram shows ① the equipment and stages of pulp production, **and the second diagram indicates** ② how pulp is made into paper.

다이어그램 1의 전체 특징과 단계별 세부 특징 쓰기

According to the first diagram, it is clear that ③ three basic ingredients are combined, heated, and processed to make pulp. The process begins ④ when a blend consisting of 20 percent soft wood, 40 percent water, and 40 percent chemicals is placed into a pulp digester machine and heated. Following this, the machine expels the final product, which is pulp.

HACKERS IELTS WRITING

In the second diagram, it is apparent that ⑤ pulp becomes paper through a four-stage process. The first step is to spread the pulp across a fine screen. After this, ⑥ the pulp is moved through a series of drying rollers to remove all its moisture. It then goes through an iron, which makes it smooth. In the final step of this process, ⑦ the sheet of paper is rolled up on a large reel.

해석   **주제**
첫 번째 다이어그램은 펄프 제작의 장비와 단계를 보여주며, 두 번째 다이어그램은 펄프가 어떻게 종이로 만들어지는지를 보여준다.

다이어그램 1
전체 특징 첫 번째 다이어그램에 따르면, 펄프를 제조하기 위해서 세 가지 기본 재료들이 결합되고, 가열되고, 처리됨이 명확하다. **단계별 세부 특징** 그 과정은 20퍼센트의 연한 목재, 40퍼센트의 물, 그리고 40퍼센트의 화학 약품으로 구성된 혼합물이 펄프 증해기 안으로 넣어져 가열되면서 시작된다. 이어서, 기계가 최종 제품을 배출하는데, 이것이 펄프이다.

다이어그램 2
전체 특징 두 번째 다이어그램에서는, 펄프가 4단계의 과정을 통해 종이가 된다는 것이 분명하다. **단계별 세부 특징** 첫 번째 단계는 미세한 체 위에 펄프를 펼치는 것이다. 그다음에, 펄프는 모든 수분을 제거하기 위해 일련의 건조 롤러로 이동한다. 그러고 나서, 펄프는 다리미를 통과하는데, 이는 펄프를 매끈하게 만든다. 이 과정의 마지막 단계에서, 한 장의 종이가 큰 릴에 감기게 된다.

어휘   **pulp** 펄프 **blend** 혼합물 **soft wood** 연한 목재 **chemical** 화학 약품 **digester** 증해기 **expel** 배출하다, 쫓아내다
a series of 일련의 **roller** 롤러 (무엇을 으깨거나 납작하게 펴거나 할 때 쓰는 기계·장비) **moisture** 수분, 습기 **iron** 다리미
reel (실·필름 등을 감는) 릴, 얼레

HACKERS TEST
p.132

01 아래 다이어그램은 플라스틱병의 생산 과정을 보여준다. 주요 특징들을 선택하고 서술함으로써 정보를 요약하고, 관련 있는 것들을 비교하시오. 적어도 150단어 이상 서술하시오.

분석메모

> the process of plastic bottle production 플라스틱병 생산 과정
>
> 6 stages: melting a preform → filling w/ air → produce plastic bottle
> 6 단계: 형성품을 녹이고 공기를 채워 플라스틱병을 생산함
>
> - extruder M.: preform heated until melts 압출기에서 형성품이 녹을 때까지 열을 가함
> - mould: close → insert a needle → inject w/ pressurized air 틀을 닫고 바늘을 넣어 가압된 공기를 주입함
> - finished product: after formed, mould removed → plastic bottles
>   완성된 제품은 형태를 갖춘 후, 틀이 제거되면 플라스틱병이 완성됨

주제 쓰기

The diagram shows how plastic bottles are manufactured.

다이어그램 전체 특징 쓰기

Overall, it is clear that there are six distinct stages in plastic bottle production, from melting a preform to filling it with pressurized air in a mold, which produces the finished plastic bottle.

단계별 세부 특징 쓰기

Looking at the diagram more closely, one can see that in the first stage, a preform is placed inside an extruder machine and heated until it melts. Then, it is put into a mold that closes around the preform so that it can be shaped into the standard form of a plastic bottle. Following this, a needle is inserted through the top of the preform and pressurized air is injected in order to make it larger. The air expands the preform until it fits the size and shape of the mold perfectly. The mold, which surrounds the bottle on all sides, is then removed to reveal the final plastic bottle.

해석

주제
다이어그램은 플라스틱병이 어떻게 생산되는지를 보여준다.

다이어그램 전체 특징
전반적으로, 플라스틱병 생산은 여섯 개의 뚜렷한 단계가 있음이 명확한데, 형성품을 녹이는 것부터 틀 안에서 그것에 가압된 공기를 넣어 완성된 플라스틱병을 제작하는 것까지이다.

단계별 세부 특징
다이어그램을 더 자세히 살펴보면, 첫 번째 단계에서, 형성품이 압출기 안에 놓이고 그것이 녹을 때까지 가열된다는 것을 알 수 있다. 그 후, 이것은 플라스틱병의 규격 형태로 만들어질 수 있도록 형성품을 감싸는 틀 속에 넣어진다. 이어서, 형성품 상단을 통해 바늘이 삽입되고, 병을 크게 만들기 위해 가압된 공기가 주입된다. 형성품이 틀의 크기와 모양에 완전히 들어맞게 될 때까지 공기가 형성품을 팽창시킨다. 그러고 나면, 병의 모든 면을 에워싼 틀이 최종 플라스틱병을 드러내기 위해 제거된다.

어휘   melt 녹이다   preform (예비적) 형성품; 미리 형성하다   pressurized 가압된, 기밀 구조의   mold 틀, 주형   extruder machine 압출기   insert 삽입하다, 넣다   inject 주입하다

TASK 2

필수 표현 공략

01 상황별 표현 - 찬반, 장단, 비교, 대조 표현

CHECK-UP

p.146

01 **It is a common belief that** the standard work week should be reduced to 30 hours.

02 **I firmly believe that** graduating from a university should be the goal of every young student.

03 **On the one hand,** there are many benefits to living in a rural area.

04 **I support the idea that** the store's hours should be extended to midnight.

05 **It is true that** different students have different learning styles.

06 **I am of the opinion that** the minimum wage should be increased throughout the country.

07 Studying at an online university **has its own advantages and disadvantages**.

08 Providing free health care to all elderly citizens **is more imperative than ever before**.

09 **It is evident that** climate change needs to be dealt with in the near future.

10 **The main disadvantage is that** countries will be faced with labor shortage.

11 **On the contrary,** children who attend school with others have a chance to develop their socialization skills.

12 **Compared to** dangerous activities such as mountain-climbing, sports like tennis are much less hazardous, but can be just as invigorating.

02 상황별 표현 - 인과, 예시, 인용, 부연 표현

CHECK-UP

p.154

01 **To begin with,** funding for space exploration is justified due to the scientific knowledge we acquire.

02 **On top of that,** mobile phones tend to make people less considerate toward each other.

03 **For these reasons,** I think that at least one parent should stay at home instead of work.

04 **For instance,** having children do house chores is a more effective way to teach them responsibility.

05 **As this case reveals,** crime is still a major problem that needs to be addressed.

06 **To be specific,** admissions to professional schools, like medicine or law, are extremely competitive.

07 **As a result,** some parents are limiting the amount of time their children spend on the Internet every day.

08 **It has been proven that** diligence is essential if one is to be successful in life.

09 **According to** a recent news report, nuclear science can provide energy solutions that are clean and secure.

10 **In other words,** sometimes one has to make mistakes in order to learn from them.

11 **That is why** I would prefer to live in off-campus housing.

12 **As we have seen,** not all students who enter a university actually graduate.

03 상황별 표현 – 조건, 가정, 양보, 요약 표현

CHECK-UP

p.162

01 **To sum up,** a successful student's most invaluable tools are diligence and time management.

02 **Nevertheless,** the issue can be resolved by teaching students the correct way to utilize the Internet.

03 **Once** employees sign the contract, they must follow the company policies.

04 **In spite of** the downturn in the regional economy, many local companies are still turning a profit.

05 I **would** take a part-time job while in university **provided that** it does not take up more than 20 hours a week.

06 **Overall,** recycling is the easiest way for the average person to help the environment.

07 **Let's assume that** students spend an average of three hours a day on the Internet.

08 **Without** airplanes, traveling between continents **would** take weeks or more.

09 **In this regard,** careful planning is an essential component of future success.

10 **Given** the man's preference for expensive clothes, it is not surprising that he spent so much money on a new suit.

11 **In short,** children need affection in order to develop healthy personalities.

12 **In conclusion,** all employees should be required to participate in ongoing training courses.

CHECK-UP

p.172

01 Making mistakes is an important part of the **learning process**.

02 Young people who are assigned **household chores** learn how to organize their time.

03 If a person gets a pet, he should be prepared to take care of it over its entire **life span**.

04 Successful politicians **take the middle ground** to avoid offending voters.

05 **Youth culture** has changed dramatically in the last fifty years.

06 Parents should **set a good example** for their children by not shouting, even when they are really upset.

07 A regular exercise is the basic formula everyone should follow to **stay in shape**.

08 When supply does not **meet demand**, prices are likely to rise.

09 Some universities are considering a strict **compulsory attendance** policy.

10 Studies have shown that **secondhand smoking** is more toxic than cigarette smoke that is inhaled directly.

11 Businesses must anticipate **market demand** when releasing new products.

12 **Extracurricular activities** help to enhance social skills and teach lessons not learned in a classroom.

CHECK-UP

p.182

01 The basic goal of all governments is to **promote the public good**.

02 Doing overtime indicates a strong **commitment to a job**.

03 Travelers today prefer to forgo tourist activities in favor of authentic **cultural experiences**.

04 Public confidence in the police diminishes as the **crime rate** increases.

05 Employees should continually develop new skills to stay competitive in **the labor market**.

06 Vacationers can bathe, and enjoy other **leisure activities** at the beach.

07 Many people are working to develop efficient **transportation systems**.

08 More theaters and other **entertainment venues** are being built in suburban areas.

09 You can **run up debt** if you do not handle your financial matters carefully.

10 Workers who display talent and a strong work ethic are more likely to receive **a promotion**.

11 Constructing underground parking lots would ease **traffic congestion** on campus.

12 A high **unemployment rate** is a symptom of a malfunctioning economy.

CHECK-UP

p.192

01 **Resource depletion** is a growing concern with regard to fossil fuels.

02 **Mobile Internet** use exploded after the widespread adoption of smartphones.

03 Mass media saturation has led to the **simplification of culture**.

04 Many engineers are looking for **alternative energy** sources that do not damage the environment.

05 **Web content** has the potential to be a useful learning tool.

06 **Migrant workers** often move from one place to another to do seasonal work.

07 Toxic waste is an unfortunate **by-product** of nuclear power plants.

08 Although laws **vary from country to country**, some actions are considered crimes everywhere.

09 **Wireless communication** devices allow us to have conversations or transfer information over long distances.

10 Efforts to protect **endangered species** in the Galapagos have helped **preserve the ecosystem** there.

11 Poverty and environmental destruction are two parts of a **vicious cycle**.

12 Today, **computerized programs** have been developed to make many jobs easier.

01 Agree/Disagree 유형

EXAMPLE

p.198

It is a common belief that a student's school performance and emotional development are influenced more by teachers than by classmates. **However, I firmly believe that** classmates are more influential because students are motivated academically by their peers and become more mature by socializing with them.

To begin with, students are motivated by competing with their fellow classmates. For instance, students usually have a desire to outperform their peers by demonstrating broader knowledge and achieving higher scores. Competition is especially fierce in the classroom, where students study the same material in the same place. According to a recent survey, students overwhelmingly stated that their peers motivated them to study more than their teachers. This is because competition played a key role in their motivation. This study offers strong proof that classmates significantly affect a student's academic achievement.

On top of that, socializing at school allows children to grow emotionally through cultivating relationships with peers. Students spend a large amount of their time in the classroom. Classmates help them grow emotionally by providing them with new ideas, beliefs, and experiences. This can help students develop a better ability to control their emotions and get along with others. One study, for example, shows that adolescents learn how to control their tempers and cooperate with others mostly by interacting with their friends at school. This demonstrates how important relationships with classmates are for a child's emotional development.

To sum up, classmates create scholarly competition and help students mature. **For these reasons,** it is clear that a student's academic achievement and interpersonal development are affected more by peers than by educators.

해석 학생의 학업 성취와 정서 발달이 급우보다는 교사에 의해 더 많은 영향을 받는다는 것은 일반적인 생각이다. 하지만 나는 급우들이 더 영향력 있다고 굳게 믿는데, 학생들이 그들의 또래에 의해 학업적으로 동기를 부여받고 그들과 어울리면서 더욱 성숙해지기 때문이다.

우선, 학생들은 급우들과의 경쟁에 의해 동기가 부여된다. 예를 들어, 학생들은 일반적으로 더 폭넓은 지식을 보여주고 더 높은 점수를 얻음으로써 그들의 또래들을 능가하고자 하는 욕구가 있다. 경쟁은 학생들이 같은 공간에서 같은 내용을 공부하는 교실 안에서 특히 치열하다. 최근 설문조사에 따르면, 학생들은 교사보다 또래가 자신들이 더 공부하도록 동기를 부여했다고 압도적으로 말했다. 이는 경쟁이 그들의 동기 부여에 주요한 역할을 하기 때문이다. 이 연구는 급우들이 학생의 학업 성취에 크게 영향을 미친다는 확실한 증거를 제공한다.

게다가, 학교에서 사람들과 어울리는 것은 또래와의 관계를 구축하는 것을 통해 아이들이 정서적으로 성장할 수 있게 한다. 학생들은 교실에서 많은 시간을 보낸다. 급우들은 아이들에게 새로운 생각, 신념과 경험을 제공함으로써 그들이 정서적으로 성장하도록 돕는다. 이는 학생들이 감정을 더 잘 조절할 수 있는 능력을 발달시키고 다른 사람들과 잘 지내도록 하는 데 도움을 줄 수 있다. 예를 들어, 한 연구는 청소년들이 주로 학교에서 그들의 친구들과 소통함으로써 화를 조절하고 다른 사람들과 협력하는 법을 배운다고 나타낸다. 이것은 아이의 정서 발달에 급우와의 관계가 얼마나 중요한지를 보여준다.

요약하자면, 급우들은 학구적 경쟁을 형성하고 학생들이 성숙해지도록 도움을 준다. 이러한 이유로, 학생의 학업 성취 및 정서 발달은 교육자들보다 또래들에 의해서 더 많은 영향을 받는다는 것은 분명하다.

HACKERS PRACTICE

STEP 1 | 아웃라인 잡기

01 정부는 때때로 사회의 안전을 위해서 사람들의 자유를 침해해야 한다. 이 진술에 어느 정도까지 동의 또는 동의하지 않는가? 답변에 구체적인 이유를 제시하고 자신의 지식이나 경험으로부터 관련된 예를 들어 자신의 의견을 뒷받침하시오. 적어도 250단어 이상 서술하시오.

아웃라인

나의 의견	Agree 찬성
이유 1	to protect ppl. from danger 사람들을 위험으로부터 보호하기 위해
일반적 진술	– measures must be taken to prevent potential attacks 잠재적 공격을 막기 위해 조치가 취해져야 함
예시	– ex) airports: conduct security checks to protect everyone from harm 예시) 공항: 피해로부터 모두를 보호하기 위해 보안 검사를 실시함
이유 2	to make sure that safety regulations are followed 안전 규정들이 준수되는 것을 확실히 하기 위해
일반적 진술	– certain jobs can endanger ppl.'s lives 특정 직업들은 사람들의 생명을 위험에 빠뜨릴 수 있음
예시	– ex) school bus drivers & pilots: undergo random medical tests 예시) 학교 버스 기사와 조종사: 무작위로 건강 검진을 받음

02 일부 사람들은 미디어가 현대 사회에 부정적인 영향을 미친다고 주장한다. 그들은 미디어의 영향으로 인해 새로운 생각에 대해 관용이 거의 없다고 생각한다. 이 의견에 어느 정도까지 동의 또는 동의하지 않는가? 답변에 구체적인 이유를 제시하고 자신의 지식이나 경험으로부터 관련된 예를 들어 자신의 의견을 뒷받침하시오. 적어도 250단어 이상 서술하시오.

아웃라인

나의 의견	Disagree 반대
이유 1	help develop tolerance for different ways of thinking 다양한 사고방식을 용인하도록 도움을 줌
일반적 진술	– know more about the world 세계에 대해 더 많이 알고 있음
예시	– ex) ppl. access to movies & docu. 예시) 사람들은 영화와 다큐멘터리에 접근함
이유 2	make culture more diverse by developing new & original trends in society 사회에서 새롭고 독창적인 유행을 발전시킴으로써 문화를 더 다양하게 만듦
일반적 진술	– art + identity → more innovative & modern 예술과 독자성을 합쳐 더 혁신적이고 현대적이게 함
예시	– ex) Japanese teens merged their fashions w/ those in America 예시) 일본의 청소년들은 그들의 패션에 미국의 패션을 합쳤음

03 정부는 때때로 사회의 안전을 위해서 사람들의 자유를 침해해야 한다. 이 진술에 어느 정도까지 동의 또는 동의하지 않는가? 답변에 구체적인 이유를 제시하고 자신의 지식이나 경험으로부터 관련된 예를 들어 자신의 의견을 뒷받침하시오. 적어도 250단어 이상 서술하시오.

서론 쓰기

도입

① **It is a common belief that** the idea of intruding upon individual liberties is abhorrent.

나의 의견

② **However, I firmly believe that** one's freedom should be violated by the government when the ultimate purpose is to prevent potential dangers and to ensure that safety regulations are being observed.

본론 1 쓰기

이유 1

③ **To begin with**, the infringement of people's liberties can be justified when protecting people from danger is the main priority.

일반적 진술

Given the recent increase in violence throughout the world, measures must be taken to prevent potential attacks, such as those committed by terrorists.

예시

④ For instance, in order to prevent bombings or the transport of dangerous materials, airports around the world conduct security checks on people and their belongings. Even though this is intrusive and a violation of personal space, it is necessary to protect everyone from harm. Therefore, when this is the intention, government agencies and public institutions should have the right to carry out searches and trespass on one's privacy.

본론 2 쓰기

이유 2

⑤ **On top of that**, the government can violate an individual's right to freedom in order to make sure that safety regulations are followed.

일반적 진술

Certain jobs can endanger innocent people's lives when employees do not act safely and responsibly. In this regard, it is important to ensure that these employees follow safety rules even if their rights are infringed upon during the process.

예시

Take the example of ⑥ school bus drivers and pilots. If they are not functioning at full capacity, they will not be able to perform their tasks safely. Thus, it is acceptable to make them undergo random medical tests to ensure they are healthy and capable. This is necessary to guarantee that these people are not putting the lives of others in jeopardy.

요약

⑦ **To sum up**, intruding on people's freedom is inevitable if governments are to protect society from threats and make sure that individuals are following the necessary rules.

맺음말

⑧ **For these reasons**, imposing on individual freedom is sometimes necessary.

해석   **도입** 개인의 자유를 침범하는 것이 끔찍하다는 것은 일반적인 생각이다. **나의 의견** 하지만, 나는 이것의 목적이 잠재적인 위험을 방지하고 안전 규정이 준수되고 있는지 확실히 하는 것이라면, 개인의 자유가 정부로부터 침해될 수 있다고 굳게 믿는다.

　　이유 1 우선, 사람들의 자유에 대한 침해는 그것의 목적이 사람들을 위험으로부터 보호하는 것일 때 정당화될 수 있다. **일반적 진술** 최근 전 세계에서 폭력이 증가한 것을 고려해 볼 때 테러리스트가 저지른 일과 같은 잠재적 공격을 막기 위해 조치가 취해져야 한다. **예시** 예를 들어, 폭탄 폭발이나 위험 물질의 이송을 막기 위해 전 세계의 공항은 사람들과 그들의 소지품에 보안 검사를 실시한다. 비록 이것이 강제적이고 그들의 개인 공간의 침해일지라도, 그것은 피해로부터 모두를 보호하기 위해서 필요하다. 따라서, 이러한 의도라면, 정부 기관과 공공 기관이 개인의 사생활을 수색하고 침해할 권리를 가져야 한다.

　　이유 2 게다가, 정부는 안전 규정이 준수되는 것을 확실히 하기 위해 개인의 자유에 대한 권리를 침해할 수 있다. **일반적 진술** 특정 직업들은 근로자들이 안전하고 책임감 있게 행동하지 않을 때 무고한 사람들의 생명을 위험에 빠뜨릴 수 있다. 이 점에서, 이러한 근로자들이 안전 규칙을 지키고 있는지 확실히 하는 것은 그 과정 동안에 그들의 권리가 침해되더라도 중요하다. **예시** 학교 버스 기사와 조종사를 예로 들어보자. 만일 그들이 전력을 기울여서 역할을 다하고 있지 않다면, 그들은 안전하게 직무를 수행할 수 없을 것이다. 따라서, 그들에게 무작위로 건강 검진을 받게 하여 그들이 건강하고 일을 할 수 있는지 확실히 하는 것은 용인될 수 있다. 이는 이러한 사람들이 다른 사람들의 생명을 위험에 빠뜨리고 있지 않음을 보장하기 위해 필요하다.

　　요약 요약하자면, 만약 정부가 사회를 위협으로부터 보호하고 필요한 규칙들을 따르고 있는지 확실히 하고자 한다면, 사람들의 자유를 침범하는 것은 불가피하다. **맺음말** 이러한 이유로, 개인의 자유를 위압하는 것은 때로 필요하다.

어휘   intrude 침범하다, 침해하다   liberty 자유   abhorrent 끔찍한, 혐오스러운   regulation 규정   observe 준수하다   measure 조치
　　belongings 소지품   intrusive 강제적인   trespass on ~을 침해하다   endanger 위험에 빠뜨리다   function 역할을 다하다, 일을 하다
　　at full capacity 전력을 기울이고   jeopardy 위험   impose on 위압하다, 이용하다

04 일부 사람들은 미디어가 현대 사회에 부정적인 영향을 미친다고 주장한다. 그들은 미디어의 영향으로 인해 새로운 생각에 대해 관용이 거의 없다고 생각한다. 이 의견에 어느 정도까지 동의 또는 동의하지 않는가? 답변에 구체적인 이유를 제시하고 자신의 지식이나 경험으로부터 관련된 예를 들어 자신의 의견을 뒷받침하시오. 적어도 250단어 이상 서술하시오.

서론 쓰기

도입

① **It is a common belief that** the media has affected society in a negative way and made our once diverse world too uniform.

나의 의견

② **However, I firmly believe that** culture has been diversified by the positive influence of media because it has broadened people's overall outlook and made society more interesting.

본론 1 쓰기

이유 1

To begin with, ③ the media has helped develop tolerance for different ways of thinking.

일반적 진술

In the past, many people were not aware of the traditions and beliefs of other societies. However, we now know so much more about the world because of various types of media.

예시

④ For example, people now have access to movies and documentaries that depict ways of life in different countries. This has led not to a simplification of cultures but to a more accepting attitude towards the ideas and values of people from other backgrounds. This creates a more diverse and open-minded society.

본론 2 쓰기

이유 2

On top of that, ⑤ the media has made culture more diverse by helping to develop new and original trends in society.

일반적 진술

It acts as a versatile medium that allows art and identity to come together to become more innovative and modern.

예시

By way of example, ⑥ take street fashion in Japan. After seeing a lot of American culture depicted on TV, Japanese teens merged their fashions with those popular in America. As a result, a new type of clothing style that included elements from both cultures was born. This illustrates how the media can allow distinct and creative trends to emerge.

결론 쓰기

요약

To sum up, the media has been a force for good by opening the world up to new ideas and ⑦ making culture more exciting.

맺음말

⑧ **For these reasons,** the media's effect on society has been positive rather than negative.

해석   **도입** 미디어가 사회에 부정적인 방식으로 영향을 미쳤고 한때 다양했던 우리의 세계를 너무 획일적으로 만들었다는 것은 일반적인 생각이다. **나의 의견** 그러나, 나는 문화가 미디어의 긍정적인 영향으로 인해 다양해졌다고 굳게 믿는데, 그것이 사람들의 전반적인 시각을 넓히고 우리 사회를 더욱 흥미롭게 만들었기 때문이다.

이유 1 우선, 미디어는 다양한 사고방식을 용인하도록 도움을 주었다. **일반적 진술** 과거에는, 많은 사람들이 다른 사회의 전통과 신념을 알지 못했다. 하지만, 이제 우리는 다양한 형태의 미디어 덕분에 세계에 대해 훨씬 더 많이 알고 있다. **예시** 예를 들어, 이제 사람들은 다른 나라에서의 삶의 방식을 묘사하는 영화와 다큐멘터리에 접근할 수 있다. 이것은 우리 문화의 단일화가 아니라 다른 배경을 가진 사람들의 생각과 가치관에 대한 더 허용적인 태도로 이어졌다. 이것은 더욱 다양하고 개방적인 사회를 만든다.

이유 2 게다가, 미디어는 사회에서 새롭고 독창적인 유행이 발전하도록 도움으로써 문화를 더 다양하게 만들었다. **일반적 진술** 그것은 예술과 독자성이 하나로 합쳐져 더 혁신적이고 현대적으로 되도록 하는 다목적 매체의 역할을 한다. **예시** 한 예로서, 일본의 스트리트 패션을 보자. 텔레비전에서 묘사되는 미국 문화를 많이 본 후, 일본의 청소년들은 그들의 패션에 미국에서 유명한 패션을 합쳤다. 그 결과, 두 곳의 문화적 요소를 포함하는 새로운 유형의 의류 스타일이 탄생했다. 이것은 미디어가 어떻게 독특하고 창조적인 유행을 생겨나게 할 수 있는지를 보여준다.

요약 요약하자면, 미디어는 세계를 새로운 생각에 눈을 뜨게 하며 문화를 더욱 흥미롭게 만듦으로써 좋은 영향력이 되어왔다. **맺음말** 이러한 이유로, 미디어가 사회에 미친 영향은 부정적이기보다는 긍정적이었다.

어휘   uniform 획일적인   diverse 다양한   broaden 넓히다   simplification 단일화, 단순화   versatile 다목적의, 다양한
medium 매체   merge 합치다   distinct 독특한, 뚜렷한   emerge 생겨나다, 나타나다

05 정부는 배기가스로 인한 대기 오염을 줄이는 것을 돕기 위해 혼잡 시간대에 차량을 사용하는 운전자들에게 요금을 부과해야 한다. 이 의견에 어느 정도까지 동의 또는 동의하지 않는가? 답변에 구체적인 이유를 제시하고 자신의 지식이나 경험으로부터 관련된 예를 들어 자신의 의견을 뒷받침하시오. 적어도 250단어 이상 서술하시오.

서론 쓰기

도입

It is a common belief that ① drivers should not be charged for using their vehicles during rush hour, even though it contributes to air pollution.

나의 의견

However, I firmly believe that imposing a fee would do a lot of good because ② it could reduce traffic and help protect the environment.

본론 1 쓰기

이유 1

To begin with, implementing a rush hour fee would ease traffic congestion, diminishing some of the pollution in the atmosphere.

일반적 진술

③ Charging people would make them less likely to drive to work. Instead, they would opt to use alternative means of transportation. This is important because being stuck in traffic also adds significantly to the emission of pollutants. Moreover, enforcing a fee is not only simple, but it works well.

예시

In London, for example, the government introduced a congestion fee several years ago. As a result, many people started to carpool, walk, or use public transportation rather than drive to work. ④ Fewer cars on the road eased traffic congestion, and pollution levels have been going down ever since.

본론 2 쓰기

이유 2

On top of that, the revenue from those charges can be used to fund environmentally friendly projects.

일반적 진술

⑤ Governments would be able to utilize the tax money to make their cities greener.

예시

In Stockholm, for instance, the city administration has been able to plant trees and flowers alongside roads with the funds from a rush hour regulation. This vegetation adds to the beauty of the landscape, but more importantly, ⑥ it improves the air quality overall. In effect, tax revenues from a rush hour fee can do much to alleviate the polluted air.

결론 쓰기

요약

To sum up, ⑦ a small fee for rush-hour motorists would lighten traffic and help cities maintain a healthy and clean environment.

맺음말

For these reasons, ⑧ charging such drivers would be beneficial to the planet and to society.

해석　**도입** 아무리 대기 오염의 원인이 된다 할지라도, 혼잡 시간대에 차량을 사용하는 것에 대해 요금을 청구해서는 안 된다는 것은 일반적인 생각이다. **나의 의견** 하지만, 나는 요금을 부과하는 것이 많은 도움이 되리라고 굳게 믿는데, 그것이 교통량을 줄이고 환경을 보호하는 데 도움이 될 수 있기 때문이다.

이유 1 우선, 혼잡 시간대 요금제를 시행하는 것은 대기 오염을 일부 줄이면서, 교통 혼잡을 완화시킬 것이다. **일반적 진술** 사람들에게 요금을 청구하는 것은 그들이 차로 출근할 가능성을 더 적게 만들 것이다. 대신에, 그들은 대안이 되는 교통수단을 이용하는 것을 선택할 것이다. 이것이 중요한 이유는 교통 혼잡에 갇혀 있는 것이 오염 물질 배출을 상당히 늘리기 때문이다. 게다가, 요금제를 시행하는 것은 간단할 뿐만 아니라 효과도 좋다. **예시** 예를 들어, 런던에서는 정부가 몇 년 전에 혼잡 통행료를 도입했다. 결과적으로, 많은 사람들이 운전해서 출근하기보다는 합승을 하거나, 걷거나, 또는 대중교통을 이용하기 시작했다. 도로 위의 더 적은 차량은 교통 혼잡을 완화하였고, 그 이후로 오염 수준은 낮아지고 있다.

이유 2 게다가, 이러한 요금으로 인한 자금은 환경친화적인 정책에 자금을 제공하는 데 사용될 수 있다. **일반적 진술** 정부는 도시를 더 푸르게 만드는 데 세금을 이용할 수 있게 될 것이다. **예시** 예를 들어, 스톡홀름에서, 시 행정부는 혼잡 시간대 규정으로 인한 자금으로 도로 옆에 나무와 꽃을 심을 수 있었다. 그것들은 풍경에 아름다움을 더해주기도 하지만, 더 중요하게도 공기 청정도를 전반적으로 향상시킨다. 실제로, 혼잡 시간대 요금으로 인한 세제 수입은 오염된 공기를 완화하는 데 보탬이 될 수 있다.

요약 요약하자면, 혼잡 시간대 자동차 운전자에 대한 소액의 요금은 교통량을 줄이고 도시가 건강하고 깨끗한 환경을 유지하도록 도와줄 것이다. **맺음말** 이러한 이유로, 그런 운전자들에게 요금을 청구하는 것은 지구와 사회에 도움이 될 것이다.

어휘   charge (요금, 값을) 청구하다; 요금   rush hour 혼잡 시간대   contribute to ~의 원인이 되다   impose 부과하다, 도입하다
implement 실행하다   congestion 혼잡   diminish 줄이다   opt to ~하기로 선택하다   alternative 대안이 되는, 다른
emission 배출, 배기가스   carpool 합승하다   environmentally friendly 환경친화적인   alleviate 완화하다

06 국제적인 사건들이 우리 삶에 직접적인 영향을 주지 않아도 그것에 관심을 갖는 것은 중요하다. 이 의견에 어느 정도까지 동의 또는 동의하지 않는가? 답변에 구체적인 이유를 제시하고 자신의 지식이나 경험으로부터 관련된 예를 들어 자신의 의견을 뒷받침하시오. 적어도 250단어 이상 서술하시오.

서론 쓰기

도입
① **It is a common belief that** it is not necessary to be aware of world events as long as they are unlikely to directly impact our lives.

나의 의견
② **However, I firmly believe that** we should keep up with events occurring in other countries. This is because knowledge of international events allows nations to provide support to other countries and even come up with solutions to their own problems.

본론 1 쓰기

이유 1
③ **To begin with,** being concerned about international events enables people to help other citizens of the world.

일반적 진술
Humanitarian crises, natural disasters and conflicts are, unfortunately, frequent occurrences in many places around the globe. By paying attention to these events, it is possible to share resources to assist others in times of need.

예시
For instance, the 2008 earthquake in Sichuan, China, caused a lot of damage. However, a quick reaction from the international community helped China rescue more victims than they would have otherwise been able to save if they were working alone. Also, many countries donated large amounts of money to make repairs throughout the region. ④ This aid made it easier for local people to deal with the tragedy.

본론 2 쓰기

> 이유 2
> ⑤ **On top of that,** keeping up with world events leads to a better understanding of how to deal with problems that could occur in our own society.
>
> 일반적 진술
> ⑥ Many societies face similar issues, and looking to see how other states failed or succeeded can provide guidance toward better solutions.
>
> 예시
> Korea, for example, faced a dilemma when the number of migrant workers increased rapidly. Some of them suffered from poor treatment, while others remained in the country without a visa. After looking at international examples from countries like the UK and Germany, which have experienced a similar problem in the past, the Korean government was able to introduce laws to protect the rights of migrant workers while also reducing the number who overstayed illegally.

결론 쓰기

> 요약
> ⑦ **To sum up,** understanding what is occurring in other countries makes it possible to help others and provides useful information that can be used to solve problems at home.
>
> 맺음말
> ⑧ **For these reasons,** it is important to maintain an interest in events occurring in other countries.

해석 **도입** 세계의 사건들이 우리의 삶에 직접적으로 영향을 미칠 가능성이 없는 한, 우리가 그것들을 알고 있을 필요가 없다는 것은 일반적인 생각이다. **나의 의견** 하지만, 나는 우리가 다른 나라에서 발생하고 있는 사건들을 잘 알고 있어야 한다고 굳게 믿는다. 이는 국제적인 사건들에 대한 지식이 국가가 다른 나라를 지원하게 하고 심지어는 우리 자신의 문제들을 해결하도록 하기 때문이다.

이유 1 우선, 국제적인 사건에 관심을 갖는 것은 사람들이 세계에 있는 다른 시민들을 도울 수 있게 한다. **일반적 진술** 인도주의적 위기, 자연재해와 분쟁은, 유감스럽게도, 세계의 많은 곳에서 자주 발생하는 사건들이다. 이러한 사건들에 관심을 가짐으로써 도움이 필요한 시점에 다른 이들을 돕는 데 자원을 공유할 수 있다. **예시** 예를 들어, 2008년 중국의 쓰촨성에서 일어난 지진은 많은 피해를 입혔다. 하지만, 국제 공동체의 신속한 대응은 중국이 그렇지 않으면 혼자 작업하여 구조할 수 있었던 것보다 더 많은 피해자들을 구조하도록 도왔다. 또한, 많은 국가들은 지역 전체를 복구할 많은 양의 돈을 기부했다. 이러한 도움은 현지 사람들이 그 비극에 더 쉽게 대처하게 했다.

이유 2 게다가, 세계의 사건에 대해 잘 알고 있는 것은 우리 자신의 사회에서 일어날 수 있는 문제를 어떻게 처리하는지 더 잘 이해하게 한다. **일반적 진술** 많은 사회가 비슷한 문제에 직면하기 때문에, 다른 국가들이 어떻게 실패하고 성공했는지 알아보는 것은 더 나은 해결책에 대한 안내를 제공할 수 있다. **예시** 예를 들어, 한국은 이주 노동자의 수가 빠르게 증가했을 때 궁지에 빠졌다. 그들 중 일부가 부당한 대우에 시달리는 사이 다른 이들은 비자도 없이 나라에 체류했다. 한국 정부는 과거에 비슷한 문제를 겪었던 영국과 독일 같은 나라들의 국제적인 사례들을 검토한 후, 불법 장기 체류자들의 수를 줄일 뿐만 아니라 이주 노동자들의 권리를 보호하기 위한 법을 도입할 수 있었다.

요약 요약하자면, 다른 나라들에서 발생하고 있는 일을 이해하는 것은 다른 사람들을 도울 수 있게 해주며 국내 문제들을 해결하는 데 사용할 수 있는 유용한 정보를 제공한다. **맺음말** 이러한 이유로, 우리가 다른 나라들에서 발생하는 사건들에 관심을 지속적으로 갖는 것은 중요하다.

어휘 keep up with ~을 잘 알다 humanitarian 인도주의적인 natural disaster 자연재해 conflict 분쟁 occurrence 발생
deal with ~에 대처하다 tragedy 비극 dilemma 궁지, 문제 migrant 이주의 overstay 장기 체류하다 illegally 불법으로

01 미술 수업과 음악 수업이 학교에서 의무가 되어서는 안 된다. 어느 정도까지 동의 또는 동의하지 않는가? 답변에 구체적인 이유를 제시하고 자신의 지식이나 경험으로부터 관련된 예를 들어 자신의 의견을 뒷받침하시오. 적어도 250단어 이상 서술하시오.

아웃라인

Disagree 반대

1. foster creativity 창의력을 길러줌
   - communicate feelings & express themselves
     감정을 전달하고 자신을 표현함
   - ex) study: creativity of American children
     예시) 연구: 미국 아이들의 창의력

2. create opportunities for students to relieve stress
   학생들이 스트레스를 해소할 기회를 만들어줌
   - take breaks from intensive courses
     강도 높은 수업들로부터 휴식을 취함
   - ex) study: doing creative work reduces stress
     예시) 연구: 창작 활동을 하는 것이 스트레스를 줄여줌

서론 쓰기

도입

It is a common belief that students should not be forced to study art and music.

나의 의견

However, I firmly believe that these should be required subjects because taking art and music classes helps children become more creative and alleviates stress.

본론 1 쓰기

이유 1

To begin with, studying art and music fosters creativity among children.

일반적 진술

These types of classes include activities, such as painting or playing musical instruments, that enable students to communicate their feelings. They become more creative as they learn how to express themselves.

예시

This is illustrated by one study carried out on American children. The researchers compared the results of several decades' worth of tests designed to measure creativity. What they found was that the creativity of American children has been in decline since the mid-1990s. This coincides with a reduction in the number of art and music classes taught in US schools.

본론 2 쓰기

이유 2

On top of that, making art and music classes mandatory would create opportunities for students to relieve their stress.

일반적 진술

This is because attending these classes would allow students to take breaks from more intensive academic courses that require the memorization of facts and figures. In effect, having mandatory art and music classes would be a chance for children to recharge their mental batteries.

예시

In fact, a study on art therapy has found that doing 45 minutes of creative work reduces the level of stress hormones found in the body. This makes taking art or music classes especially important for today's youth, who are under more pressure than ever due to the challenges of school. Having the opportunity to relieve stress during the school day could really help to improve their mental well-being.

결론 쓰기

요약

To sum up, having students take art and music classes promotes creativity and reduces stress.

맺음말

For these reasons, all students should be required to study these subjects as part of the core curriculum.

해석 **도입** 학생들이 미술과 음악을 학습하도록 강요받아서는 안 된다고 생각하는 것은 일반적인 생각이다. **나의 의견** 하지만, 나는 이것들이 필수 과목이 되어야 한다고 굳게 믿는데, 미술과 음악 수업을 듣는 것은 아이들을 더 창의적이게 하고 스트레스를 해소해주는 데 도움이 되기 때문이다.

이유 1 우선, 미술과 음악을 학습하는 것은 아이들의 창의력을 길러준다. **일반적 진술** 이러한 종류의 수업들은 학생들이 그들의 감정을 전달할 수 있게 해주는 그림 그리기나 악기 연주와 같은 활동들을 포함한다. 그들은 자신을 표현하는 방법을 배움으로써 더 창의적이게 된다. **예시** 이는 미국 아이들을 대상으로 시행된 한 연구에서 설명된다. 연구원들은 창의력을 측정하기 위해 고안된 실험의 수십 년 치 결과를 비교했다. 그들이 알아낸 것은 미국 아이들의 창의력이 1990년대 중반 이후로 감소해 왔다는 것이다. 이는 미국 학교에서 가르치던 미술과 음악 수업 수의 감소와 일치한다.

이유 2 게다가, 미술과 음악 수업을 의무로 만드는 것은 학생들이 스트레스를 해소할 기회를 만들어줄 것이다. **일반적 진술** 이는 사실과 수치의 암기를 요구하는 보다 강도 높은 학문적인 수업들로부터 학생들이 잠시 휴식을 취할 수 있게 할 것이기 때문이다. 실제로, 의무적인 미술과 음악 수업은 아이들이 정신적으로 재충전할 수 있는 기회가 될 것이다. **예시** 사실, 미술 치료에 대한 한 연구는 45분 동안 창작 활동을 하는 것이 신체에 있는 스트레스 호르몬의 수치를 줄여준다는 것을 발견했다. 이는 학교의 과제로 인해 그 어느 때보다 더 많은 압박에 있는 오늘날의 젊은이들에게 미술이나 음악 수업을 듣는 것을 특히 중요하게 만든다. 학교에 있을 때 스트레스를 해소할 기회를 얻는 것은 그들의 정신 건강을 개선하는 데 실제로 도움을 줄 수 있다.

요약 요약하자면, 학생들이 미술과 음악 수업을 듣게 하는 것은 창의력을 증진하고 스트레스를 줄여준다. **맺음말** 이러한 이유로, 모든 학생들은 이 과목들을 필수 교과과정의 일부로서 학습하도록 요구되어야 한다.

어휘 foster 기르다, 조성하다   illustrate 설명하다   coincide with ~ ~와 일치하다, ~와 동시에 일어나다   reduction 감소
mandatory 필수의, 의무의   intensive 강도 높은   youth 젊은이

02 사람들은 평생 단 하나의 기술에만 집중해야 하는데, 그것이 성공하는 가장 좋은 방법이기 때문이다. 이 의견에 어느 정도까지 동의 또는 동의하지 않는가? 답변에 구체적인 이유를 제시하고 자신의 지식이나 경험으로부터 관련된 예를 들어 자신의 의견을 뒷받침 하시오. 적어도 250단어 이상 서술하시오.

아웃라인

Disagree 반대

1. ppl. who have various skills have more financial opportunities
   다양한 기술을 가진 사람들은 더 많은 경제적 기회를 가짐

   - earn higher wages by utilizing different abilities
     여러 가지 능력을 활용함으로써 더 높은 임금을 받음

   - ex) those w/ numerous abilities have more options
     예시) 능력이 많은 사람들에게는 더 많은 선택권이 있음

2. society values ppl. who are versatile
   사회는 다재다능한 사람들을 가치 있게 여김

   - well-rounded individuals thrive in dynamic environment
     다재다능한 사람들이 동적인 환경에서 성공함

   - ex) survey: the majority of American business leaders think having a variety of skills is better
     예시) 설문조사: 대부분의 미국 기업주들은 여러 가지 기술을 갖추는 것이 더 낫다고 생각함

서론 쓰기

도입

It is a common belief that mastering one skill is the best way to succeed.

나의 의견

However, I firmly believe that acquiring a wide array of abilities is the most effective way to achieve success. People with broader skill sets have a lot of chances to earn money, and today's society places significant worth on those who have numerous abilities.

본론 1 쓰기

이유 1

To begin with, people who have developed various skills have more financial opportunities.

일반적 진술

They can earn higher wages by utilizing their different abilities in several fields.

예시

For example, an individual with an accounting degree but no other marketable skills is limited to earning an accountant's salary. However, those with numerous abilities have many more options. They can hold multiple jobs in various sectors if they choose to do so, thereby increasing their earning potential. In addition, if they ever decide to change their careers and enter a new industry, they may be able to do so without difficulty.

본론 2 쓰기

이유 2
On top of that, modern society values people who are versatile.

일반적 진술
This is because today's world is rapidly transforming, and well-rounded individuals thrive in this kind of dynamic environment.

예시
According to a recent survey, the majority of American business leaders think that having a variety of skills is better than mastering just one. They believe that individuals who can accomplish a wide range of tasks are highly sought after. The survey demonstrates that developing more than one ability is critical to succeeding today.

결론 쓰기

요약
To sum up, those who develop different kinds of abilities have many opportunities to make money and are considered more valuable in the modern world.

맺음말
For these reasons, it is preferable to develop a range of skills rather than focus on just one to succeed.

해석　**도입** 한 가지의 기술을 숙달하는 것이 성공하는 가장 좋은 방법이라는 것은 일반적인 생각이다. **나의 의견** 하지만, 나는 다수의 능력을 습득하는 것이 성공을 이루기 위한 가장 효과적인 방법이라고 굳게 믿는다. 더욱 폭넓은 기술을 가진 사람들에게는 돈을 벌 기회가 많이 있고, 오늘날의 사회는 많은 능력을 가진 사람들에게 상당한 가치를 둔다.

이유 1 우선, 다양한 기술을 개발한 사람들은 더 많은 경제적 기회를 가진다. **일반적 진술** 그들은 자신의 여러 가지 능력을 여러 분야에서 활용함으로써 더 높은 임금을 받을 수 있다. **예시** 예를 들어, 회계학 학위가 있지만 그 밖의 다른 판매 기술이 없는 사람은 회계사의 급여를 버는 것으로 한정되어 있다. 하지만, 기술이 많은 사람들에게는 더 많은 선택권이 있다. 그들은 자신이 원한다면 여러 분야에서 다수의 직업을 가질 수 있으며, 그것으로 인해 수입의 잠재력을 증가시킬 수 있다. 게다가, 언제든 그들이 직업을 바꾸고 새로운 산업에 진출하기로 결심한다면, 그들은 어려움 없이 해낼 수 있을 것이다.

이유 2 게다가, 현대 사회는 다재다능한 사람들을 가치 있게 여긴다. **일반적 진술** 이는 오늘날의 세계가 급속히 변해가고 있고, 다재다능한 사람들이 이런 동적인 환경에서 성공하기 때문이다. **예시** 최근의 한 설문조사에 따르면, 대부분의 미국 기업주들은 여러 가지 기술을 갖추는 것이 한 가지 기술만 숙달하는 것보다 더 낫다고 생각한다. 그들은 광범위한 업무를 수행할 수 있는 사람들이 매우 인기가 있다고 생각한다. 이 설문조사는 한 가지 이상의 기술을 개발하는 것이 오늘날 성공하는 데 중요하다는 것을 입증한다.

요약 요약하자면, 다양한 종류의 능력을 개발하는 사람들은 돈을 벌 기회가 많으며 현대 사회에서 더 가치 있게 여겨진다. **맺음말** 이러한 이유로, 성공하기 위해서는 다양한 기술을 개발하는 것이 단 하나의 기술에 집중하는 것보다 낫다.

어휘　acquire 습득하다　a wide array of 다수의, 가지각색의　accounting 회계(학)　potential 잠재력, 가능성　versatile 다재다능한
well-rounded 다재다능한, 다방면에 걸친　thrive 성공하다, 번창하다　demonstrate 입증하다, 보여주다　critical 중요한

EXAMPLE

p.224

It is a common belief that parents should invest more time in helping their children with schoolwork. **However, there is a more persuasive argument that** playing sports with children is more important because doing so can build a bond between parents and children.

On the one hand, when parents provide help with schoolwork, it encourages children to develop an interest in studying. Specifically, by assisting their children with any problems they have with their work, parents make their children's tasks seem less difficult. This can result in greater interest in classes and lead to better grades in the long run. For example, research has shown that children whose parents help them solve math problems get better grades than those who do their work on their own. Assisting them with their schoolwork makes children more enthusiastic about studying, thereby providing a basis for their academic success.

Nevertheless, playing sports is a better way for parents to connect with their children. It fosters open communication by making children feel more comfortable about sharing their thoughts with their parents. The experience of cooperation and bonding, which is a part of every sport, removes any feelings of nervousness children may have in the presence of their parents. In fact, a recent study revealed that children express their opinions more when their parents create a relaxed environment by playing sports with them. Topics that children may consider too embarrassing or difficult to discuss under normal circumstances are brought up more easily while playing sports. The result is that parents and children build closer relationships.

To sum up, while it is apparent that helping with schoolwork is one way parents can support their children, **it is undeniable that** playing sports together is more important.

해석 부모가 자녀들의 학업을 돕는 데 더 많은 시간을 투자해야 한다는 것은 일반적인 생각이다. 그러나, 자녀들과 함께 운동을 하는 것이 더 중요하다는 것에 대한 더 설득력 있는 주장이 있는데, 운동을 하는 것이 부모와 자녀 간의 유대를 형성할 수 있기 때문이다.

한편으로는, 부모가 학업에 도움을 제공할 때, 그것은 아이들이 공부에 흥미를 기르도록 장려한다. 특히, 자녀들이 학업과 관련해 갖고 있는 모든 문제에 대해 도움으로써 부모는 아이들의 학업이 덜 어려워 보이도록 만든다. 이는 수업 시간에 더 큰 흥미를 낳고 장기적으로 더 좋은 성적으로 이어질 수 있다. 예를 들어, 조사는 부모가 수학 문제를 푸는 것을 도와준 아이들이 그들의 과제를 스스로 하는 아이들보다 더 좋은 성적을 받는다는 것을 보여주었다. 아이들의 학교 과제를 돕는 것은 그들이 공부하는 것에 더 열중하게 만들고, 그렇게 함으로써 그들의 학문적 성공의 기반을 제공한다.

그럼에도 불구하고, 운동을 하는 것이 부모가 자녀와 유대를 맺는 더 좋은 방법이다. 이는 아이들이 부모와 자신의 생각을 나누는 것에 대해 더 편하게 느끼게 함으로써 열린 소통을 촉진한다. 모든 운동의 일부분인 협력과 유대의 경험은 아이들이 부모와 함께 있을 때 느낄 수 있는 어떠한 긴장감도 없애준다. 실제로, 최근 연구는 부모들이 자녀와 함께 운동을 함으로써 편안한 환경을 만들 때 아이들이 자신의 의견을 더 많이 표현한다는 것을 밝혔다. 아이들이 일반적인 상황에서 논의하기 너무 부끄럽거나 어렵다고 생각할 수 있는 주제들은 운동을 하는 동안 더 쉽게 나온다. 그 결과로 부모와 자녀는 더 가까운 관계를 형성한다.

요약하자면, 학업을 돕는 것이 부모가 그들의 자녀들을 도울 수 있는 하나의 방법임은 분명하지만, 함께 운동하는 것이 더 중요하다는 것을 부인할 수 없다.

STEP 1 아웃라인 잡기

01 일부 사람들은 인공지능의 발전이 인간의 노동을 쓸모없게 만들 것이라고 생각한다. 다른 사람들은 인간에 의한 활동이 언제나 중요할 것이라고 생각한다. 이러한 양쪽의 관점에 대해 논하고 자신의 의견을 제시하시오. 답변에 구체적인 이유를 제시하고 자신의 지식이나 경험으로부터 관련된 예를 들어 자신의 의견을 뒷받침하시오. 적어도 250단어 이상 서술하시오.

아웃라인

나의 의견	work performed by humans will always be impt. 인간에 의한 활동은 언제나 중요할 것임
반대 관점과 이유	replace humans w/ machines: auto. program = efficient & generate ↑ income 자동화 프로그램이 효율적이고 많은 수익을 창출하기 때문에 사람이 기계로 대체될 것임
일반적 진술	– robots take over humans' role in workplaces 로봇이 업무 현장에서 사람의 역할을 대체함
예시	– ex) automobile company: efficiency ↑ → profit ↑ 예시) 자동차 회사의 효율성이 높아져 수익이 증가함
찬성 관점과 이유	humans = essential part of the workforce: machines X as well as humans 기계는 인간처럼 잘하지 못하기 때문에 인간은 일터에서 필수적인 역할을 함
일반적 진술	– ability of machines – limited to very few professions 기계의 능력은 매우 적은 직업군에 한정되어있음
예시	– ex) robotic surgery → limited, need supervision of surgeons 예시) 로봇 수술은 제한적이고 외과 의사의 감독이 필요함

02 일부 사람들은 가족 활동에 시간을 쏟는 것이 일하는 데 시간을 보내는 것보다 더 중요하다고 말한다. 다른 사람들은 일하는 데 시간을 전념하는 것이 더 중요하다고 믿는다. 이러한 양쪽의 관점에 대해 논하고 자신의 의견을 제시하시오. 답변에 구체적인 이유를 제시하고 자신의 지식이나 경험으로부터 관련된 예를 들어 자신의 의견을 뒷받침하시오. 적어도 250단어 이상 서술하시오.

아웃라인

나의 의견	devoting time to family activities is more impt. 가족 활동에 시간을 쏟는 것이 더 중요함
반대 관점과 이유	work time: impt. to family's financial wellbeing 가족의 경제적 안정에 중요하므로 일하는 시간에 보내야 함
일반적 진술	– X make a living → family happiness X ensured 생계를 유지할 수 없다면 가족의 행복은 보장될 수 없음
예시	– ex) parents miss out on children's events X uninterested – trade-off 예시) 부모가 자녀의 행사를 놓치는 것은 무관심해서가 아니라, 거래임
찬성 관점과 이유	family time: contributes more to individual's & family's happiness 개인과 가족의 행복에 더 기여하므로 가족과의 시간이 중요함
일반적 진술	– family time = fun & relaxing ↔ work = stressful 가족과의 시간은 재미있고 편하지만, 일은 스트레스가 많음
예시	– ex) poll: 85% enjoy time w/ family, while 60% experience stress at their jobs 예시) 여론 조사: 85퍼센트가 가족과의 시간을 즐기는 반면, 60퍼센트는 직장에서 스트레스를 경험함

모범답변·해석 HACKERS **IELTS** WRITING

03 일부 사람들은 인공지능의 발전이 인간의 노동을 쓸모없게 만들 것이라고 생각한다. 다른 사람들은 인간에 의한 활동이 언제나 중요할 것이라고 생각한다. 이러한 양쪽의 관점에 대해 논하고 자신의 의견을 제시하시오. 답변에 구체적인 이유를 제시하고 자신의 지식이나 경험으로부터 관련된 예를 들어 자신의 의견을 뒷받침하시오. 적어도 250단어 이상 서술하시오.

서론 쓰기

> 도입
>
> ① **It is a common belief that** by developing artificial intelligence, humans will be superseded by robots in the workforce.
>
> 나의 의견
>
> ② **However, there is a more persuasive argument that** people will always play a vital role in many occupations. This is because machines will never be able to perform at the same level as humans in most jobs.

본론 1 쓰기

> 반대 관점과 이유
>
> ③ **On the one hand**, people think that artificial intelligence will lead to humans being replaced by machinery or computers since automated programs are able to work much more efficiently and generate more income than people.
>
> 일반적 진술
>
> Robotic machines have already taken over roles that traditionally were occupied by humans in factories and other workplaces.
>
> 예시
>
> ④ For example, one major automobile company was able to increase its efficiency by replacing workers with automated machines. Since machines can operate continually at higher speeds, the company reduced production time significantly and cut the cost of manufacturing by 30 percent, resulting in a considerable increase in profits.

본론 2 쓰기

> 찬성 관점과 이유
>
> ⑤ **Nevertheless**, humans will always be an essential part of the workforce because there are many tasks that machines are not able to do as well as humans.
>
> 일반적 진술
>
> In fact, the ability of machines to match or exceed human efficiency is currently limited to very few professions.
>
> 예시
>
> For instance, although the technology to perform surgery with machines was developed long ago, the procedures that they can complete are limited, and humans still carry out most surgical operations. ⑥ Furthermore, even if robotic surgeons were to be utilized more, it is likely that they would only be used under the supervision of trained surgeons who could step in if something went wrong.

결론 쓰기

맺음말

⑦ **To sum up, while it is apparent that** there is concern that artificial intelligence will make the work of humans redundant, ⑧ **it is undeniable that** people will never be totally removed from the workplace.

해석　**도입** 인공지능을 개발함으로써 인간이 일터에서 로봇에 의해 대체될 것이라는 것은 일반적인 의견이다. **나의 의견** 하지만, 사람들이 많은 직업에서 언제나 중요한 역할을 할 것이라는 것에 대한 더 설득력 있는 주장이 있다. 이는 대부분의 직업에서 기계가 결코 사람과 같은 수준으로 일할 수 없을 것이기 때문이다.

　반대 관점과 이유 한편으로는, 사람들은 인공지능이 사람을 기계나 컴퓨터로 대체되도록 이끌 것이라고 생각하는데, 자동화된 프로그램이 사람보다 훨씬 더 효율적으로 일하고 더 많은 수익을 창출할 수 있기 때문이다. **일반적 진술** 로봇화된 기계는 이미 공장이나 다른 업무 현장에서 사람이 전통적으로 차지했던 역할을 대신했다. **예시** 예를 들어, 한 자동차 대기업은 직원들을 자동화된 기계로 대체하면서 효율성을 높일 수 있었다. 기계들은 더 빠른 속도로 계속적으로 작업할 수 있기 때문에, 회사는 생산 시간을 크게 단축하고 제조 비용을 30퍼센트 줄여, 수익의 상당한 증가를 이루어냈다.

　찬성 관점과 이유 그럼에도 불구하고, 인간은 일터에서 항상 필수적인 역할을 할 것인데, 기계가 인간만큼 잘 하지 못하는 많은 업무가 있기 때문이다. **일반적 진술** 실제로, 인간 효율성과 맞먹거나 능가하는 기계의 능력은 현재 매우 적은 직업군에 한정되어 있다. **예시** 예를 들어, 기계로 수술하는 기술은 오래전에 개발되었지만, 그것이 해낼 수 있는 수술은 제한적이고, 여전히 인간이 대부분의 외과수술을 한다. 게다가, 로봇화된 외과 의사가 더 많이 활용되더라도, 그것들은 무언가가 잘못되면 항상 이에 개입할 수 있는 숙달된 외과 의사의 감독하에서만 이용될 가능성이 높다.

　맺음말 요약하자면, 인공지능이 인간의 노동을 불필요하게 만들 것이라는 우려가 있다는 점은 분명하지만, 사람들이 업무 현장에서 완전히 없어지지는 않을 것임을 부인할 수 없다.

어휘　**artificial intelligence** 인공지능　**supersede** 대체하다　**occupation** 직업　**generate** 창출하다, 만들어 내다　**take over** 대신하다, 대체하다　**profession** 직업　**surgeon** 외과 의사　**supervision** 감독, 관리　**step in** 개입하다　**redundant** 불필요한

04　일부 사람들은 가족 활동에 시간을 쏟는 것이 일하는 데 시간을 보내는 것보다 더 중요하다고 말한다. 다른 사람들은 일하는 데 시간을 전념하는 것이 더 중요하다고 믿는다. 이러한 양쪽의 관점에 대해 논하고 자신의 의견을 제시하시오. 답변에 구체적인 이유를 제시하고 자신의 지식이나 경험으로부터 관련된 예를 들어 자신의 의견을 뒷받침하시오. 적어도 250단어 이상 서술하시오.

서론 쓰기

도입

① **It is a common belief that** the time a person spends working is more beneficial than the time he or she spends interacting with their family.

나의 의견

However, there is a more persuasive argument that ② quality time with one's family is essential as both individuals and families are far happier when they have more time together.

본론 1 쓰기

반대 관점과 이유

On the one hand, ③ working is important to a family's financial wellbeing.

일반적 진술

④ This is because if a worker cannot make a living, the overall happiness of his or her family cannot be ensured. Therefore, most people must commit much of their lives to their careers.

예시

⑤ For example, parents sometimes miss out on events in their children's lives, but this does not indicate that they are uninterested in their family. It is simply a trade-off they must make. In order to be able to afford their children's education, parents must work long hours that sometimes separate them from their families. It's a sacrifice for the family's overall happiness and success.

본론 2 쓰기

찬성 관점과 이유
Nevertheless, ⑥ <u>spending time with one's family is more valuable as it contributes more to an individual's happiness and that of his or her family.</u>

일반적 진술
Family time is usually fun and relaxing, ⑦ <u>whereas work can often be very stressful.</u>

예시
According to a poll by the Center for Family Development, the majority of respondents ranked family time over work when asked about the things that brought the most satisfaction to their lives. Also, when asked separately whether being with their family and being at work were positive or negative experiences, an overwhelming 85 percent responded that they always enjoy the time that they spend with their families, while over 60 percent claimed to experience more stress than pleasure at their jobs.

결론 쓰기

맺음말
To sum up, while it is apparent that time used for working is sometimes more crucial than family time, **it is undeniable that** ⑧ <u>enjoying family time is generally more important and should be a priority.</u>

해석 **도입** 사람이 일을 하는 시간이 가족과 교류하며 보내는 시간보다 더 유익하다는 것은 일반적인 생각이다. **나의 의견** 그러나, 가족과 더 많은 시간을 보낼 때 개인과 가족 모두가 훨씬 더 행복하기 때문에 가족과의 귀중한 시간이 매우 중요하다는 것에 대한 더 설득력 있는 주장이 있다.

반대 관점과 이유 한편으로는, 일을 하는 것은 가족의 경제적 안정에 중요하다. **일반적 진술** 이는 근로자가 생계를 유지할 수 없다면 그 또는 그녀의 가족 전체의 행복이 보장될 수 없기 때문이다. 따라서, 대부분의 사람들은 직장 생활에 인생의 많은 부분을 써야 한다. **예시** 예를 들어, 부모들은 때때로 자녀의 인생에서 행사를 놓치지만, 이것이 그들이 가족 행사에 무관심하다는 것을 보여 주는 것은 아니다. 그것은 그저 그들이 해야만 하는 거래이다. 부모는 자녀의 교육비를 마련하기 위해 장시간 근무를 해야 하는데 이는 때때로 그들을 가족으로부터 떼어놓는다. 이는 가족 전체의 행복과 성공을 위한 희생이다.

찬성 관점과 이유 그럼에도 불구하고, 가족과 시간을 보내는 것이 개인의 행복과 그 또는 그녀의 가족의 행복에 더 기여하므로 더 가치 있다. **일반적 진술** 가족과의 시간은 대개 재미있고 편안한 반면, 일은 보통 스트레스를 매우 많이 받을 수 있다. **예시** 가족 개발 센터에서 시행한 여론 조사에 따르면, 응답자의 대다수는 인생에서 가장 만족스러웠던 일을 떠올리라는 질문을 받았을 때 일보다는 가족과의 시간을 꼽았다. 또한, 가족과 함께 있는 것과 직장에 있는 것이 각각 긍정적 또는 부정적인 경험인지를 질문받았을 때, 압도적인 85퍼센트가 가족과 함께 보내는 순간을 항상 즐긴다고 응답한 반면, 60퍼센트 이상이 직장에서 즐거움보다 스트레스를 더 경험한다고 말했다.

맺음말 요약하자면, 때로는 일하는 데 사용되는 시간이 가족과 보내는 시간보다 더 중요하다는 것은 분명하지만, 가족과의 시간을 즐기는 것이 일반적으로 더 중요하고 우선시 되어야 함을 부인할 수 없다.

어휘 interact 교류하다, 함께하다   quality time 귀중한 시간   essential 매우 중요한   make a living 생계를 유지하다   trade-off 거래, 교환
sacrifice 희생   poll 여론 조사   overwhelming 압도적인

05 일부 사람들은 수입 농산물을 구매하는 것이 긍정적인 효과를 갖는다고 믿는다. 다른 사람들은 국내 생산품을 소비하는 것이 더 좋다고 생각한다. 이러한 양쪽의 관점에 대해 논하고 자신의 의견을 제시하시오. 답변에 구체적인 이유를 제시하고 자신의 지식이나 경험으로부터 관련된 예를 들어 자신의 의견을 뒷받침하시오. 적어도 250단어 이상 서술하시오.

서론 쓰기

도입
It is a common belief that ① importing farm products from other countries is a good thing for us to do.

나의 의견
② **However, there is a more persuasive argument that** society would benefit more if shoppers purchased and consumed domestic goods, which would protect the livelihoods of local farmers by not letting prices drop too low.

본론 1 쓰기

반대 관점과 이유
③ **On the one hand**, purchasing food items brought in from abroad allows people to consume a greater variety of agricultural products.

일반적 진술
Importing products that cannot be grown domestically ④ gives local consumers much more choice in the market.

예시
For instance, kiwifruit are very difficult to grow in Korea, so few farmers are willing to plant them. This results in a very limited supply of domestically grown kiwifruit. Luckily, importing fruits such as these is very common nowadays, and they are available in most markets. ⑤ This makes it much easier for the average person to enjoy this exotic fruit.

본론 2 쓰기

찬성 관점과 이유
Nevertheless, it is more important to protect domestic agriculture, which is in decline because many of the goods that are imported are cheap. This has negative consequences for the local farming industry, which is not always able to compete.

일반적 진술
For one, ⑥ products imported from places where they grow easily are often cheaper. When these low-priced products hit the market, they drive prices down to a level that cannot be matched by local farmers. This leads to consumers preferring to purchase less expensive imported products instead of local ones.

예시
A good example of this occurred in France, where the country's high labor and equipment costs make domestically produced farm products rather expensive. When cheaper meat and dairy imports from Spain were introduced, the local farmers simply could not deliver products to market at prices that were competitive with the imports. This led to farmers going out of business.

결론 쓰기

맺음말

⑦ **To sum up**, ⑧ **while it is apparent that** importing items from abroad increases consumer choice, **it is undeniable that** buying domestic farm products should be our top priority.

해석   **도입** 다른 나라로부터 농산물을 수입하는 것이 우리에게 유익하다는 것은 일반적인 생각이다. **나의 의견** 그러나, 쇼핑객들이 국산품을 구매하고 소비하면 이것이 물가가 너무 낮게 떨어지지 않게 함으로써 지역 농민들의 생계를 보호하고 사회에 더 유익할 것이라는 것에 대한 더 설득력 있는 주장이 있다.

   반대 관점과 이유 한편으로는, 해외로부터 들어온 식품을 구입하는 것은 사람들이 더 다양한 농작물을 소비할 수 있게 한다. **일반적 진술** 국내에서 재배될 수 없는 생산물을 수입하는 것은 시장에서 현지 소비자들에게 훨씬 더 많은 선택권을 준다. **예시** 예를 들어, 키위는 한국에서 재배하기 매우 어렵기 때문에, 그것을 기꺼이 심으려는 농부들이 거의 없다. 이는 국내에서 기른 키위에 대한 부족한 공급량을 야기한다. 다행히도, 이러한 과일을 수입하는 것이 오늘날에는 매우 일반적이고, 대부분의 시장에서 그것들을 구할 수 있다. 이는 일반인이 이 외국산 과일을 훨씬 더 쉽게 즐기도록 한다.

   찬성 관점과 이유 그럼에도 불구하고, 수입된 많은 제품들이 값이 싸기 때문에 감소하고 있는 국내 농업을 보호하는 것은 중요하다. 이것은 항상 경쟁할 수는 없는 지역 농업에 부정적인 결과를 갖는다. **일반적 진술** 우선 한 가지 이유는, 농산물이 잘 자라는 곳에서 수입된 생산물은 보통 더 저렴하다. 이런 값싼 생산물이 시장에 나오면, 그것들은 현지 농민들이 필적할 수 없는 수준까지 가격을 낮춘다. 이는 소비자들이 지역 농산물 대신 덜 비싼 수입품을 구매하는 것을 선호하게 한다. **예시** 이것의 좋은 예가 프랑스에서 일어났는데, 이곳에서는 국내의 높은 인건비와 장비의 가격이 국내에서 생산된 농산물을 상당히 비싸게 만든다. 스페인의 값싼 육류 및 유제품 수입품이 처음 들어왔을 때, 현지 농민들은 도저히 수입품에 경쟁력 있는 가격으로 시장에 생산물을 공급할 수 없었다. 이는 많은 농민들이 농사를 그만두게 만들었다.

   맺음말 요약하자면, 해외로부터 상품을 수입하는 것이 소비자 선택권을 증가시킨다는 것은 분명하지만, 국내 농산물을 구매하는 것이 우리의 최우선이 되어야 함을 부인할 수 없다.

어휘   **domestic goods** 국산품, 현지의, 지역의   **limited** 부족한, 한정된   **supply** 공급(량)   **exotic** 외국산의, 이국적인   **equipment** 장비   **dairy** 유제품   **competitive** 경쟁력 있는

---

06 일부 사람들은 대가족이 이전만큼 중요하지 않다고 말한다. 다른 사람들은 사람들이 늘 가족 구성원의 도움을 필요로 하기 때문에 그 중요성이 변하지 않았다고 생각한다. 이러한 양쪽의 관점에 대해 논하고 자신의 의견을 제시하시오. 답변에 구체적인 이유를 제시하고 자신의 지식이나 경험으로부터 관련된 예를 들어 자신의 의견을 뒷받침하시오. 적어도 250단어 이상 서술하시오.

서론 쓰기

도입

① **It is a common belief that** the extended family remains as valuable as ever.

나의 의견

② **However, there is a more persuasive argument that** the importance of extended family members has diminished greatly because of a change in how family life is perceived.

본론 1 쓰기

반대 관점과 이유

On the one hand, ③ the rising incidence of grandparents helping to raise their grandchildren shows the contemporary significance of the extended family.

일반적 진술

With both parents working outside the home, there is now a need for a third party to care for the children during the day. Grandparents often step in to fill this role.

예시

In fact, research in Korea shows that grandparents are now twice as likely as they were a decade ago to play a primary role in raising their grandchildren. ④ This suggests that the extended family still plays a significant part in people's lives.

본론 2 쓰기

> **찬성 관점과 이유**
> ⑤ **Nevertheless,** the extended family is less important for younger generations who often prioritize their education and career over family life.
>
> **일반적 진술**
> This is evident in the fact that many young people nowadays choose to leave their hometowns permanently to seek education or career opportunities elsewhere. They, therefore, often live in different cities or countries from their families. Thus, the extended family is much less prominent in their lives.
>
> **예시**
> For example, many Chinese college students express a desire to emigrate after graduation, even if it means that they would almost never see their families. Although extended families were once very important in Chinese culture, ⑥ it seems that the extended family is considered much less important now.

결론 쓰기

> **맺음말**
> To sum up, ⑦ **while it is apparent that** the extended family remains valuable in many ways, **it is undeniable that** ⑧ its role in people's everyday lives has shrunk.

해석　**도입** 대가족이 전처럼 여전히 가치 있다는 것은 일반적인 생각이다. **나의 의견** 그러나, 오늘날 가정생활을 인식하는 방식의 변화로 인해 대가족의 중요성이 크게 줄어들었다는 것에 대한 더 설득력 있는 주장이 있다.

　반대 관점과 이유 한편으로는, 손주를 키우는 것을 도와주는 조부모들의 증가가 현대의 대가족의 중요성을 보여준다. **일반적 진술** 부모가 모두 집 밖에서 일하면서, 이제 낮에 아이들을 돌보기 위해 제3자가 필요하다. 조부모들이 보통 이 역할을 하기 위해 돕고 나선다. **예시** 실제로, 한국에서의 연구는 현재 조부모가 손주를 키우는 데 있어 주된 역할을 할 가능성이 그들이 십 년 전에 그랬던 것만큼의 두 배나 된다는 것을 보여준다. 이는 대가족이 여전히 사람들의 삶에서 커다란 역할을 한다는 것을 시사한다.

　찬성 관점과 이유 그럼에도 불구하고, 가정생활보다 보통 그들의 교육과 직업을 더 우선시하는 젊은 세대에게 대가족은 덜 중요하다. **일반적 진술** 이것은 요즘 많은 젊은 사람들이 그들의 고향을 영원히 떠나 다른 곳에서 교육이나 취업 기회를 찾는 것을 선택한다는 사실에서 명백하다. 그들은 그래서 보통 그들의 가족과 다른 도시나 국가에 산다. 따라서, 대가족은 그들의 삶에서 훨씬 덜 중요하다. **예시** 예를 들어, 많은 중국인 대학생들이 가족을 거의 못 보게 된다는 것을 의미한다 해도, 졸업 후 이민을 가고 싶다는 바람을 표현한다. 비록 중국 문화에서 대가족은 한때 매우 중요했지만, 현재는 대가족이 훨씬 덜 중요하게 여겨지는 것 같다.

　맺음말 요약하자면, 대가족이 많은 방면에서 여전히 가치 있다는 것은 분명하지만, 사람들의 일상생활에서 그 역할이 줄어들었음을 부인할 수 없다.

어휘　extended family 대가족　diminish 줄어들다　perceive 인식하다, 여기다　third party 제3자　step in 돕고 나서다, 개입하다 permanently 영원히　prominent 중요한　emigrate 이민을 가다　shrink 줄어들다, 축소되다

01 일부 사람들은 강력 범죄자의 개인 정보가 대중에게 공개되어야 한다고 생각한다. 다른 사람들은 이 정보가 보호되어야 한다고 생각한다. 이러한 양쪽의 관점에 대해 논하고 자신의 의견을 제시하시오. 답변에 구체적인 이유를 제시하고 자신의 지식이나 경험으로부터 관련된 예를 들어 자신의 의견을 뒷받침하시오. 적어도 250단어 이상 서술하시오.

아웃라인

My opinion: info. of criminals should be available to the public
나의 의견: 범죄자의 정보는 대중에게 공개되어야 함

1. protect info.: victimize innocent ppl.
   무고한 사람들을 희생시킬 수 있기 때문에 정보를 보호해야 함
   - community look down on criminal's family members
     지역 사회가 범죄자의 가족 구성원을 경시함
   - ex) father's criminal record released → a student committed suicide
     예시) 아버지의 범죄 기록이 공개된 후 한 학생이 자살함

2. publicize info.: protect community
   지역사회를 보호할 수 있기 때문에 정보를 공개해야 함
   - repetition prevented
     재발을 막음
   - ex) Megan's law: criminal monitored closely, security level ↑
     예시) 메건법, 범죄자들이 더 엄중히 감시되고, 더 높은 보안 정도가 시행됨

서론 쓰기

도입
It is a common belief that the personal information of criminals who have been convicted of violent crimes should be kept private.

나의 의견
However, there is a more persuasive argument that this information should be broadcast to the general public to safeguard members of the community.

본론 1 쓰기

반대 관점과 이유
On the one hand, some people say that making criminals' information public is a short-sighted approach that can victimize innocent people.

일반적 진술
They believe that the community may look down on the criminal's family members based on their association.

예시
In fact, this belief was realized recently when a student committed suicide after his father's criminal records were released. He could not handle the ridicule from members of his community. The mistreatment of the boy's family was inherently unfair since they had stayed out of trouble and were not at fault for the crime.

본론 2 쓰기

Nevertheless, announcing an offender's crimes can protect the community.

By publicizing private information about criminals, the repetition of crimes can be prevented. This is because when criminal records are known, neighbors are able to keep an eye on the criminal's activity and report anything illegal or suspicious to the police. Furthermore, it can lead to better protection for more members of society.

For example, in the United States, a provision known as "Megan's Law" requires police to make information about registered sex offenders available to the public. Because of this, criminals are monitored more closely and there are higher levels of security overall. Ultimately, the average person is able to protect himself or herself more effectively through this system.

결론 쓰기

To sum up, while it is apparent that some people feel that we should protect the privacy of violent criminals, **it is undeniable that** it is more important for their information to be released to the community.

해석　도입 강력 범죄로 유죄 판결을 받은 범죄자들의 개인 정보가 비공개로 유지되어야 한다는 것은 일반적인 생각이다. **나의 의견** 그러나, 이 정보가 지역 사회의 구성원들을 보호하기 위해 일반 대중에게 널리 알려져야 한다는 것에 대한 더 설득력 있는 주장이 있다.

반대 관점과 이유 한편으로는, 일부 사람들은 범죄자들의 정보를 공개하는 것이 무고한 사람들을 희생시킬 수 있는 근시안적인 방법이라고 말한다. **일반적 진술** 그들은 지역사회가 그들의 연관 관계에 근거해 범죄자 가족을 경시할 수도 있다고 믿는다. **예시** 실제로, 이 생각은 최근에 자신의 아버지의 범죄 기록이 공개된 후에 한 학생이 자살하면서 인식되었다. 그는 지역사회 주민들로부터의 조롱을 감당하지 못했다. 소년의 가족은 문제를 일으킨 적이 없고 범죄에 대해 잘못이 없었기 때문에, 그들에 대한 홀대는 본질적으로 부당했다.

찬성 관점과 이유 그럼에도 불구하고, 범죄자의 범죄를 알리는 것이 지역사회를 보호할 수 있다. **일반적 진술** 범인에 대한 개인 정보를 알림으로써, 재범을 막을 수 있다. 이는 범죄 기록이 알려지면, 이웃 사람들이 범죄자의 활동을 주시하고 불법적이거나 의심스러운 것을 경찰에 알릴 수 있기 때문이다. 더 나아가, 이는 사회의 구성원들을 위한 더 좋은 보호로 이어질 수 있다. **예시** 예를 들어, 미국에서 '메건법'이라고 알려진 규정은 경찰이 등록된 성범죄자의 정보를 대중에게 공개하도록 요구한다. 이로 인해, 범죄자들은 더 엄중히 감시되고, 전반적으로 더 높은 수준의 보안이 시행된다. 궁극적으로, 일반인들은 이 제도를 통해 더욱 효과적으로 자기 자신을 보호할 수 있다.

맺음말 요약하자면, 일부 사람들이 폭력 범죄자의 사생활을 보호해야 한다고 생각하는 것은 분명하지만, 그들의 정보가 지역사회에 공개되는 것이 더 중요함은 부인할 수 없다.

어휘　**convict** 유죄 판결을 내리다　**keep private** 비공개로 유지하다　**broadcast** 널리 알리다　**safeguard** 보호하다
short-sighted 근시안적인　**victimize** 희생시키다　**look down on** 경시하다, 업신여기다　**release** 공개하다
mistreatment 홀대, 학대　**inherently** 본질적으로　**offender** 범죄자　**publicize** 알리다　**suspicious** 의심스러운
provision 규정, 조항

02 일부 사람들은 어린이들을 교육하는 데 인터넷 콘텐츠가 사용되어야 한다고 말한다. 다른 사람들은 그것이 교육 환경에 도움이 되지 않는다고 생각한다. 이러한 양쪽의 관점에 대해 논하고 자신의 의견을 제시하시오. 답변에 구체적인 이유를 제시하고 자신의 지식이나 경험으로부터 관련된 예를 들어 자신의 의견을 뒷받침하시오. 적어도 250단어 이상 서술하시오.

아웃라인

My opinion: web con. should be used to instruct children
나의 의견: 아이들을 교육하는 데 인터넷 콘텐츠가 사용되어야 함

1. web con. negative aspects: unhelpful & harmful
   인터넷 콘텐츠의 부정적 측면으로 도움이 되지 않고 해로움

   - web con. features violence & vulgar language
     인터넷 콘텐츠는 폭력과 저속한 말을 특징으로 함

   - ex) children learn rude words from social media & websites
     예시) 아이들은 소셜 미디어와 웹사이트에서 무례한 말을 배움

2. web con.: effective tool in education
   인터넷 콘텐츠는 교육에 효과적인 학습 도구임

   - sound & image → easy comprehension
     음성과 이미지는 이해를 쉽게 함

   - ex) study on material & performance: children exposed to edu. web con. outperformed
     예시) 자료와 성적에 대한 연구: 교육 인터넷 콘텐츠에 노출된 아이들이 더 나은 결과를 냄

서론 쓰기

도입
It is a common belief that web content is not beneficial to children and should not be used to educate them in any way.

나의 의견
However, there is a more persuasive argument that it should be utilized for teaching children as it can be a great learning tool.

본론 1 쓰기

반대 관점과 이유
On the one hand, the negative aspects of web content can be unhelpful and even harmful in an educational context.

일반적 진술
Specifically, much of the content currently available online features violence and vulgar language, and this can leave a strong impression on the minds of children.

예시
For example, children today are more likely to use words that are rude or have violent connotations, even when addressing their parents and teachers. They often learn this sort of vocabulary from social media and other websites, where such language is not filtered out.

본론 2 쓰기

Nevertheless, web content has the potential to be an effective tool in education.

The combination of sounds and images used on many educational web sites allows students to quickly and easily comprehend and retain the content. Therefore, information can be better conveyed over the Internet than through traditional textbooks.

In a scientific study on the relationship between teaching material and performance, children in classes that used educational web content outperformed those that only used traditional teaching materials such as books, lectures, and papers. This makes it clear that web content is an effective learning tool.

결론 쓰기

To sum up, while it is apparent that web content can sometimes be unsuitable for children, **it is undeniable that** it can be a worthwhile educational tool.

해석   **도입** 인터넷 콘텐츠가 아이들에게 유익하지 않고 최대한 어떠한 상황에서도 아이들을 교육하는 데 사용되지 않아야 한다는 것은 일반적인 생각이다. **나의 의견** 그러나, 그것이 훌륭한 학습 도구가 될 수 있기 때문에 아이들을 가르치는 데 활용되어야 한다는 것에 대한 더 설득력 있는 주장이 있다.

반대 관점과 이유 한편으로는, 인터넷 콘텐츠의 부정적인 측면은 교육적인 맥락에서 도움이 되지 않고 심지어는 해로울 수 있다. **일반적 진술** 특히, 오늘날 온라인에서 이용할 수 있는 많은 콘텐츠들은 폭력과 저속한 언어를 특징으로 하며, 이것은 아이들의 머릿속에 강한 인상을 남길 수 있다. **예시** 예를 들어, 요즘 아이들은 그들의 부모님과 선생님에게 말할 때에도 무례하거나 폭력적인 의미가 담긴 단어를 사용할 가능성이 많다. 그들은 종종 소셜 미디어와 다른 웹사이트에서 이러한 종류의 어휘를 배우는데, 이곳에서는 이러한 언어가 걸러지지 않는다.

찬성 관점과 이유 그럼에도 불구하고, 인터넷 콘텐츠가 교육에서 효과적인 학습 도구가 될 가능성이 있다. **일반적 진술** 많은 교육적인 웹사이트에서 사용되는 음성과 이미지의 복합물은 학생들이 내용을 빠르고 쉽게 이해하고 기억할 수 있게 한다. 따라서, 전통적인 교과서보다 인터넷으로 정보가 더 잘 전달될 수 있다. **예시** 학습 자료와 성적 사이의 관계에 대한 과학적 연구에서, 교육용 인터넷 콘텐츠를 사용한 수업에서의 어린이들이 책, 강의 그리고 논문과 같은 전통적인 교육 자료만을 사용한 아이들보다 훨씬 더 나은 결과를 냈다. 이는 인터넷 콘텐츠가 효과적인 학습 도구임을 분명히 한다.

맺음말 요약하자면, 인터넷 콘텐츠가 때때로 아이들에게 적합하지 않을 수 있다는 것은 분명하지만, 이것이 가치 있는 학습 도구가 될 수 있음을 부인할 수 없다.

어휘   **context** 맥락 **violence** 폭력 **vulgar** 저속한 **comprehend** 이해하다 **retain** 기억하다 **convey** 전달하다
outperform 더 나은 결과를 내다 **worthwhile** 가치 있는

EXAMPLE

p.250

It is a common belief that the changes brought about in the workplace by technological advances have been largely negative. **However, there is a more persuasive argument that** these changes have had an overall positive effect because they allow people to work and communicate from any location.

On the one hand, technology has blurred the line between work hours and off-time. This is because smartphones and other communication devices have made it much easier to contact workers after they are finished with work. As a result, supervisors can now encroach upon the private time of their employees. In fact, this became such a problem in France that it led to a law recognizing the right to disconnect once work has finished. French people felt that working after their stated hours was an invasion of their personal time, so legislation was passed allowing people to avoid work communications when they are not on company time.

Nevertheless, the development of technology has benefited workers by giving them the ability to perform their jobs in any physical location. Due to advances in Internet technology, people can work closely together even if they are not in the same office. For instance, people nowadays can hold video conference meetings with clients in different countries, saving them the time and money it would take to travel to those destinations. Furthermore, the ability to check work communications on a phone or laptop offers people the freedom to work from anywhere.

To sum up, while there are some disadvantages to using new technologies in the professional sphere, **it is evident that** the advantages of technological advances far outweigh the drawbacks.

해석 기술의 발달로 인해 직장에 야기된 변화들이 매우 부정적이었다는 것은 일반적인 생각이다. 하지만, 이러한 변화들이 전반적으로 긍정적인 영향을 미쳤다는 것에 대한 더 설득력 있는 주장이 있는데 그것들이 사람들이 어떤 장소에서든 일하고 의사소통할 수 있도록 하기 때문이다.

한편으로는, 기술이 근무 시간과 근무 외 시간 사이의 경계를 모호하게 만들었다. 이는 스마트폰 및 기타 통신기기가 근무가 끝난 후에 근로자들에게 연락하는 것을 훨씬 더 쉽게 만들었기 때문이다. 결과적으로, 직장상사들은 이제 직원의 사적인 시간을 침해할 수 있다. 사실, 이것은 프랑스에서 아주 문제가 되어서 일이 끝나고 나서 단절될 권리를 인정하는 법으로 이어졌다. 프랑스 사람들은 명시된 시간 이후에 근무하는 것이 사적인 시간을 침해하는 것이라고 생각했고, 그래서 사람들이 근무 시간이 아닐 때에는 업무상의 연락을 피할 수 있도록 법규가 제정되었다.

그럼에도 불구하고, 기술의 발달은 직원들에게 어떤 물리적 장소에서든 그들의 일을 할 수 있는 능력을 줌으로써 이익을 주었다. 인터넷 기술의 발전으로 인해 사람들은 같은 사무실에 있지 않더라도 함께 긴밀하게 일할 수 있다. 예를 들어, 오늘날 사람들은 다른 국가에 있는 고객과 화상 회의를 할 수 있는데, 이는 그들이 그러한 목적지에 가는데 들 시간과 비용을 절약해준다. 게다가, 업무 커뮤니케이션을 핸드폰이나 노트북으로 확인할 수 있는 것은 사람들에게 어느 곳에서나 일할 수 있는 자유를 제공해준다.

요약하자면, 직업적인 영역에서 새로운 기술을 사용하는 것에는 단점들이 있지만, 기술적 발전의 장점이 문제점보다 훨씬 더 크다는 것은 분명하다.

01 일부 대학에서는 아직 학생들이 학교에 다니는 동안 창업하는 것을 장려한다. 이것의 장점이 단점보다 더 큰가? 답변에 구체적인 이유를 제시하고 자신의 지식이나 경험으로부터 관련된 예를 들어 자신의 의견을 뒷받침하시오. 적어도 250단어 이상 서술하시오.

아웃라인

나의 의견	Adv. < Disadv. 단점이 장점보다 큼
반대 내용	Adv.: help students put their ideas into practice 장점: 학생들이 그들의 아이디어를 실행하는 데 도움을 줌
일반적 진술	– hands-on involvement = a more engaging way of learning 직접적인 참여는 더 흥미로운 학습 방법임
예시	– ex) planning & creating food truck business in class 예시) 수업에서 푸드 트럭 사업을 계획하고 실행하는 것
찬성 내용	Disadv.: struggle to concentrate on their studies 단점: 학업에 집중하기 힘듦
일반적 진술	– starting a business → involve significant time & energy 사업을 시작하는 것은 상당한 양의 시간과 에너지를 수반함
예시	– ex) research: to get a business up & running → takes average of two yrs. 예시) 연구: 사업을 시작하고 운영되도록 하는 데 평균 2년이 걸림

02 아이를 갖지 않기로 결정하는 사람들의 수가 크게 늘었다. 이것이 긍정적 또는 부정적 발전이라고 생각하는가? 답변에 구체적인 이유를 제시하고 자신의 지식이나 경험으로부터 관련된 예를 들어 자신의 의견을 뒷받침하시오. 적어도 250단어 이상 서술하시오.

아웃라인

나의 의견	POS dev. 긍정적인 발전임
반대 내용	NEG dev.: lead to labor shortage 부정적 발전: 노동력의 부족을 초래함
일반적 진술	– couples deciding against having children ↑ → available workers ↓ 아이를 낳지 않기로 결정하는 부부가 많아지면 생산 가능 인구가 줄어듦
예시	– ex) 'demographic cliff' – rapid reduction of working age population 예시) '인구 절벽' – 생산 가능 인구가 급격하게 감소함
찬성 내용	POS dev.: offer better livelihood to children 긍정적 발전: 아이들에게 더 나은 생활을 제공함
일반적 진술	– can offer better childcare service for children w/ same resources 같은 자원으로 아이들에게 더 나은 보육을 제공할 수 있음
예시	– ex) school w/ small number of students: efficiency ↑, produce well-educated students 예시) 적은 수의 학생을 가진 학교는 효율성이 높고 교육을 잘 받은 학생들을 배출할 것임

03 일부 대학에서는 아직 학생들이 학교에 다니는 동안 창업하는 것을 장려한다. 이것의 장점이 단점보다 더 큰가? 답변에 구체적인 이유를 제시하고 자신의 지식이나 경험으로부터 관련된 예를 들어 자신의 의견을 뒷받침하시오. 적어도 250단어 이상 서술하시오.

서론 쓰기

도입

① **It is a common belief that** it is good for college and university business programs to make their students start businesses while in school.

나의 의견

② **However, there is a more persuasive argument that** the disadvantages of this outweigh the benefits. This is because running a business can divert students' attention away from the basic goal of higher education.

본론 1 쓰기

반대 내용

③ **On the one hand**, trying to get a business off the ground while still in college can help students put their ideas into practice using theories presented during their classes.

일반적 진술

This hands-on involvement offers the students a more engaging way of learning.

예시

④ For example, students may be asked to write out a business plan for a food truck in class, but they will not know whether it would actually be successful without trying to bring their idea to life. If they are encouraged to set up the business, they will be able to see how to implement their plan and more easily gain practical knowledge that will be valuable in their future careers.

본론 2 쓰기

찬성 내용

⑤ **Nevertheless**, students would struggle to concentrate on their studies if universities made them create businesses.

일반적 진술

Starting a business involves a significant commitment of time and energy, which students should be using to focus on studying.

예시

⑥ According to recent research, it takes an average of two years to get a business up and running. Furthermore, managing a successful business is a full-time job, which usually requires people to work at least six hours per day. Students would be unable to dedicate that amount of time to their businesses without neglecting their studies to some extent, thus hindering their long-term professional development.

결론 쓰기

맺음말

⑦ **To sum up, while there are some advantages** to encouraging students to start businesses as part of their studies, ⑧ **it is evident that** there are far more disadvantages to forcing students to go into business while in college.

해석　**도입** 대학원과 대학의 경영 프로그램들이 학생들이 학교에 다니는 동안 사업을 시작하도록 하는 것이 좋다는 것은 일반적인 생각이다. **나의 의견** 그러나, 이것의 단점이 장점보다 더 크다는 것에 대한 더 설득력 있는 주장이 있다. 이는 사업을 하는 것이 고등 교육의 기본 목표로부터 학생들의 주의를 딴 곳으로 돌릴 수 있기 때문이다.

　　반대 내용 한편으로는, 대학에 다니고 있는 동안 사업 활동을 시작하려 하는 것은 학생들이 수업시간에 등장한 이론들을 활용하여 그들의 생각을 실행하는 데 도움을 줄 수 있다. **일반적 진술** 이런 직접적인 참여는 학생들에게 더 흥미로운 학습 방법을 제공한다. **예시** 예를 들어, 학생들은 수업에서 푸드 트럭에 대한 사업 계획을 작성하는 것을 요청받을지도 모르지만, 그들은 그들의 생각을 현실화해보려 하지 않고서는 그것이 실제로 성공적일지 아닐지 알 수 없을 것이다. 그들이 사업을 시작하도록 권장된다면, 그들은 그들의 계획을 어떻게 실행할지 알 수 있을 것이고, 그들의 미래 경력에 가치 있을 실질적인 지식을 더 쉽게 얻을 수 있을 것이다.

　　찬성 내용 그럼에도 불구하고, 만약 대학들이 학생들을 창업하게 한다면 학생들은 학업에 집중하는 데 어려움을 겪을 것이다. **일반적 진술** 사업을 시작하는 것은 상당한 시간과 에너지의 투입을 수반하는데, 이는 학생들이 공부에 집중하기 위해 써야 하는 것이다. **예시** 최근 연구에 따르면, 사업을 시작하고 운영되도록 하기 위해서는 평균 2년이 걸린다. 게다가, 성공적인 사업을 경영하는 것은 보통 사람들에게 하루에 최소 6시간을 일하도록 요구하는 전업직이다. 학생들은 그들의 학업을 어느 정도 소홀히 하지 않고서는 그들의 사업에 그만큼의 시간을 투자할 수 없을 것이고, 이렇게 하여 그들의 장기적인 전문성의 개발을 방해할 것이다.

　　맺음말 요약하자면, 학업의 일환으로 학생들이 사업을 시작하도록 장려하는 것에는 장점도 있지만, 대학에 다니는 동안 학생들이 사업을 하도록 강요하는 것의 단점이 더 많다는 것은 분명하다.

어휘　**run a business** 사업을 하다　**get ~ off the ground** 시작하다, 출발하다　**hands-on** 직접 해 보는　**set up** 시작하다
implement 실행하다　**struggle** 어려움을 겪다, 발버둥 치다

---

04 아이를 갖지 않기로 결정하는 사람들의 수가 크게 늘었다. 이것이 긍정적 또는 부정적 발전이라고 생각하는가? 답변에 구체적인 이유를 제시하고 자신의 지식이나 경험으로부터 관련된 예를 들어 자신의 의견을 뒷받침하시오. 적어도 250단어 이상 서술하시오.

서론 쓰기

도입
① <u>**It is a common belief that**</u> deciding to remain childless negatively affects society as a whole.

나의 의견
② <u>**However, there is a more persuasive argument that**</u> choosing not to reproduce can be a positive decision. In fact, with fewer children, society can provide better education and childcare options.

본론 1 쓰기

반대 내용
On the one hand, ③ a reduction in the number of children in a society will eventually lead to a labor shortage.

일반적 진술
We need young people to continually join the workforce to foster economic growth. However, with more couples deciding against having children, the number of available workers will eventually decrease.

예시
④ As a matter of fact, recent research has shown that we are headed towards what is known as a 'demographic cliff', a rapid reduction of the working age population. This means that there will be fewer people of working age who can support both their children and the increasing amount of elderly retirees.

본론 2 쓰기

찬성 내용
Nevertheless, ⑤ <u>societies with a lower birth rate can offer a better livelihood to the children they do have</u>.

일반적 진술
Since the funds available to a society are limited, providing sufficient childcare and education becomes difficult when there are more children. However, with fewer children, societies can offer better services with the same amount of resources.

예시
To illustrate, a school with 100 students may have a budget that only allows for basic educational needs. Yet if the number of students was halved, the extra money may permit the school to provide a better quality of education using state-of-the-art tools. ⑥ <u>This would increase the school's efficiency and produce well-educated students who are more prepared for professional life.</u>

결론 쓰기

맺음말
To sum up, ⑦ **while there are some disadvantages** to an increase in childless couples, **it is evident that** ⑧ there are more advantages to a country's birth rate decreasing.

해석

도입 자녀가 없는 채 살기로 결정하는 것이 사회에 전체적으로 부정적인 영향을 미친다는 것은 일반적인 생각이다. **나의 의견** 그러나, 아이를 낳지 않기로 선택하는 것이 긍정적인 결정이 될 수도 있다는 것에 대한 더 설득력 있는 주장이 있다. 사실, 아이들이 더 적으면, 사회는 더 나은 교육과 보육의 선택권을 제공해 줄 수 있다.

반대 내용 한편으로는, 한 사회에서 아이들의 수의 감소는 결국 노동력의 부족을 초래할 것이다. **일반적 진술** 경제 성장을 촉진하기 위해서는 계속해서 노동 인구에 투입될 젊은 사람들이 필요하다. 그러나, 자녀를 갖지 않기로 결정하는 부부가 더 많아지면, 일할 수 있는 노동자의 수는 결국 줄어들 것이다. **예시** 사실, 최근 연구는 우리가 '인구 절벽'이라고 알려진, 생산 가능 인구의 급격한 감소로 향하고 있음을 보여주었다. 이것은 그들의 아이들과 증가하는 노년의 은퇴자들을 부양할 수 있는 사람들이 적어질 것이라는 것을 뜻한다.

찬성 내용 그럼에도 불구하고, 더 낮은 출생률을 가진 사회는 그 사회에 있는 아이들에게 더 나은 생활을 제공할 수 있다. **일반적 진술** 사회에 사용할 수 있는 자금이 한정적이므로, 아이들이 더 많이 있으면 충분한 보육과 교육을 제공하는 것은 어려워진다. 그러나, 아이들이 적으면 사회는 같은 양의 자원으로 더 나은 서비스를 제공할 수 있다. **예시** 설명하자면, 100명의 학생이 있는 학교는 오직 기본 교육에만 할당되는 예산을 가질 수 있을 것이다. 그러나 학생 수가 반으로 줄어든다면, 여분의 돈은 학교가 최신 교육 장비를 사용하여 더 나은 양질의 교육을 제공할 수 있도록 할 것이다. 이것은 학교의 효율성을 높이고 직장 생활에 더 준비되어 있는 교육을 잘 받은 학생들을 배출해낼 것이다.

맺음말 요약하자면, 자녀가 없는 부부의 증가에는 단점도 있지만, 한 나라의 출생률의 감소에 대한 장점이 더 많다는 것은 분명하다.

어휘   childless 자녀가 없는   reproduce 아이를 낳다, 재생산하다   workforce 노동 인구   foster 촉진하다   retiree 은퇴자   fund 자금   state-of-the-art 최신의

---

05 오늘날 사람들은 과거에 비해 여행에 더 많은 돈을 지출하고 있다. 이것의 장점이 단점보다 더 큰가? 답변에 구체적인 이유를 제시하고 자신의 지식이나 경험으로부터 관련된 예를 들어 자신의 의견을 뒷받침하시오. 적어도 250단어 이상 서술하시오.

서론 쓰기

도입
It is a common belief that ① <u>the increase in the amount of money that is spent on travel in recent years is a good thing</u>.

나의 의견
However, there is a more persuasive argument that this spending will cause some problems ② <u>since it leaves people unprepared for emergency situations.</u>

본론 1 쓰기

반대 내용

On the one hand, ③ spending money on travel allows people to recharge themselves.

일반적 진술

Travel is beneficial because ④ it offers people an escape from the tensions of their daily lives.

예시

For example, a recent survey of office workers revealed that a majority of them choose to travel as a way of relieving stress. Traveling allows them to get away from their worries and revitalize themselves while also creating precious memories.

본론 2 쓰기

찬성 내용

Nevertheless, setting aside money in preparation for unexpected situations is more practical than spending it on travel.

일반적 진술

⑤ If people have no money saved, they may go through financial hardships and be unable to pay their bills when something unexpected happens.

예시

For example, surgical procedures can cost hundreds or even thousands of dollars in some countries. It is very common for people who suddenly get sick to find that they are unable to afford treatment. They then have to sacrifice any assets they may have or take out unfavorable loans to pay for their care. In this situation, they would regret spending money on traveling. ⑥ Thus, it is important that people prioritize saving money in case of emergencies over spending on traveling.

결론 쓰기

맺음말

To sum up, ⑦ while there are some advantages to increased spending on travel, **it is evident that** ⑧ the disadvantages of this increased expenditure outweigh them.

해석　**도입** 최근 몇 년간 여행에 소비되는 돈이 증가한 것이 좋은 것이라는 것은 일반적인 생각이다. **나의 의견** 그러나, 이 지출이 몇 가지 문제를 야기할 것이라는 것에 대한 더 설득력 있는 주장이 있는데, 그것이 사람들을 긴급 상황에 준비가 안 된 상태로 만들기 때문이다.

　　반대 내용 한편으로는, 여행에 돈을 쓰는 것은 사람들이 스스로 재충전할 수 있게 한다. **일반적 진술** 여행은 사람들에게 일상생활에서의 긴장으로부터 벗어나게 해주기 때문에 유익하다. **예시** 예를 들어, 사무실 직원들을 대상으로 한 최근 설문 조사는 대부분이 스트레스를 푸는 방법으로 여행을 선택한다는 것을 밝혔다. 여행하는 것은 소중한 추억을 만드는 동시에 그들이 걱정으로부터 벗어나게 해주고 스스로 새로운 활력을 불어넣게 해준다.

　　찬성 내용 그럼에도 불구하고, 예기치 않은 상황에 대비하기 위해 돈을 모아두는 것이 그것을 여행에 지출하는 것보다 더 실용적이다. **일반적 진술** 만약 사람들이 저축해둔 돈이 없다면, 재정상의 어려움을 겪고 예기치 못한 일이 발생했을 때 비용을 지불하지 못하게 될 수도 있다. **예시** 예를 들어, 수술은 어떤 나라에서는 수백 심지어는 수천 달러의 비용이 들 수 있다. 갑자기 아프게 된 사람들이 치료 비용을 지불하지 못한다는 것을 발견하는 일은 매우 흔하다. 그렇게 되면 그들은 그들이 갖고 있는 어떤 재산이라도 희생하거나 치료 비용을 지불하기 위해 불리한 대출을 받아야 한다. 이런 상황에서 그들은 여행에 돈을 쓴 것을 후회할 것이다. 따라서, 사람들이 여행에 더 적게 소비함으로써 긴급 상황에 대비해 돈을 아끼는 것을 우선시하는 것은 중요하다.

　　맺음말 요약하자면, 증가한 여행비 지출에는 장점도 있지만, 이 증가한 여행비 지출의 단점이 그것보다 더 크다는 것은 분명하다.

어휘　beneficial 유익한　revitalize 활력을 불어 넣다　set aside 모아두다　unexpected 예기치 않은　go through 겪다
financial 재정상의　hardship 어려움　surgical procedures 수술, 수술 절차　asset 재산　take out loans 대출하다

06 오늘날 부의 추구는 많은 사업주들의 주된 동기가 되었다. 당신은 이것이 긍정적 또는 부정적 발전이라고 생각하는가? 답변에 구체적인 이유를 제시하고 자신의 지식이나 경험으로부터 관련된 예를 들어 자신의 의견을 뒷받침하시오. 적어도 250단어 이상 서술하시오.

서론 쓰기

도입

① **It is a common belief that** it is good for the owners of businesses to focus primarily on generating wealth.

나의 의견

② **However, there is a more persuasive argument that** the increasing drive to amass a fortune is a negative phenomenon that can lead to financial misconduct on the part of business owners.

본론 1 쓰기

반대 내용

On the one hand, ③ a national economy can grow quickly when business people are motivated by money.

일반적 진술

The desire to acquire wealth propels them to make their businesses more successful. ④ Rapid success in the business world is beneficial to society because it drives growth in the overall economy.

예시

For example, when companies seek to maximize their profits, it eventually leads to corporate growth. This increases cash flow in the overall economy and boosts economic production. To keep up, companies have to hire more people, which creates more jobs and leads to even more money entering the economy.

본론 2 쓰기

찬성 내용

⑤ **Nevertheless,** focusing on profits can lead to financial crimes, such as graft, bribery, and extortion.

일반적 진술

People may be tempted to skirt laws, such as anti-monopoly and corruption regulations, to make even more money if they focus too much on making themselves rich.

예시

This is evident from studying the economic growth of some Asian countries. As these countries shifted to free market systems, the desire for wealth became widespread and the amount of wrongdoing increased dramatically. ⑥ This led to a breakdown in the traditional social order and eventually disrupted the development of these fledgling economies.

결론 쓰기

맺음말

To sum up, ⑦ **while there are some advantages** to business owners pursuing wealth, **it is evident that** ⑧ the disadvantages of concentrating solely on becoming rich outweigh them.

해석   **도입** 사업주가 주로 부를 창출하는 데 집중하는 것이 좋다는 것은 일반적인 생각이다. **나의 의견** 그러나, 재산을 축적하려 하는 욕구의 증가는 사업자 측의 금전적 위법 행위로 이어질 수 있는 부정적인 현상이라는 것에 대한 더 설득력 있는 주장이 있다.

반대 내용 한편으로는, 기업가가 돈에 의해 동기를 부여받을 때 국가 경제가 빠르게 성장할 수 있다. **일반적 진술** 부를 획득하려는 욕구는 그들이 그들의 사업을 더 성공적으로 만들도록 나아가게 한다. 업계의 빠른 성공은 경제 전반의 성장을 추진하기 때문에 사회에 유익하다. **예시** 예를 들어, 회사가 이윤을 극대화하는 것을 추구할 때, 그것은 결국 회사의 성장으로 이어진다. 이것은 경제 전반의 현금 유동성을 높여주고 경제 생산을 활성화할 것이다. 이에 맞춰, 회사들은 더 많은 사람들을 고용해야 할 것이고, 이것은 더 많은 직업을 만들어 내고 이전보다 더 많은 돈의 경제 유입으로 이어진다.

찬성 내용 그럼에도 불구하고, 이윤에 초점을 맞추는 것은 사기, 뇌물 수수 및 직책상의 부당 취득과 같은 금융 범죄로 이어질 수 있다. **일반적 진술** 사람들이 부자가 되려는 것에 지나치게 집중하면 독점 금지나 부패 규제와 같은 법을 회피하고 싶은 충동을 느끼게 될 수 있다. **예시** 이것은 일부 아시아 국가들의 경제 성장을 연구하는 것에서 명백하게 드러난다. 이러한 국가들이 자유 시장 체제로 전환되자, 부에 대한 열망이 널리 퍼지게 되었고, 범법 행위의 수가 극적으로 증가했다. 이는 전통 사회 질서의 붕괴를 가져왔고 결국 이러한 신생 경제의 발전을 방해했다.

맺음말 요약하자면, 사업주가 부를 추구하는 것에는 장점도 있지만, 오직 부유해지는 것에 집중하는 것의 단점이 그것보다 더 크다는 것은 분명하다.

어휘　　**primarily** 주로　**drive** 욕구　**amass** 축적하다　**misconduct** 위법 행위　**propel** 나아가게 하다　**boost** 활성화하다　**graft** 사기, 도박
bribery 뇌물 수수　**extortion** 직책 상의 부당 취득, 강탈　**skirt** 회피하다, 모면하다　**anti-monopoly** 독점 금지의　**corruption** 부패
wrongdoing 범법 행위, 부정 행위　**fledgling** 신생, 신출내기

HACKERS TEST

01 일부 지역에서는 청소년들이 아직 학교를 다니는 동안 시간제 직업을 가지도록 장려된다. 청소년들이 일하는 것의 장점이 단점보다 더 큰가? 답변에 구체적인 이유를 제시하고 자신의 지식이나 경험으로부터 관련된 예를 들어 자신의 의견을 뒷받침하시오. 적어도 250단어 이상 서술하시오.

아웃라인

My opinion: Adv. < Disadv.
나의 의견: 단점이 장점보다 큼

1. Adv.: part-time jobs teach students about the virtues required to succeed
   장점: 시간제 근무는 학생들에게 성공하기 위해 요구되는 덕목을 가르침

   - working students have to observe regulations & complete tasks
     일하는 학생들은 규정을 준수하고 일을 완수해야 함
   - ex) students working at a fast-food restaurant
     예시) 패스트푸드 음식점에서 일하는 학생들

2. Disadv.: distract students & make weary
   단점: 학생들을 산만하게 하고 피곤하게 만듦

   - less free time → interfering w/ ability to concentrate on studying
     자유 시간이 더 적어서 공부에 집중하는 것을 방해함
   - ex) research: correlation btw. students doing part time jobs & score/ attendance rate
     예시) 연구: 시간제 근무를 하는 학생과 그들의 점수와 출석률 간의 상관관계

서론 쓰기

도입
It is a common belief that there are many benefits to persuading teenagers to take up part-time work while they are in school.

나의 의견
However, there is a more persuasive argument that there are more disadvantages to making students find jobs because it takes away from their main duty, which is studying.

본론 1 쓰기

반대 내용

On the one hand, entry-level part-time jobs can teach students about the virtues required to succeed in professional world.

일반적 진술

Working students have to observe regulations and thoroughly complete tasks. Assuming these responsibilities can make them more mature in the long run.

예시

For example, many students work as cashiers in fast-food restaurants after school. They are taught the importance of acting responsibly and following rules in the workplace, which they would not have learned in school.

본론 2 쓰기

찬성 내용

Nevertheless, working after school distracts students and often makes them weary.

일반적 진술

Overall, they have less free time, making it more difficult for them to do their homework and get the sleep they need. This interferes with their ability to concentrate on studying.

예시

Some research has even shown that students with part-time jobs tend to have lower average scores and a higher number of absences than those that do not. It is clear that students need to have adequate rest and time to concentrate on studying in order to function properly, but those with part-time jobs often have too little of either.

결론 쓰기

맺음말

To sum up, while there are some advantages to encouraging teenagers to work, **it is evident that** there are more disadvantages to having a part-time job while in school.

해석   **도입** 청소년이 아직 학교를 다니는 동안 시간제 직업을 가지도록 권유하는 것에 많은 이점이 있다는 것은 일반적인 생각이다. **나의 의견** 그러나, 학교에 다니면서 일하는 것에 단점이 더 많다는 것에 대한 더 설득력 있는 주장이 있는데, 그것이 학생들의 주된 책무인 공부에서 벗어나게 하기 때문이다.

    반대 내용 한편으로는, 견습적인 시간제 근무는 학생들에게 사회생활에서 성공하기 위해 요구되는 덕목들을 가르쳐줄 수 있다. **일반적 진술** 일하는 학생들은 규정을 준수하고 철저하게 일을 완수해야 한다. 이런 책임을 지는 것은 장기적으로 그들을 더 어른스럽게 할 수 있다. **예시** 예를 들어, 많은 학생들이 방과 후에 패스트푸드 음식점에서 계산원으로 일한다. 그들은 책임감 있게 행동하고 직장에서의 규칙을 따르는 것의 중요성을 교육 받는데, 이것이 그들이 학교에서는 배우지 못했을 것이다.

    찬성 내용 그럼에도 불구하고, 방과 후에 일하는 것은 학생들을 산만하게 하고 종종 피곤하게 만든다. **일반적 진술** 전반적으로, 그들은 더 적은 자유 시간을 가지게 되는데, 이는 그들이 숙제를 하고 필요한 수면을 취하는 것을 더 어렵게 만든다. 이것은 그들이 공부에 집중하는 능력에 지장을 준다. **예시** 일부 연구는 심지어 시간제 직업을 가진 학생들이 그렇지 않은 학생들보다 평균 점수가 낮고 결석 횟수가 많은 경향이 있다는 것을 보여주었다. 학생들이 자신의 역할을 다하기 위해서는 적당한 휴식과 공부에 집중할 시간이 필요하다는 것은 명백한데, 시간제 근무를 하는 학생들은 보통 그 어느 것도 가지지 못한다.

    맺음말 요약하자면, 청소년들에게 일하도록 장려하는 것에는 장점도 있지만, 아직 학교에 다니면서 시간제 직업을 가지는 것의 단점이 더 많다는 것은 분명하다.

어휘   **entry-level** 견습적인, 입문의   **thoroughly** 철저하게   **mature** 어른스러운   **distract** 산만하게 하다   **weary** 피곤한, 지친
    interfere 지장을 주다, 방해하다   **absence** 결석   **adequate** 적당한

02 많은 자동차 제조업체들이 차량용 자율 주행 시스템을 만들었다. 이러한 시스템이 장착된 자동차가 출시되는 것의 장점과 단점을 논하시오. 답변에 구체적인 이유를 제시하고 자신의 지식이나 경험으로부터 관련된 예를 들어 자신의 의견을 뒷받침하시오. 적어도 250단어 이상 서술하시오.

아웃라인

My opinion: Adv. > Disadv.
나의 의견: 장점이 단점보다 큼

1. Disadv.: security ↓
   단점: 보안을 약화시킴

   - collecting & saving information about the car & driver
     자동차와 운전자에 대한 정보 수집 및 저장

   - ex) reports: computerized driving systems could be vulnerable to hackers
     예) 보고서: 전산화된 주행 시스템이 해커들에게 취약할 수 있음

2. Adv.: automobile accidents ↓
   장점: 자동차 사고의 감소

   - automated systems: algorithm to overcome human errors
     자동화된 시스템은 인간의 실수를 극복하기 위해 고안된 알고리즘

   - ex) research: 60% of car accidents can be prevented
     예) 연구: 차 사고의 60%가 방지될 수 있음

서론 쓰기

도입

It is a common belief that the disadvantages of the self-driving systems that are being developed by the automobile industry outweigh their advantages.

나의 의견

However, there is a more persuasive argument that these systems will be beneficial because they may protect people from the dangers of their own actions.

본론 1 쓰기

반대 내용

On the one hand, technological advances in self-driving automobiles can reduce the security of their owners' privacy.

일반적 진술

As the cars are being driven around, the autonomous systems actually collect and save a tremendous amount of sensitive data. They know when and where their owners have traveled, how often they travel, and where they are at any given moment.

예시

Unfortunately, reports from security professionals show that this information is not safe. This is because the computerized driving systems may be vulnerable to hackers who can access drivers' personal details through their cars' on-board computer. Thus, such systems could make people victims of crime when they become widely available to the public.

모범답변·해석

HACKERS **IELTS** WRITING

본론 2 쓰기

Nevertheless, self-driving automobile systems will make us more physically secure by reducing the frequency of automobile accidents.

These automated systems are based on finely tuned algorithms designed to overcome human errors.

In fact, research has shown that about 60 percent of automobile accidents can be prevented by self-driving automobile systems. This is because they continuously monitor road conditions and driving speed while keeping the car at a safe distance from other vehicles on the road. This activity alone can lead to an overall reduction in human error and the accident rate. Clearly, these systems will make everyone on the road much safer than they are with human drivers.

결론 쓰기

To sum up, while there are some disadvantages to self-driving automobiles, **it is evident that** there are more advantages to developing this advanced technology.

해석   **도입** 자동차 산업에 의해 개발되고 있는 자율 주행 시스템의 단점이 장점보다 더 크다는 것은 일반적인 생각이다. **나의 의견** 그러나, 이러한 시스템이 유익할 것이라는 것에 대한 더 설득력 있는 주장이 있는데, 그것들이 사람들을 그들의 행동으로 인한 위험으로부터 보호해줄 것이기 때문이다.

한편으로는, 자율 주행 자동차의 기술적 진보는 소유자의 사생활에 대한 보안을 약화시킬 수 있다. **일반적 진술** 차들이 주행하면서, 자율적인 시스템은 실제로 엄청난 양의 민감한 자료를 수집하고 저장한다. 그것들은 주인들이 언제, 어디로 이동했는지, 얼마나 자주 이동하는지, 그리고 그들이 어디에 있는지 언제든 알고 있다. **예시** 유감스럽게도, 보안 전문가들의 보고서는 이 정보가 안전하지 않다는 것을 보여준다. 이는 전산화된 주행 시스템이 차 내에 탑재된 컴퓨터를 통해 운전자의 인적 사항에 접근할 수 있는 해커들에게 취약할 수도 있기 때문이다. 따라서 이러한 시스템들이 대중에게 널리 이용 가능하게 되면, 그것들은 사람들을 범죄의 희생양으로 만들 수 있다.

찬성 내용 그럼에도 불구하고, 자율 주행 자동차 시스템은 자동차 사고의 빈도를 줄임으로써 우리를 신체적으로 더 안전하게 만들 것이다. **일반적 진술** 이 자동화된 시스템은 인간의 실수를 극복하기 위해 고안된 섬세하게 조정된 알고리즘을 기반으로 한다. **예시** 실제로, 연구는 자율 주행 자동차 시스템으로 자동차 사고의 약 60퍼센트가 방지될 수 있음을 보여주었다. 이는 그것들이 도로에서 다른 차들로부터 안전 거리를 유지하면서 동시에 도로 상태와 운전 속도를 계속해서 관리하기 때문이다. 이 활동만으로도 사람의 실수와 사고율의 전반적인 감소로 이어질 수 있다. 분명히, 이러한 시스템은 사람이 운전하는 것보다 도로 위의 모든 사람들을 훨씬 더 안전하게 만들어줄 것이다.

맺음말 요약하자면, 자율 주행 자동차의 단점도 있지만, 이 선진 기술을 발전시키는 것의 장점이 더 많다는 것은 분명하다.

어휘   advance 진보   security 보안   computerized 전산화된   vulnerable 취약한   victim 희생양   frequency 빈도
finely 섬세하게   algorithm 알고리즘

EXAMPLE
p.276

It is true that many people feel more stress nowadays than they used to, and this is leading to a general decline in people's mental health. **While this is a serious problem, it can be solved by** taking up a hobby.

The main cause of stress **is that** society is highly competitive and people are under intense pressure to succeed. The unstable job market has contributed to making people think that they will lose their jobs if they cannot compete. Furthermore, society demands constant self-development in order to remain successful. As a result, people experience a high degree of tension and pressure at work, which has an extremely negative effect on their health. In fact, in a recent survey conducted on workers in Korea, over 70 percent of those questioned stated that they are under intense emotional strain because of the social pressure to remain competitive.

However, there are solutions to this problem. One of the ways to deal with stress **is** to find a hobby that allows one to forget the pressures one faces in professional life. A recreational activity can help people stop thinking about their worries and unwind. In addition, doing activities with friends can be a particularly effective means of alleviating work-related stress. For example, biking clubs have recently become extremely popular in Seoul. People who join them claim that cycling with a group of like-minded people helps to revitalize them both physically and mentally. The positive energy they generate from this hobby helps them cope with work-related anxiety.

To sum up, it is clear that intense pressure to succeed is generating high levels of stress, which is harmful to people's health. **Nevertheless, the issue can be resolved by** finding a hobby one can enjoy.

해석　오늘날 많은 사람들이 전보다 더 많은 스트레스를 받고 있다는 것은 사실인데, 이것은 사람들의 정신 건강에 총체적인 감퇴를 초래하고 있다. 이는 심각한 문제이지만, 취미를 시작함으로써 해결될 수 있다.

스트레스의 주된 원인은 사회가 매우 경쟁적이고 사람들이 성공해야 한다는 심한 압박감을 느낀다는 것이다. 불안정한 구직 시장은 사람들이 경쟁할 수 없으면 직업을 잃게 될 것이라고 생각하도록 만드는 원인이 되었다. 게다가, 사회는 계속 성공적으로 남아있기 위해 끊임없는 자기 계발을 요구한다. 그 결과, 사람들은 직장에서 높은 긴장감과 압박감을 경험하는데, 이는 그들의 건강에 매우 부정적인 영향을 미친다. 실제로, 한국의 근로자들에게 실시된 최근의 설문 조사에서, 70퍼센트 이상이 경쟁력 있는 상태로 남아야 한다는 사회적 압박 때문에 강한 정신적인 부담을 느낀다고 말했다.

하지만, 이 문제에 대한 해결책이 있다. 스트레스를 없애는 방법 중 하나는 사람들이 직장에서 직면하는 압박감을 잊게 해주는 취미를 찾는 것이다. 여가 활동은 사람들이 그들의 걱정을 잊고 긴장을 풀 수 있게 도와준다. 또한, 친구들과 함께 활동을 하는 것은 특히나 업무 관련 스트레스를 완화하는 효과적인 수단이 될 수 있다. 예를 들어, 자전거 동호회들은 최근에 서울에서 매우 인기가 많아졌다. 그것들에 가입한 사람들은 비슷한 생각을 가진 사람들과 자전거를 타는 것이 육체적, 그리고 정신적으로 재충전하는 것을 도와준다고 말한다. 이 취미를 통해 그들이 만들어내는 긍정적인 에너지는 그들이 업무 관련 걱정거리에 잘 대처하도록 도와준다.

요약하자면, 오늘날 높은 수준의 스트레스가 성공해야 한다는 강한 압박의 결과임은 명확한데, 이는 사람들의 건강에 해롭다. 그럼에도 불구하고, 즐길 수 있는 취미를 찾음으로써 이 문제는 해결될 수 있다.

STEP 1 | 아웃라인 잡기

01 학교에서 괴롭힘의 사례가 증가하며 심해지고 있다. 이것의 원인은 무엇이라고 생각하는가? 우리가 이 문제를 어떻게 다룰 수 있는가? 답변에 구체적인 이유를 제시하고 자신의 지식이나 경험으로부터 관련된 예를 들어 자신의 의견을 뒷받침하시오. 적어도 250단어 이상 서술하시오.

아웃라인

원인	1. Cause: easy access to the Internet & social media
	원인: 인터넷과 소셜 미디어에의 쉬운 접근
일반적 진술	– students can be bullied regardless of time or place & teachers X prevent
	학생들이 시간이나 장소에 관계없이 괴롭힘을 당할 수 있고 선생님이 막지 못함
예시	– ex) survey: 42% students have been harassed online
	예시) 설문조사: 42퍼센트의 학생들이 온라인에서 괴롭힘당한 경험이 있음
해결책	2. Solution: teach the importance of being respectful & polite on the Internet
	해결책: 인터넷상에서 공손하고 정중하게 대하는 것의 중요성을 가르치기
일반적 진술	– understanding hurtful impact of mean comments: prevent bullying online
	악성 댓글이 미치는 유해한 영향을 이해하는 것은 온라인상의 괴롭힘을 막음
예시	– ex) schools offering classes about cyberbullying & online etiquette
	예시) 온라인 폭력과 온라인 예절에 대한 수업들을 제공하는 학교들

02 요즘 많은 가정에서 부모가 모두 일하기 때문에 아이들은 많은 시간을 부모와 떨어져서 보낸다. 이로 인해 어떤 문제가 발생할 수 있는가? 이러한 아이들을 지원할 수 있는 방법은 무엇인가? 답변에 구체적인 이유를 제시하고 자신의 지식이나 경험으로부터 관련된 예를 들어 자신의 의견을 뒷받침하시오. 적어도 250단어 이상 서술하시오.

아웃라인

문제점	1. Problem: children being separated from parents are affected mentally in a negative way
	문제점: 부모와 떨어져 있는 어린이들이 정신적으로 부정적인 영향을 받음
일반적 진술	– interact w/ limited number of ppl.
	교감할 사람이 한정적임
예시	– ex) study: children staying home without parents exhibit negative social development
	예시) 연구: 부모 없이 집에 있는 아이들이 부정적인 사회성 발달을 보임
해결책	2. Solution: establish more facilities & after-school programs
	해결책: 더 많은 시설과 방과 후 프로그램 시설 설립하기
일반적 진술	– do activities w/ peers → develop social skills
	친구들과 함께 활동을 함으로써 사회성을 발달함
예시	– ex) many Korean working parents send their children to after-school programs
	예시) 많은 한국 맞벌이 부모들은 그들의 자녀를 방과 후 프로그램에 보냄

03 학교에서 괴롭힘의 사례가 증가하며 심해지고 있다. 이것의 원인은 무엇이라고 생각하는가? 우리가 이 문제를 어떻게 다룰 수 있는가? 답변에 구체적인 이유를 제시하고 자신의 지식이나 경험으로부터 관련된 예를 들어 자신의 의견을 뒷받침하시오. 적어도 250단어 이상 서술하시오.

서론 쓰기

도입

① **It is true that** bullying in schools is becoming more severe and happening more frequently.

나의 의견

② **While this is a serious problem, it can be solved by** teaching students good online etiquette.

본론 1 쓰기

원인

③ **The main cause of** increased bullying **is** the easy access to the Internet and social media which students now enjoy.

일반적 진술

The constant presence of the Internet now means that students can be bullied through computers or mobile phones. They no longer have to be face-to-face with their tormentor and can suffer from harassment regardless of time or place. Not only that, this means that teachers have no resources to help prevent cyberbullying because they cannot oversee what goes on online.

예시

④ **To provide an idea of the scale of the problem**, a survey stated that 42 percent of students have been harassed online. Many received hurtful messages, and some even got them every day. Such statistics are far higher compared to just a decade ago when smartphones and home computers were not as commonplace.

본론 2 쓰기

해결책

⑤ **However, there are solutions to this problem**. **One of the ways to** restrict bullying **is** to educate students about the importance of being respectful and polite to others on the Internet.

일반적 진술

Understanding the hurtful impact that mean comments made on social media have on others is an important and effective step towards preventing bullying online.

예시

⑥ **For example**, some schools are now offering classes in which teachers show students the negative effects of cyberbullying and explain proper online etiquette. They have caused students to start treating others with more respect online, and the number of counseling sessions related to bullying in these schools is decreasing.

결론 쓰기

요약

⑦ **To sum up, it is clear that** the prevalence of the Internet and social media has made bullying more common.

맺음말

⑧ **Nevertheless, the issue can be resolved by** teaching students the importance of being well-mannered online.

해석 **도입** 학교에서 괴롭힘이 더 심해지고 있고 더 자주 일어나고 있는 것은 사실이다. **나의 의견** 이는 심각한 문제이지만, 학생들에게 올바른 온라인상 예절을 가르침으로써 해결될 수 있다.

원인 늘어난 괴롭힘의 주된 원인은 요즘 학생들이 즐기는 인터넷과 소셜 미디어에의 쉬운 접근이다. **일반적 진술** 인터넷의 끊임없는 존재는 이제 학생들이 컴퓨터나 휴대폰으로 괴롭힘을 당할 수 있음을 의미한다. 그들은 더 이상 그들을 괴롭히는 사람을 직접 만날 필요가 없으며 시간이나 장소에 관계없이 괴롭힘에 시달릴 수 있다. 그뿐만 아니라, 이는 교사들이 온라인상에서 일어나는 일을 감시할 수 없기 때문에 그들이 사이버 폭력을 막도록 도울 수 있는 수단이 없다는 것을 의미한다. **예시** 이 문제의 규모에 대한 감을 주자면, 한 설문 조사는 학생의 42퍼센트가 온라인에서 괴롭힘을 당한 적이 있음을 말했다. 많은 이들이 감정을 상하게 하는 문자를 받았고, 심지어 몇 명은 그것들을 매일 받았다. 이러한 통계는 스마트폰과 가정용 컴퓨터가 흔하지 않았던 불과 10년 전에 비해 훨씬 더 높다.

해결책 하지만, 이 문제에 대한 해결책이 있다. 괴롭힘을 제지하는 방법 중 하나는 학생들에게 인터넷상에서 다른 사람들을 존중하고 정중하게 대하는 것의 중요성을 가르치는 것이다. **일반적 진술** 소셜 미디어상의 악성 댓글이 다른 이들에게 미치는 유해한 영향을 이해하는 것은 온라인상의 괴롭힘을 막는 데 도움이 되는 중요하고 효과적인 조치이다. **예시** 예를 들어, 현재 일부 학교에서는 교사들이 학생들에게 사이버 폭력의 부정적 영향을 보여주고 올바른 온라인 예절을 설명하는 수업을 제공하고 있다. 이것들은 학생들이 온라인상에서 다른 사람들을 더 예의 바르게 대하게 했고 이런 학교에서 괴롭힘과 관련된 상담의 수가 줄어들고 있다.

요약 요약하자면, 인터넷과 소셜 미디어의 대중화가 괴롭힘을 더 흔하게 만들었음은 명확하다. **맺음말** 그럼에도 불구하고, 온라인상에서 예의 바르게 행동하는 것의 중요성을 학생들에게 가르침으로써 이 문제는 해결될 수 있다.

어휘 **bullying** 괴롭힘, 따돌림 **etiquette** 예절 **regardless of** ~에 관계없이 **prevent** 막다, ~하지 못하게 하다
cyberbullying 사이버 폭력 **oversee** 감시하다, 감독하다 **harass** 괴롭히다 **statistics** 통계 **commonplace** 흔한
restrict 제지하다 **well-mannered** 예절 바른

04 요즘 많은 가정에서 부모가 모두 일하기 때문에 아이들은 많은 시간을 부모와 떨어져서 보낸다. 이로 인해 어떤 문제가 발생할 수 있는가? 이러한 아이들을 지원할 수 있는 방법은 무엇인가? 답변에 구체적인 이유를 제시하고 자신의 지식이나 경험으로부터 관련된 예를 들어 자신의 의견을 뒷받침하시오. 적어도 250단어 이상 서술하시오.

서론 쓰기

도입

① **It is true that** many children spend an increasing amount of time away from their parents since it is common for both mothers and fathers to have full-time jobs.

나의 의견

While this is a serious problem, ② **it can be solved by** improving the resources available to working parents.

본론 1 쓰기

문제점

③ **The main issue with** children being separated from their parents for much of the time **is that** this can affect them mentally in a negative way.

일반적 진술

For starters, kids will have a limited number of people to communicate with in their daily lives. Interaction is an important part of healthy development, so emotional progress can be adversely impacted when children are left without supervision.

예시

In fact, ④ **a study found that** children who stay home without their parents are likely to exhibit negative social development by the time they reach the sixth grade. Even if they have a babysitter looking after them, they can develop extreme shyness, or conversely, they can act out.

본론 2 쓰기

> ### 해결책
> **However, there are solutions to this problem. One of the ways to** ⑤ keep children happy and safe **is** to assist their working parents by establishing more facilities and after-school programs.
>
> ### 일반적 진술
> Creating more supervised environments can give children a chance to do their homework, play games, and participate in a range of extracurricular activities with peers until their parents are able to pick them up. In effect, these facilities can help children to develop social skills.
>
> ### 예시
> ⑥ This is illustrated by the example of Korea where many working parents send their children to after-school clubs, classes, and programs. There, they can take part in activities with their friends that enhance their ability to interact with others while boosting their development.

결론 쓰기

> ### 요약
> **To sum up, it is clear that** being away from their parents is ⑦ unfavorable for children's emotional development.
>
> ### 맺음말
> **Nevertheless,** ⑧ **the issue can be resolved by** offering more childcare options to working parents.

해석   **도입** 부모 모두가 전 시간 근무하는 일을 하는 것이 흔하기 때문에, 많은 아이들이 점점 더 많은 시간을 부모와 떨어져서 보내는 것은 사실이다. **나의 의견** 이는 심각한 문제이지만, 맞벌이 부모에게 이용 가능한 자원을 개선함으로써 해결될 수 있다.

문제점 대부분의 시간 동안 아이들이 부모와 떨어져 지내는 것에 대한 주된 문제는 이것이 그들에게 정신적으로 부정적인 방향으로 영향을 미칠 수 있다는 것이다. **일반적 진술** 우선 첫째로, 아이들은 일상생활에서 함께 소통할 한정적인 숫자의 사람을 가질 것이다. 사람들과 어울리는 것은 건강한 발달의 중요한 부분이므로, 아이들이 오랜 시간 감독 없이 남겨지게 되면 정서 발달은 부정적으로 영향을 받을 수 있다. **예시** 실제로, 한 연구에서 집에서 부모 없이 지내는 어린아이들이 6학년이 될 때쯤에는 부정적인 사회성 발달을 보일 가능성이 있다는 것이 나타났다. 그들을 보살펴 줄 보모가 있다고 하더라도, 그들은 극도의 수줍음을 발현시키거나, 정반대로, 과하게 행동할 수 있다.

해결책 하지만, 이 문제에 대한 해결책이 있다. 아이들을 행복하고 안전하게 지켜주는 방법 중 하나는 더 많은 시설과 방과 후 프로그램을 수립하여 일하는 부모를 돕는 것이다. **일반적 진술** 더 관리가 되는 환경을 만드는 것은 아이들에게 그들의 부모가 데리러 올 때까지 숙제를 하고, 놀이를 하며 또래들과 다양한 과외 활동을 할 수 있는 기회를 준다. 사실상 이런 시설들은 아이들이 사회적 기술을 발달시키는 데 도울 수 있다. **예시** 이것은 많은 맞벌이 부모들이 그들의 자녀를 방과 후 클럽, 수업 그리고 프로그램에 보내는 한국의 예로 설명될 수 있다. 그곳에서, 그들은 다른 사람들과 소통하는 능력을 높이는 동시에 그들의 발달을 신장시키는 활동들에 친구들과 참여할 수 있다.

요약 요약하자면, 그들의 부모로부터 떨어져 있는 것은 자녀들의 정서적 발달에 바람직하지 않음은 명확하다. **맺음말** 그럼에도 불구하고, 맞벌이 부모에게 더 많은 보육 선택권을 제안함으로써 이 문제는 해결될 수 있다.

어휘   **mentally** 정신적으로   **interaction** 사람들과 어울리는 것   **adversely** 부정적으로   **supervision** 감독   **exhibit** 보이다
shyness 수줍음   **conversely** 정반대로   **act out** 과하게 행동하다   **unfavorable** 바람직하지 않은

05 일부 기업들이 이익을 증진하기 위해 환경을 소홀히 하고 있는 사례가 늘어나는 추세이다. 이것이 어떤 문제들을 일으킬 수 있는가? 어떤 방법으로 그것들을 해결할 수 있는가? 답변에 구체적인 이유를 제시하고 자신의 지식이나 경험으로부터 관련된 예를 들어 자신의 의견을 뒷받침하시오. 적어도 250단어 이상 서술하시오.

서론 쓰기

도입
It is true that ① many businesses prefer to focus on economic growth and ignore environmental issues.

나의 의견
While this is a serious problem, ② **it can be solved by** implementing more stringent environmental tax policies.

본론 1 쓰기

문제점
The main issue with companies neglecting the environment **is that** it places long-term economic burdens on the nation and endangers the physical health of residents.

일반적 진술
The economic costs of restoring the environment when companies do not dispose of waste properly often have to come out of taxes. Furthermore, it is well known that industrial waste pollutes the air and water, ③ causing serious health problems for citizens who are exposed to it.

예시
④ India is a prime example. Manufacturing companies that produce large amounts of pollution have grown both in number and size in India since the 1990s. Unfortunately, they have not made the same effort to protect the environment as they have to make profits. Thus, pollution in India causes 20 million new cases of asthma and costs 80 billion dollars to repair environmental damage annually.

본론 2 쓰기

해결책
However, there are solutions to this problem. One of the ways to deter businesses from polluting **is** to impose taxes that help to protect the environment.

일반적 진술
⑤ By forcing companies to pay for cleaning up their pollution, businesses will ensure that their activities are less harmful to the natural world. Meanwhile, the government can use these funds to implement cleanup and protection programs.

예시
In the UK, for instance, a green tax was imposed on landfill companies based on their intake of rubbish since decomposing waste can pollute the ground and produce methane. This additional cost led to ⑥ a reduction in waste entering landfills and an increase in recycling. Furthermore, it provided the government with funds for cleaning up landfills and for preventing further environmental damage.

결론 쓰기

요약
To sum up, it is clear that ⑦ countries suffer economic losses and public health problems when businesses disregard their responsibility to nature.

맺음말
⑧ **Nevertheless, the issue can be resolved with** more taxation enforced by the government.

해석 **도입** 많은 기업들이 경제적 성장에 중점을 두고 환경 문제는 모른 체하는 것을 선호하는 것은 사실이다. **나의 의견** 이는 심각한 문제이지만, 더 엄격한 환경세 정책을 시행함으로써 해결될 수 있다.

문제점 환경을 간과하는 기업의 주된 문제는 그것이 국가에 장기적인 경제적 부담을 주고 국민의 신체적 건강을 위협한다는 것이다. **일반적 진술** 회사가 폐기물을 제대로 처리하지 않았을 경우 환경을 회복시키기 위한 경제적 비용은 보통 세금에서 지출되어야 한다. 게다가, 산업 폐기물이 공기와 물을 오염시켜, 그것에 노출된 시민들에게 심각한 건강 문제를 일으킨다는 것은 잘 알려져 있다. **예시** 인도는 아주 좋은 예이다. 1990년대 이래로 인도에서는 다량의 오염 물질을 발생시키는 제조업 회사가 그 수와 규모 면에서 모두 성장해왔다. 유감스럽게도, 그들은 이익을 창출하기 위해 들인 것만큼의 노력을 환경을 보호하는 데에 기울이지 않았다. 이렇게 하여, 인도의 오염은 매년 2천만 건의 새로운 천식 환자를 초래하고 환경 피해를 바로잡기 위한 800억 달러의 비용이 든다.

해결책 하지만, 이 문제에 대한 해결책이 있다. 기업들이 오염시키는 것을 막을 수 있는 방법 중 하나는 환경을 보호하는 데 도움이 되는 세금을 부과하는 것이다. **일반적 진술** 기업들에게 그들이 오염시킨 것을 정화할 비용을 지불하도록 만들면, 기업들은 그들의 활동이 환경에 보다 해롭지 않도록 보장할 것이다. 한편, 정부는 이러한 자금을 환경 정화 및 보호 계획을 실행하는데 쓸 수 있다. **예시** 예를 들어, 영국에서는, 쓰레기 매립 회사에 그들의 쓰레기 처리량에 따라 환경세가 부과됐는데, 이는 부패되는 쓰레기가 땅을 오염시키고 메탄을 생성할 수 있기 때문이다. 이러한 추가 비용은 매립지에 들어오는 쓰레기의 감소와 분리수거의 증가를 이끌었다. 또한, 이것은 정부에게 매립지 정화와 환경 훼손을 방지하기 위한 자금을 제공했다.

요약 요약하자면, 기업들이 자연에 대한 책임감을 무시할 때 국가가 경제적인 손실과 공공 보건 문제를 겪음은 명확하다. **맺음말** 그럼에도 불구하고, 정부에 의해 집행되는 더 많은 과세로 이 문제는 해결될 수 있다.

어휘 **implement** 시행하다 **stringent** 엄격한, 엄중한 **neglect** 간과하다, 소홀히 하다; 방치, 무시 **dispose of** ~을 처리하다, ~을 없애다
asthma 천식 **deter** 막다 **cleanup** 정화, 청소 **landfill** 쓰레기 매립, 매립지 **rubbish** 쓰레기
decomposing waste 부패되는 쓰레기

06 마약 남용은 현대에서 점점 더커져가는 문제이다. 이 이면에 있는 몇 가지 원인에 대해 논하고 그것을 막을 수 있는 방법들을 제안하시오. 답변에 구체적인 이유를 제시하고 자신의 지식이나 경험으로부터 관련된 예를 들어 자신의 의견을 뒷받침하시오. 적어도 250 단어 이상 서술하시오.

서론 쓰기

도입
① **It is true that** the abuse of illegal drugs has become a critical issue in contemporary society.

나의 의견
② **While this is a serious problem, it can be solved by** informing the public more about how dangerous drug use can be.

본론 1 쓰기

원인
③ **The main cause of** the rising incidence of drug abuse **is that** there are major misconceptions about drug use.

일반적 진술
In particular, the media portrays it as something glamorous and harmless. Characters who use drugs on TV and in films are portrayed as cool or chic. Making matters worse is that people can readily access drugs these days, which gives the impression that drugs can be taken freely without consequence.

예시
For instance, ④ stories about celebrities who use drugs but remain popular and famous can easily be found on the Internet. Also, there are a lot of websites devoted to people talking about how to make, purchase, or use drugs without getting caught.

본론 2 쓰기

해결책
However, there are solutions to this problem. ⑤ **One of the ways to** combat drug abuse **is** to show people the true extent of the problems caused by illegal drugs.

일반적 진술
Anti-drug campaigns could depict families with members who are missing or sick due to their drug addiction to really get the point across. In addition, the message that drugs cause pain and unhappiness can be promoted further if more influential people speak up about it.

예시
For example, a popular American actor served time in prison and ruined his career when he was young because of his drug use. Afterwards, he candidly talked about how horrible his experiences were. ⑥ Listening to his terrible ordeal made more people understand how risky drug use really is.

결론 쓰기

요약
⑦ **To sum up, it is clear that** a mistaken belief about drugs is a big reason behind the increasing number of abuse cases.

맺음말
⑧ **Nevertheless, the issue can be resolved by** showing the adverse effects of drugs and the serious damage they cause.

해석　**도입** 현대 사회에서 불법 약물의 남용이 중요한 문제가 되었다는 것은 사실이다. **나의 의견** 이는 심각한 문제이지만, 대중에게 마약 사용이 얼마나 위험할 수 있는지에 대해 더 많이 알림으로써 해결될 수 있다.

원인 마약 남용률 증가의 주된 원인은 마약 사용에 대한 중대한 오해가 있다는 것이다. **일반적 진술** 특히, 대중 매체는 그것을 화려하고 무해한 것으로 묘사한다. 마약을 사용하는 텔레비전과 영화 속 등장인물들은 멋지거나 세련된 것으로 묘사된다. 설상가상으로 요즘 사람들은 마약을 손쉽게 입수할 수 있는데, 이는 마약이 부작용 없이 대량으로 사용될 수 있다는 인상을 준다. **예시** 예를 들어, 마약을 사용하지만 여전히 인기 있고 유명한 연예인들의 이야기는 인터넷에서 쉽게 발견된다. 또한, 어떻게 걸리지 않고 마약을 만들고, 사고, 사용하는지에 대해 이야기하는 사람들을 위한 많은 웹사이트들이 있다.

해결책 하지만, 이 문제에 대한 해결책이 있다. 마약 남용을 방지하는 방법 중 하나는 불법 마약으로 인한 문제들의 정확한 정도를 보여주는 것이다. **일반적 진술** 마약 방지 캠페인은 이 문제를 실제로 와닿게 하기 위해 마약 중독으로 인해 실종되거나 아픈 식구가 있는 가족들을 보여줄 수 있다. 게다가, 이러한 메시지는 더 영향력 있는 사람들이 그것에 대해 목소리를 높일 때 더욱 고취될 수 있다. **예시** 예를 들어, 한 인기 있는 미국 배우는 어렸을 때 마약 사용으로 감옥에서 복역했고 그의 경력을 망쳤다. 그 후, 그는 자신의 경험이 얼마나 끔찍했는지에 대해 솔직하게 이야기했다. 그의 끔찍한 경험에 대해 듣는 것은 더 많은 사람들이 마약 사용이 실제로 얼마나 위험한지 알게 했다.

요약 요약하자면, 마약에 대한 잘못된 생각이 마약 남용 사례의 증가의 주요한 이유임은 명확하다. **맺음말** 그럼에도 불구하고, 마약의 부작용과 그것이 야기하는 심각한 피해를 보여줌으로써 이 문제는 해결될 수 있다.

어휘　abuse 남용　critical 중요한　contemporary society 현대 사회　misconception 잘못된 생각, 오해　portray 묘사하다
chic 세련된, 멋진　readily 손쉽게　access 입수하다　consequence 부작용　combat 방지하다, 싸우다　extent (심각성의) 정도
influential 영향력 있는　candidly 솔직하게　ordeal 경험, 시련　adverse effect 부작용

01 관광객들은 많은 역사적 장소를 훼손하여, 그것들을 보존하기 더욱 어렵게 만든다. 이것의 몇 가지 이유는 무엇인가? 이 문제를 해결할 몇 가지 방법을 제안하시오. 답변에 구체적인 이유를 제시하고 자신의 지식이나 경험으로부터 관련된 예를 들어 자신의 의견을 뒷받침하시오. 적어도 250단어 이상 서술하시오.

아웃라인

> 1. Cause: ppl. get excited when traveling → forget the historical significance
>   원인: 사람들은 여행을 할 때 들떠서 역사적 중요성을 잊음
>
>   - want to have memorable experiences & X consider fragility → careless behavior
>   기억할만한 경험을 하길 원하고 취약성을 고려하지 않아서 부주의한 행동이 일어남
>
>   - ex) the Colosseum in Rome was damaged by tourists
>   예시) 로마의 콜로세움이 관광객들에 의해 훼손됨
>
> 2. Solution: organize comprehensive educational programs for tourists
>   해결책: 관광객들을 위한 종합적인 교육 프로그램 조직
>
>   - illustrate the reasons why preservation and history are important
>   보존과 역사가 중요한 이유를 설명함
>
>   - ex) education program in UK royal palaces
>   예시) 영국 왕궁의 교육 프로그램

서론 쓰기

> **도입**
> **It is true that** visitors are responsible for a lot of damage to historical sites, which makes their conservation more difficult.
>
> **나의 의견**
> **While this is a serious problem, it can be solved by** setting up programs that explain the significance and vulnerability of these sites.

본론 1 쓰기

> **원인**
> **The main cause of** damage to famous locations **is that** people tend to get overly excited when traveling, so they are more likely to forget the historical significance of objects.
>
> **일반적 진술**
> Visitors want to have memorable experiences and often do not consider the fragility of the sites they are visiting, which leads to careless behavior that can harm a lot of ancient structures and artifacts.
>
> **예시**
> For instance, tourists in Rome love the unique experience of walking around the Colosseum and taking pictures there. However, their eagerness to have a memorable time leads many to move rocks and objects for their photos. Some even take the stones home or write their names on the ancient building. These actions are causing irreparable damage to the 2,000-year-old structure.

본론 2 쓰기

However, there are solutions to this problem. One of the ways to prevent damage to sites of historic interest **is** to organize comprehensive educational programs for tourists that will raise awareness.

Such information can do much to illustrate why we should care about historical places and how to preserve them.

In the UK, for example, visitors are educated about royal palaces before they are permitted to enter them. They are informed about the history of the palace, its cultural significance, and how to behave to avoid damaging any historical artifacts inside it. This way, palace visitors can enjoy and appreciate their experience while knowing how to conduct themselves properly.

결론 쓰기

To sum up, it is clear that careless and eager tourists cause a lot of harm to historic sites, which makes preservation efforts more challenging.

Nevertheless, the issue can be resolved with the development of educational programs that better inform travelers and instill a more respectful attitude in them.

해석　**도입** 관광객들이 유적지의 많은 훼손에 책임이 있는 것은 사실인데, 이는 그것들의 보존을 더욱 어렵게 만든다. **나의 의견** 이는 심각한 문제이지만, 이 장소들의 중요성과 취약성을 설명하는 프로그램을 마련함으로써 이것이 해결될 수 있다.

　　　원인 유명한 장소 훼손의 주된 원인은 사람들이 여행을 할 때 너무 들뜨는 경향이 있어서, 그들이 문화재의 역사적 중요성을 쉽게 잊는다는 것이다. **일반적 진술** 방문객들은 기억할만한 경험을 갖고 싶어하고 흔히 그들이 방문하는 장소들의 취약성을 고려하지 않는데, 이는 많은 고대 구조물과 공예품을 훼손할 수 있는 부주의한 행동을 야기한다. **예시** 예를 들어, 로마의 관광객들은 콜로세움에서 산책하고 사진을 찍는 특별한 경험을 대단히 좋아한다. 그러나, 기억에 남을만한 시간을 갖고자 하는 그들의 열의는 많은 사람들이 사진을 위해 돌과 물체들을 옮기게 한다. 어떤 사람들은 심지어 돌들을 집에 가져가거나 고대 건물에 그들의 이름을 쓰기도 한다. 이러한 행동들은 2000년이 된 구조물에 돌이킬 수 없는 손상을 가한다.

　　　해결책 그러나, 이 문제에 대한 해결책이 있다. 장소 훼손을 방지하는 방법 중 하나는 의식을 고취시켜줄 관광객들을 위한 종합적인 교육 프로그램을 조직하는 것이다. **일반적 진술** 이러한 정보는 역사적 장소들에 관심을 가져야 하는 이유와 그곳들을 보존하는 방법을 설명하는데 많은 기여를 할 수 있다. **예시** 예를 들어, 영국에서 방문객들은 입장이 허가되기 전에 왕궁에 대해 교육을 받는다. 그들은 궁전의 역사, 문화적 중요성, 그리고 역사적 공예품을 훼손하지 않기 위해 올바르게 행동하는 방법에 대해 알게 된다. 이렇게 하면, 궁전 방문객들은 올바르게 행동하는 법을 알고 그들의 경험을 즐기고 감상할 수 있다.

　　　요약 요약하자면, 부주의하고 열정적인 관광객들이 유적지에 많은 해를 끼침은 명확한데, 이는 보존하려는 노력을 더욱 힘들게 한다. **맺음말** 그럼에도 불구하고, 여행자들에게 정보를 더 잘 알려주고 그들 안에 더 존중하는 태도를 심어 주는 교육 프로그램의 발달로 이 문제는 해결될 수 있다.

어휘　site 장소　vulnerability 취약성　fragility 취약성, 부서지기 쉬움　artifact 공예품　eagerness 열의, 열정
　　　irreparable 돌이킬 수 없는, 회복할 수 없는　comprehensive 종합적인, 포괄적인　permit 허가하다　appreciate 감상하다
　　　conduct 행동하다　instill 심어 주다, 주입하다

02 오늘날 많은 여성들이 노동에 종사하고 있지만, 소수만이 고위직에 있다. 이 현상의 원인은 무엇인가? 이 문제를 해결할 수 있는 가능한 해결책을 제안하시오. 답변에 구체적인 이유를 제시하고 자신의 지식이나 경험으로부터 관련된 예를 들어 자신의 의견을 뒷받침하시오. 적어도 250단어 이상 서술하시오.

아웃라인

1. Cause: discrimination in the workplace
   원인: 직장에서의 차별
   - X promoted to top jobs & lack of policies to protect them when they have children
     고위 직책으로 승진되지 못하고 아이를 가졌을 때 그들을 보호해줄 정책이 부족함
   - ex) America – a small number of women CEO, many women X guaranteed paid maternity leave
     예시) 미국의 여성 최고 경영자의 수는 적고, 많은 여성이 산후유급휴가를 보장 받지 못함

2. Solution: establish better workplace policies
   해결책: 더 나은 직장 내 정책 수립하기
   - set quotas in senior roles & implement flexible schedule & ensure paid maternity leave
     간부직에 여성 할당제를 도입하고, 탄력적 근로 시간제를 시행하고, 산후유급휴가를 보장해야 함
   - ex) a company with workplace policies for female employees
     예시) 여성 근로자를 위한 직장 내 정책이 있는 회사의 사례

서론 쓰기

도입

It is true that despite the number of women in the workforce these days, most senior-level positions still go to men.

나의 의견

While this is a serious problem, it can be solved by setting up better institutional policies.

본론 1 쓰기

원인

The main cause of women being unable to reach top positions **is** discrimination in the workplace.

일반적 진술

This means that women often find that they are not considered for promotion to the top jobs. Moreover, women are more likely to get their careers interrupted when they have children because there is a lack of policies to protect their jobs.

예시

For example, even now, only a very small number of CEOs in American companies are women. Meanwhile, a large part of the female workforce in America is not guaranteed paid maternity leave. This means that they will probably have to leave their jobs if they have children.

본론 2 쓰기

However, there are solutions to this problem. One of the ways to help women reach higher positions **is** to establish better workplace policies.

The government can start by having companies set quotas for women in senior roles, ensuring that qualified women are not overlooked. Furthermore, implementing flexible work schedules and ensuring that maternity leave is paid can help keep a woman on her career path if she decides to have children.

These types of policies have already been adopted by certain companies. For instance, one international clothing retailer introduced a quota for female representation in senior management. Women now head four of the company's ten labels. In addition, the company offers employees the option of working hours that better suit their personal schedules. These policies have led to more empowered female employees who remain with the company longer than is common in the industry.

결론 쓰기

To sum up, it is clear that women are not given as many chances to make it to the top of their fields.

Nevertheless, the issue can be resolved by instituting workplace policies that give women an equal chance to succeed.

해석　도입 요즘 일을 하고 있는 여성들의 수에도 불구하고, 대부분의 고위 직책이 여전히 남성들에게로 돌아가는 것은 사실이다. **나의 의견** 이는 심각한 문제이지만, 더 나은 제도적 정책을 수립함으로써 해결될 수 있다.

원인 여성들이 최고위직에 이르지 못하는 주된 원인은 직장에서의 차별이다. **일반적 진술** 이는 여성들이 흔히 그들이 고위 직책으로의 승진 대상으로서 고려되지 않는다는 것을 의미한다. 게다가, 여성들은 아이를 가졌을 때 그들을 보호해줄 정책의 부족으로 인해 그들의 경력을 방해받을 가능성이 더 크다. **예시** 예를 들어, 지금도 미국 회사의 최고 경영자 중 아주 적은 수만이 여자이다. 게다가, 미국 여성 노동자들의 많은 부분이 산후 유급휴가를 보장받지 못한다. 이는 그들이 아마도 아이를 가졌을 때 직장을 떠나야 할 것임을 의미한다.

해결책 하지만, 이 문제에 대한 해결책이 있다. 여성이 더 높은 직책에 도달할 수 있도록 돕는 방법 중 하나는 더 나은 직장 내 정책을 수립하는 것이다. **일반적 진술** 정부는 기업이 고위직에 여성을 위한 할당 인원수를 정하도록 하는 것으로 시작할 수 있는데, 이는 자격 있는 여성들이 간과되지 않도록 보장할 것이다. 게다가, 근무 시간 자유 선택제를 시행하는 것과 출산 휴가 시 보수가 주어지도록 보장하는 것은 여성들이 자녀를 갖기로 결정했을 때 그들의 경력을 유지하는 데 도움이 될 수 있다. **예시** 이러한 종류의 정책은 이미 어떤 기업들에 의해서 실행되었다. 예를 들어, 한 다국적 의류 회사는 간부직 내 여성 대표에 대한 할당 인원수를 도입하였다. 여성들은 이제 그 회사의 열 개의 상표 중 네 개를 이끌고 있다. 또한, 이 회사는 근로자들에게 그들의 개인 일정에 더 잘 맞는 근무 시간의 선택권을 제공한다. 이러한 정책들은 업계의 보통 수준보다 오래 근속하는 더 많은 능력 있는 여성 근로자들로 이어졌다.

요약 요약하자면, 여성들은 그들이 분야의 최고 지위에 오를 기회를 많이 받지 못함은 명확하다. **맺음말** 그럼에도 불구하고, 여성들에게 성공할 동등한 기회를 부여해주는 직장 내 정책을 도입함으로써 이 문제는 해결될 수 있다.

어휘　**institutional** 제도적인　**discrimination** 차별　**promotion** 승진　**maternity leave** 출산 휴가　**quota** 할당 인원수
qualified 자격 있는　**overlook** 간과하다　**flexible schedule** 근무 시간 자유 선택제　**representation** 대표　**empowered** 능력 있는
field 분야

EXAMPLE

p.302

It is true that many teenagers today desire to become celebrities. **While there are various reasons** that they feel this way, it is actually a negative development because it is leading them to aim for careers that do not match their talents.

The main cause of more teens wanting to become actors and singers **is** their desire to imitate the wealthy and elegant lives of the stars. Celebrities are portrayed in the media as having glamorous lifestyles, which makes teenagers want to emulate them. For instance, there are reality television shows dedicated to describing the exciting and luxurious lives of certain celebrities. These shows are very popular with teenagers who see the stars as role models and dream of attaining similar levels of fame and wealth.

Nevertheless, I firmly believe that the growing number of teenagers who want to become famous is having an overall negative effect because young people are choosing careers they are not particularly skilled at. Without taking into consideration their natural talent and ability, they are likely to fail in their pursuit of fame. For example, in the Korean pop industry, only 0.1 percent of young trainees actually succeed. Those that fail are left with limited career prospects. They often invest so much time and money in their dreams of stardom that they do not consider their education and are unable to find a backup career.

To sum up, it is clear that exposure to the lifestyles of the stars leads many in the younger generation to aspire to the wealth of these celebrities. **However, it is evident that** the drawbacks of so many teenagers trying to become entertainers makes it a negative phenomenon.

해석　오늘날 많은 10대들이 연예인이 되기를 바라는 것은 사실이다. 그들이 이렇게 느끼는 다양한 이유가 있지만, 이것은 사실 부정적인 발전인데, 10대들이 그들의 재능과 맞지 않는 직업을 목표로 하도록 유도하기 때문이다.

더 많은 10대들이 배우나 가수가 되고 싶어 하는 주된 원인은 스타들의 부유하고 우아한 삶을 따라 하고 싶어 하는 그들의 바람 때문이다. 연예인들은 화려한 생활을 하는 것으로 미디어에 그려지는데, 이것은 10대들이 그들을 본받고 싶게 만든다. 예를 들어, 특정 연예인들의 신나고 호화로운 삶을 묘사하는 것을 목적으로 하는 리얼리티 텔레비전 프로그램이 있다. 이러한 쇼들은 스타를 역할 모델로 여기고 비슷한 정도의 명예와 부를 얻는 것을 꿈꾸는 10대들에게 매우 인기 있다.

그럼에도 불구하고, 나는 점점 늘어나는 유명해지고 싶은 10대들이 전반적으로 부정적인 영향을 미치고 있다고 굳게 믿는데, 많은 청소년들이 특별히 재능이 있지 않은 직업을 고르고 있기 때문이다. 선천적인 재능과 능력에 대한 고려 없이, 그들이 명성을 좇는 것은 실패할 가능성이 높다. 예를 들어, 한국 대중음악 산업에서는, 단 0.1퍼센트의 연습생들만 실제로 성공한다. 실패하는 이들에게는 한정된 직업 전망만 남게 된다. 그들은 종종 스타 반열의 꿈에 너무 많은 시간과 돈을 투자해서 교육에 대해 고려하지 않으며 예비 진로도 찾을 수 없다.

요약하자면, 스타들의 생활방식에 노출되는 것이 젊은 세대의 많은 사람들로 하여금 이러한 연예인들의 부를 동경하게 만드는 것임은 명확하다. 그러나, 수많은 10대들이 연예인이 되기 위해 노력하는 것의 문제점들이 그것을 부정적인 현상으로 만드는 것임은 분명하다.

STEP 1 | 아웃라인 잡기

01 가정용 전기 사용료를 인상하는 것은 발전 및 환경 오염과 관련된 문제들에 대한 가장 효과적인 해결책이다. 이에 대해 어느 정도까지 동의 또는 동의하지 않는가? 발전으로 인한 환경 오염을 줄이는 데 효과적일 수 있는 다른 방법은 무엇이라고 생각하는가? 답변에 구체적인 이유를 제시하고 자신의 지식이나 경험으로부터 관련된 예를 들어 자신의 의견을 뒷받침하시오. 적어도 250단어 이상 서술하시오.

아웃라인

과제 1: 찬반	Disagree 반대
	: household usage takes very small part
	가정에서의 사용량이 아주 작은 부분을 차지하기 때문임
일반적 진술	– in factories & businesses = main energy consumers
	공장과 산업이 주된 에너지 소비원임
예시	– ex) USA: industrial & commercial usage: over half of the whole
	예시) 미국: 공업용, 상업용 사용량: 전체의 반 이상임
과제 2: 해결책	Solution: expand the use of renewable energy
	해결책: 재생 가능 에너지 사용 확대하기
일반적 진술	– developing renewable energy reduces pollution
	재생 가능 에너지를 발전시키는 것은 오염을 줄여줌
예시	– the Korean gov't provides incentives for companies that convert power supply to renewable sources
	한국 정부는 전력 공급을 재생 에너지원으로 바꾸는 기업에게 포상금을 제공함

02 대부분의 학교는 성과에 근거하여 학생들에게 성적을 준다. 왜 많은 학교들이 이러한 학생 평가 방법을 사용하는가? 이것은 학생들에게 어떤 영향을 미치는가? 답변에 구체적인 이유를 제시하고 자신의 지식이나 경험으로부터 관련된 예를 들어 자신의 의견을 뒷받침하시오. 적어도 250단어 이상 서술하시오.

아웃라인

과제 1: 원인	Cause: encourage students to improve their academic performance
	원인: 학생들에게 학업 성과를 개선하도록 장려하기 위해
일반적 진술	– grades offer a means of determining progress
	점수는 성취를 측정하는 수단을 제공함
예시	– ex) research: a relation btw. receiving lower mark & motivation
	예시) 연구: 낮은 점수를 받는 것과 동기부여의 관계
과제 2: 영향	Effect: make students focus too much on results → the detriment of their health
	영향: 학생들을 결과에 지나치게 집중하게 만들고, 종종 그들의 건강을 해침
일반적 진술	– students can become stressed & suffer psychologically
	학생들이 스트레스를 받고 심리적으로 고통받음
예시	– ex) survey: US teachers & SAT
	예시) 설문조사: 미국 교사들과 수능시험

03 가정용 전기 사용료를 인상하는 것은 발전 및 환경 오염과 관련된 문제들에 대한 가장 효과적인 해결책이다. 이에 대해 어느 정도까지 동의 또는 동의하지 않는가? 발전으로 인한 환경 오염을 줄이는 데 효과적일 수 있는 다른 방법은 무엇이라고 생각하는가? 답변에 구체적인 이유를 제시하고 자신의 지식이나 경험으로부터 관련된 예를 들어 자신의 의견을 뒷받침하시오. 적어도 250단어 이상 서술하시오.

서론 쓰기

도입

① **It is a common belief that** increasing the cost of household utilities can solve the environmental problems caused by producing electricity.

나의 의견

② **However, I firmly believe that** raising household bills would not be helpful and that this problem can only truly be addressed by using clean energy sources.

본론 1 쓰기

과제 1: 찬반

③ **To begin with,** day-to-day residential energy consumption only accounts for a small part of overall energy use.

일반적 진술

The environmental destruction caused by energy production would remain a problem even if residential consumption decreased as a result of raising energy costs. Factories and businesses should be the ones that are regulated since they are actually the main energy consumers.

예시

④ In fact, in the United States, industrial and commercial activities account for more than half of all energy use, while residential energy use makes up only 20 percent. Therefore, burdening households with higher electricity bills would not lead to a great reduction in pollution.

본론 2 쓰기

과제 2: 해결책

Nevertheless, ⑤ **there are other solutions to the problem** of pollution. **One of the ways to** decrease the environmental damage caused by power production **is** to expand the use of clean, renewable energy.

일반적 진술

Clean energy sources, like solar, wind, and hydroelectric power, do not produce pollution to the same extent as fossil fuels. Developing more energy systems that use these sources would reduce our reliance on fossil-fuel-burning power plants.

예시

⑥ For example, the Korean government currently provides incentives for companies that convert their power supply to renewable sources. This has boosted the growth of renewable energy production considerably and means that Korea is on track to increase its use of green power sources in the near future. This would result in a major drop in the country's overall pollution.

결론 쓰기

맺음말

⑦ **To sum up**, raising electricity bills would not have a positive impact on the pollution problem because households represent a very small amount of overall energy use. **In this regard**, ⑧ **the issue can only be resolved by** increasing the use of cleaner alternative energy sources.

해석 　**도입** 가정용 전기 사용료를 인상하는 것이 전기를 생산함으로써 야기되는 환경 문제를 해결할 수 있다는 것은 일반적인 생각이다. **나의 의견** 그러나, 나는 가정용 요금을 인상하는 것은 도움이 되지 않을 것이고, 이 문제는 청정에너지원을 사용함으로써만 제대로 처리될 수 있다고 굳게 믿는다.

과제 1: 찬반 우선, 일일 가정 에너지 소비량은 전체 에너지 사용량의 작은 부분만을 차지한다. **일반적 진술** 에너지 생산으로 인한 환경 파괴는 에너지 비용을 인상함으로써 가정 내 소비량이 줄어들더라도 여전히 문제일 것이다. 공장들과 회사들이야말로 규제되어야 하는데, 사실 그들이 주된 에너지 소비원이기 때문이다. **예시** 실제로, 미국에서는, 공업과 상업 활동이 전체 에너지 소비량의 반 이상을 차지하고, 가정 내 에너지 사용량은 단 20퍼센트만 구성한다. 그러므로, 가정에 더 높은 전기 사용료의 부담을 주는 것은 환경 오염의 감소를 크게 가져오지 않을 것이다.

과제 2: 해결책 그럼에도 불구하고, 오염 문제에 대한 다른 해결책이 있다. 전력 생산으로 인해 야기되는 환경 피해를 줄이는 방법 중 하나는 깨끗하고 재생 가능한 에너지의 사용을 확대하는 것이다. **일반적 진술** 태양력, 풍력, 수력 발전력과 같은 청정에너지원들은 화석 연료와 같은 정도로 오염 물질을 야기하지 않는다. 이러한 자원들을 사용하는 에너지 시스템을 더 발전시키는 것은 화석 연료를 태우는 발전소에 대한 우리의 의존도를 줄일 것이다. **예시** 예를 들어, 한국 정부는 현재 전력 공급을 재생 에너지원으로 바꾸는 기업에게 포상금을 제공한다. 이것은 재생 가능 에너지 생산의 성장을 상당히 추진시켰고, 한국이 가까운 미래에 친환경 에너지의 사용량을 늘리기 위해 나아가고 있다는 것을 의미한다. 이것은 국가의 전반적인 오염의 큰 하락을 야기할 수 있다.

맺음말 요약하자면, 전기 요금을 인상하는 것은 오염 문제에 긍정적인 영향을 주지 않을 것인데 이는 가정이 전체 에너지 소비의 아주 작은 양에 해당하기 때문이다. 이런 관점에서, 이 문제는 더 깨끗한 대체 에너지원의 사용을 증가시킴으로써 해결될 수 있다.

어휘 　bill 요금, 대금　address 처리하다, 다루다　regulate 규제하다　renewable 재생 가능한　hydroelectric 수력 발전의 fossil fuel 화석 연료　power plant 발전소　incentive 포상금, 장려책　convert 바꾸다　be on track 나아가다, 진행 중이다

---

04 대부분의 학교는 성과에 근거하여 학생들에게 성적을 준다. 왜 많은 학교들이 이러한 학생 평가 방법을 사용하는가? 이것은 학생들에게 어떤 영향을 미치는가? 답변에 구체적인 이유를 제시하고 자신의 지식이나 경험으로부터 관련된 예를 들어 자신의 의견을 뒷받침하시오. 적어도 250단어 이상 서술하시오.

서론 쓰기

도입

It is true that ① most educational institutions give learners grades according to the quality of their work.

나의 의견

While there are various reasons for them to do this, ② giving marks based on performance actually has an overall negative effect on students, as it can make them worry too much about their results.

본론 1 쓰기

과제 1: 원인

The main reason schools assign grades according to the quality of a student's work **is** that ③ doing so encourages students to improve their academic performance.

일반적 진술

④ Grades offer a means of determining progress as well as drawing one's attention to areas that need more work. Without grades, students cannot really determine how well they are doing in their classes and may not put in the effort required to improve their work as a result.

예시

In fact, recent research has shown that receiving low marks in one subject often motivates students to push harder to improve their grades. This can result in a better academic performance overall.

본론 2 쓰기

과제 2: 영향

Nevertheless, ⑤ grading based on students' academic achievement can have negative consequences because it can make them focus too much on results, often to the detriment of their health.

일반적 진술

When they are under academic pressure to achieve good grades, ⑥ students can become stressed about how well they are doing and may even suffer psychologically.

예시

To see a good example of this, one need look no further than the SAT, a standardized test that many students are required to take. A survey of teachers in the US revealed that 80 percent of them believed that students were experiencing stress related disorders resulting from the pressure of this exam. The relentless focus on exam results was causing serious mental health problems among students, including depression and anxiety.

결론 쓰기

맺음말

To sum up, it is clear that ⑦ schools use grading as an obvious indicator of students' performance. **However, it is undeniable that** ⑧ this process can have a negative impact on them and that other approaches should be considered.

해석   **도입** 대부분의 교육 기관에서 학생들에게 성과의 질에 따라서 성적을 주는 것은 사실이다. **나의 의견** 그들이 이렇게 하는 다양한 이유가 있지만, 성과에 근거해 점수를 매기는 것은 사실 학생들에게 전반적으로 부정적인 영향을 미치는데, 그것이 학생들을 자신의 결과에 대해 너무 많이 걱정하도록 만들 수 있기 때문이다.

과제 1: 원인 학교가 학생의 성과의 질에 따라 성적을 부여하는 것의 주된 이유는 그렇게 하는 것이 학생에게 학업 성과를 개선하도록 장려하기 때문이다. **일반적 진술** 성적은 성취를 측정할 뿐만 아니라 더 많은 노력이 필요한 분야에 대해 주의를 상기시키는 수단을 제공한다. 성적이 없다면, 학생들은 그들이 수업에서 얼마나 잘하고 있는지 사실상 측정할 수 없고 그 결과 성과를 개선하기 위해 필요한 노력을 들이지 않을지도 모른다. **예시** 실제로, 최근의 연구는 한 과목에서 낮은 점수를 받는 것은 종종 점수를 높이기 위해 학생들이 더 노력하게 만드는 동기를 부여한다는 것을 보여주었다. 이것은 전반적으로 더 좋은 학업 성취를 이끌어 낼 수 있다.

과제 2: 영향 그럼에도 불구하고, 학생의 학업 성취에 근거해 성적을 주는 것은 부정적인 결과를 가져올 수 있는데, 학생들이 결과에 지나치게 집중하게 만들어, 종종 결국 건강을 해치게 하기 때문이다. **일반적 진술** 좋은 성적을 받아야 한다는 학업적 압박을 받을 때, 학생들은 자신들이 얼마나 잘하고 있는지에 대해 스트레스를 받게 되고 심지어는 심리적으로 고통받을 수 있다. **예시** 이에 대한 좋은 예를 보자면, 다른 것을 볼 필요도 없이 많은 학생들이 치러야 하는 수능시험이 있다. 미국에서의 교사들의 설문조사는 80퍼센트의 교사들이 이 시험의 압박에 의해 학생들이 스트레스와 연관된 질환을 겪고 있다고 생각한다는 것을 보여주었다. 시험 결과에 대한 심한 집중은 학생들에게 우울감과 불안을 포함한 심각한 정신적 건강 문제를 야기하고 있었다.

맺음말 요약하자면, 학교가 성적을 매기는 것을 학생의 성과에 대한 명확한 지표로 이용하는 것임은 명확하다. 그러나, 이 절차는 그들에게 부정적인 영향을 미칠 수 있고 다른 접근 방법이 고려되어야 함을 부인할 수 없다.

어휘   **institution** 기관   **means** 수단   **low mark** 낮은 점수   **consequence** 결과   **disorder** 질환, 장애   **relentless** 심한, 끈질긴   **anxiety** 불안

01 오늘날, 많은 정부들은 스포츠 산업에 예산을 투자한다. 왜 정부들이 스포츠에 이렇게 많이 투자한다고 생각하는가? 이것이 적절한 투자라고 생각하는가? 답변에 구체적인 이유를 제시하고 자신의 지식이나 경험으로부터 관련된 예를 들어 자신의 의견을 뒷받침하시오. 적어도 250단어 이상 서술하시오.

아웃라인

1. Cause: strengthen their country's image by sponsoring events
   원인: 행사를 주최함으로써 국가 이미지를 강화하기 위해

   - bring massive attention & bolster their country's image
     엄청난 관심을 가져오고 국가 이미지를 강화시킴

   - ex) Australian swimmer Ian Thorpe & 2000 Sydney Olympics
     예시) 호주의 수영선수 이안 소프와 2000년 시드니 올림픽

2. Agree 동의
   : sports = entertain ppl. & encourage fitness & stimulate the economy
     스포츠는 사람들을 즐겁게 해주고, 신체 단련을 권장하고, 경제를 활성화시킴

   - when gov't spend on sports, ppl. become more interested in them
     정부가 스포츠에 돈을 쓸 때, 사람들은 더 관심을 갖게 됨

   - ex) Korean baseball: helps ppl. unwind & has an impact on econ.
     예시) 한국 야구: 사람들이 긴장을 풀게 도와주고 경제에 영향을 줌

서론 쓰기

도입

It is true that many governments allocate a significant amount of their budgets to the sports industry.

나의 의견

While there are various reasons for them to do this, **I firmly believe that** investment in sports is actually a good thing for most countries as sports are healthy, entertaining, and benefit national economies.

본론 1 쓰기

과제 1: 원인

The main reason for countries to provide the sports industry with funding **is** that governments are able to strengthen their country's image by sponsoring international sporting events.

일반적 진술

Hosting events like the Olympics and the World Cup brings a massive amount of attention to the host nation. Furthermore, successful athletes bolster their country's image.

예시

For example, when the Australian swimmer Ian Thorpe won three gold medals at the 2000 Sydney Olympics, his home country received positive media coverage across the globe for both hosting the games and producing a champion. This gave Australia a reputation as a center for swim training and allowed them to build up a strong industry based on it.

본론 2 쓰기

Overall, I think that spending on sports is justified because they not only entertain people but also encourage fitness and stimulate the economy.

일반적 진술

When governments spend money on sports programs, people become more interested in them. As interest grows, they may watch or participate in sports more often. Interestingly, as this occurs, people's overall stress levels decrease and their fitness levels improve, resulting in better health. Also, their spending on sports-related products increases, helping to promote economic growth.

예시

For example, in Korea, baseball is very popular and many people go to baseball games after work to blow off steam. Doing this helps them unwind and relieve work-related stress. Moreover, it also leads them to spend money on tickets, snacks, and souvenirs from the games. All of this has an impact on the country's economy.

결론 쓰기

맺음말

To sum up, it is clear that subsidizing sporting events is beneficial as it promotes a country to the rest of the world. **Therefore,** the government decision to allocate funds to the sports industry is warranted.

해석

도입 많은 정부들이 스포츠 산업에 상당한 양의 예산을 할당하는 것은 사실이다. **나의 의견** 그들이 이렇게 하는 다양한 이유가 있지만, 나는 대부분의 국가들에게 스포츠에 대한 투자는 사실 좋은 것이라고 굳게 믿는데, 스포츠는 건강에 좋고, 재미있으며, 국내 경제에 이익이 되기 때문이다.

과제 1: 원인 국가들이 스포츠 산업에 자금을 제공하는 주된 이유는 국제적인 스포츠 이벤트를 주최함으로써 국가의 이미지를 강화할 수 있기 때문이다. **일반적 진술** 올림픽과 월드컵 같은 행사를 유치하는 것은 주최국에 대한 엄청난 관심을 가져온다. 게다가, 성공적인 운동선수들은 그들 국가의 이미지를 강화시키기도 한다. **예시** 예를 들어, 호주의 수영선수 이안 소프가 2000년 시드니 올림픽에서 세 개의 금메달을 땄을 때, 그의 모국은 경기를 유치한 것과 챔피언을 배출해 낸 것 둘 다에 대해 전 세계적으로 긍정적인 매스컴의 보도를 경험했다. 이것은 호주에 수영 훈련의 중심지라는 명성을 가져다 주었고 이것을 바탕으로 강한 산업을 육성하는 것을 가능하게 했다.

과제 2: 찬반 전반적으로, 나는 스포츠가 사람들을 즐겁게 해줄 뿐만 아니라 신체 단련을 권장하고 경제를 활성화시키기 때문에 이것에 지출하는 것이 합리화된다고 생각한다. **일반적 진술** 정부들이 스포츠 프로그램에 돈을 지출하면, 사람들은 그것에 더 관심을 갖게 된다. 관심이 커지면서, 그들은 스포츠를 더 자주 보거나 또 참여할 수 있다. 흥미롭게도, 이것이 발생하면, 사람들의 전반적인 스트레스 지수가 내려가고 신체 단련 정도는 개선되는데, 이는 더 나은 건강 상태라는 결과를 낳는다. 또한, 스포츠 관련 제품에 대한 소비가 늘어나는데, 이는 경제 성장을 촉진하는 데 도움이 된다. **예시** 예를 들어, 한국에서, 야구는 매우 인기가 있고 많은 사람들이 스트레스를 풀기 위해 일을 마치고 야구 경기를 보러 간다. 이렇게 하는 것은 그들이 긴장을 풀고 일과 관련된 스트레스를 해소할 수 있게 해준다. 게다가, 이것은 티켓과 간식, 경기의 기념품에 돈을 쓰도록 만든다. 이 모든 것들은 국가 경제에 영향을 준다.

맺음말 요약하자면, 스포츠 행사를 보조하는 것이 전 세계에 국가를 홍보하는 데 이익이 됨은 명확하다. 그러므로, 스포츠 산업에 자금을 할당하는 정부의 결정은 정당화된다.

어휘

sponsor 주최(주관)하다 host 유치하다, 주최하다 bolster 강화하다 coverage 보도(방송) across the globe 전 세계에서
reputation 명성 fitness 신체 단련 blow off steam 스트레스를 풀다 unwind 긴장을 풀다 subsidize 보조하다, 보조금을 주다

02 최근 몇 년간 기술로 인해 소비자 행동이 상당히 변화하였다. 기술은 어떤 방식으로 쇼핑과 같은 소비자 활동에 영향을 미치는가? 이것의 장점은 단점보다 큰가? 답변에 구체적인 이유를 제시하고 자신의 지식이나 경험으로부터 관련된 예를 들어 자신의 의견을 뒷받침하시오. 적어도 250단어 이상 서술하시오.

아웃라인

1. Effect: made it easier to perform pre-purchase comparisons
   영향: 구매 전 비교하는 것을 쉽게 만들었음

   - read reviews & compare prices online before purchasing
     구매하기 전 온라인에서 평가를 읽고 가격을 비교함

   - ex) visiting hotel booking websites before taking a trip
     예시) 여행하기 전 호텔 예약 웹사이트에 접속함

2. Adv.: consumer activity becomes more efficient & convenient
   장점: 소비자 행동이 더 효율적이고 편리하게 됨

   - utilize online shopping sites to purchase w/o leaving home
     온라인 쇼핑 사이트를 이용해 집에서 나가지 않고 구매함

   - ex) study on shopping process & online purchases
     예시) 쇼핑 과정과 온라인 구매에 대한 연구

서론 쓰기

도입

It is true that technology has changed consumer behavior in several ways, particularly by increasing the amount of choice and information consumers have.

나의 의견

In general, this is a positive change as it empowers consumers and allows them to be better informed about their purchases.

본론 1 쓰기

과제 1: 영향

The main way that technology has affected consumption **is** that it has made it easier to perform pre-purchase comparisons.

일반적 진술

In the past, people were unable to find out what other people thought of the items they were purchasing, or how the items compared to rival products. However, people nowadays usually read reviews and compare prices online before making a purchase. This has a significant effect on the decisions that they make.

예시

For example, before taking a trip, most people visit hotel booking websites to compare the facilities. These sites usually feature customer reviews and ratings as well, so potential travelers can easily determine if the hotel is worth paying for. All of this additional information leads to more rational purchasing decisions and higher consumer satisfaction.

본론 2 쓰기

과제 2: 장단점

For the most part, it is apparent that the benefits of these changes in consumer behavior as a result of technology outweigh any potential disadvantages. This is because they have made consumer activity more efficient and convenient, while allowing shoppers to make sure they get the best deal available.

일반적 진술

Today, advanced communication technology enables consumers to utilize online shopping sites to search for and purchase product without ever leaving their homes. Some people think that this encourages excessive consumption, but the convenience it offers outweighs that risk.

예시

In fact, a recent study showed that for most online purchases, the shopping process takes less than five minutes. Furthermore, items are, on average, 26 percent cheaper online than they are in conventional brick-and-mortar stores. Thus, it is no surprise that shoppers reported that they now make more than 50 percent of their purchases over the Internet.

결론 쓰기

맺음말

To sum up, technological advances have made it simpler to research and compare products prior to making purchases. **Therefore, it is evident that** these advances are a worthwhile development for consumers.

해석 **도입** 기술이 특히 소비자가 갖는 선택과 정보의 양을 늘림으로써, 여러 가지 방법으로 소비자 행동을 변화시킨 것은 사실이다. **나의 의견** 전반적으로, 이것은 긍정적 변화인데, 소비자에게 권리를 주고 그들의 구매품에 대해 더 잘 알게 해주기 때문이다.

과제 1: 영향 기술이 소비에 영향을 미친 주된 방식은 이것이 구매 전에 비교하는 것을 더 쉽게 만들었다는 것이다. **일반적 진술** 과거에는, 사람들이 자신이 구매하는 물건에 대해 다른 사람들이 어떻게 생각하는지, 또는 그 제품들이 다른 경쟁 상품들과 어떻게 비교되는지 알아낼 수 없었다. 그러나, 사람들은 이제 구매하기 전에 보통 인터넷에서 평가를 읽거나 가격을 비교한다. 이것은 그들이 내리는 결정에 상당한 영향을 미친다. **예시** 예를 들어, 여행을 가기 전에, 사람들은 시설을 비교하기 위해 호텔 예약 웹사이트에 접속한다. 이러한 사이트들은 보통 고객 평가와 평점도 포함하기 때문에, 잠재적인 여행객들은 그 호텔이 값을 지불할 만한 곳인지 더 쉽게 결정할 수 있다. 이러한 모든 추가적인 정보들은 더 합리적인 구매 결정과 더 높은 소비자 만족도로 이어진다.

과제 2: 장단점 대체로, 기술로 인한 소비자 행동의 이런 변화들의 이점이 잠재적인 단점들보다 크다는 것은 분명하다. 이는 기술이 쇼핑객들로 하여금 이용 가능한 가장 좋은 거래를 할 수 있도록 보장하면서 소비자 활동을 더 효율적이고 편리하게 만들었기 때문이다. **일반적 진술** 오늘날, 발전된 통신 기술은 소비자가 집에서 전혀 나가지 않고도 제품을 찾아보거나 구매하는 데 온라인 쇼핑 사이트를 이용하게 해준다. 일부 사람들은 이것이 과도한 소비를 조장한다고 생각하지만, 그것이 주는 편리함은 그러한 손해보다 크다. **예시** 실제로, 최근 연구는 대부분의 온라인 구매에 있어, 쇼핑 과정이 5분도 채 걸리지 않는다는 것을 보여주었다. 더 나아가, 상품들은, 평균적으로, 전통적인 오프라인 상점에서보다 온라인에서 26퍼센트 더 저렴하다. 그러므로, 구매자들이 현재 구매의 50퍼센트 이상을 인터넷으로 한다고 말하는 것은 놀랍지 않다.

맺음말 요약하자면, 기술의 발전은 구매를 하기 전에 물건들을 조사하고 비교하는 것을 더 쉽게 만들었다. 따라서, 이러한 진보들이 소비자들에게 가치 있는 발전임은 분명하다.

어휘 consumer behavior 소비자 행동 empower 권리를 주다 pre-purchase 구매 전의 review 평가 rating 평점 rational 합리적인 excessive 과도한 conventional 전통적인, 관습적인 brick-and-mortar 오프라인 거래의, 소매의

모범답변·해석 HACKERS IELTS WRITING

WRITING TASK 1

아래 차트는 2005년에서 2011년 사이 멕시코, 포르투갈, 그리고 룩셈부르크의 고등학교 졸업생에 관한 정보를 보여준다. 주요 특징들을 선택하고 서술함으로써 정보를 요약하고, 관련 있는 것들을 비교하시오.
적어도 150단어 이상 서술하시오.

분석메모

High school graduation rate (2005-2011) 고등학교 졸업률 (2005년-2011년)

- P: the most considerable ↑ 포르투갈이 가장 많이 증가함
- M: ↑ every year but the lowest 멕시코는 매년 올랐지만 가장 낮음
- L: ↓ throughout the period 룩셈부르크는 이 기간에 내내 감소함

- P: ↑ btw. 2005 & 2009 (54% → 95%) 2005년에서 2009년 사이에 증가함 (54% → 95%)
    then ↓ by 10%
    그다음 10퍼센트 감소함
- M: ↑ but lagged behind (20% → 50%) 멕시코는 증가했지만 여전히 뒤떨어짐 (20% → 50%)
- L: consistently ↓ over the 7-yr. period (80% → 60%) 룩셈부르크는 7년간 지속적으로 감소함 (80% → 60%)

요약문

The bar graph shows the percentage of students who graduated from high school in Mexico, Portugal, and Luxembourg from 2005 to 2011.

Overall, it is clear that the Portuguese graduation rate had the most considerable increase. Meanwhile, the percentage of students graduating from high school in Mexico rose every year despite consistently having the lowest rate of all three nations. In contrast, Luxembourg's graduation rate declined throughout the period.

Looking at the graph more closely, one can see that the share of high school graduates in Portugal shot up from its lowest point of around 54 percent in 2005 to a peak of almost 95 percent in 2009. Then, it decreased by ten percent in 2011, when the rate was a bit over 80 percent. As for Mexico, its proportion of high school graduates grew about five percent each year on average, but it still lagged behind the others. It experienced a slow upward trend from 20 percent in 2005 to over 50 percent in 2011. In Luxembourg, on the other hand, the proportion of graduates fell consistently over the seven-year period from 80 percent to 60 percent.

해석 막대 그래프는 2005년에서 2011년 사이 멕시코, 포르투갈, 그리고 룩셈부르크에서 고등학교를 졸업한 학생의 비율을 보여준다.

전반적으로, 포르투갈의 졸업률이 가장 많이 증가했음이 명확하다. 한편, 멕시코에서 고등학교를 졸업한 학생의 비율은 세 나라 모두 중 가장 낮은 비율을 지속적으로 가졌지만, 매년 올랐다. 그에 반해, 룩셈부르크의 졸업률은 이 기간에 내내 감소했다.

그래프를 더 자세히 살펴보면, 포르투갈에서 고등학교 졸업생의 점유율은 2005년에 최저점인 약 54퍼센트에서 2009년에 최고점인 거의 95퍼센트까

지 급증했음을 알 수 있다. 그 후, 2011년에 10퍼센트 감소했는데, 이때 비율은 80퍼센트를 조금 넘었다. 멕시코의 경우, 이 나라의 고등학교 졸업생 비율은, 매년 평균 약 5퍼센트씩 증가했지만, 여전히 다른 곳들 보다 뒤떨어졌다. 이곳은 2005년에 20퍼센트에서 2011년에 50퍼센트 이상으로 더딘 상승 추세를 겪었다. 한편으로는, 룩셈부르크에서, 졸업생 비율이 7년간 80퍼센트에서 60퍼센트로 지속적으로 떨어졌다.

어휘 graduate 졸업하다; 졸업생 considerable 많은, 상당한 decline 감소하다 peak 최고점, 정점 average 평균 lag behind ~보다 뒤떨어지다
upward trend 상승 추세 consistently 지속적으로

WRITING TASK 2

정부는 대중교통 개선보다 공공 도서관에 세금을 사용해야 한다.
이 진술에 어느 정도까지 동의 또는 동의하지 않는가?
답변에 구체적인 이유를 제시하고 자신의 지식이나 경험으로부터 관련된 예를 들어 자신의 의견을 뒷받침하시오.
적어도 250단어 이상 서술하시오.

아웃라인

Disagree 반대

1. transportation: a necessity for many people 대중교통은 많은 사람들에게 꼭 필요한 것임

   - public transportation: vital for those who cannot drive ↔ libraries become obsolete
     대중교통은 운전을 못 하는 사람들에게 필수적이지만, 도서관은 쓸모가 없어지고 있음

   - ex) study: the majority of citizens use public transportation every day
     예시) 연구: 대부분의 시민들은 매일 대중교통을 이용함

2. transportation: important to the economy 대중교통은 경제에 중요함

   - investing tax revenue can create new jobs, promote businesses & stimulate tourism
     세제 수입을 투자하는 것은 새로운 직업을 창출하고, 상업을 장려하며, 여행을 활성화시킬 수 있음

   - ex) London introduced an all-night underground service → massive economic boost & new jobs
     예시) 런던은 철야 지하철 서비스를 도입하여 엄청난 경제 활성화와 새로운 직업을 창출함

에세이

It is a common belief that tax revenues should be spent on public libraries rather than on public transportation. **However, I firmly believe that** governments should fund transportation systems instead because they are essential to the public and have an influence on the economy.

To begin with, public transportation is a necessity for many people while libraries are not. Buses and subways are vital for those who cannot drive, such as the elderly and disabled, and those who are unable to afford cars. In contrast, libraries are becoming obsolete. Nearly any information can be found online, and secondhand bookstores make it easy and cheap to obtain reading material. Therefore, the number of people using libraries is diminishing. This is reflected in a recent study. It showed that only about 30 percent of citizens regularly visit public libraries. Meanwhile, the majority of citizens use public transportation almost every day, which makes investing in it far more beneficial to society as a whole. Significantly, it would improve the lives of those who are unable to use any other form of transportation.

On top of that, improving public transportation can have a positive effect on a city's economy. An efficient public transportation system is essential for business and industry since it allows people to travel to work quickly rather than getting stuck in traffic and wasting time and fuel. Improving such a system by investing more tax revenue into it can therefore improve a city's financial productivity. This can happen through the expansion of a train or bus network to new areas or through making existing networks more efficient. Improvements like these can also stimulate tourism and promote businesses around subway stations. For example, London recently introduced an all-night underground train service. It is estimated that this will help create 2,200 new jobs and contribute an extra 77 million pounds to the economy over the next 15 years.

To sum up, public transit systems are utilized more by citizens and have a greater impact on economic prosperity than libraries do. **For these reasons,** governments should invest more in public transportation to support all of society and boost the economy.

해석 세제 수입이 대중교통보다 공공 도서관에 쓰여야 한다는 것은 일반적인 생각이다. 그러나, 나는 그 대신에 정부가 교통 체계에 자금을 대야 한다고 굳게 믿는데 그것이 대중에게 필수적이고, 경제에 영향을 미치기 때문이다.

우선, 대중교통은 많은 사람들에게 꼭 필요한 것이지만 도서관은 그렇지 않다. 버스와 지하철은 운전을 하지 못하는 사람들, 예를 들어 노인과 장애인, 그리고 자가용을 살 여유가 없는 사람들에게 필수적이다. 그에 반해, 도서관은 더 이상 쓸모가 없어지고 있다. 거의 모든 정보는 온라인에서 찾을 수 있고, 중고 서점들은 읽을거리를 얻는 것을 쉽고 저렴하게 만들어준다. 그러므로, 도서관을 이용하는 사람들의 수는 줄어들고 있다. 이것은 최근의 연구에도 반영되었다. 그것은 단 30퍼센트 정도의 시민들이 정기적으로 공공 도서관에 방문한다는 것을 보여주었다. 한편, 대부분의 시민들이 대중교통을 거의 매일 이용하는데, 이는 대중교통에 투자하는 것이 전체적으로 사회에 훨씬 더 유익하게 만든다. 특히, 다른 종류의 교통수단을 이용할 수 없는 사람들의 생활을 향상시킬 것이다.

게다가, 대중교통을 개선하는 것은 도시 경제에 긍정적인 영향을 미칠 수 있다. 효율적인 대중교통 체계는 상업과 산업에 필수적인데, 그것은 사람들이 교통 체증에 갇혀서 시간과 연료를 낭비하기보다 직장으로 빠르게 이동하도록 하기 때문이다. 따라서 더 많은 세제 수입을 교통 체계에 투자함으로써 그런 체계를 개선하는 것은 도시의 경제 생산력을 개선할 수 있다. 이것은 새로운 지역에 기차나 버스 네트워크를 확대하거나 기존의 네트워크를 더 효율적으로 만드는 것을 통해 일어날 수 있다. 이 같은 개선은 또한 관광산업을 활발하게 하고 지하철역 근처의 상업을 촉진할 수 있다. 예를 들어, 런던은 최근 철야 지하철 서비스를 도입하였다. 이것은 향후 15년에 걸쳐 2,200개의 새로운 직업을 창출하는 데 도움을 줄 것이고, 경제에 7,700만 파운드를 추가로 기여할 것으로 추정된다.

요약하자면, 대중교통 체계는 시민들에게 더 많이 이용되고 경제 번영에 도서관보다 더 큰 영향을 미친다. 이러한 이유로, 정부는 사회 전체를 지원하고 경제를 활성화하기 위해 대중교통에 더 투자해야 한다.

어휘 tax revenue 세제 수입   vital 필수적인   afford (~을 살) 여유가 있다   obsolete 더 이상 쓸모가 없는   secondhand 중고의   diminish 줄어들다   productivity 생산성   stimulate 활발하게 하다   all-night 철야의   prosperity 번영   boost 활성화하다, 증진하다

WRITING TASK 1

> 아래 표는 2004년 한 유럽 기업이 판매한 다섯 종류의 제품에 대한 광고 비용과 수익에 관한 정보를 보여준다.
> 주요 특징들을 선택하고 서술함으로써 정보를 요약하고, 관련 있는 것들을 비교하시오.
> 적어도 150단어 이상 서술하시오.

분석메모

AD costs & revenues, 2004 광고 비용과 수익, 2004년

- revenues linked to AD expt. com. & TV 컴퓨터와 텔레비전을 제외하고 수익은 광고 비용과 연관됨

- AD 광고
  : TV – highest. & AC – 2nd 텔레비전이 가장 높고 에어컨이 두 번째로 높음
  com. = 1/3 of TV 컴퓨터는 텔레비전의 3분의 1임
  refrig. & WM – low 냉장고와 세탁기는 낮음

- revenues 수익
  : TV – disproportionate to % of AD (3rd highest) 텔레비전은 세 번째로 높은데, 이는 광고 비용의 비율과 균형이 맞지 않음
  refrig. & WM – lower AD costs 냉장고와 세탁기는 낮은 광고 비용을 가짐
  com. – high % of revenue, lower AD costs 컴퓨터는 수익 비율은 높았지만 광고 비용은 더 낮음

요약문

The table shows a European company's advertising costs and revenue information for computers, refrigerators, air conditioners, washing machines and televisions in 2004.

Overall, it is clear that revenues were linked to advertising expenditure for most types of products, except computers and televisions.

Looking at the table more closely, one can see that of the five products types, advertising for televisions was the highest at 40.06 percent, with air conditioners coming in second at 36.6 percent. Advertising for computers represented about one-third of the amount spent on televisions. For the other two products, refrigerators and washing machines, the percentages of funds spent on advertising was low, coming to just 6.42 percent for the former and 3.96 percent for the latter. In terms of revenue, televisions accounted for approximately 16 percent of the total. Given that this figure reflects only the third highest share of revenue generated, it is disproportionate to the percentage spent on advertising for this type of product. On the other hand, refrigerators and washing machines produced 8.81 percent and 8.14 percent of total revenue respectively, which was in line with their lower advertising costs. Meanwhile, although the proportion of revenue was high for computers, accounting for 42.95 percent, advertisement costs for this type of product were much lower at only 12.96 percent.

해석 표는 한 유럽 기업의 2004년 컴퓨터, 냉장고, 에어컨, 세탁기 그리고 텔레비전을 위한 광고 비용과 수익 정보를 보여준다.

전반적으로, 컴퓨터와 텔레비전을 제외한 대부분의 제품 종류에서 수익이 광고 비용과 연관되어 있음이 명확하다.

표를 더 자세히 살펴보면, 다섯 개의 제품 종류 중에, 텔레비전의 광고 비용은 40.06퍼센트로 가장 높았고, 에어컨이 36.6퍼센트로 두 번째로 온다는 것을 알 수 있다. 컴퓨터의 광고는 텔레비전에 소비된 금액의 약 3분의 1에 해당했다. 다른 두 제품인 냉장고와 세탁기를 보면, 전자는 단 6.42퍼센트, 그리고 후자는 3.96퍼센트가 되며, 광고에 쓰인 비용의 비율이 낮았다. 수익에서는, 텔레비전이 전체의 약 16퍼센트를 차지했다. 이 수치가 발생한 수익 중 그저 세 번째로 높은 비율을 나타내는 것을 고려하면, 이 제품 종류의 광고에 쓰인 비율과는 균형이 맞지 않는다. 한편으로는, 냉장고와 세탁기는 각각 전체 수익의 8.81퍼센트와 8.14퍼센트를 발생시켰는데, 이는 그들의 낮은 광고 비용과 비슷했다. 한편, 컴퓨터의 수익 비율은 42.95퍼센트를 차지하며 높았지만, 이 제품 종류의 광고 비용은 단 12.96퍼센트로 훨씬 낮았다.

어휘 advertising 광고   revenue 수익   refrigerator 냉장고   air conditioner 에어컨   washing machine 세탁기   expenditure 비용, 지출   former 전자   latter 후자   account for 차지하다, 설명하다   disproportionate 균형이 맞지 않은   in line with ~와 비슷한   proportion 비율, 부분

WRITING TASK 2

> 일부 사람들은 학생들이 교실에서 사회적, 정치적 주제에 대한 교사들의 견해에 노출되어서는 안 된다고 말한다. 그러나, 다른 사람들은 이것이 학생들에게 다양한 관점을 듣게 하는 데 도움이 된다고 생각한다.
> 이러한 양쪽의 관점에 대해 논의하고 자신의 의견을 제시하시오.
> 답변에 구체적인 이유를 제시하고 자신의 지식이나 경험으로부터 관련된 예를 들어 자신의 의견을 뒷받침하시오.
> 적어도 250단어 이상 서술하시오.

아웃라인

1. teachers can show how to discuss & debate
   교사들이 다른 사람들과 토론하고 논쟁하는 법을 보여줄 수 있음

   - the best way to establish own view = being challenged by others
     자신의 관점을 세우는 가장 좋은 방법은 다른 사람들에 의해 도전받는 것임

   - ex) discussion sessions in Korean high school
     예시) 한국 고등학교에서의 토론 수업

2. students' ability to think critically can be adversely affected
   학생들의 비판적으로 사고하는 능력이 악영향을 받을 수 있음

   - students judge teachers' opinions to be factual & correct
     학생들은 교사의 의견을 사실이며 옳다고 판단함

   - ex) study on students exposed to teacher's position
     예시) 교사의 입장에 노출된 학생들에 대한 연구

에세이

It is a common belief that a teachers should share their views on sensitive issues since it allows students to hear varied opinions about different topics. **However, there is a more persuasive argument that** teachers should withhold their personal beliefs in the classroom. This is because teachers can prevent students from developing critical-thinking skills.

On the one hand, by expressing their opinions, teachers can show their students how to discuss and debate issues. The best way to establish one's own views is to be challenged by others. In-class discussions can help students learn how to come to their own conclusions. For example, in Korea, it is common to have lessons focused on debate and discussion. During these sessions, both the students and the teachers are encouraged to express different perspectives to stimulate a lively classroom discussion. This allows students to recognize the logic of opinions that may differ from their own and to think more deeply about certain issues.

Nevertheless, students' ability to think critically about complex issues could be adversely affected if they are exposed to their teachers' personal positions. Since teachers are there to offer instruction, students often judge their opinions to be factual and thus correct. This can result in student being less likely to form their own ideas and simply echoing those of their teachers without giving any serious thought to what they are saying. According to a recent research study conducted in the US, when high school students were exposed to their teachers' positions on political and social issues, more than 75 percent of them adopted those notions as their own. Also, most of the students in the study showed less willingness to form their own critical outlook.

To sum up, while it is apparent that students can be exposed to a variety of ideas, **it is undeniable that** teachers should not discuss their points of view on political and social issues in a classroom setting.

해석 학생들이 여러 가지 주제들에 대한 다양한 의견을 들을 수 있게 하기 때문에 교사가 민감한 주제에 대한 그들의 관점을 공유해야 한다는 것은 일반적인 생각이다. 그러나, 교사들이 교실에서 자신의 개인적인 신념을 알리지 않아야 함에 대한 더 설득력 있는 주장이 있다. 이는 교사가 학생들이 비판적 사고의 기술을 발달시키는 것을 방해할 수 있기 때문이다.

한편으로는, 자신의 견해를 드러냄으로써, 교사들은 학생들에게 어떤 것들에 대해 토론하고 논쟁하는 방법을 보여줄 수 있다. 자신의 관점을 세우는 가장 좋은 방법은 다른 사람들에 의해 이의를 제기 받을 때이다. 수업 시간에서의 토론은 학생들이 자신의 결론에 도달하는 방법을 배우는 것을 도울 수 있다. 예를 들어, 한국에서는, 토론과 토의를 중심으로 하는 수업을 하는 것이 일반적이다. 이러한 수업 중에는, 활기찬 학급 토론을 활성화하기 위해 학생과 교사 모두가 다른 관점을 표현하는 것이 권장된다. 이것은 학생들이 그들의 것과 다를 수 있는 의견의 논리를 인지하게 하고, 어떤 주제에 대해 더 깊게 생각할 수 있게 한다.

그럼에도 불구하고, 학생들이 교사의 개인적 견해에 노출되면 복잡한 쟁점에 대해 비판적으로 사고하는 능력이 악영향을 받을 수 있다. 교사는 가르침을 주기 위해 그 자리에 있는 것이기 때문에, 학생들은 자주 교사의 의견을 사실이며 그렇기 때문에 옳다고 판단한다. 이것은 학생들이 자신의 의견을 형성할 가능성이 더 적게 만들고 그들이 말하는 것에 대해 어떠한 진지한 생각 없이 단순히 교사의 의견을 그대로 되풀이하는 결과를 낳을 수 있다. 미국에서 시행된 최근의 연구에 따르면, 고등학생들이 정치적, 사회적 주제에 대한 교사의 견해에 노출되었을 때, 그들 중 75퍼센트 이상이 그 생각을 자신의 것으로 받아들였다. 또한, 이 연구에서의 학생들 중 대부분은 자신의 비판적인 관점을 형성하고자 하는 의지를 더 적게 보였다.

요약하자면, 학생들이 다양한 생각에 노출될 수 있음은 분명하지만, 교사가 교실 환경에서 정치적, 사회적 주제에 대한 자신의 견해를 논해서는 안 된다는 것을 부인할 수 없다.

어휘 varied 다양한 withhold 알리지 않다, 주지 않다 critical-thinking 비판적 사고 establish 세우다 challenge 이의를 제기하다; 도전 perspective 관점 lively 활기찬 instruction 가르침 echo 그대로 되풀이하다 notion 생각 willingness 의지 setting 환경

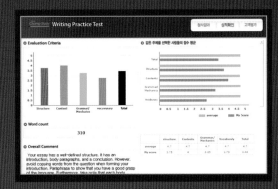

HACKERS
IELTS
Writing

ACADEMIC MODULE

해커스 아이엘츠 교재 시리즈

입문	기본	정규

해커스 리딩 인트로
해커스 리스닝 인트로

해커스 아이엘츠 리딩 베이직
해커스 아이엘츠 리스닝 베이직
해커스 아이엘츠 스피킹 베이직
해커스 아이엘츠 라이팅 베이직

해커스 아이엘츠 리딩
해커스 아이엘츠 리스닝
해커스 아이엘츠 스피킹
해커스 아이엘츠 라이팅

해커스 보카

그래머 게이트웨이 베이직
그래머 게이트웨이 베이직 Light Version
그래머 게이트웨이 인터미디엇
해커스 구문독해 100
해커스 그래머 스타트

스타 아이엘츠 실전 교재

스타 아이엘츠 실전 라이팅

정가 **24,900**원

IELTS 인강
해커스인강 HackersIngang.com

IELTS 라이팅/스피킹 무료 첨삭 게시판 · IELTS 리딩/리스닝 무료 실전문제
고우해커스 goHackers.com

13740

9 788965 422327

ISBN 978-89-6542-232-7